유아교육개론

지성애
배율미
신금호
박희숙
정재은
정하나
김성희
신수경
공저

정민사

머리말

유아교육개론은 유아교육을 처음 접하거나 관심 있는 이들에게 유아교육에 대한 개괄적인 이해를 가능하게 해 주는 유아교육 입문서이다. 따라서 유아교육의 핵심적인 내용들을 포괄적으로 다루면서도 이해하기 쉽게 정리해 제시하는 것이 중요하다.

오늘날 제4차 산업혁명시대의 도래로 인류가 경험해 보지 못한 것, 지금의 기술과 지식으로 설명이 불가능한 변화를 우리는 경험하고 있다. 이러한 변화는 매우 빠른 속도로 전개 중이며 이전에 경험하지 못했던 패러다임의 변화를 창출할 것이다. 이에 앞으로 다가올 미래의 변화에 유연하게 대응할 수 있는 인재를 양성하기 위해 유아교육의 중요성이 대두되고 있다. 본서는 미래사회의 변화에 맞추어 유아교육을 새롭게 인식하고 바라볼 수 있도록 다양하게 구성하였다.

본서는 총 14개의 분야로 나누어 유아교육의 전체적인 모습을 조망하였다. 제1장 유아교육의 이해에서는 유아교육의 범위에 대해 제반 관련법을 근거로 유아교육 대상을 구분하여 설명하였다. 이어서 유아교육의 정의, 어원, 목적과 유아교육기관의 유형과 변천과정, 현재 현황 등을 비교하여 설명하였다. 또한, 세계 유아교육의 동향을 소개하며 제4차 산업혁명시대와 유아교육에 대해서 살펴보는 것을 시작으로, 마지막 제14장 유아교육의 전망과 과제에서는 미래교육에 대한 국제적 동향과 우리나라 사회의 변화 방향, 미래교육의 지향점 등에 대해 설명하였다. 또한, 사교육, 학교폭력, 통일 대비 등 유아교육 측면에서 바라본 다양한 과제들에 대해서도 살펴보았다.

집필진은 유아교육계의 변화에 대한 대응, 사회적 요구에 대한 해결책, 학문적 변화의 수용, 앞으로의 동향 등을 살펴보기 위해 본서를 집필하였다. 본서가 유아교육을 전공하는 학생이나 일선 유치원 교사 및 유아들에게 관심 있는 많은 분에게 좋은 길잡이가 되기를 바라며, 부족한 부분은 계속 수정 · 보완해 나갈 것을 기약한다. 더불어 본 책이 나오기까지 도움을 주신 정민사 임직원 여러분들께도 진심으로 감사드린다.

2018년 2월

저자 일동

차례

CHAPTER 05
유아교육기관의 운영·관리

CHAPTER 06
유아교육 평가

CHAPTER 07
유아교육기관의 부모, 가족 그리고 지역사회

CHAPTER 08
장애유아 통합교육

CHAPTER 09

유아교육 프로그램의 이해

CHAPTER 10

유아교육과 놀이

CHAPTER 11

유아교육사상과 철학

CHAPTER 12

교육·보육과정

CHAPTER 13

영유아발달과 보육·교육

CHAPTER 14

유아교육의 전망과 과제

CHAPTER 01

유아교육의 이해

제1장 유아교육의 이해에서는 유아교육 범위에 대해 제반 관련법을 근거로 유아교육 대상을 구분하여 설명한다. 이어서 유아교육의 정의를 'education'의 어원뿐 아니라 UNESCO와 UNICEF 및 NAEYC가 제기하고 있는 유아교육의 범위와 정의를 제시한다. 또한, 유아교육의 성격을 6가지 측면에서 정리하고, 「교육기본법」과 「유아교육법」에서 제시하는 유아교육의 목적과 더불어 누리과정과 표준보육과정에서 제시하고 있는 유아교육의 목적과도 연계하여 살펴본다. 유아교육의 중요성을 뇌 과학연구, 인간의 발달특성, 경제 효율성, 사회적 변화와 요구 측면으로 구분하여 논하며, 유아교육기관의 유형을 유치원과 어린이집으로 구분하여 특성, 변천과정, 현재 현황 등을 비교 · 대조하여 설명한다. 미래사회와 유아교육 부분에서는 우리나라 교육과정 변화에 따른 유아교육의 변화에 대해 논하고, 동시에 세계 유아교육의 동향을 소개하며 제4차 산업혁명시대와 유아교육에 대해서도 살펴본다.

1. 유아교육의 범위

1) 유아교육의 대상 연령과 관련법

유아는 어린이, 아동, 아이 등의 용어와 혼용되고 있으며, 정부의 각 기관이나 참고서적에서 밝히고 있는 용어와 연령 역시 혼재되어 사용되고 있다. 그러나 우리나라 유아교육의 근간이 되는 대표적인 법률체계인 「유아교육법」 제1조(개정 2012. 3. 21.)에 따르면 '유아'란 만 3세부터 초등학교 취학 전까지의 어린이로 제시되어 있다. 또한, 「영유아보육법」 제2조(개정 2011. 6. 7.)에서 '영유아'란 6세 미만의 취학 전 아동으로 정의하고 있다. 따라서 우리나라 제도적 차원에서 유아의 연령범위는 출생부터 만 5세까지의 취학 직전 연령의 어린이라고 할 수 있다.

2) 유아교육의 정의와 범위

먼저 교육의 정의를 살펴보면, 교육의 영문 단어인 'education'은 라틴어 educo, educare, educatio에서 파생되었다. 이들은 모두 e(out, 밖으로)와 duco, ducare, ducatio (끌어내다)가 합쳐진 용어로 '밖으로 끌어낸다'는 의미로 정의된다. 즉, 교육이란 인간의 잠재적인 능력과 소질을 이끌어 내어 발현시켜 준다고 정의할 수 있다. 또한, 'education'의 어원은 그리스어인 파이데이아(paideia)에서 파생된 것으로, 어원은 '어린이'라는 의미를 가진 그리스어 파이스(pais)라고 할 수 있다. 파이데우오(paideuo)는 '상태'를 뜻하는 접미어인 에우오와 연결되어 '어린이들과 함께 있다'라는 의미로 해석된다. 이를 정리해 보면 교육이라는 용어의 어원인 파이데이아는 '어린이를 양육하고 교육한다'는 의미를 가지고 있다(신득렬, 이병승, 우영효, 김희용, 2008). 즉, 교육의 정의 자체가 유아교육을 포괄적으로 의미하고 있다.

UNESCO와 UNICEF(2012)는 출생부터 8세까지의 유아와 아동들을 대상으로 하는 교육을 유아교육의 범위로 규정한다. 유아교육은 신체적 · 사회적 · 정서적 · 인지적 자극, 건강관리 및 보살핌을 통합적으로 포함하여 초기 생애 동안 발달을 촉진하고 지원하는 다양한 과정과 메커니즘으로 정의한다. 나아가 유아발달을 지원하는 것 이외에 유아의 영양과 건강 또한 가족 및 지역사회가 유아의 신체적 · 정신적 발달을 촉진하는 데 필요한 모든 지원도 유아교육 범위에 포함됨을 강조한다. 즉, 유아교육은 유아가 행복한 삶을 영위할 수 있도록 교원뿐 아니라 부모와 사회구성원들이 기관과 가정 그리고 사회에서 상호 호혜적으로 연계하여 유아의 발달에 적합한 교육목적과 교육내용, 교육방법을 통해 유아의 전인적 발달을 이룰 수 있도록 하는 것이다.

NAEYC(National Association for the Education of Young Children, 전미유아교육협회)는 유아기의 범위를 출생부터 8세까지의 기간으로 정하고 발달에 적합한 실제(DAP: Developmentally Appropriate Practice)를 유아교육의 핵심 기반으로 강조한다(Copple & Bredekamp, 2009). 유아의 신체, 사회 · 정서적, 인지적 발달을 포함한 모든 발달영역들은 서로 영향을 주고받으며 밀접한 관련이 있기 때문에 유아교육을 위한 교육과정 및 내용 그리고 프로그램은 유아의 발달과정 및 특성을 이해하고 이에 대한 지식에 기반을 두고 계획하고 운영해야 한다고 강조한다. 또한, NAEYC에서는 초기 생애 동안의 긍정적인 경험이 유아의 추후 학교생활과 학업성취도뿐만 아니라 성장 후에도 지속적으로 영향을 미치기 때문에 생애 어느 시기의 교육보다 인간발달에 결정적인 영향력이 있음을 지적한다.

2. 유아교육의 성격

유아교육의 성격은 유아교육이 갖고 있는 개념과 공통성을 정리하고 추상화해서 하나의 범주로 정리할 수 있다. 유아교육이 갖고 있는 성격을 이해하기 위해서는 교육과 유아에 대한 각각의 의미를 생각하고, 이를 토대로 유아교육의 성격을 고려해야 한다. 정범모(1978)는 교육은 '인간행동의 계획적인 변화의 과정'이며 인간행동이란 인간의 외형적 행동뿐만 아니라 내면적 행동(동작, 지식, 사고, 가치관, 성격특성, 자아개념 등)을 포함한다고 지적하였다. 이와 관련하여 양옥승(2001)은 인간행동을 인간의 삶으로 정의하고 교사보다는 학습자의 가치나 의도를 고려하여 계획적인 변화를 바람직한 변화로 설명하면서, 교육은 '인간 삶의 바람직한 변화'라고 주장하였다. 따라서 유아교육도 유아 삶에 있어서 바람직한 변화를 위해 지도해야 하는 성격을 갖고 있다. 교사는 유아의 삶 속에서 바람직한 행동 변화를 위해 어떻게 효과적으로 지도할 수 있는지를 고민해야 한다. 유아교육에 대한 성격이나 특성은 교육철학과 접근방식에 따라 다양할 수 있으나 초 · 중 · 고등교육과는 교육의 대상 · 장소 · 형식 · 방법에 있어서 구별되는 성격을 지닌다. 유아교육의 성격은 다음과 같이 요약할 수 있다.

첫째, 유아교육의 대상은 출생부터 5세까지의 유아뿐만 아니라 부모 그리고 때에 따라 형제와 같은 가족구성원을 모두 포함한다. 특히, 유아의 초기경험과 부모의 양육태도 및 방법은 유아의 신체 · 언어 · 사회 · 정서 · 인지적 발달과 성장에 영향을 미치는 중요한 요인이기 때문에 바람직한 유아의 행동 변화와 발달을 도모하기 위해 유아교육에 부모와 가족의 참여가 중요하다. 따라서 기관은 유아뿐 아니라 부모와 가족을 대상으로 교육적 지원을 계획하고 제공해야 한다. 뿐만 아니라 기관은 지역사회와도 연계하여 유아들의 전인적 성장과 발달을 위한 지원책을 강구하고 실천해야 한다.

둘째, 유아교육은 교육뿐만 아니라 보호와 양육의 성격을 갖고 있다. 즉, 유아교육은 긍정적이고 안정적인 상호관계를 형성하여 유아를 보살피고 기르는 보호와 양육의 성격을 포함하고 있다. 우리나라는 유아교육과 보육이 이원화된 체제에서 어린이집과 유치원에서 교육과 보육을 하고 있으나, 두 기관이 모두 교육과 보육을 하고 있다고 간주할 수 있다. 나아가 유아교육이 교육, 보호와 양육을 포괄적으로 포함하고 있기 때문에 교육학으로뿐만 아니라 의학 · 가정학 · 사회복지학 · 간호학 등과 함께 많은 영역을 공유하게 되는 이유도 될 수 있다(양옥승 외, 2005).

셋째, 유아교육은 유아의 전인적 발달을 도모한다. Gordon과 Browne(2008)은 유아교육의 성격을 전인성(wholeness), 통합성(integrated growth)으로 설명한다. 따라서 유아교육은 인지 · 언어 · 사회 · 정서 · 신체를 포함한 모든 발달영역이 균형 있고 통합적으로 성장할 수 있도록 지원해야 하며, 발달의 어느 한 영역에 치우치지 않고 모든 영역이 조화롭고 균형을 이룰 수 있도록 해야 한다. 유아교육은 신체 · 언어 · 사회 · 인지 등의 발달영역별이나 음악 · 미술 · 과학과 같이 교과별로 분절화하는 것이 아니라 발달영역의 통합을 도모해야 한다. 이러한 관점에서 현행 국가수준의 교육과정인 누리과정 역시 5개 영역으로 구성되어 있으나 각 영역을 각각 학습하는 것이 아니라 통합적으로 운영되어야 함을 강조한다. 또한, 유아교육현장에서의 교육활동은 전후 활동과 유기적인 계열성을 이루도록 계획해야 하며 이전의 경험과 연속되고 앞으로 경험하게 될 교육활동을 역동적으로 통합시켜 유아의 전인발달을 이끌어 주어야 한다.

넷째, 유아교육은 유아의 개별성(individuality)을 존중하여 유아중심으로 운영해야 한다. 즉, 유아교육은 반드시 유아 개개인의 개별적인 발달수준과 소질, 적성, 흥미, 경험에 기반을 두어 개인의 권리와 가치를 인정하고 인격을 존중하는 유아중심 교육으로 지원해야 한다(Gordon, Browne, 2008; Morrison, 2009).

다섯째, 유아교육은 결과중심의 교육이 아니라 활동과 과정(process)중심의 성격을 갖는다. 초 · 중 · 고등학교 교육이 교과서를 중심으로 하는 교사중심의 교수법을 주로 사용하는 반면, 유아교육은 다양한 교재와 교구 및 환경과의 상호작용을 중심으로 놀이의 원리를 바탕으로 운영한다. 유아교육은 반복적인 연습을 지양하고 학습자의 행위와 행동의 결과를 평가하는 것이 아니라 유아가 학습활동에 참여하는 학습과정의 경험, 그 자체에 의미를 부여하는 과정중심이다. 유아의 흥미나 교육적 요구와 호기심을 충족시켜 주는 교육활동과정에 동기 · 이유 · 생각 · 느낌 등을 포함시켜 창의적인 사고와 논리적 사고의 함양을 중심으로 이루어진다.

여섯째, 유아교육은 계획적 및 형식적 교육 이외에 가정, 지역사회와 연계하여 자연적스럽게 발현되는 비형식적 교육의 성격도 포함된다. 유아교육기관인 유치원, 어린이집 등에서는 계획된 교육뿐만 아니라 교사와의 상호작용, 또래와의 관계, 지역사회 인사, 가정에서의 가족과 같이 주변환경과의 상호관계에서 비롯된 발현적 및 비형식적 교육형태도 포함한다.

3. 유아교육의 목적

Dewey(1936)는 교육의 목적을 속해 있는 사회의 구성원으로 질서 정연하고 순차적으로 발전하기 위해 필요한 모든 것을 가르치는 것이라고 하였다. 즉, 교육은 우리가 현재 존재하고 있는 사회에서 구성원의 요건으로 필요한 것에서 파생되는 것이다. 즉, 현시대 사회의 일원을 양성하기 위한 교육은 고대 그리스에서 사회구성원으로 성장하기 위해 받았던 교육의 목적과 같이 유아교육의 목적은 고정되어 있지 않으며, 영원하고 보편적이지 않으며, 시대의 필요에 따라 변화 · 발전한다.

Morrison(2012)에 따르면 교육은 의도적인 목적을 가진 활동으로 의도적인 계획과 시도에 기반을 두어야 함을 강조하고, 명확한 목표와 목적을 가지고 교육과정을 설계해야 한다고 주장한다. 따라서 유아교육의 목적은 유아에게 좋은 교육환경을 마련하여 전인발달을 함양하고 유아의 무한한 잠재력을 신장하게 함으로써, 창의적이고 올바른 인성을 가진 민주시민으로 성장하여 개인의 삶을 행복하게 누리고 나아가 그들의 역량을 국가 발전에 기여하게 하기 위함임을 강조한다.

이와 관련하여 양옥승, 이원영, 이영자, 이기숙(2003)은 유아교육의 목적을 다음과 같이 제시한다.

첫째, 유아 개개인이 가지고 있는 잠재능력을 최대한으로 개발하여 전인으로 성장하도록 한다.

둘째, 유아의 신체적 발달, 정서적 발달, 사회성 발달, 언어발달, 인지발달의 균형이 이루어질 수 있도록 한다.

셋째, 부모가 가정에서 유아를 전인으로 기를 수 있도록 다양한 방법으로 가족을 지원한다.

넷째, 유아들이 민주시민으로서의 소양을 갖출 수 있도록 다양한 사회적 경험을 제공한다.

다섯째, 국가의 인적 자원이 될 수 있도록 유아의 능력을 최대한 개발한다.

이와 같이 유아교육은 전인으로서의 유아(child as a whole)와 조화적 발달 조성을 기본목적으로 설정하고, 민주적인 유아교육관에 입각한 민주적 생활태도를 길러서 민주사회에 효과적으로 적응할 수 있도록 하는 것이 유아교육의 궁극적인 목적이다.

최근 UNESCO(2014)에서 발표한 「Teaching and learning: achieving quality for all: EFA 글로벌 모니터링 보고서」에서는 유아교육의 목적을 다음과 같이 제기하였다.

첫째, 모든 유아의 기초학습능력과 기술의 습득을 보장하는 것을 첫 번째 핵심으로 두고 있다. 즉, 문해능력 및 기초 수학과 같은 기본능력을 학습하여 특히 경제적 상위 계층과 하위 계층 가정 출신 유아들의 학습성취의 불균형을 줄이고자 하는 데 초점을 맞추고 있다.

둘째, 기본지식, 기술, 태도를 넘어서 글로벌 시민정신을 함양할 수 있도록 하는 데 목적을 두고 있다.

이와 같이 UNESCO(2014)는 교육은 유아들이 문해와 수학 기본지식과 기술 획득뿐 아니라 비판적 사고, 문제해결, 논리적 사고 및 의사소통 능력을 증진시키고, 유아들이 민주시민, 더 나아가 책임감 있는 글로벌 시민이 되도록 하는 데 목적을 두었다.

우리나라의 경우 「교육기본법」 제2조에 따르면 '교육은 홍익인간(弘益人間)의 이념 아래 모든 국민으로 하여금 인격을 도야(陶冶)하고 자주적 생활능력과 민주시민으로서 필요한 자질을 갖추게 함으로써 인간다운 삶을 영위하게 하고 민주국가의 발전과 인류공영(人類共榮)의 이상을 실현하는 데에 이바지하게 함을 목적으로 한다'로 제시되어 있다. 또한, 「유아교육법」 제1조의 「유아교육법」 목적에 따른 「교육기본법」 제9조의 유아교육에 관한 사항을 살펴보면 '유아교육을 위한 학교는 공공성을 가지며 유아의 창의력 계발 및 인성(人性) 함양을 포함한 전인적(全人的) 교육을 중시하여 이루어져야 한다'가 목적으로 제시되어 있다.

이처럼 유아교육은 만 0세부터 5세까지 유아의 신체적 · 정신적 · 인지적 상태의 성장과 발달을 도모하고, 유아가 유아기뿐만 아니라 행복한 삶을 영위하게 하는 것이 공통적인 목적으로 제시되어 있다. 또한, 미래사회에서 구성원으로서 민주적 과정에 참여할 수 있도록 준비하며 평등한 기회, 똑같은 수준의 학습에 대한 접근성을 부여하는 것을 목적으로 선정하고 있다.

이에 따라 우리나라 국가수준의 유아 교육과정인 누리과정의 교육목적은 '만 3~5세 유아의 심신의 건강과 조화로운 발달을 도와 민주시민의 기초를 형성하는 것'이다. 또한, 제3차 어린이집 표준보육과정의 목적도 '영유아의 심신의 건강과 전인적 발달을 도와 행복을 도모하며 민주시민의 기초를 형성하는 것'이다. 누리과정과 표준보육과정의 교육목적과 교육목표를 비교하면 | 표 1-1 |과 같다.

| 표 1-1 | 누리과정과 표준보육과정 비교

구분	누리과정	제3차 어린이집 표준보육과정
교육대상 연령	3~5세	0~2세
교육목적	만 3~5세 유아의 심신의 건강과 조화로운 발달을 도와 민주시민의 기초를 형성하는 것을 목적으로 한다.	영유아의 심신의 건강과 전인적 발달을 도와 행복을 도모하며 민주시민의 기초를 형성하는 것을 목적으로 한다.

구분	누리과정	제3차 어린이집 표준보육과정
교육목표	가. 기본운동능력과 건강하고 안전한 생활습관을 기른다. 나. 일상생활에 필요한 의사소통 능력과 바른 언어 사용습관을 기른다. 다. 자신을 존중하고 다른 사람과 더불어 생활하는 능력과 태도를 기른다. 라. 아름다움에 관심을 가지고 예술경험을 즐기며, 창의적으로 표현하는 능력을 기른다. 마. 호기심을 가지고 주변세계를 탐구하며, 일상생활에서 수학적 · 과학적으로 생각하는 능력과 태도를 기른다.	가. 0–1세 보육과정 1) 건강하고 안전한 일상생활을 경험한다. 2) 감각 및 기본 신체운동능력을 기른다. 3) 말소리를 구분하고 의사소통의 기초를 마련한다. 4) 친숙한 사람과 관계를 형성한다. 5) 아름다움에 관심을 가진다. 6) 보고, 듣고, 만지면서 주변환경에 관심을 가진다. 나. 2세 보육과정 1) 건강하고 안전한 생활습관의 기초를 마련한다. 2) 감각, 신체조절 및 기본운동능력을 기른다. 3) 의사소통 능력의 기초를 기른다. 4) 나를 인식하고 다른 사람과 더불어 생활하는 경험을 한다. 5) 아름다움에 관심을 가지고 예술경험을 즐긴다. 6) 주변환경에 호기심을 갖고 탐색하기를 즐긴다.

4. 유아교육의 중요성

우리나라 유아교육은 만 0세부터 5세까지의 영유아를 대상으로 유치원과 어린이집에서 이루어지고 있다. 전문가들은 인생의 결정적인 시기로 지목되고 있는 유아기가 향후 삶의 기초를 형성한다는 측면에서 유아교육의 중요성을 다각도에서 제기하고 있다.

1) 뇌 과학연구에 기반한 중요성

과학과 기술의 발전으로 인간의 뇌에 대한 연구가 가능해지면서 뇌 발달에 관한 많은 연구결과가 보고되고 있다. 뇌 과학에 기반한 연구들은 유아기는 인간의 일생에서 결정적 시기이기도 하지만, 무한하게 발현될 수 있는 잠재력을 지닌 시기임을 발표하고 있다. 특히, 뇌 발달연구에서 주목하고 있는 것은 만 0세부터 5세인 출생부터 5년간의 기간은 인지적 · 정서적 · 사회적 발달의 최적기이며 이 시기에 뇌에 적절한 자극을 지속적으로 제공해야 한다고 강조한다. 이 기간 동안 영유아 뇌의 시냅스 연결망이 급속도로 확장되는데, 긍정적이고 발달에 적합한 환경자극은 시냅스의 연결망의 확장을 촉진하고 유아의 뇌가 더 복잡한 기능을 수행할 수 있도록 한다. 신경세포끼리 연결되는 시냅스의 형성은 유아의 긍정적이고 안락한 환경 제공과 의미 있는 경험에 의해서 발현되기 때문에 외부자극으로부터의 다양한 유아기 경험은 신경세포 조직망의 밀도 · 복합성 · 정교성과 매우 밀접하게 관계를 맺고 있다. 이는 뇌의 지식 습득능력과 활용능력의 기초가 된다(Begley, 1997). 시냅스 형성은 유아가 성장하며 받는 외부자극에 따라 그 수가 많아지며 그 밀도는 더욱 복잡해지는데 4세에 절정을 이루며 10세까지 지속되는 것으로 밝혀졌다(Begley, 1997). 시냅스 형성과정에서 활용이 낮은 신경세포 연결망은 차츰 소멸되어 없어지고, 환경의 경험에 의해서 강화를 받으면 받을수록 오래 남아 장기기억으로 활용된다. 그러므로 양질의 교육적 경험을 반복하면 뇌의 연결망은 강해진다.

그러나 시냅스가 형성되는 결정적인 유아기에 올바른 자극을 받지 못하거나 지나치고 충격적인 자극을 받는다면 뉴런은 오래 생존하지 못해 유아기뿐만 아니라 성인기까지 부정적인 영향을 미치게 된다. Gerhardt(2006)에 따르면 유아기에 정서적 · 신체적 학대를 포함한 부정적인 경험에 오래 방치된 영유아들은 대뇌변연계 및 대뇌피질의 크기가 정상아보다 20~30% 작고, 시냅스의 수도 적으며, 기억을 담당하는 해마의 크기도 작다는 것이 밝혀졌다. 뿐만 아니라 경계 및 각성을 담당하는 부위가 활성화되어 과민반응, 불안, 충동적인 행동을 보이며, 신경전달물질의 신호전달체계가 혼란해져서 학습능력도 많이 떨어진다. 유아기에 적절한 경험자극이 주어지지 않으면 학습능력 등 전반적인 발달이 늦어질 수 있다는 것이다. 따라서 결정적 시기인 유아기에 연령에 맞는 긍정적이고 적절한 환경자극이 제공되어야 한다.

전문가들은 유아기 특정활동이 유아의 뇌 발달을 촉진해야 한다고 강조한다.

Morrison(2012)은 다양한 외부자극마다 뇌의 특정영역이 발달됨을 주장하고, 유아기부터 음악과 미술 등을 듣거나 보고 표현하는 방법을 배우면 수학적 사고와 공간추론능력에 영향을 미치는 뇌 영역을 발달시킨다고 하였다. 이에 따라 유아기 예술교육을 교육현장에서 수행할 필요성을 강조하였고, 대근육활동과 신체운동의 자극이 유아기 뇌 발달에 긍정적 영향을 미치는 것을 지적하며 유아기뿐만 아니라 초등 교육과정에서도 신체의 움직임과 표현 및 체육교과를 일과에 반드시 포함되어야 함을 강조하였다.

뇌 과학에 기반한 연구결과들은 다음과 같이 유아교육의 중요성을 지적하였다.

첫째, 영유아기의 잠재적 능력을 발달시키려면 유아기의 다양한 긍정적인 경험의 제공이 중요하다. 특히, 생후 5년의 기간 동안에는 유아가 긍정적이며 질 높은 경험을 풍부하게 할 수 있도록 환경을 조성해 주어야 한다.

둘째, 인간의 잠재력은 유전적인 요인에 고정된 것이 아니라 외부의 자극에 영향을 받기 때문에 유아기의 효과적인 교육의 제공이 강조된다. 즉 유아의 인지, 사회 · 정서발달은 유전적인 영향과 더불어 유아기 부모의 양육방법과 태도, 사회적 · 경제적 요인에 따른 부모와의 안정적인 애착관계 형성과 같이 환경적 변인에 영향을 받기 때문에 유아교육의 제공은 유아의 미래를 좌우하는 중요한 열쇠가 된다.

이와 같이 뇌 과학에 기반한 연구들은 적절한 시기에 효과적인 유아교육뿐 아니라 올바른 부모의 양육방법, 따뜻한 양육자와의 애착 형성과 같이 유아가 출생부터 각 연령에 적합한 자극을 받는 것은 매우 중요한 요인이 됨을 지적한다. 이러한 경험은 유아기뿐만 아니라 성인이 되어서도 일생 동안의 삶에 있어 매우 큰 차이를 야기한다고 하였다. 또한, 뇌 발달연구의 결과는 유아기 이후 아동기, 청소년기의 교육보다 조기경험의 중요성과 조기교육의 이점을 증명함으로써 유아교육을 지원하는 국가 공공정책 구축에 막대한 영향을 미쳤다(Morrison, 2012).

2) 인간발달의 결정적 시기에 따른 중요성

양질의 교육과 보육의 제공은 유아의 학습과 전인적 발달에 긍정적인 영향을 미친다. 발달심리학에서는 인간의 발달은 유전적 요인과 후천적인 환경요인의 영향을 받는다고 주장한다. 즉, 모든 인간은 신체적 · 심리적 · 행동적 발달에 개인차를 나타내며 각 개인 내에 있어 이들 주요 발달 간의 차이도 나타난다. 발달은 평생에 걸쳐 일어나는 하나의 과정으로 다차원이고 다방향적이며, 변화는 고정된 것이 아니라 유전적, 시간, 그리고 환경적 요인에 영향을 받는다. Elder(1998)가 주장한 생애과정(life course)이론에 따르면 전 생애의 발달은 성장 · 유지 · 상실의 조절을 수반하며, 이러한 발달에는 생물학적 · 사회문화적 · 개인적 요인이 함께 작용하는 역동적이고 복잡한 과정이며 상호 의존적이다. 오래전 정범모(1983)는 인간발달의 4가지 기본원리를 '적기성', '기초성', '누적성', '불가역성'으로 제시하고 유아교육의 중요성을 다음과 같이 강조하였다.

첫째, 적기성은 인간의 여러 발달과업은 가장 적절하게 획득되는 최적의 시기가 있다는 원리이다. 결정적 시기인 영유아기에 필수적으로 경험해야 할 발달과업 즉, 학습해야 할 지식과 기능의 기회를 놓치게 되면 과업 획득의 효율성이 떨어진다는 원리이다.

둘째, 기초성은 유아기의 발달이 나중에 모든 발달의 기초가 된다는 원리이다. '세 살 버릇 여든까지 간다.'라는 속담처럼 유아기의 교육은 인간의 생명주기에서 가장 중요하며 후기 발달의 기초가 된다.

셋째, 누적성은 인간의 성장 · 발달에 있어 전 단계의 발달에 결손이 생기면, 이 결손은 다음 단계의 발달에 계속 누적되어 정상적인 발달을 가져오지 못한다는 원리이다.

넷째, 불가역성은 특정한 발달과업 획득의 최적기를 놓치면 그 후에 충분한 보상적 자극이나 경험을 제공받더라도 보완이나 교정이 힘들어진다는 원리이다.

Freud에 의해 창시된 정신분석학이론에 따르면 인간의 모든 행동은 자신이 의식하지 못하며 통제 밖에 있는 무의식적인 힘에 의해 동기유발된다. 이러한 무의식적인 힘은 생의 초기, 즉 유아기에 부모로부터 받은 양육경험에 영향을 받으며, 전 생애 동안 지속적으로 영향을 미친다고 설명한다. 정신분석학적 입장에서는 인간의 성격 형성의 기초가 5세 이전에 확립된다고 설명하고, 5세 이전의 경험, 특히 이유식, 대소변훈련, 부모의 양육태도에 따른 경험은 그 아동의 성격 형성에 결정적인 영향을 미칠 수 있다고 한다. Bowlby(1973)는 영유아와 양육자, 즉 아기와 엄마 사이에 형성되는 친밀한 정서적 유대감인 애착 형성의 중요성을 강조하며, 애착체계는 3세 무렵에 완전히 확립되는데 이때 형성된 애착은 평생 동안 계속 유지된다고 주장하였다(Bowlby, 1973; Lutz & Hock, 1995).

인지발달이론의 Piaget는 인간을 의식적인 사고과정을 지닌 능동적인 존재로 보았다. 인지발달이론의 입장에서는 유아의 지적인 능력은 유전적으로 결정되는 것이 아니라 출생 이후부터 환경자극에 의해 인지구조를 변화시킴으로써 환경에 적응하고 발달한다고 본다. 특히, Piaget는 다양하고 의미 있는 질적인 경험을 통한 환경자극 제공의 중요성을 강조하면서 인지발달에 있어서 유아교육의 중요성을 설명하였다. 인간의 인지발달은 감각운동기, 전조작기, 구체적 조작기를 거치며 발달하지만, 각 시기의 인지발달 단계에 맞추어 적절한 인지적 갈등을 일으켜야 한다고 보았다. 즉, 능동적 존재인 유아가 인적 · 물적 환경과의 상호작용을 하면서 인지 측면의 정신세계를 스스로 구축해 나가고 발달한다고 주장하였다. 인지발달의 관점에서 보면, 유아들은 주관적인 교육경험 속에서 자신의 인지구조의 계속적인 질적 변화의 과정을 갖는 것이다. 따라서 유아가 가지고 있는 주변세계를 이해하는 틀인 도식의 형성을 위해 적절한 수준의 지적 갈등을 일으킬 수 있는 자극이 필요한데, 이는 교육을 통해 가능하다. 이러한 지적 갈등은 동화(개인의 기존 도식에 새로운 사물을 통합하는 것)와 조절(개인의 도식을 변화시켜 새로운 사물을 이해하는 것)을 통해 도식이 유지되거나 변화하면서 환경에 적응하게 된다. 도식의 확장과정인 인지발달을 위해서는 유아에게 지적 불균형과 호기심을 일으킬 수 있는 수준으로 적절한 자극이 수반된 역동적인 인적 · 물적 교육환경을 제공해야 해야 하는 것이다. 이와 같이 인지발달론자들은 인지발달에 있어 유아기가 적절한 시기이므로 유아교육의 중요성을 다음과 같이 지적한다.

첫째, 인간의 지적인 능력은 태어날 때부터 고정된 것이 아니라 경험에 의해 형성되고 변화된다.

둘째, 인간의 인지발달은 인적 · 물적 환경과 다양한 사물과 상황의 상호작용에 의해 계속 성장하고 구축해 간다.

셋째, 다양하고 의미 있는 질적인 경험은 다른 어떤 시기보다 유아기에 제공되는 것이 더욱 효과적이다.

넷째, 유아가 경험으로부터 의식적인 사고과정을 통해 발전적으로 작용하기 위해서는 유아기의 발달에 따른 인지적인 수준과 특징에 부합되는 적절한 교육적 자극을 제공해야 한다.

3) 경제 효율성에 기반을 둔 중요성

교육의 평등은 종종 도덕적인 문제로 논의되고 있으나 사회구성원의 평등한 교육의 기회는 국가의 생산성과 경제적 효율을 증진시키는 방법으로 많은 경제학자가 주목하고 있다. 즉, 경제적 생산성을 높이는 가장 효과적인 방법을 찾아내기 위해 교육의 기회와 성취를 균등하게 하는 경제적 가치에 초점을 둔다. 특히, Heckman(2011)은 유아기에 효과적으로 교육적으로 자극받지 못한 인간의 잠재력은 국가 경제에 부담을 주며 사회에서 인력 부족의 현상을 초래한다고 주장하였다. 교육적 형평성은 사회 정의의 필수요건일 뿐만 아니라 국가 발전에 광범위한 영향을 미치는 경제적 필수 요인이다.

Heckman(2011)은 인간발달에 대한 장기간의 연구를 통해 유아교육에 대한 조기투자가 학교교육 및 성인의 삶에 미치는 영향을 다음과 같이 구체적으로 제시하고 유아교육의 중요성을 지적하였다.

첫째, 불평등한 유아기의 경험과 학습은 능력, 성취, 건강 및 성인기 삶의 성공에서 불평등을 초래한다.

둘째, 인지적 능력, 단 한가지로 유아의 인지적 기술, 사회적 기술(주의력, 인내심, 충동조절 및 사회성)에 영향을 미치지는 않으며 유아의 인지적 능력뿐만 아니라 성격(인성) 등 다양한 요인의 발달이 통합적으로 삶의 성공을 주도한다.

셋째, 유전적인 영향과 부모의 양육방법과 환경자원으로부터 부정적인 영향을 받았더라도 양질의 유아교육에 대한 투자를 통해서 유아와 학부모에게 생산성을 창출할 수 있도록 인지적 · 사회적 능력 등을 적절하게 개발하는 데 필요한 자원을 제공하면 변화를 기대할 수 있다. 따라서 유아교육에 대한 조기투자는 매우 효과적이다.

넷째, 출생부터 5세까지의 유아교육에 대한 투자는 학령기 학업능력의 차이를 줄이고 조기 중재를 통해 장애아의 자립도까지 향상시킬 수 있다. 또한, 건강한 삶을 즐길 수 있는 가능성을 높일 뿐만 아니라 사회적으로 범죄율을 낮추는 등 전반적인 사회 비용을 줄이는 데 도움이 된다.

이러한 Heckman(2011)의 주장은 실제로 높은 수준의 유아교육의 제공을 위해 투자된 1달러는 연간 7~10%의 투자 수익을 창출한다는 것을 입증하였다. 가장 민감한 시기의 유아에게 질 높은 교육환경과 기회를 제공하는 정책은 더 큰 사회적 · 경제적 동등성과 효과성을 창출한다. 따라서 효과적인 유아교육에 시기적절하고 현명하게 경제적 투자를 하면 좀 더 수준 있고 생산적인 사회를 구성할 수 있다. 결론적으로 인적 자본을 창출하려는 노력의 경제적 가치를 면밀히 살펴보면, 모든 사람에게 지속적인 가치를 창출하고 균등한 기회를 부여하기 위해서는 유아교육에 자원과 재원을 투자하는 것을 가장 이상적이다. 이와 같이 Heckman(2011)은 인적 자원 개발의 경제적 가치, 특히 사회 · 경제적 성공을 위한 유아의 잠재성을 평등하게 개발하려는 시도로서 사회 · 경제적 취약 유아와 가족을 대상으로 지원하도록 하는 국가정책 구축과 실현에 근거를 제시한다.

4) 사회적 변화와 요구에 따른 필요성과 중요성

교육은 시대적 · 사회적 변화와 밀접한 연관성을 갖으며 이러한 변화에 따라 현시대에서는 유아교육의 필요성이 대두되고 있다. 특히, 여성의 사회 참여가 확대되고 가족의 구조와 기능이 변화하고 복지사회에 대한 욕구가 증가함에 따라 유아교육의 필요성이 계속 강조되고 있다. 현대의 산업 및 경제구조의 변화에 따라 직업군이 다양해지고 높은 교육 수준으로 여성 노동력의 질적 향상이 이루어짐에 따라 여성인력의 노동시장 진입이 활발해졌다. 이에 맞벌이부부의 증가로 인해 한 가정의 자녀 수가 줄어들고, 대가족의 형태가 핵가족화가 되었으며 다문화가정, 한부모가정, 재혼가정 등 가족구조 또한 다양하게 변화하였다. 이러한 가족의 형태와 크기의 변화는 부모의 역할과 책임에도 변화를 가져왔으며, 효과적 · 체계적으로 유아의 양육과 교육을 지원하는 유아교육기관에서의 유아교육에 대한 사회적 요구도 높아지게 되었다(Morrison, 2012). 가정이 가지고 있던 유아양육과 교육의 기능이 약화되고 교육에 대한 책임이 부모로부터 사회로 옮겨지면서 자녀의 양육이 이제는 더 이상 개별 가정의 책임이 아니라 사회 공동의 책임이라는 의식의 확대는 국가적 차원에서 유아교육에 대한 관심을 고조시키는 결과를 가져왔다. 따라서 발달의 결정적 시기인 유아기에 다양한 경험과 수준 높은 교육을 제공하는 것은 필수적이며 유아교육을 통해 사회적 문제의 발생을 미연에 방지하고 국가 경쟁력을 높일 뿐 아니라, 나아가 빈부 차이나 계층 간의 갈등, 빈곤의 세대 세습을 최소화하기 위해 유아교육은 사회적 차원에서 지원되어야 한다.

이러한 흐름을 바탕으로 미국의 경우 1960년대 헤드스타트(Head Start) 프로그램을 시행하고 저소득층 가정의 유아가 적절한 교육을 받지 못하고 학교생활의 부적응자로 각종 범죄, 문제행동, 마약 복용 등의 사회문제가 발생하는 현상을 미연에 방지하기 위해 시작되었다. 헤드스타트 프로그램의 근본 취지는 유아교육은 국가의 번영 및 사회적 안정과 직결된다는 것을 근거로 그 중요성을 인정하는 것에서부터 시작하였다(Morrison, 2009). 우리나라도 저소득층 유아의 유치원 학비와 어린이집 보육료를 생활 수준에 따라 전액 또는 일부를 지원해 주는 등 교육복지사회를 구현해 나가기 위한 제도적 장치를 마련하여 시행하고 있어 사회적 변화에 따른 유아교육이 실현되고 있음을 보여 준다.

5. 우리나라 유아교육기관의 유형

1) 유아교육기관의 유형과 성격

유아교육기관은 유아들의 체계적인 보호와 교육을 위해 국가에서 법과 제도적으로 공인한 교육과 보육기관을 의미한다. 우리나라 유아교육기관의 유형은 유치원과 어린이집으로 구분되며 명칭과 성격에 대한 차이를 비교하면 다음과 같다.

(1) 유치원의 유형과 특성

「유아교육법」 제2조(개정 2012. 3. 21.)에서 '유치원'이란 만 3세부터 초등학교 취학 전까지의 어린이 교육을 위해 「유아교육법」에 따라 설립·운영되는 교육부 관할 교육기관이다. 「유아교육법」 제7조(개정 2010. 3. 24.)에 따르면 유치원의 설립주체에 따라 국립유치원, 공립유치원, 사립유치원으로 구분할 수 있다. 국립유치원은 국가가 설립·경영하는 유치원이다. 국가가 관장하는 국립유치원으로 한국교원대학교 부설유치원과 공주대학교 사범대학 부설유치원, 강릉원주대학교 부설유치원 등 총 3개원이 있다. 공립유치원은 지방자치단체가 설립·경영하는 유아교육기관으로 초등학교 내의 병설유치원과 초등학교에 소속되어 있지 않고 독립된 기관으로 운영되는 단설유치원이 있다. 병설유치원은 초등학교 내에 병설되어 있는 유치원으로 초등학교 교장이 원장을 겸직하여 운영하는 유치원이며, 단설유치원은 5학급 이상 단독으로 설비되어 운영하는 유치원이다. 그리고 사립유치원은 법인 또는 사인(私人)이 설립·경영하는 유치원이다. 유치원 기관별 유형과 특성은 | 표 1-2 |와 같다.

| 표 1-2 | 유치원 기관별 유형과 특성

유치원 기관별 유형	특성
국립유치원	국가가 설립 · 경영하는 유치원으로 국가가 관장
공립유치원	지방자치단체가 설립 · 경영하는 유아교육기관 • 병설유치원(초등학교 내 소속) • 단설유치원(5학급 이상으로 초등학교에 소속되어 있지 않고 독립된 기관으로 운영)
사립유치원	법인 또는 사인(私人)이 설립 · 경영하는 유치원

출처: [법률 제1523호] 유아교육법 국가법령정보센터.

(2) 어린이집의 유형과 특성

「영유아보육법」 제2조(개정 2011. 6. 7.)에서 '어린이집'이란 보호자의 위탁을 받아 영유아를 보육하는 기관이다. 「영유아보육법」 제10조(개정 2017. 3. 14.)에 따르면 어린이집의 종류는 운영주체에 따라 국공립어린이집, 사회복지법인어린이집, 법인 · 단체등어린이집, 직장어린이집, 가정어린이집, 협동어린이집, 민간어린이집 등으로 규정한다. 국공립어린이집이나 특별자치도지사 · 시장 · 군수 · 구청장의 인가를 받아 설치되는 어린이집만 어린이집을 명칭으로 사용할 수 있도록 「영유아보육법 시행규칙」에서 규정한다. 어린이집 시설별 유형과 성격은 | 표 1-3 |과 같다.

| 표 1-3 | 어린이집 시설별 유형과 특성

어린이집 시설별 유형	특성
국공립어린이집	국가나 지방자치단체가 설치 · 운영하는 어린이집
사회복지법인어린이집	「사회복지사업법」에 따른 사회복지법인이 설치 · 운영하는 어린이집
법인 · 단체등어린이집	각종 법인(사회복지법인을 제외한 비영리법인)이나 단체 등이 설치 · 운영하는 어린이집으로서 대통령령으로 정하는 어린이집
직장어린이집	사업주가 사업장의 근로자를 위하여 설치 · 운영하는 어린이집(국가나 지방자치단체의 장이 소속 공무원 및 국가나 지방자치단체의 장과 근로계약을 체결한 자로서 공무원이 아닌 자를 위하여 설치 · 운영하는 어린이집을 포함한다.)

어린이집 시설별 유형	특성
가정어린이집	개인이 가정이나 그에 준하는 곳에 설치 · 운영하는 어린이집
협동어린이집	보호자 또는 보호자와 보육교직원이 조합(영리를 목적으로 하지 아니하는 조합에 한정한다)을 결성하여 설치 · 운영하는 어린이집
민간어린이집	제1호부터 제6호까지의 규정에 해당하지 아니하는 어린이집

출처: [법률 제14597호] 영유아보호법 국가법령정보센터.

우리나라의 유치원 기관과 보육시설은 정부의 소관 부처가 달라 설립기준, 교사 양성 등의 행정적인 측면에는 차이가 있지만 2012년 공통 교육과정인 만 3–5세 누리과정을 시작으로 서비스의 내용이나 기능면에서의 공통적인 내용이 점점 커지고 있는 추세이다. 유치원과 어린이집의 운영 관련 비교는 | 표 1–4 |와 같다.

| 표 1–4 | 유치원과 어린이집 비교표

구분	유치원	어린이집
근거 법률 및 성격	「유아교육법」(교육기관)	「영유아보육법」(사회복지기관)
관리 부처	교육부, 시도교육청	보건복지부, 지방자치단체
이용 대상	만 3~5세	만 0~5세
현황 (2016년 기준)	전국 8,987개소 / 704,138명	전국 41,084개소 / 1,451,215명
운영시간	3~5시간, 방과 후 과정(선택)	12시간(7:30~19:30), 시간 연장(선택)
정부 지원 교육비, 보육료 (학부모/기관)	만 0세 75(39/36)만 원, 만 1세 52(35/17)만 원 만 2세 40(29/11)만 원, 만 3~5세 22(22/0)만 원	
교육 · 보육 내용	만 3–5세 누리과정	표준보육과정(만 0–2세) 만 3–5세 누리과정
교사자격, 양성과정	유치원 교사 1, 2급 및 준교사 (전문대졸 이상, 학과제)	보육교사 1, 2, 3급 (고졸 이상, 학점제)

구분	유치원	어린이집
정보공시 (세부사항 상이)	2012년 9월부터 유치원알리미	2013년 12월부터 아이사랑보육포털
	공시항목 및 주기 등 세부사항 상이	
평가체계	의무적 평가	자율적 평가인증제
	평가항목은 유사하나 평가주체 및 평가절차가 상이	
재무회계규칙	어린이집, 유치원, 기관별, 설립주체에 따라 운영 상이	
자격규제	원장 자율	시도별 상한액
시설기준	1, 2층 놀이터 160㎡(40명 이하)	1층 원칙, 놀이터 3.5㎡(명당)

출처: 국무조정실 국무총리비서실 보도자료(2014. 2. 14), 국무총리 소속 '영유아 교육 보육 통합추진단' 14일 공식 출범, p. 9. 국회예산정책처 재정 통계.

| 표 1-4 |에 제시한 바와 같이 유치원과 어린이집의 근거 법률 및 성격, 관리 부처, 이용 대상 및 현황, 운영시간, 정부 지원 교육비, 보육료, 교육 · 보육내용, 교사 자격 및 양성과정, 정보공시와 평가체계, 재무회계규칙 그리고 자격규제와 시설기준 등의 측면에서 유치원과 어린이집의 비교 부분을 정리하였다. 유치원은 국가 교육과정인 만 3-5세 누리과정을 근간으로 운영시간을 반일제(3~5시간 미만), 시간연장제(5~8시간 미만), 종일제(8시간 이상)로 운영하고 있다. 유치원의 연간 운영일수는 180일 이상을 기준으로, 하루 누리과정 교육시간은 일일 4~5시간을 기준으로 하여 시도 교육청의 지침과 유치원 실정에 따라 유치원에서 자율적으로 결정한다. 유치원 이용 대상은 만 3세부터 5세로 2016년 기준으로 유치원은 전국 8,987개로 704,138명의 유아가 다니고 있다. 교사 양성과정은 전문대 졸업자 이상으로 유치원 교사 1, 2급과 준교사자격증 소지자만 교사자격을 가진다. 2012년 9월부터 유치원알리미(http://e-childschoolinfo.moe.go.kr)를 통해 유치원 정보를 공시할 의무가 있다. 반면 어린이집은 표준보육과정과 만 3-5세 누리과정을 근간으로 보건복지부와 지방자치단체의 지침과 어린이집 실정에 따라 자율적으로 결정한다. 이용 대상은 만 0세부터 5세로 2016년 기준으로 어린이집은 41,084개, 1,451,215명 유아가 재원하고 있다. 고등학

교 졸업 이상, 학점제 졸업자는 보육교사자격을 받아 보육할 수 있다. 2013년 12월부터 보육포털 아이사랑(http://www.childcare.go.kr)을 통해 어린이집 정보를 공시할 의무가 있다.

2) 우리나라 유아교육기관의 변천과정

(1) 우리나라 유치원의 변천과정

우리나라의 정책과 법률의 제 · 개정을 통해 변화한 유치원의 변천과정을 살펴보면 다음과 같다. 우리나라는 1910년대부터 유아교육을 위한 유치원이 설립되었으며, 1922년에 「조선교육령」 제정으로 유치원과 관련된 법적 규정이 최초로 생겼다. 그리고 1949년 「교육법」에 의해 유치원이 학교로 정의되었으며, 1982년 「유아교육진흥법」 제정으로 유아교육 진흥을 위한 국가 및 지방자치단체의 의무조항이 규정되었다. 2004년 「유아교육법」이 제정되면서 「유아교육진흥법」이 폐지되고 「초 · 중등교육법」의 유아교육 관련 내용을 이관하여 유아교육에 관한 기본법을 마련하는 계기가 되었다. 우리나라 유치원의 변천과정은 | 표 1-5 |와 같다.

| 표 1-5 | 우리나라 유치원의 변천과정

연도	내용	
1897년	부산유치원	현대적 유아교육의 출발이었지만 일본인 자녀의 교육을 위한 기관
1909년	나남유치원	한국 어린이(한국 원아 60명)를 위한 최초의 유치원이었지만 일본인 교사에 의한 수업이 진행
1913년	경성유치원	친일파 한국인의 일본인화를 위한 유치원
1914년	이화유치원	기독교 선교사 Browwn Lee가 설립
1916년	중앙유치원	한국인의 민족정신을 교육하기 위해 독립운동가 33인 중 한 명인 박희도에 의해 설립
1922년	「조선교육령」에 기초한 유치원 규정 제정	
1940년	전국의 유치원 수 273개로 증가	

연도	내용
1945년	제2차 세계대전과 유치원 무용론의 대두로 전국의 유치원 수가 165개로 감소
1949년	법률 제86호 「교육법」 공표
1963년	유치원 설치기준령
1969년	유치원 교육과정 제정
1976년	최초 공립유치원 수준인 초등 병설유치원 서울 4개, 부산 1개 설치
1980년	유아교육진흥종합계획으로 공 · 사립유치원 확충 도모
1982년	「유아교육진흥법」 제정, 유아교육 진흥을 위한 국가 및 지방자치단체의 의무 규정
1998년	「유아교육진흥법」 개정, 초등학교 취학 직전 1년의 유아에 대한 무상교육 원칙 포함
1992년	만 3세 유아가 유치원에 취원되어 새마을 유아원이 새마을 유치원으로 전환
2004년	「유아교육법」 제정, 「유아교육진흥법」을 폐지하고 「초 · 중등교육법」의 유아교육 관련 내용을 이관하여 유아교육에 관한 기본법 마련

(2) 우리나라 어린이집의 변천과정

우리나라 어린이집의 변천과정을 살펴보면 1921년부터 태화기독교사회관의 탁아 프로그램으로 시작하여 1939년도에는 전국에 11개의 탁아소 시설이 개설되었다. 그리고 1952년 「후생시설 운영요령」으로 탁아소의 기능은 직장을 가진 부모의 자녀를 위탁 · 보호할 수 있는 시설로 공포하였으며, 1953년 부산에 처음으로 시립탁아소가 개원하였다. 1961년에는 「아동복리법」 제정으로 전국 탁아소의 개수가 증가했으며 1968년도에는 탁아소의 명칭을 어린이집으로 변경하고 시설의 설치비, 운영비, 인건비를 지원하였다. 1978년도에는 「탁아시설 운영 개선방안」을 시행하고 1991년에 「영유아보육법」이 공포되고 1998년에 개정되면서 만 5세 보육시설 무상교육이 시행되었다. 우리나라 보육시설의 변천과정은 | 표 1-6 |과 같다.

| 표 1-6 | 우리나라 어린이집의 변천과정

연도	내용
1921년	태화기독교사회관의 탁아 프로그램
1926년	부산 공생탁아소, 대구 탁아소 개설
1939년	전국 11개소 탁아소 개설
1952년	「후생시설 운영요령」 탁아소의 기능은 직장을 가진 부모의 자녀를 위탁 · 보호할 수 있는 시설로 공포
1953년	부산 시립탁아소 개원
1961년	「아동복리법」 제정 및 공표
1966년	전국 탁아소 116개로 증가
1968년	「미인가 탁아시설 임시조치요령」 공포 및 시행 탁아소를 어린이집으로 명칭 변경, 시설의 설치비, 운영비, 인건비 지원
1978년	탁아시설 운영 개선방안 시행
1981년	새마을 협동 유아원 전국 263개로 확대
1991년	「영유아보육법」 공포
1998년	「영유아보육법」 개정, 만 5세 보육시설 무상교육 시행

3) 우리나라 유아교육기관의 현황

(1) 유치원의 기관유형별 수 및 이용 유아 현황

2016년 전국 유치원의 기관유형별 수와 이용 유아 현황에 따르면 국립유치원은 3개소, 이용 유아 수는 258명, 공립유치원은 전국에 4,693개소로 이용 유아 수는 170,091명이다. 또한, 가장 많은 수를 차지하고 있는 사립유치원은 전국의 7,291개소에 533,789명의 유아가 재원하고 있다. 우리나라 유아교육기관의 현황은 | 표 1-7 | 과 같다.

| 표 1-7 | 유치원의 기관유형별 수 및 이용 유아 현황

(단위: 개소/명)

구분	기관 수	유아 수
국립유치원	3	258
공립유치원	4,693	170,091
사립유치원	7,291	533,789
계	11,987	704,138

출처: 교육부(2016). 교육 통계서비스.

(2) 어린이집의 시설유형별 수 및 이용 유아 현황

2016년 전국 어린이집 시설유형별 수와 이용 유아 현황에 따르면 국공립어린이집은 전국 2,859개소로 175,929명의 유아가 이용하고 있으며, 사회복지법인어린이집의 경우 1,402개소에 99,113명의 유아가 재원하고 있다. 법인단체등어린이집의 수는 804개소로 45,374명의 유아가 재원하고 있다. 민간어린이집의 수는 전국으로 14,316개소이며 745,663명의 유아가 이용하고 있다. 가장 많은 수인 가정어린이집은 총 20,598개소로 328,594명이 재원하고 있으며, 협동어린이집은 157개소에 4,240명이, 직장어린이집은 948개소로 52,302명이 재원하고 있다. 그리고 전국의 어린이집은 총 41, 084개소로 8,987개소의 유치원의 수보다 4배 가까이 되고 이용 유아 수는 총 1,451,215명으로 유치원 이용 유아 수인 704,138명보다 2배 이상 높은 것으로 나타났다.

| 표 1-8 | 어린이집의 시설유형별 수 및 이용 유아 현황

(단위: 개소/명)

구분	시설 수	이용 유아 수
국공립어린이집	2,859	175,929
사회복지법인 어린이집	1,402	99,113

구분	시설 수	이용 유아 수
법인단체등어린이집	804	45,374
민간어린이집	14,316	745,663
가정어린이집	20,598	328,594
협동어린이집	157	4,240
직장어린이집	948	52,302
계	41,084	1,451,215

출처: 보건복지부(2016). 교육 통계서비스.

6. 미래사회와 유아교육

1) 우리나라 교육과정 변화와 유아교육

교육부에서는 미래사회가 요구하는 핵심역량을 기를 수 있는 교과 교육과정을 개발하고자 2016년 1월 '2015 개정 교육과정'을 발표하고 유아를 비롯하여 초 · 중 · 고등학교 모든 학생이 인문 · 사회 · 과학기술에 대한 기초소양을 함양하여 인문학적 상상력과 과학기술 창조력을 갖춘 창의융합형 인재로 성장할 수 있도록 우리 교육의 근본적인 패러다임을 전환하고자 하였다. '2015 개정 교육과정'이 추구하는 인간상은 홍익인간의 이념을 바탕으로 '자주적인 사람', '창의적인 사람', '교양 있는 사람', '더불어 사는 사람'으로 전인적 성장을 바탕으로 자아정체성을 확립하고 자신의 진로와 삶을 개척하는 사람, 기초능력의 바탕 위에 다양한 발상과 도전으로 새로운 것을 창출하는 사람, 문화적 소양과 다원적 가치에 대한 이해를 바탕으로 인류 문화를 향유하고 발전시키는 사람, 공동체 의식을 가지고 세계와 소통하는 민주시민으로서 배려와 나눔을 실천하는 사람으로 제시되고 있다.

특히, 초등학교 '2015 개정 교육과정'에서는 교과와 창의적 체험활동 그리고 학교

생활 전반에 걸쳐 실제적 삶 속에서 무언가를 할 줄 아는 실질적인 능력을 기를 수 있도록 핵심역량을 제시하였다. 제시된 역량은 총 6개로 다음과 같다.

- 자기관리 역량: 자아정체성과 자신감을 가지고 자신의 삶과 진로에 필요한 기초능력과 자질을 갖추어 자기주도적으로 살아갈 수 있는 능력
- 지식정보처리 역량: 문제를 합리적으로 해결하기 위해 다양한 영역의 지식과 정보를 처리하고 활용할 수 있는 능력
- 창의적 사고역량: 폭넓은 기초지식을 바탕으로 다양한 전문 분야의 지식 · 기술 · 경험을 융합적으로 활용하여 새로운 것을 창출하는 능력
- 심미적 감성역량: 인간에 대한 공감적 이해와 문화적 감수성을 바탕으로 삶의 의미와 가치를 발견하고 향유할 수 있는 능력
- 의사소통 역량: 다양한 상황에서 자신의 생각과 감정을 효과적으로 표현하고 다른 사람의 의견을 경청하며 존중하는 능력
- 공동체 역량: 지역 · 국가 · 세계 공동체의 구성원에게 요구되는 가치와 태도를 가지고 공동체 발전에 적극적으로 참여하는 능력

유아 교육과정에서도 유아가 '자기관리 역량', '지식정보처리 역량', '창의적 사고역량', '심미적 감성역량', '의사소통 역량', '공동체 역량'을 함양할 수 있도록 교육과정 운영에 반영하고 있다. 특히, 인문학적 소양을 증진하기 위한 다양한 활동과 과학기술 소양을 증진하기 위해 실험과 탐구중심의 과학교육, 소프트웨어 교육과 더불어 창의적인 체험활동을 강화할 것을 제시하고 있어 누리과정에서의 효율적인 연계방안이 다각도에서 모색되고 있다.

2) 세계 유아교육의 동향

UNESCO에서는 '모두를 위한 교육세계선언(World Declaration on Education for All)'을 발표하고(UNESCO, 1990), 2000년 세네갈의 다카르에서 개최된 세계교육포럼(WEF: World Education Forum)에서 인간의 기본학습요구의 충족(meeting the basic learning needs)을 위한

6개의 목표인 학습의 보편적 접근, 형평성, 학습 성과, 기초교육의 범위와 교육수단 확장, 학습환경 향상에 대한 성과를 논의하였다. 또한, 모두를 위한 교육 실행계획의 목표 진전상황을 점검하여 '다카르 실행계획(Dakar Framework For Action on Education for All)'을 채택하여 2015년도까지 달성해야 할 6개의 목표인 유아교육의 확대, 무상 초등 의무교육 보급, 청소년과 성인의 학습과 기술 습득 촉진, 성인 문해교육 증진과 성 평등 달성 및 교육의 질 향상을 위해 노력하였다.

이어서 UNESCO에서는 '2013/4 EFA Global Monitoring Report'를 통해 다카르 실행계획 6개 목표의 실행상황을 점검하였다(UNESCO, 2014). 2015년도에는 대한민국 송도에서 세계교육포럼이 개최되었으며, 슬로건은 '교육을 통한 삶의 변화(Transforming life through education)'로 향후 15년에는 모두를 위한 교육이 선언적 의미에서 끝나는 것이 아니라 실질적 실행과 결과를 동반한 전 지구적 교육의제가 될 수 있도록 할 것임을 발표하였다. 전 세계적 또한 전 지구적 교육의제로 논의된 핵심주제는 5가지로 '교육을 받을 수 있는 권리(right to education)', '형평성(equity in education)', '포용성(inclusive education)', '양질의 교육(quality of education)', '평생학습(lifelong learning)'을 제시하였다. 즉, 교육은 인간의 기본권이며 어떤 학습자도 교육 접근에 배제되어서는 안 된다. 교육 기회의 평등뿐만 아니라 교육결과의 평등을 위해서는 교육성취를 제한하는 차별이 철폐되어야 하고, 모두의 삶에 연계된 교육으로 비판적 사고를 촉진하고 전 세계적인 변화에 대응할 수 있는 능력이 향상되어야 함을 의미한다.

3) 4차 산업혁명시대와 유아교육

2017년 1월, 스위스 다보스에서 열린 세계경제포럼에서 언급된 '4차 혁명(Fourth Industrial Revolution)'에 대해 세계경제포럼의 Klaus Schwab 회장은 4차 혁명을 일컬어 "지금까지 이보다 더 큰 기회도, 더 큰 위험도 존재했던 적이 없다."라고 하였다. 그리고 기술이 우리의 삶에 어떻게 영향을 미치며 경제, 사회, 문화, 인류환경을 재편할지에 대해 전 인류가 함께 공유하고 고민해야 할 필요성을 강력히 주장하였다. 이후 전 세계적인 화두로 주목된 4차 산업혁명은 3차 산업혁명의 연장선으로 핵심 키워드는 융합과 연결로 강조된다. 즉, 정보통신기술의 발달로 전 세계적으로 원활하고 활발한 소통이 가능해지고 개개인의 창의적인 생각을 실현 가능하게 만들며 기술의 원활한 융합을 가능하게 할 것이라고 예측한다. 현재 강조되는 4차 산업혁명의 특징은 초연결성, 초지능성, 예측 가능성으로 사람과 사물, 사물과 사물이 인터넷 통신망으로 연결(초연결성)되며 이러한 초연결성으로 축척된 거대한 데이터를 분석하여 일정한 패턴을 파악(초지능성)하여, 이 분석결과를 토대로 인간의 행동을 예측(예측 가능성)할 수 있다고 본다(WEF, 2015a).

4차 산업혁명에 시대가 도래함에 따라 유아교육의 방향을 주목할 필요가 있다. 세계경제포럼에서는 '교육을 위한 새로운 비전(New Vision for Education)'이라는 주제로 2015년 '새로운 교육의 비전: 기술의 잠재력 발현(New Vision for Education: Unlocking the Potential of Technology)'과 2016년 '새로운 교육의 비전: 기술을 통한 사회정서학습기술의 촉진(New Vision for Education: Fostering Social and Emotional Learning through Technology)'이라는 보고서를 통해 인재 양성의 중요성을 강조하고, 21세기 혁신, 경쟁력, 성장을 이끄는 핵심요소로 교육을 지속적으로 관리해야 한다고 지적한다. 2015년 세계경제포럼에서 제시한 교육을 통해 함양시켜야 할 21세기 핵심기술은 | 표 1-9 |와 같다.

| 표 1-9 | 2015년 세계경제포럼에서 제시한 핵심기술

21세기 핵심기술		
기초문해 (foundational literacies)	역량 (competencies)	인성 자질 (character qualities)
일상생활에서 핵심기술 적용하기	복잡한 도전적 문제에 대해 대처하기	변화하는 환경에 융통성 있게 대처하기
문해 수학문해 과학문해 ICT 문해 경제문해 문화 및 시민문해	비판적 사고와 문제해결 창의성 의사소통 협력	창의성 주도성 일관성/도전정신 적응력 리더십 과학 및 문화

출처: World Economic Forum(2015b). New vision for education: Unlocking the potential of technology. Colony/Geneva: World Economic Forum, p. 3.

2015년 세계경제포럼에서는, 특히 현재 7세 이하의 유아가 성인이 되어 사회에서 직업을 선택할 때가 되면 전체의 약 65% 이상은 지금 존재하지 않는 직업을 갖게 될 것이라고 예측하며, 이에 따른 인공지능을 지닌 로봇의 등장을 예상하였다(WEF, 2015a; WEF, 2015c). 이와 같이 4차 산업혁명은 인류가 경험해 보지 못한 것, 지금의 기술과 지식으로 설명이 불가능한 변화이다. 이러한 변화는 매우 빠른 속도로 전개 중이며 이전에 경험하지 못했던 패러다임의 변화를 창출할 것이다(현대경제연구원, 2016). 따라서 앞으로 다가올 미래의 변화에 유연하게 대응할 수 있는 인재를 양성하기 위해 유아교육의 중요성이 대두되고 있다. 세계경제포럼에서 강조된 4차 산업혁명의 미래를 대비하고 준비하기 위한 유아교육의 방향은 다음과 같다.

첫째, 핵심기술과 사회정서학습기술(Social and Emotional Learning (SEL) Skills) 증진을 강화해야 한다(WEF, 2016b). 모든 유아가 수학, 과학, ICT, 경제, 문화 및 문해와 같은 '기초기술(foundational skills)'과 비판적 사고, 문제해결력, 창의성, 의사소통과 협력과 같은 '역량' 그리고 창의성, 주도성, 일관성과 도전정신, 적응력, 리더십, 과학과 문화와 같은 '인성과 자질'을 갖추도록 '21세기 핵심기술'을 발달시킬 수 있도록 교육해야 한다.

둘째, 에듀테크(education technology)의 효과성과 효율성을 이해하고 교육의 질을 향상해야 한다(WEF, 2016b). 세계경제포럼의 보고서에 의하면 비교적 낮은 비용으로 교육의 질을 향상시키고, 21세기 기술 격차 해소를 위한 강력한 방안으로 에듀테크의 활발한 활용을 교육현장에 적용할 것을 강조한다. 대다수의 만 7세 이전의 유아도 휴대폰을 다룰 줄 알고, 대부분의 어린이들이 비디오 게임과 텍스트 메시지 보내기를 통해 놀이를 하는 현시대에 교육현장에서 에듀테크를 활용하는 것은 자연스러운 현상이다(Ward, 2015). 따라서 유아교육현장에서 좀 더 구체적으로 유아에게 적합하게 에듀테크를 어떻게 활용할 수 있는지를 연구하고 그 방법을 모색할 필요가 있다(WEF, 2015b). 미래학자들은 4차 산업혁명시대의 유아교육에서는 SEL 기술과 관련된 프로그램과 더불어 최신 기술을 활용한 어플리케이션과 디바이스 등과 같은 에듀테크의 가상현실 역시 창의성, 의사소통 기술, 비판적 사고 향상 교육에 적극 활용되어야 한다고 강조함을 주지해야 할 필요는 있다고 본다.

토론

1. 유아교육 대상 연령은 무엇을 근거로 구분하는지 의견을 나누어 보세요.
2. 「교육법」에서 교육목적으로 제시하고 있는 '홍익인간'의 개념을 유아교육의 목적에 반영하여 의견을 나누어 보세요.
3. 사회적 변화와 요구에 따라 유아교육이 변화하는데, 이에 따른 오늘날 핵심 이슈는 무엇일까요?
4. 우리나라 유아교육기관의 현황을 비교하고 이를 근거로 유치원과 어린이집의 특성을 다각도에서 정리해 보세요.

교육부(2016). 2015 개정 교육과정 질의 응답 자료.

교육부, 보건복지부(2013). **3-5세 누리과정.**

국무조정실 국무총리비서실 보도자료(2014. 2.14). 국무총리 소속 '영유아 교육 보육 통합추진단' 14일 공식 출범.

김진영(2009). **영유아를 위한 부모교육.** 창지사.

문무경, 서문희, 김문정(2011). 유아교육과 보육정책 조정을 위한 국제 비교 기초연구. 육아정책연구소 연구보고. **유아교육 · 보육 통합을 위한 교원 정책방안, 51.**

보건복지부(2013). **제3차 어린이집 표준보육과정.**

신득렬, 이병승, 우영효, 김희용(2008). **쉽게 풀어쓴 교육철학 및 교육사(개정판).** 양서원.

양옥승(2001). **유아교육개론.** 학지사.

양옥승, 이원영, 이영자, 이기숙(2003). **21세기 바람직한 유아교육에 대한 한국유아교육학회의 입장.** 정민사.

이미화, 여종일, 엄지원(2012). 2013-2017 보육 중장기 발전 방향. **육아정책연구소 연구보고, 19.**

장명림, 황성온, 김미나(2012). 2013-2017 유아교육 중장기 발전 방향. **육아정책연구소 연구보고, 18.**

정범모, 정원식(1978). **교육과 국가 발전.** 배영사.

정범모(1983). **가치관과 교육.** 박영사.

현대경제연구원(2016). 현안과 과제: 2016년 다보스 포럼의 주요 내용과 시사점-'4차 산업혁명', 글로벌 성장 원동력으로. 현대경제연구원.

Baltes, P. B.(1987). Theoretical propositions of life-span developmental psychology: On the dynamics between growth and decline. *Developmental psychology, 23*(5), 611.

Begley, S.(1997). How to build a baby' s brain. *Newsweek Special Edition, Spring-Summer*, 28-32.

Bowlby, J.(1973). *Separation: anxiety and anger, vol. 2 of Attachment and loss*. London: Hogarth Press; New York: Basic Books; Harmondsworth: Penguin.

Copple, C., & Bredekamp, S.(2009). Developmentally appropriate practice in early childhood programs serving children from birth through age 8. *National Association for the Education of Young Children.* 1313 L Street NW Suite 500, Washington, DC 22205-4101.

Dewey, J.(1936). *Individual psychology and education*. The Philosopher XII. Retrieved from http://atschool.eduweb.co.uk/cite/staff/philosopher/dewey.htm

Elder, G. H.(1998). The life course as developmental theory. *Child development, 69*(1), 1-12.

Gerhardt, S.(2006). Why love matters: How affection shapes a baby's brain. *Infant Observation, 9*(3), 305-309.

Gordon, A. M., & Browne, K. W.(2008). *Beginnings and beyond: foundations in early childhood education*(7th ed.). Clifton Park, NY: Thomson Delmar Pub.

Heckman, J. J.(2011). The Economics of Inequality: The Value of Early Childhood Education. *American Educator, 35*(1), 31.

Lutz, W., J., & Hock, E.(1995). Maternal separation anxiety: Relations to adult attachment representations in mothers of infants. *The Journal of Genetic Psychology, 156*, 57-72. Retrieved from http://web.ebscohost.com

Morrison, G. S.(2009). *Early childhood education today*(11th ed.). New Jersey: Merrill Pearson.

Morrison, G. S.(2012). *Early childhood education today*(13th ed.). New Jersey: Merrill Pearson.

UNESCO Asia and Pacific Regional Bureau(2012). *Towards EFA 2015 and Beyond Shaping a new Vision of Education*. Bangkok: UNESCO.

UNESCO(2014). Teaching and learning: achieving quality for all: EFA global monitoring report, 2013-2014. Retrieved July 10, 2017 from: http://unesdoc.unesco.org/ulis/cgi-bin/ulis.pl?lin=1&catno=225660

World Declaration on Education for All(1990). Retrieved July 10, 2017 from: http://www.unesco.org/education/efa/ed_for_all/background/jomtien_declaration.shtml

World Economic Forum(2015a). *Deep shift technology tipping points and societal impact*. Colony/Geneva: World Economic Forum.

World Economic Forum(2015b). *New vision for education: Unlocking the potential of technology*. Colony/Geneva: World Economic Forum.

World Economic Forum(2015c). *The future of jobs*. Colony/Geneva: World Economic Forum.

World Economic Forum(2016a). *New vision for education*. Retrieved from https://www.weforum.org/global-challenges/projects/new-vision-for-education/

World Economic Forum(2016b). *New vision for education: Fostering social and emotional learning through technology*. Colony/Geneva: World Economic Forum.

CHAPTER 02

유아교육 관련법과 정책

정부에서 시행하고 있는 공공정책이란 사회문제를 알리고 해결하기 위해 정부와 민간단체의 제안이나 실제 조치이다. 공공정책은 법률과 같은 것을 포함하며, 중앙정부 및 지방자치단체의 지침과 유아교육 관련 학계기관 등 전문기관의 입장 진술, 법원의 결정에 대한 분석과 논의도 포함한다. 현재 우리나라는 이원화 체계 속에서 유아교육 및 보육을 각각 추진하고 있다. 이를 구체적으로 살펴보면, 유아교육 정책으로는 2009년 '유아교육 선진화 추진계획'에 따라 유치원 교육과정을 추진했으며, 유아교육 중장기 정책(2013~2017)의 추진 방향 및 과제를 제시하고 있다. 한편, 보육정책으로는 1차 중장기 보육계획(2006~2010)인 '새싹플랜'에 이어 2차 중장기 보육계획(2009~2012)인 '아이사랑플랜'이 추진된 바 있으며, 3차 중장기 보육기본계획(2018~2022) 수립에 착수하고 있음을 설명하였다. 이러한 이원화 체계 속에서 유치원은 유아교육과정을, 어린이집은 표준보육과정을 2012년 3월부터 5세 누리과정으로 일원화하고, 2013년부터 만 3~4세까지 누리과정을 확대하였다. 뿐만 아니라 유보 통합정책에 대해서도 여전히 논의되고 있음에 대해서도 제시하였다.

1. 유아교육 관련법과 제도

국가는 법과 제도로 신체 · 언어 · 인지 · 사회 · 정서 등 각 영역의 발달을 위한 기초를 형성하는 결정적 시기에 있는 모든 아동에게 평등한 교육을 제공할 책무성을 갖는다. 특히, 여성의 사회활동 참여가 증가함에 따라 유아교육과 보육에 대한 수요가 급증하고 있어 국가 차원의 제도 정립과 서비스 지원 그리고 유아교육의 공교육화에 대한 필요성, 즉 국가책임론이 대두되었다. 이와 관련하여 현 유아교육 관련법과 제도의 내용이 어떻게 구성되었는지 그 과정과 체제를 살펴보고자 한다.

1) 유아교육 관련법

우리나라 유아교육 관련법으로는 「유아교육법」과 「영유아보육법」이 있다. 이 중 「유아교육법」은 1997년 처음 국회에 입법 발의된 후 2004년에 제정되었다. 이로써 우리나라의 교육은 「교육기본법」을 비롯하여 「유아교육법」, 「초 · 중등교육법」, 「고등교육법」, 「평생교육법」의 5법 체제를 갖추게 되었고, 유아교육은 공교육의 기반을 구축하게 되었다.

「유아교육법」의 내용을 살펴보면 다음과 같다. 제1장 '총칙'에서 「교육기본법」 제9조에 따라 유아교육에 관한 사항을 정함을 목적으로 한다.'고 하였으며, 유아 · 유치원 · 보호자의 정의, 유아교육 발전기본계획의 수립, 유아교육 · 보육위원회 · 유아교육위원회 · 유아교육진흥원의 설치 등이 명시되어 있다. 제2장 '유치원의 설립 등'에서는 유치원의 구분, 설립, 설립의무, 규칙, 입학, 교육과정, 특수학교, 지도 · 감독, 평가, 유치원 운영위원회, 회계 관련 내용이 명시되어 있다. 제3장 '교직원'에서는 교직원의 구분, 임무, 교원의 자격, 유아의 인권 보장의 내용이, 제4장 '비용'에서는 무상교육, 원비, 비용 부담, 보조금의 내용이 명시되어 있다. 제5장은 보칙 및 벌칙 등이 명시되어 있다. 「유아교육법」의 하위에는 「유아교육법 시행령」, 「고등학교 이하 각급 학교 설립 · 운영 규정」, 「교원 등의 연수에 관한 규정」, 「교원자격검정령」, 「교육과정심의회 규정」, 「외국인학교 및 외국인유치원의 설립 · 운영에 관한 규정」이 있다.

「영유아보육법」은 1991년에 처음 제정 및 시행에 들어갔으며, 「유아교육법」이 제정된 2004년 전면개정됨으로써 영유아 관련법의 양법 체제가 이루어져 지금까지 25차례의 개정을 거쳤다.

「영유아보육법」의 내용을 살펴보면 다음과 같다. 제1장 '총칙'에서 '영유아(영幼兒)의 심신을 보호하고 건전하게 교육하여 건강한 사회구성원으로 육성함과 아울러 보호자의 경제적 · 사회적 활동이 원활하게 이루어지도록 함으로써 영유아 및 가정의 복지 증진에 이바지함을 목적으로 한다.'고 하였으며, 영유아 · 보육 · 어린이집 · 보호자 · 보육교직원의 정의, 보육이념, 책임, 보육정책조정위원회, 보육정책위원회, 육아종합지원센터, 보육개발원, 보육 실태조사 등이 명시되어 있다. 제2장 '어린이집의 설치'에서는 어린이집의 종류, 보육계획의 수립 및 시행, 어린이집 또는 어린이집 용지 확보, 국공립어린이집의 설치 등, 국공립어린이집 외의 어린이집의 설치, 직장어린이집의 설치 등, 어린이집 설치기준, 결격사유의 내용이 명시되어 있다. 제3장 '보육교직원'에는 보육교직원의 배치 · 직무 · 책무 · 임면 · 결격사유, 어린이집 원장 또는 보육교사의 자격, 어린이집 원장 또는 보육교사자격증의 교부, 명의대여 등의 금지, 어린이집 원장 및 보육교사의 보수교육, 교육명령의 내용이, 제4장 '어린

이집 운영'에서는 어린이집의 운영기준 등, 어린이집 운영위원회, 취약보육의 우선 실시 등, 어린이집 이용 대상, 보육의 우선 제공, 보육과정이 명시되어 있다. 제5장은 건강 · 영양 및 안전의 내용이, 제6장은 비용, 제7장은 지도 및 감독, 제8장은 보칙, 제9장은 벌칙 및 부칙 등의 내용이 명시되어 있다. 「영유아보육법」의 하위에는 「영유아보육법 시행령」, 「영유아보육법 시행규칙」, 「행정규칙」, 「자치법규」 등이 있다. 「유아교육법」 및 「영유아보육법」의 주요내용은 | 표 2-1 |과 같다.

| 표 2-1 | 「유아교육법」과 「영유아보육법」의 주요내용

유아교육법	
주요 내용	• '유아'란 만 3세부터 초등학교 취학 전까지의 어린이를 말하며, '유치원'이란 유아의 교육을 위하여 이 법에 따라 설립 · 운영되는 학교를 말한다. 〈제2조〉 • 유아교육 및 보육에 관한 기본계획, 유치원과 어린이집 간의 연계 운영 등을 심의하기 위하여 국무총리 소속으로 유아교육 · 보육위원회를 둔다. 〈제4조 제1항〉 • 유아교육에 관한 정책, 사업의 기획 · 조사 등에 관한 사항을 심의하기 위하여 교육부에 중앙유아교육위원회를 두고, 시도교육청에 시도 유아교육위원회를 둔다. 〈제5조 제1항〉 • 유치원은 국립유치원, 공립유치원, 사립유치원으로 구분한다. 〈제7조〉 • 유치원의 학년도는 3월 1일부터 다음해 2월 말일까지로 하며, 유치원은 보호자의 요구 및 지역 실정에 따라 방과 후 과정을 운영할 수 있다. 〈제12조 제1항, 제2항〉 • 유치원은 교육과정을 운영하여야 하며, 교육부장관은 교육과정 및 방과 후 과정의 기준과 내용에 관한 기본적인 사항을 정할 수 있다. 〈제13조 제1항, 제2항〉 • 국립유치원은 교육부장관의 지도 · 감독을 받으며, 공립 · 사립유치원은 교육감의 지도 · 감독을 받는다. 〈제18조 제1항〉 • 유치원 운영의 자율성을 높이고 지역의 실정과 특성에 맞는 다양한 교육을 창의적으로 실시할 수 있도록 하기 위하여 유치원에 유치원 운영위원회를 둘 수 있다. 〈제19조의3 제1항〉 • 유치원에는 교원으로 원장 · 원감 · 수석교사 및 교사를 두고, 교원 외에 촉탁의사, 영양사, 간호사 또는 간호조무사, 행정직원 등을 둘 수 있다. 교육과정 운영에 필요한 경우 강사, 기간제 교사 또는 명예교사 등을 둘 수 있다. 〈제20조 제1항, 제2항, 제23조 제1항〉 • 유치원의 설립자 · 경영자와 원장은 헌법과 국제인권조약에 명시된 유아의 인권을 보장하여야 하며, 교직원은 도구, 신체 등을 이용하여 유아의 신체에 고통을 가하여서는 아니 된다. 〈제21조의2 제1항, 제2항〉 • 교사는 정교사(1급 · 2급), 준교사로 나누되, 교육부장관이 검정 · 수여하는 자격증을 받은 사람이어야 한다. 〈제22조 제2항〉 • 초등학교 취학 직전 3년의 유아교육은 무상(無償)으로 실시한다. 무상으로 실시하는 유아교육에 드는 비용은 국가 및 지방자치단체가 부담하되, 유아의 보호자에게 지원하는 것을 원칙으로 한다. 〈제24조 제1항, 제2항〉 • 국가 및 지방자치단체는 사립유치원의 설립 및 유치원 교사의 인건비 등 운영에 드는 경비의 전부 또는 일부를 보조한다. 〈제26조 제3항〉

영유아보육법	
주요 내용	• ‘영유아’란 6세 미만의 취학 전 아동을 말하며, ‘보육’이란 영유아를 건강하고 안전하게 보호 · 양육하고 영유아의 발달특성에 맞는 교육을 제공하는 어린이집 및 가정양육 지원에 관한 사회복지서비스를 말한다. ‘어린이집’이란 보호자의 위탁을 받아 영유아를 보육하는 기관을 말한다. 〈제2조〉 • 보육정책에 관한 관계 부처 간의 의견을 조정하기 위하여 국무총리 소속으로 보육정책 조정위원회(이하 ‘보육정책조정위원회’라 한다)를 둔다. 보육정책조정위원회는 보육정책의 기본 방향에 관한 사항, 보육 관련 제도 개선과 예산 지원에 관한 사항, 보육에 관한 관계 부처 간 협조사항, 그 밖에 위원장이 회의에 부치는 사항을 심의 · 조정한다. 〈제5조 제1항, 제2항〉 • 보육에 관한 각종 정책 · 사업 · 보육지도 및 어린이집 평가인증사항 등을 심의하기 위하여 보건복지부에 중앙보육정책위원회를, 특별시 · 광역시 · 도 · 특별자치도(이하 ‘시도’라 한다) 및 시 · 군 · 구(자치구를 말한다. 이하 같다)에 지방보육정책위원회를 둔다. 다만, 지방보육정책위원회는 그 기능을 담당하기에 적합한 다른 위원회가 있고 그 위원회의 위원이 제2항에 따른 자격을 갖춘 경우에는 시도 또는 시 · 군 · 구의 조례로 정하는 바에 따라 그 위원회가 지방보육정책위원회의 기능을 대신할 수 있다. 〈제6조 제1항〉 • 영유아에게 제26조의2에 따른 일시보육서비스를 제공하거나 보육에 관한 정보의 수집 · 제공 및 상담을 위하여 보건복지부장관은 중앙육아종합지원센터를, 특별시장 · 광역시장 · 특별자치시장 · 도지사 · 특별자치도지사(이하 ‘시도지사’라 한다) 및 시장 · 군수 · 구청장은 지방육아종합지원센터를 설치 · 운영하여야 한다. 이 경우 필요하다고 인정하는 경우에는 영아 · 장애아 보육 등에 관한 육아종합지원센터를 별도로 설치 · 운영할 수 있다. 〈제7조 제1항〉 • 보건복지부장관은 보육에 관한 연구와 정보 제공, 프로그램 및 교재 개발, 평가척도 개발 및 보육교직원 연수 등의 업무를 위하여 보육개발원을 설치하거나 그 업무를 관련 연구기관 등에 위탁할 수 있다. 〈제8조 1항〉 • 보건복지부장관은 이 법의 적절한 시행을 위하여 보육 실태조사를 3년마다 하여야 한다. 〈제9조 1항〉 • 어린이집의 종류는 국공립어린이집, 사회복지법인어린이집, 법인 · 단체등 어린이집, 직장어린이집, 가정어린이집, 협동어린이집, 민간어린이집으로 구분한다. 〈제10조〉 • 어린이집을 설치 · 운영하려는 자는 보건복지부령으로 정하는 설치기준을 갖추어야 한다. 다만 놀이터, 비상재해 대비시설 및 폐쇄회로 텔레비전의 설치와 관련된 사항은 각각 제15조의2부터 제15조의4까지에 따른다. 〈제15조〉 • 어린이집에는 보육교직원을 두어야 한다. 보육교사의 업무 부담을 경감할 수 있도록 보조교사 등을 두며, 휴가 또는 보수교육 등으로 보육교사의 업무에 공백이 생기는 경우에는 이를 대체할 수 있는 대체교사를 배치한다. 보육교직원 및 그 밖의 인력의 배치기준 등에 필요한 사항은 보건복지부령으로 정한다. 〈제17조 제1항, 제2항, 제3항, 제4항〉 • 보육교직원은 영유아를 보육함에 있어 영유아에게 신체적 고통이나 고성 · 폭언 등의 정신적 고통을 가하여서는 아니 된다. 보육교직원은 업무를 수행함에 있어 영유아의 생명 · 안전 보호 및 위험 방지를 위하여 주의의무를 다하여야 한다. 〈제18조의2 제1항, 제2항〉

영유아보육법	
주요 내용	• 어린이집의 원장은 대통령령으로 정하는 자격을 가진 자로서 보건복지부장관이 검정 · 수여하는 자격증을 받은 자이어야 한다. 보육교사는 제1호, 「고등교육법」 제2조에 따른 학교에서 보건복지부령으로 정하는 보육 관련 교과목과 학점을 이수하고 전문학사학위 이상을 취득한 사람, 제2호 고등학교 또는 이와 같은 수준 이상의 학교를 졸업한 자로서 시 · 도지사가 지정한 교육훈련시설에서 소정의 교육과정을 이수한 사람으로 각 호의 어느 하나에 해당하는 자로서 보건복지부장관이 검정 · 수여하는 자격증을 받은 자이어야 한다. 〈제21조 제1항, 제2항〉 • 보건복지부장관은 제21조 제1항 및 제2항에 따라 어린이집의 원장 또는 보육교사의 자격을 검정하고 자격증을 교부하여야 한다. 〈제22조 제1항〉 • 보건복지부장관은 보육교사의 자질 향상을 위한 보수교육(補修敎育)을 실시하여야 한다. 이 경우 보수교육은 집합교육을 원칙으로 한다. 〈제23조의2 제1항〉 • 어린이집을 설치 · 운영하는 자는 보건복지부령으로 정하는 운영기준에 따라 어린이집을 운영하여야 한다. 〈제24조 제1항〉 • 어린이집의 원장은 어린이집 운영의 자율성과 투명성을 높이고 지역사회와의 연계를 강화하여 지역 실정과 특성에 맞는 보육을 실시하기 위하여 어린이집에 어린이집 운영위원회를 설치 · 운영할 수 있다. 다만, 제26조에 따른 취약보육(脆弱保育)을 우선적으로 실시하여야 하는 어린이집과 대통령령으로 정하는 어린이집은 어린이집 운영위원회를 설치 · 운영하여야 한다. 〈제25조 제1항〉 • 보건복지부장관은 표준보육과정을 개발 · 보급하여야 하며 필요하면 그 내용을 검토하여 수정 · 보완하여야 한다. 어린이집의 원장은 제2항의 표준보육과정에 따라 영유아를 보육하도록 노력하여야 한다. 〈제29조 제2항, 제3항〉 • 보건복지부장관은 보육서비스의 질적 수준을 향상시키기 위하여 어린이집 설치 · 운영자의 신청에 따라 어린이집의 보육환경, 보육과정 운영 및 보육인력의 전문성 등을 평가하여 해당 어린이집에 대한 평가인증을 실시할 수 있다. 보건복지부장관은 제1항에 따른 평가인증을 받으려는 어린이집 설치 · 운영자에게 보건복지부령으로 정하는 바에 따라 평가인증에 필요한 비용을 받을 수 있다. 〈제30조 제1항, 제2항〉 • 국가와 지방자치단체는 영유아에 대한 보육을 무상으로 하되, 그 내용 및 범위는 대통령령으로 정하며, 장애아 및 「다문화가족지원법」 제2조 제1호에 따른 다문화가족의 자녀의 무상보육에 대하여는 대통령령으로 정하는 바에 따라 그 대상의 여건과 특성을 고려하여 지원할 수 있다. 제1항에 따른 무상보육 실시에 드는 비용은 대통령령으로 정하는 바에 따라 국가나 지방자치단체가 부담하거나 보조하여야 한다. 〈제34조 제1항, 제2항, 제3항〉

출처: 국가법령정보센터(2010, 2017).

2) 유아교육 관련 제도

우리나라 유아교육기관은 유치원과 어린이집로 이원화되어 있다. 두 기관은 근거 법률, 관련 부처, 시설 명칭, 설립유형, 교원자격 및 양성 등에 있어서 각각 다른 법적 근거에 의해 운영되고 있으며, 행정조직은 I 그림 2-1 I과 같다.

출처: 황해익 외(2009). 수정.

I 그림 2-1 I 유치원과 어린이집의 행정조직도

「유아교육법」에 의거한 유치원은 교육부에서, 「영유아보육법」에 의거한 어린이집은 보건복지부에서 관할하고 있다. 서로 다른 요구와 역사적 배경 속에서 발전되어 온 유아교육과 보육의 이원화는 1991년 보건복지부에서 「영유아보육법」의 제정 · 공포를 기점으로 1997년 「교육법」에 의한 「교육기본법」, 「초 · 중등교육법」, 「고등기본법」으로의 분리와 함께 「초 · 중등교육법」 내에 유치원에 관한 내용이 포함되기 시작함으로써 법체제와 행정 지원체제의 이원화가 완성되었다. 이로써 우리나라 유아교육제도의 이원화 체제는 2004년 「유아교육법」 제정 및 「영유아보육법」의 전면개정된 이래로 지금까지 유지되고 있다.

2. 유아교육 관련 정책

정부에서 시행하는 공공정책이란 사회문제를 알리고 해결하기 위해 정부와 민간 단체의 제안이나 실제 조치로 법률, 중앙정부 및 지방자치단체의 지침, 유아교육 관련 전문기관의 입장 진술, 법원의 결정을 비롯하여 정부의 결정에 대한 분석과 논의를 포함한다. 현 정부에서는 유아교육과 보육을 이원화 체계 속에서 각각 추진하고 있다. 구체적인 내용을 살펴보면 다음과 같다.

1) 유아교육정책

(1) 유아교육정책의 변화

유아교육정책은 1949년에 「교육법」이 제정 · 공포됨으로써 유치원 교육의 목적 · 목표 · 대상이 규정되는 등 처음으로 학교유형에 포함되었다. 1952년에 「교육법 시행령」이 공포되었으나 정부의 행정적 지도나 감독이 부재한 채 여러 유아교육기관이 난립하였다. 이후 1962년에 유치원 시설기준령을 제정하고, 1969년에 유치원 교육과정을 구성하여 체제 정비의 기틀을 마련하였다. 1982년에 제정 · 공포한 「유아교육진흥법」은 유아교육기관을 법적으로 정의하고 새마을 유아원의 설치 근거가 되었다. 이로써 영유아 유아교육 및 보육체제를 하나의 법체계로 통합할 수 있었다. 그러나 사회적 변화에 따라 보육 수요가 급격히 증가하자 보건복지부는 1991년에 「영유아보육법」을 제정 · 공포하여 유치원과 보육시설로 다시 이원화하였다.

1997년, 「교육법」이 「교육기본법」, 「초 · 중등교육법」, 「고등기본법」으로 분리되면서 「초 · 중등교육법」 내에 유치원에 관한 내용이 포함되었다. 이로써 법체제와 행정 지원체제가 「영유아보육법」에 의한 어린이집과 「초 · 중등교육법」 및 「유아교육진흥법」에 의한 유치원으로 이원화된 체제가 완성되었다. 2004년, 「유아교육진흥법」을 대체할 「유아교육법」이 제정되고 같은 해 「영유아보육법」이 전면개정된 이래로 유아교육제도의 이원화 체제가 현재까지 유지되고 있다. 그러나 교육과정은 2009년 '유아교육 선진화 추진계획'에 따라 이원화되어 있는 유치원 교육과정과 어린이집 표준 보육과정을 2012년 3월부터 '5세 누리과정'으로 일원화하고, 2013년부터 만 3~4세까지 '누리과정'을 확대하면서 유아기부터 타인을 배려하고 존중하며 공감하는 역량을 기르기 위한 인성교육의 내용을 포함하였다.

(2) 유아교육 중장기(2013~2017) 발전 방향 및 정책과제

2005년 이후 유아교육의 재정 규모가 연평균 18% 이상 꾸준히 증가됨에 따라 만 5세 유아의 100% 무상교육, 종일반 운영 유치원 확대, 교육과정 내실화 등 유아교육에 대한 지원과 서비스 질 개선이 지속적으로 이루어지고 있다. 그러나 잔존해 있는 취학 전 자녀의 학비 부담, 농어촌 유치원 기관의 부족, 유아교육의 사교육 심화 등의 문제들을 해결하고자 교육과학기술부에서는 유아교육 선진화 TF팀(Task Force team)을 구성하여 '유아교육 선진화 추진계획'을 수립하였다.

정부는 취학 전 교육·보육을 좀 더 체계화하고자 2012년 3월부터는 취학 전 모든 유아에게 5세 누리과정을 시행하고, 저출산문제의 심각성을 고려하여 유아기부터 질 높은 국가 인적 자원의 양성은 서비스의 접근성(availability), 비용의 적정성(affordability), 서비스의 질(quality)을 통한 공교육체제를 확립하여 보편적 교육을 실현하고자 하였다. 이를 위해 육아정책연구소는 유아교육정책의 방향, 유아교육 기회 제공의 보편성과 균등성 확보, 유아교육의 질 제고 및 공공성 확보, 유아교육에서 발생할 수 있는 격차 해소, 유아교육에서 가정과 지역사회의 참여 활성화, 유아교육과 보육의 단계적 협력지향 등에 이어 최근에는 유아 무상보육의 지속 확대, 방과 후 과정 운영 내실화 등으로 확장한 대책을 제시하였다.

육아정책연구소에서 제시한 유아교육정책 방향에 따른 정책목표를 유아 학비 지원 확대 및 실질적 형평성 확보, 공공 인프라 확대 및 기관관리, 지원 강화, 유아교육의 질적 수준 제고, 조기교육 격차 해소 및 취약 계층 지원 강화, 유아교육 지원체계 강화, 유아교육과 보육의 협력방안 등 6가지로 정리하여 발표하였다. 유아교육정책의 추진 방향 및 과제의 세부적인 내용은 | 표 2-2 |와 같다.

| 표 2-2 | 유아교육 중장기 정책의 추진 방향 및 과제의 세부내용

유아교육의 중장기 정책(2013~2017)			
추진 방향	세부 근거	과제	세부내용
유아교육 기회 제공의 보편성과 균등성 확보	• 양질의 교육 제공 및 접근성 제고	• 유아 학비 지원 확대 및 실질적 형평성 확보	• 기본 누리과정 지원 금액 현실화 – 표준교육비에 근거하여 유아 학비를 현실적인 금액으로 지원 • 기본과정 외의 추가 비용 차등 지원 – 기본과정 외의 방과 후 과정 및 추가 비용은 소득 기준 차등 지원 – 자녀교육비 부담을 가구소득의 5~10% 이내로 유지
유아 교육의 질 제고 및 공공성 확보	• 유아 학비 지원(바우처 방식)과 더불어 교사, 교육과정, 시설을 포함하는 주요 변인의 질 제고 및 관리	• 공공 인프라 확대 및 기관 관리 · 지원 강화	• 국공립유치원 확충 및 적정 규모 육성 – 공립유치원을 신 · 증설하여 원아 분담률을 35%까지 확대 – 유아교육 수요 신규 발생 지역에 공립유치원 신설 • 사립유치원의 공공성 제고 및 지원 확대 – 사립유치원의 특성을 반영한 재무회계규칙 도입 – 공공성 확보, 표준교육비 준수, 사립유치원은 교사 인건비의 30%까지 지원 • 유치원 관리 · 감독 및 지원 강화 – 유치원 평가 지속 추진, 결과를 국가 재정 지원과 연계 – 유치원 컨설팅 지원 강화
유아 교육에서 발생할 수 있는 격차 해소	• 상대적 열악한 교육 환경 지역의 공공 인프라 우선 확대	• 유아교육의 질적 수준 제고	• 교원의 근무 여건 개선 및 전문성 제고 – 유아교사 양성기간을 4년제로 제고 – 교사가 수업에 충실할 수 있도록 방과 후 과정 전담교사 및 행정인력 배치 · 지원 – 사립유치원 교사의 급여를 공립유치원 교사와 동일한 수준으로 제고 – 사립유치원 교원 임용지침 및 매뉴얼 개발 · 보급 • 교육과정(누리과정) 운영의 질 제고 – 누리과정 운영 인적 · 물적 요건 강화 – 방과 후 과정의 기본 운영지침 제시 – 누리과정 담당교사 심화연수 실시 – 운영시간 및 학급 구성형태별 누리과정 운영 매뉴얼 개발 · 보급 – 누리과정의 질적 수준 관리 · 감독 및 컨설팅 장학 지원 강화 – 유치원과 어린이집에 공동 적용 누리과정 운영 평가지표 개발 및 활용

유아교육의 중장기 정책(2013~2017)			
추진 방향	세부 근거	과제	세부내용
유아 교육에서 발생할 수 있는 격차 해소	• 상대적 열악한 교육 환경 지역의 공공 인프라 우선 확대	• 조기교육 격차 해소 및 취약 계층 지원 강화	• 조기교육 격차 해소 –유아기 기본학습능력 발달 지원 및 '조기 발달지연유아 지원단(가칭)' 구성 · 운영 –발달지연아 맞춤형으로 지원하는 희망유아교육사 사업 지속 추진 • 취약 계층 가정유형별 맞춤형 지원 강화 –취약 계층 가정유형별 맞춤형 서비스 제공 –유치원의 취약 계층 가정 유아 대상 종합 복지서비스 기능 강화 –엄마 품 온종일 돌봄 교실 확대 운영
유아 교육에서 가정과 지역사회의 참여 활성화	• 소득계층별로 서비스에 대한 실질적인 접근도가 차이로 인한 저소득층에 대한 추가적인 배려	• 유아교육 지원체계 강화	• 정부의 전달체계 강화 –교육과학기술부 유아교육과의 조직과 인력 확대 –시도교육청과 지역교육청의 조직과 인력 확대 • 육아정책연구소의 국책연구기관 역할 강화 –누리과정 지원을 위한 육아정책연구소의 역할 강화 –시도 유아교육진흥원과의 네트워크 구축 · 운영 –유보 전문가 교류 · 협력 협의체 구성 · 운영 • 학부모 및 지역사회의 참여 활성화 –유치원에서는 가정과 연계, 부모교육 및 참여활동 실시 –시도 유아교육진흥원에서는 유아와 부모가 함께 참여 프로그램 운영 –유아교육 기부체제 구축 및 기부사업 활성화 • 대국민 홍보 및 부모역량 강화 –대중매체 통한 올바른 유아교육 대국민 홍보 –EBS 교육방송의 유아교육 홍보 및 지원기능 강화 –자녀 발달단계별 부모자격인증제(가칭) 도입
유아교육과 보육의 단계적 협력	• 누리과정 시행으로 사실상 의무교육을 이룬 현 시점에서 학부모의 부담 정도, 교사의 학력, 자격 및 근무 여건, 지원체계 등을 초등학교 수준으로 제고	• 유아교육과 보육의 협력 방안	• 취학 전 교육 · 보육의 체계화 –0~5세 연계과정 내에서 0–2세 보육과정과 3–5세 누리과정의 체계화 • 누리과정 추진을 위한 부처 간 협력 강화 –누리과정 실시 유치원과 어린이집의 합동 질 관리 강화 –관련 부처 합동으로 '누리과정 추진 TF' 구성 · 운영

출처: 육아정책연구소(2012). 2013~2017 유아교육 중장기 발전 방향 내용 발췌.

2) 보육정책

(1) 보육정책의 변화

우리나라 보육사업은 1921년 태화기독교사회관에서 실시한 탁아 프로그램을 시작으로 한국전쟁으로 발생한 전쟁고아를 비롯한 요보호아동의 보호를 위해 해외 원조에 의한 수용시설이 설치되면서 구호적인 사후 개입 차원에서 출발하였다. 1920년대 구빈적 복지개념을 담은 「아동복리법」이 1961년에 제정 · 공포되면서 탁아소가 법정시설로 정부의 지도 · 감독을 받게 되었고, 1981년에 「아동복리법」이 「아동복지법」으로 전면개정되면서 대상이 전체 아동으로 확대 되는 등 아동복지 패러다임이 보편주의 성격으로 변화되었다. 1982년, 「유아교육진흥법」의 제정으로 기존의 어린이집, 농번기 탁아소, 새마을 협동 유아원, 민간 유아원 등 보육 관련 시설들이 모두 '새마을 유아원'으로 흡수 · 통합되어 운영된 후 보육 수요가 증가함에 따라 보육사업 확충계획이 수립 · 추진하는 과정에서 1987년, 노동부에서 「남녀고용평등법」을 제정하여 직장탁아제도를 도입하였고 1989년, 보건복지부에서는 「아동복지법」에 의한 보육사업을 실시하였다. 1991년 1월 「영유아보육법」이 제정 · 공포됨으로써 보육사업 주관 부처를 보건복지부로 일원화하여 종전의 단순 '탁아사업'에서 나아가 보호와 교육을 통합한 '보육사업'으로 확대 · 발전되었다. 「영유아보육법」은 이후 10여 차례 「영유아보육법」 및 하위 법령이 개정되었고, 2004년 「영유아보육법」이 전면개정되면서 보육의 내실화 및 질적 향상을 도모기에 이르렀다. 이로 인해 2004년 6월부터 보건복지부에서 여성부로 보육사무가 이관되었으며, 2004년 1월 29일 전문 개정된 「영유아보육법」의 시행(2005. 1. 30)됨에 따라 보육사업이 획기적으로 발전하였다.

2006년 7월, 여성가족부에서는 공보육 강화를 위한 우리나라 최초의 보육 중장기 계획으로 보육에 대한 국가 책임을 강화하고, 수요자 중심 보육정책인 '새싹플랜'을 발표하였다. 우리나라 1차 중장기 보육계획(2006~2010)인 '새싹플랜'은 모든 아동에게 질 높은 보육서비스 제공, 기혼 여성의 취업률 증가에 따른 저출산문제 해결을 목표로 하였다. 그러나 저출산문제는 심화되었고 보육 수요문제는 다양해지면서 이에 부합한 새로운 정책으로 능동적 복지 구현을 바탕으로 한 제2차 중장기 보육 기본계획(2009~2012)인 '아이사랑플랜'이 수립되었다. 아이사랑플랜은 '아이는 행복하고

부모는 안심하는 보육환경 조성'을 목표로 아이의 건강한 성장 · 발달, 국가 책임 실현, 참여와 신뢰 증진 등의 3대 전략과 6대 추진과제를 확정 · 발표하였다. 2012년 육아정책연구소에서는 '아이사랑플랜' 평가를 통해서 2013~2017년의 보육 중장기 발전 방향을 제시하였다. 보건복지부에서는 '제3차 중장기 보육 기본계획(2018~2022)' 수립에 착수하였다. 제1차 중장기 보육계획(2006~2010) '새싹플랜'과 2차 중장기 보육계획(2009~2012) '아이사랑플랜'을 비교하면 | 표 2-3 |과 같다.

| 표 2-3 | 새싹플랜과 아이사랑플랜 비교

구분	새싹플랜	아이사랑플랜
기간	2006~2010	2009~2012
소요예산	6조 4,580억 원	11조 7,111억 원
주요정책 변경사항		
강화	〈보육료 지원〉	
	• 차등 보육료 지원 확대 – 2009년 도시근로자 130%까지 보육료 30% 지원 • 기본 보조금 도입 – '10년까지 만 5세까지 도입	• 보육료 전액 지원 확대
	〈보육시설 미이용 아동 지원〉	
	–	• 양육수당 도입 – 2012년까지 보육시설 미이용 아동 80%까지 전액 지원 • 아이돌보미 지원 및 육아종합지원센터 설립 • 가정보육제도화 검토
변경	〈보육료 지원방식〉	
	• 보육시설에 보육료 지원	• 기본보조금과 차등 보육료 통합 • I-사랑카드 도입
	〈국공립 시설 확충〉	
	• 2010년까지 국공립 시설 2배로 확충 –'05: 1,352개소 → '10: 2,700개소로	• 취약 지역에 국공립 시설 확충 – 국공립 시설 대기자 수 감소: 12만 명 → 6만 명 – '12년 2,119개소 확충

	주요정책 변경사항	
추가		• 다문화 아동 지원 강화 • 보육시설 안전공제회 설립 • 보육 비용 지원 선정기준 개편 • 보육교사 처우 개선 – 농어촌 담임수당: '09년 21천 명 → '12년 85천 명 – 보육 대체교사 지원: '09년 450명 → '12년 1,500명
지속유지	• 보육서비스 질 제고: 평가인증, 건강 · 영양 · 안전, 보육 프로그램 개발 • 취약보육 강화: 장애아, 방과 후, 시간 연장 보육서비스 지원 • 다양한 보육시설 확충: 직장보육시설 및 부모협동보육시설	
미반영	• 가족친화적 직장문화 조성 • 출산 전후 휴가 및 육아휴직제도 활성화 • 농어업인 양육비 지원	• 저출산 고령사회 기본계획 및 남녀고용평등과 일 · 가정 양립 기본계획에 포함되어 미반영

출처: 보건복지가족부(2012).

(2) 보육 중장기(2013~2017) 발전 방향 및 정책과제

아이는 행복하고 부모는 안심할 수 있는 세상을 비전으로 한 부모, 어린이집, 정부가 함께하는 미래투자전략 성격의 정책인 아이사랑플랜은 2009년부터 2012년까지 이명박 정부의 보육정책 브랜드이다. 「영유아보육법」 제11조 및 「영유아보육법 시행령」 제19조에서는 보건복지부장관, 시도지사 및 시 · 군 · 구청장은 매 5년마다 중장기 보육계획을 수립하고, 매년 시행계획을 수립 · 시행할 의무를 명시하고 있다. 이에 육아정책연구소는 아이의 건강한 성장과 발달에 최선, 보육에 대한 국가의 책임 실현, 참여와 신뢰의 모육 생태계 조성이라는 3대 전략 및 부모의 보육 · 양육 부담 경감, 수요자 맞춤형 보육 · 양육 지원, 공공성 확대와 품질관리 강화, 양질의 안심보육 여건 조성, 신뢰가 있고 투명한 보육 생태계 구축, 보육서비스 재정 및 전달체계 개선 등 6대 추진과제를 제시하였다. 최근에는 국공립어린이집 확충, 보육 비용 지원 확대, 영아보육 활성화에서 시설 미이용 아동 양육수당 지원, 가정 내 양육서비스 지원으로 정책을 전환하였다. 이를 위해 보육 재정 지원 적절성 및 효율성, 보육서비스의 공공성, 보육 운영 및 보육 프로그램의 다양성, 보육인력 전문성 향상 및 처우 개선, 보육사업 지원체계 및 부모참여, 보육서비스 질 유지 및 관리 등 6가지 세부 추진과제를 제시하였다.

이상의 보육 중장기 정책의 추진 방향 및 과제의 내용을 육아정책연구소(2012)가 실시한 새싹플랜과 아이사랑플랜의 평가내용을 중심으로 보육의 중장기 발전의 방향 및 정부의 정책과제를 살펴보면 | 표 2-4 |와 같다.

| 표 2-4 | 보육 중장기 정책의 추진 방향 및 과제의 세부내용

보육의 중장기 정책(2013~2017)			
추진방향	세부내용	과제	세부내용
보육의 정체성 확립과 보육이념 정립	• 영유아 최우선의 보육, 안전하고 쾌적한 환경에서 건강하게 성장, 영유아나 보호자의 배경에 따른 어떤 차별도 하지 않음을 보육이념으로 함. • 영유아에게 최상의 출발과 공평한 배움의 기회가 제공 • 가정양육 지원도 기존의 시설 지원과 동등한 비중으로 지원 확대	• 보육 재정 지원 적절성 및 효율성	• 보육료 지원정책 합리화, 양육수당 지원정책 적절성 제고
국가의 보육 책임 강화	• 영유아의 건강한 발달 고려, 보육의 공공성 확보, 표준보육과정과 누리과정에 기초한 보육 프로그램 운영	• 보육서비스의 공공성	• 국공립어린이집 확충 • 공공형 어린이집 확대 • 민간 · 가정어린이집 공급 등을 조절
수요자 맞춤 보육서비스	• 부모의 다양한 요구 반영, 부모의 취업 지원 • 취업모를 위한 차별적 정책을 통한 맞벌이가족 지원 • 어린이집과 가정 연계 • 장애 특수아동 지원 • 부모교육 활성화	• 보육 운영 및 보육 프로그램의 다양성	• 어린이집 운영시간 다양화 • 시간제 일시보육 확대 • 연령별 교사 대 영유아 비율 조절 • 표준보육과정 및 누리과정에 기초한 어린이집 프로그램 내실화 – 운영 및 환경 관련 정책
보육의 질 관리체계 마련	• 어린이집 재정 운영 투명성 개선 및 정보 공개 • 정기평가 – 모니터링단 운영 – 재무회계 지도 및 교육관리체계 강화	• 보육인력 전문성 향상 및 처우 개선	• 보육교사자격 기준 · 보수교육 · 보육교사 관리 강화 • 보육인력 보수 · 보육교사 근무 여건 등의 개선

보육의 중장기 정책(2013~2017)			
추진방향	세부내용	과제	세부내용
적정 보육시간 및 보육방법	• 연령별 아동의 적합한 양육형태(가정양육 또는 보육)를 고려한 보육방법 및 시간이 달라져야 함 • 취업모와 비취업모의 서로 다른 양육 욕구에 맞춘 차별화가 필요함 • 영아와 유아의 보육서비스 이용에 대한 접근을 다르게 해야 함	• 보육사업 지원체계 및 부모참여	• 보육통합정보시스템 도입 • 보육정보센터 확대 및 기능 다양화 • 부모참여 확대 및 정보 제공 • 지방자치단체 및 지역사회 네트워크 구축
보육환경 및 지원체계 개선	• 보육교사 양성교육 내실화, 현장밀착형 보수교육이 필요함 • 지역별 보육정보센터 확충, 보육통합정보시스템을 활용한 행정업무 효율화 • 보육사업 지원체계 구축 및 보육정책 연구기능 강화 • 공공인프라 마련 및 민 · 관학의 연계망 활성화 • 어린이집 지도 · 감독 개선 및 부모참여 활성화	• 보육서비스 질 유지 및 관리	• 어린이집 평가인증제를 통합 질 유지 • 평가인증 사후 관리방안 정교화 • 평가인증결과 활용

출처: 육아정책연구소(2012). 2013~2017 보육 중장기 발전 방향 내용 발췌.

3) 유아교육과 보육의 통합정책

미래 세대인 영유아들이 건강하게 자랄 수 있는 교육 및 보육환경을 제공하는 것은 국가와 사회의 책임이다. 그동안 '0~5세 교육과 보육의 국가 완전 책임'을 위해 재정 투입이 크게 확대되었음에도 수요자들은 실감하지 못하는 실정이다. 이는 유치원과 어린이집의 이원화로 인한 이용 불편 및 부모 부담, 재정 지원 및 서비스 질의 수준 차이, 맞벌이가구 차별 등의 문제가 제기되면서 유치원과 어린이집의 장점을 살리고 단점을 해소하여 유아교육과 보육을 통합하는 방향으로 추진할 것을 검토하고 있다. 유아교육과 보육의 통합은 세계적인 추세이며 우리나라에서도 사회적으로 중요한 쟁점이 되고 있다.

(1) 유아교육 · 보육 통합의 필요성

여성의 사회활동 참여율 증가와 급격한 저출산현상으로 인해 유아교육과 보육에 대한 사회적 수요가 늘어남과 동시에 적극적인 유아교육과 보육정책에 대한 요구도 커지게 되었다. 2004년, 「유아교육법」의 제정으로 유아교육의 공교육체제가 마련되면서 유아교육과 보육의 일원화 주장이 본격적으로 제기되기 시작하였다. 최근 유치원과 어린이집의 기능이 유사해면서 유아교육과 보육의 통합에 대한 논의가 재점화되고 있다. 우리나라는 2012년 만 5세 누리과정과 2013년에 확대 도입된 만 3-5세 연령별 누리과정을 유치원과 어린이집을 이용하는 만 3~5세 유아를 위해 공통과정으로 개발되었으며 이로써 유아교육 · 보육 통합을 위한 실질적인 첫발을 내딛었다. 현재 유보 통합정책은 국무조정실 산하에 출범한 유보통합추진위원회의 추진에도 불구하고 이와 관련한 논의는 벌써 20년째 번번히 무산되어 왔다. 유아교육과 보육 통합의 논의는 2017년 문재인 정부 출범과 함께 새 정부의 과제로 또다시 떠올랐다. 그러나 현 정부의 국가 재정 부담에 대한 대폭 확대 의지에도 불구하고 관할 부처의 이원화 및 교원 양성 시스템의 문제와 더불어 유보 통합방안 마련을 위한 누리과정 예산에 대한 교부금의 의무 편성에 대한 문제 등이 있다. 최근 문재인 정부는 2017년 7월, 100대 국정과제로 2018년부터 5세 이하 어린이 전원에게 매월 10만 원씩 아동수당을 지급함을 확정하고, 누리과정 예산 또한 어린이집 누리과정 예산 전액을 국고에서 지원하기로 결정했으나 유아교육 · 보육 통합문제는 포함하지 않아 아직까지 해결해야 할 문제로 남아 있는 실정이다.

이러한 문제점이 발생한 근본적인 원인은 유치원과 어린이집의 이원화에서 비롯되었다. 유치원은 「유아교육법」에, 어린이집은 「영유아보육법」에 의거하고 있어 유아교육체제와 보육체제는 법적 근거부터 다르게 출발한다. 관할 부처도 각각 교육부와 보건복지부로 달라 기능수행기관(또는 시설), 기관이나 시설, 운영시간, 교사자격 기준과 자격증 수여기관, 지방자체단체 차원의 지원체제까지 이원화되어 있다. 시설 설치에 적용할 수 있는 법령과 기준도 다르다. 이러한 유아교육과 보육의 이원화로 인한 가장 큰 문제는 중복 지원 가능성과 비효율성이다. 국가수준뿐만 아니라 지방 및 지역 단위에서도 같은 대상, 같은 기능의 공공활동을 국민들에게 제공하면서도 중앙부처와 지방자치단체 간, 지방자치단체 안의 행정기관 간에 효율성의 문제가 발생하고 있다. 동일한 지원사업을 유아교육과 보육으로 구분하여 지원함으로써 중복 지원될 가능성이 있으며, 담당인력도 이중으로 두고 있어 국고 낭비를 초래하고 있다. 운영시간에 있어서도 유치원은 누리과정(5시간), 방과 후 과정(3~5시간), 어린이집은 정규보육 12시간으로 유치원과 어린이집의 상이한 운영시간 등으로 인해 학부모의 이용에 불편함이 발생하고 있다. 교사자격 취득의 경우 유치원 교사의 자격은 「유아교육법」에 근거하여 교육부에서, 보육시설의 보육 교사는 「영유아보육법」에 근거하여 보건복지부에서 교사자격을 부여하고 있다. 따라서 유치원 교사와 보육교사의 자격기준이 다르고 자격취득 연한도 달라 교사의 질에서 차이가 나타날 수 있다. 유아교사와 보육교사를 비교한 연구결과에 따르면 보육교사의 자격기준이 낮은 편으로, 유아교사가 보육교사에 비해 전문성의 수준이 전반적으로 높게 나타났다. 유치원과 어린이집 공통과정인 누리과정 시행으로 교사의 직무가 유사함에도 정부 지원액 등 차이로 인해 교사 간 처우에 격차가 있다. 이러한 점을 개선하기 위해서는 유치원과 어린이집 교사 간 불합리한 보수 결정 해소방안을 마련하되 어린이집 교사의 합리적인 근무시간 조정 및 어린이집 운영시간 조정을 고려해야 한다.

2014년 통계청에 등록된 0~5세 장애영유아의 수는 7,657명으로 보고되었으나 실제 장애를 지닌 영유아의 수는 이보다 훨씬 많을 것이라 추정된다(권미경, 2016). 이로 인해 유아교육과 보육정책의 변화 맥락 속에서 장애영유아의 유아교육 · 보육 통합에 대한 과제도 해결해야 할 우리의 현실적인 문제이다. 따라서 유아교육 · 보육 통합과정에서 장애영유아 관련 교육 · 보육 현황을 고려한 전달체계의 정비 및 장애영유아의 교육 · 보육을 전담할 전달체계, 특수교육을 위한 별도의 지출기준, 통합재원, 통합관리 · 감독 등이 마련될 필요성이 있다. 장애영유아 관련 교육 · 보육을 위한 운영시간도 고려되어야 하며, 장애영유아 특성을 반영하여 융통성 있는 이용을 허용하고 이를 부모에게 안내해야 한다.

장애영유아를 위한 유아교육 · 보육 통합 추진 방향은 유아 특수교사와 보육교사의 역할 명료화 및 호봉 차이를 통한 합당한 처우 제공, 승진에 대한 규정 마련 등이 필요하다. 이러한 보수의 차이는 자격 취득기준에서 비롯된 것으로 교사자격 정비

가 우선시되어야 할 것이다. 일반유아 및 장애영유아의 교육 · 보육기관 운영체제를 정리하면 | 표 2-5 |와 같다.

| 표 2-5 | 장애영유아 및 일반유아의 유아교육과 보육체제 현황

구분	유아교육 체제	보육체제
설립유형 및 명칭	• 유치원(국립, 공립, 사립)	• 어린이집(국 · 공립, 법인 · 단체, 사회복지법인, 직장, 가정, 민간, 부모협동)
법적 근거 및 성격	• 「유아교육법」(교육시설)	• 「영유아보육법」(사회복지시설)
관리 부처	• 교육부 – 시도교육청	• 보건복지부 – 지방자치단체
이용 대상	• 만 3~5세	• 만 0~5세 – 단 필요한 경우 어린이집의 원장은 만 12세까지 연장하여 보육할 수 있음.
장애유아 입소 대상자와 과정 (배치)	• 특수교육지원센터에서 진단평가 후 특수교육 운영위원회에서 대상자를 선정함. • 특수교육 운영위원회에서 관련 서비스 범위도 결정함.	• 장애 소견이 있는 의사진단서, 복지카드, 특수교육 대상자 진단평가결과 통지서 등으로 입소 순위에 따라 입소함. • 입소를 희망하는 어린이집에 부모가 보육통합시스템을 이용하여 대기 신청
일반유아 및 장애유아 이용 현황	• 일반 유아: 총 8,987개소, 704,138명 (2016년 4월 기준)	• 일반유아: 총 42,527개소, 1,487천 명 (2012년 12월 기준) – 보육
	• 총 141개소(영아 23개소, 유치원 118개소), 1,107명	
운영시간	• 3~5시간(오전) + 시간 연장(선택)	• 12시간(7:30~19:30) + 시간 연장
교육(보육)과정	• 만 3~5세: 누리과정(2015)	• 만 0~2세: 표준보육과정(2013) • 만 3~5세: 누리과정(2015)
관리 · 감독 및 평가	• 일반유아: 보건복지부장관은 어린이집 설치 · 운영자의 신청에 따라 어린이집의 보육환경, 보육과정 운영 및 보육인력의 전문성 등에 대해 어린이집에 대한 자율적 평가인증 실시, 보건복지부장관, 시도지사 및 시장 · 군수 · 구청장, 관계 공무원에 의해 지도 · 감독 • 장애유아: 장애유아 보육 프로그램의 내용과 그 운영 관리 · 감독기관 없음	• 일반유아 및 장애유아: 교육청 담당 장학관 등이 프로그램 내용 운영관리 · 감독

구분	유아교육 체제	보육체제
정부 지원 교육비 · 보육료 (학부모/기관)	0세 75만 원(39/36), 1세 52만 원 (35/17), 2세 40만 원(29/11), 3~5세 22만 원(22/0)	
장애유아 1인당 교육비(월)	유아 특수학교의 경우 1인당 연간 4,076,573원	보육 지원 금액 1인당 연간 보육 지원금 1,218,490원
특수교사 인건비	교사 인건비 100% 지원	교사 인건비의 80% 지원(20%는 어린이집 부담)
일반유아 및 장애유아 교사자격 · 양성	• 일반유아: 유치원 교사 1 · 2급 및 준교사 한 명당 19.7명 배치됨(전문대졸 이상, 학과제) • 장애유아: 유아 특수교사(특수교육 전공 학사) 한 명당 4명을 배치함. 종일반은 별도 교사 배치함	• 일반유아: 보육교사 1 · 2 · 3급(고졸 이상, 학점제) • 장애유아: 유아 특수교사 또는 장애 영유아 보육교사 한 명당 3명을 배치함. 자격교사를 2016년부터 2018년까지 순차적으로 배치함.
시설기준	1, 2층, 놀이터 160㎡(40명 이하) 등	1층 원칙, 놀이터 3.5㎡/명 등

출처: 국무조정실(2013); 박명숙 (2017); 조윤경(2014). 수정.

(2) 유아교육 · 보육 통합정책의 추진방안

2017년 새 정부의 출범과 함께 중요 추진과제로 대두된 유아교육과 보육의 통합 정책을 실현하기 위해 2013년 5월, '유보통합위원회 구성 및 운영계획(안)'이 보고되었다. 이에 따라 국무조정실장을 위원장으로 하고 기획재정부, 교육부, 보건복지부 등 관계 부처 차관과 공익단체 · 언론 · 학계 · 학부모 등의 민간위원으로 구성된 '유아교육 · 보육통합추진위원회'가 출범하였다. 같은 해 12월 유보통합추진위원회가 발표한 '유보 통합 추진방안'의 주요내용은 다음과 같다.

① 2014년 시행 1단계-질 관리(즉시 할 수 있는 것 우선 추진방안)

유아교육 · 보육 통합 전이라도 즉시 실시할 수 있는 것을 우선 추진하는 방안을 2014년부터 실시하였다. 세부내용은 정보공시(원비, 교사, 특별활동, 급식 등) 내용 확대, 연계 및 통합, 공통 평가항목과 평가기준 마련, 유치원 평가와 어린이집 평가인증 연계, 재무회계규칙 적용 확대와 공통 적용항목 개발 등이다. 어린이집 · 유치원 전반의 지도 검색, 영유아 및 교직원 현황, 운영시간, 교육 · 보육 비용, 통학차량 등의 정보를 비교할 수 있도록 주요 정보를 투명하게 공개하여 부모의 알 권리를 보장하기 위한 정보공시제도인 '어린이집 · 유치원 통합 정보공시'는 2014년 11월부터 '어린이집 · 유치원 통합 정보공시(www.childinfo.go.kr)'에서 운영하고 있다.

② 2015년 시행 2단계–규제환경 정비 등 본격 통합 추진방안

2015년부터는 규제환경 정비 등 본격 통합을 추진하는 방안을 실시하였다. 세부내용은 결제카드 통일, 시설기준(교실 면적, 교사 당 아동 비율 등) 정비 · 통합, 이용시간, 0~2세 유치원 취원 허용 등 이용 대상과 교육과정 통합, 교사자격과 양성체계 정비 및 연계 추진이다. 유아교육 · 보육 통합정책 가운데 추진된 세부내용을 살펴보면, 보건복지부의 보육료 지원카드(아이사랑카드)와 교육부의 유아 학비 지원카드(아이즐거운카드)가 아이행복카드로 통합되었다. 통합된 카드 하나로 한 가정 내에 만 0~5세까지 모든 자녀의 보육료와 유아 학비를 지원받을 수 있고, 기관을 옮기더라도 카드를 교체해야 하는 학부모들의 불편을 최소화하였다. 또한, 어린이집이 설치되지 않은 농어촌 지역에서는 2016년부터 유치원–어린이집 연계사업을 시범 운영하고 있다. '어린이집 미설치 지역 0~2세 유치원 취원 허용방안' 확정에 따른 실행방안으로 유치원 내에 어린이집을 설치해 어린이집과 유치원은 교직원 연수 및 학교 행사에 공동 참여하고 시설환경도 공유한다. 시범사업을 통해 향후 0~2세 취원 허용 시 고려할 사항을 검토하고 학부모와 지역사회 수요를 반영하여 유치원 연계 어린이집을 확대할 방침이다.

③ 2016년 시행 3단계–관리 부처와 재원 등 통합 마무리 추진방안

2016년부터는 관리 부처와 재원 등의 통합을 마무리하는 방안을 실시하였다. 세부내용은 어린이집–유치원 간 교사 처우 격차를 해소하기 위한 단계적 지원, 관리 부처(교육부–보건복지부, 교육청–지방자치단체) 및 재원의 통합이다. 또한, 정책의 수립과 추진에 있어 학부모의 요구를 최우선으로 고려하면서 교사 · 시설 간 격차를 축소하되, 유치원－어린이집 형태의 다양성은 유지하는 것을 전제로 관계자의 의견을 충분히 수렴하여 단계적으로 추진할 것을 밝혔다. 그러나 재원문제, 회계규정 문제, 교사 양성문제 등의 현안은 해결에 어려움을 겪고 있다. 재무회계규칙의 적용 확대, 공통 적용항목 등은 개발되지 않았고, 민간중심의 유아교육과 보육환경에서 중요한 시설의 임대와 처분 등 재산권 사항은 정비 방향조차 결정되지 않았다(박명숙, 2017).

유아교육과 보육의 통합은 OECD 권고를 넘어 유아의 권리와 사회적 책무라는 요구를 충족해야 하는 불가피한 과정이다. 유아교육과 보육의 이해 당사자가 모두 충분히 공감하고 협력할 수 있도록 좀 더 적극적인 방안을 모색하고 추진해 나가야 한다. 이를 위해서는 유아교육·보육통합추진위원회를 중심으로 학부모, 교사, 기관운영자(원장), 학계 등의 다양한 의견을 충분히 수렴한 후 구체적인 방안이 제시되어야 하며, 아울러 교육부와 보건복지부 등 관계 부처의 상호 간 협력을 통해 현장에서 혼란이 없도록 단계적인 추진이 필요하다.

유아교육과 보육의 통합을 통해 기대할 수 있는 효과에 대해 국무조정실에서는 영유아가 어느 기관을 이용하더라고 우수한 자질의 교사로부터 공통의 교육 및 보육과정을 격차 없이 제공받을 수 있으며, 국가 차원의 교육 및 보육 비전에 따라 종합적이고 효율적인 유아교육·보육 통합 지원체계를 학부모와 교사 측면에서 다음과 같이 확립할 수 있다고 하였다.

첫째, 학부모 측면이다. 통합정보포털을 통해 알고 싶은 정보를 쉽게 얻어 기관을 선택할 수 있다. 기관 간의 연계평가 및 평가의 내실화로 서비스의 질 관리 및 제고를 가능하게 하고, 재무회계규칙 적용으로 운영의 투명성을 제고할 수 있다. 아울러 one-card system으로 정부 지원금 결제상의 불편이 해소되어 이로 인해 이용 불편에 대한 민원체계의 일원화를 기대할 수 있다.

둘째, 교사 측면이다. 서비스의 질을 향상시킬 수 있으며, 재교육 및 보수교육을 전제로 단계적인 교사 처우 및 근무시간 조정 등 장시간 근로 관행의 개선을 기대할 수 있다. 뿐만 아니라 교사자격 및 양성체계 개편으로 인한 교사 자질 및 자긍심을 제공할 수 있다.

셋째, 기관장의 경우 시간선택제 보육 및 교육 등 탄력적인 기관 운영이 가능하며, 표준 비용을 주기적으로 재산정해 운영 부담을 완화시킬 수 있다.

4) 유아교육과 초등교육의 연계

유치원이나 어린이집을 졸업한 유아는 초등학교에 입학하면서 큰 변화를 겪는다. 초등학교 취학 전후의 유아는 발달적으로 차이가 크지는 않지만 유아교육기관과 초등학교 사이에는 교육환경, 일과, 활동 등에서 차이가 나타난다. 이는 유아들에게 신체적 · 심리적으로 부담이 되어 초등학교에 적응하기 어려운 요인이 될 수 있다. 따라서 유아와 부모의 초등학교 적응을 돕고 교육효과를 높일 수 있도록 두 교육기관의 연계성을 높여야 한다는 주장이 계속 제기되어 왔다. 유 · 초등 연계의 필요성 및 추진방안 등에 관해 살펴보고자 한다.

(1) 유 · 초등 연계의 필요성

인간의 신체적 · 정신적 발달은 연속적 · 점진적이다. 특히, 유아기는 신체 · 사회 · 정서 · 인지발달의 측면에서 매우 통합적이다. 발달적 측면에서 유치원 또는 어린이집 졸업 후 초등학교에 입학한 유아의 발달적 변화는 크게 차이가 나지 않으며, 이로 인해 이들을 대상으로 한 교육적 경험도 서로 유사하게 이어져야 하는 연계성의 필요가 인식되었다.

연계성(articulation)이란 학년 및 학교 수준 사이의 교육내용이 적절한 관련을 맺고 있으면서 계속성(continuity), 계열성(sequence)의 원칙에 맞게 유아교육과 초등교육이 조직된 상태라는 개념에 기초한다. 1980년대 이전의 연계교육이 주로 행정적인 측면과 교육과정의 측면에서 다루어졌다면, 최근에는 아동을 둘러싼 모든 환경을 포괄하는 개념으로 확장되었다(이상욱 외, 2011). 따라서 유아교육기관과 초등학교 간의 교육제도, 행정체계, 교육과정, 교사교육체제, 교육환경, 교육풍토 등의 정책적 · 행정적 · 재정적 측면의 적절한 관련성이나 유아교육기관과 초등학교 저학년 교육의 계속성과 계열성(나정 외, 1997; 한국교육학회 유아교육연구회, 1989) 등에 변화를 추구하고 있다.

교육과정의 효율성 측면에서도 연계성이 강조되면서 2015년 개정된 누리과정에서는 구성 방향에 '초등학교 교육과정과 0–2세 표준보육과정과의 연계성을 고려하여 구성한다.'라고 하였다. 이는 1~2학년의 한글교육을 중요시하는 등 2015년 개정된 초등학교 교육과정의 내용을 통해 누리과정과의 연계 시도는 유아교육과 초등교육의 연계를 강화(교육부, 2015a)해야 한다는 요구가 교육과정 개정에 반영되고 있는 것이다. 초등학교 취학 전후의 유아는 발달적으로 비슷한 특징을 보인다. 그러나 교육제도로 분리되어 있는 각 교육기관이 독자적으로 교육과정을 개발하여 운영한다면 교육과정 내용이 중복 · 단절 · 비약될 가능성(황해익 외, 2009)이 높아 교육의 효율성과 경제성은 떨어질 뿐만 아니라 학습의 피로감은 증가되고 흥미는 결여되는 결과를 낳게 된다. 또한, 교육내용이 많이 다르거나 격차가 크면 학습의욕과 성취감이 낮을 것이다. 유아교육은 0~8세에 해당하는 유아의 인격 성장 및 발달을 위해 교육과정을 놀이나 활동을 중심으로 하며, 지식 · 기술 · 태도가 통합적으로 발전하는 것에 중점을 둔 통합적이고 과정지향적 접근을 강조한다. 유아기에 생활습관이 만들어지므로 바람직한 생활습관 형성과 집단생활 적응을 위한 기술 습득을 강조하는 형식적 · 비형식적 교육이 이루어진다. 반면 초등교육은 교육제도의 체계상 최초의 의무교육으로 국민생활에 필요한 기본자질을 기르는 데 중점을 두기 때문에 초등학교 이후의 모든 교육내용은 학습능력, 탐구능력, 학습방법 및 태도 습득 등(지옥정 외, 2017)을 중심으로 한 기초교육기능을 중시한다. 따라서 두 교육기관 간의 교육과정이 상호 위계적이고 조직적으로 이루어져야 학습자의 발달을 도우면서 적절한 교육성취를 달성할 수 있다.

흔히 유치원은 아동중심, 초등학교는 교사중심의 접근방식으로 이해한다. 교수방법은 유아교육기관에서는 교사가 수나 종류를 제공하고 유아는 개별 선택한 활동을 하지만 초등학교에서는 교육활동에 따라 집단의 크기를 조정하며 학급별로 대집단활동을 많이 한다. 교사의 태도는 유치원의 경우 유아를 수용적 태도로 대하고 대부분의 상황에서 칭찬하고 격려해 준다. 그러나 초등학교의 경우 비교적 엄격하고 비수용적이라서 교사는 배려와 허용적인 분위기를 조성하여 아동의 학업에 대한 스트레스를 낮추고 학습적응력을 향상시킬 필요가 있다는 연구결과가 있다(장명림, 2014).

과거 유·초등 연계교육에 대한 관점은 유아들에게 초등학교 생활을 위한 준비를 일방적으로 요구해왔던 것에서, 최근에는 초등학교 1~2학년 학생들에게 고려해야 할 발달적 특징을 살피고 학교가 학습자의 특성에 맞는 교육환경을 먼저 점검하는 방향으로 바뀌고 있다. 즉, 학습자인 유아가 학교에 맞추는 것이 아니라 유치원 교육과정의 연속성과 계속성을 유지하고 실질적인 유·초등 연계를 실시해야 하는 초등학교 교사들이 학습자의 입장을 고려하고 유아교육기관의 교육 프로그램 요소를 이해하고 이를 교육에 반영하려고 노력하고 있다.

그러나 지금까지의 유·초등 연계에 대한 연구들은 대부분 유아교육 입장에서 유·초등 연계교육의 중요성이나 연계교육에 대한 교사의 요구, 교육과정 분석이 연계교육에 대한 실천적인 부분이 미흡하다고 보고되고 있으며(김순녀, 2010), 연계교육을 위한 실천적 연구는 미흡하다. 분리된 두 교육기관의 교육내용이나 방법, 환경, 분위기가 많이 다르면 초등학교 취학 후 유아는 신체적·심리적으로 과도한 긴장과 불안감을 가질 수 있기 때문에 이를 해소할 수 있는 실질적인 방안을 제시할 수 있는 연구들이 필요하다.

| 표 2-6 |은 유아 교육과정과 초등 교육과정의 운영 및 누리과정과 초등학교 교육과정 교과 연계 상황을 정리하여 비교한 것이다.

| 표 2-6 | 유아 교육과정과 초등 교육과정의 운영 및 누리과정과 초등학교 교육과정 교과 연계

영역	유아 교육과정 운영	초등 교육과정 운영
활동유형	• 자유선택활동, 이야기 나누기, 기타 조형, 게임, 동극, 동시 등 통합적으로 운영	• 교과를 중심으로 활동
집단 구성	• 교육활동에 따라 개별, 소·중·대집단으로 구성 • 한 반에 30명 내외	• 교육활동에 따라 개별, 소·중·대집단으로 구성하지만 대집단활동이 많음 • 한 반에 30명 내외
교재 선정	• 유아의 흥미와 교육과정에 기초하여 선정 • 교사가 자율적으로 선정	• 교육과정과 교과서에 제시된 내용에 따라 교재·교구 선정 • 교사가 융통성 있게 선정하지만 교과서 의존도가 높음

영역	유아 교육과정 운영	초등 교육과정 운영
환경 구성	• 흥미영역별로 놀이 공간, 책걸상 배치 • 기본자료는 상시 배치, 영역별 교구 배치	• 책걸상 중점 배치 • 작품 전시, 게시 코너, 교육활동 관련 자료 배치(학급문고, 동식물 관찰 등)
일과 운영	• 등원 → 자유선택활동 → 대집단(이야기 나누기) → 활동 1~2개 → 점심 → 대집단(이야기 나누기) → 하원	• 등교 → 학급선택활동(대집단, 개별) → 교과 4~5시간 → 점심 - 하교

누리과정 영역과 초등학교 1~2학년 교과의 연계					
구분	국어	수학	바른 생활	슬기로운 생활	즐거운 생활
신체운동 · 건강			√		√
의사소통	√				
예술경험					√
사회관계			√	√	
자연탐구		√		√	

출처: 황해익 외(2009); 장명림 외(2014). 수정.

(2) 유 · 초등 연계교육의 추진방안

유아교육기관과 초등학교 간의 연계교육은 단기 또는 일시적으로 이루어지는 몇몇 활동을 뜻하는 것이 아니다. 교육 전반의 연속성 · 반복성 · 통합성이 유지되도록 하면서 두 제도 간의 협력, 즉 교육정책, 교육과정, 교사교육, 행정 및 재정, 법적 체계까지 고려되어야 한다. 유아의 입장에서는 환경 간의 상호작용, 물리적 여건, 교육철학, 교수-학습방법, 가정과의 협조체제 등 새로운 환경에 적응하는 데 필요한 모든 여건을 포함시켜 추진되어야 한다.

① 제도적 측면의 연계방안

유아교육은 초등교육처럼 기간학제로 운영되지 않고 의무교육도 아니다. 또한, 현재 유아교육 관련 기관은 유치원과 어린이집으로 나뉘어 있으며 행정체제도 교육부와 보건복지부로 이원화되어 있어 유·초등 연계에 적극적으로 대처하지 못하는 면이 있다. 최근 정부는 만 3~5세를 위한 공통 교육과정인 누리과정을 도입하여 유아교육의 공교육화를 시도하고 있다. 이를 위해 만 3~5세의 유아교육 기간을 기간학제에 포함시켜 유치원에서 고등학교까지 이어지는 기간학제의 첫 단계로서 유치원이 자리 잡을 수 있도록 유·초등 연계의 근간이 마련되어야 한다. 더불어 유·초등 연계를 강화하기 위해서는 유치원 교사의 전문성 제고, 유아교육기관과 보육기관의 연합 및 통합, 시도교육청의 유아교육 전담인력 확충, 초등교육 체제와의 균형과 교류 지원 등이 필요하다.

② 교육과정상의 연계방안

유·초등 연계에서 가장 핵심이 되는 부분은 교육과정의 연계이다. 교육과정의 연계가 제기된 문제를 해결하고 유아의 원만한 초등학교 전이를 지원하기 위해 취학 전 교육과정과 초등학교 저학년, 더 나아가 중등학교까지 연계되는 교육과정을 개발할 필요가 있다.

국가 교육과정 개정 시에 유·초·중등 교육과정 방향을 일관되게 설정하고 이에 따라 동일한 지침과 체제하에서 개편해야 한다. 이로써 유치원부터 고등학교에 이르기까지 국가의 교육이념과 교육과정의 성격 및 추구하는 인간상이 일관성 있게 반영되고, 내용의 연계성이 확보된 교육과정을 개발할 수 있기 때문이다. 특히, 유·초등 교육과정을 효율적으로 개발하기 위해서는 유·초등 교육과정을 동시에 개정해야 한다. 누리과정과 초등학교 교육과정은 유·초등 교육과정의 문서 구성체계를 일치시키고 목적, 목표, 내용 및 성취기준, 편성 및 운영, 평가 등의 항목에서 연계성 있는 방향과 기준을 공동으로 적용해야 한다.

누리과정 개정을 좀 더 전문적·체계적으로 수행하기 위해서는 유·초등 연계 강화 측면의 관점에서 누리과정 개정 연구를 추진해야 한다. 누리과정 개정 연구가 초등교육과정 개정 연구와 동시에 통합적으로 이루어지는 것이 가장 이상적이지만, 현실적으로 어려운 상황이라면 각 교육과정 개정작업에 반드시 양측 전문가를 포함시켜 유·초등 연계의 기본 방향과 틀을 공유해야 한다.

③ 유아교육기관의 실천과제

교육현장에서 즉시 실천할 수 있는 과제는 다음과 같다.

첫째, 유치원 교육에서 교육내용 및 활동을 선정 · 실시할 때 누리과정을 넘어서지 않도록 해야 하며, 과도한 디지털 매체 및 자료의 사용도 지양해야 한다.

둘째, 교육청에서 제공하는 연수 외에도 유치원 내에서 실시하는 자율장학을 통해 초등학교 교육과정의 특성, 누리과정과의 공통점 및 차이점 등에 대한 교사들의 이해를 돕는다.

셋째, 만 5세 유아들에게 초등학교 적응을 위한 활동을 실시하되, 초등학교에 대한 두려움이나 거부감을 주지 않도록 전체 교육활동 속에서 자연스럽게 이루어져야 한다.

넷째, 유아의 발달특성 및 놀이의 중요성 이해와 정서적으로 안정감 있는 전이를 위해 학부모 인식을 개선하고, 가정에서 연계지도가 가능하도록 학부모교육과 참여를 강화한다.

다섯째, 유 · 초등 연계협의체 운영을 활성화하여 교사들 간의 상호 수업 관찰, 유치원 · 초등학교 저학년 공동 수업, 유아의 초등학교 방문 및 적응, 공동 행사 등의 활동과 프로그램을 실시한다(장명림, 2014).

이를 정책단계별로 도식화하면 | 그림 2-2 |와 같다.

단계별	정책방안 및 실천과제
연계 추진 주체별 즉시 실천과제	•교육청의 과제 –유·초등 연계 지역협의체 구성 및 지역 네트워크 구축 –유·초등 교원 연수에 유·초등 연계과목 포함 운영 •유치원의 과제 –누리과정 범위 내에서 교육내용 및 활동 선정·실시 –자율장학을 통해 교원의 초등교육에 대한 이해 제고 –만 5세 반 유아들에게 초등학교 적응 준비 통합·실시 –유·초등 연계를 위한 학부모교육 및 참여 실시 –지역 유·초등 연계협의체에 참여 및 초등학교와 교류 •초등학교의 과제 –초등학교 교육과정 범위 내에서 교육활동 실시, 놀이중심의 융통성 있는 수업 운영 –자율장학을 통해 교원의 유아교육에 대한 이해 제고 –초등학교 1학년 아동 입장에서 초기 적응 지원 –유·초등 연계를 위한 학부모교육 및 참여 실시 –지역 유·초등 연계협의체에 주도적 참여 및 유치원과 교류
▼	
단기 정책방안 (교육과정상의 연계방안)	•유·초등 교육과정 공동 개정 •교과명 조정, 내용 진술방식 일치, 주제 재구성 •교사용 지도서의 연계성 확보 •국가 교육과정으로서 누리과정의 체계화 •아동의 발달 및 성취 수준 파악
▼	
중장기 정책방안 (제도적 측면의 연계방안)	•유아교육의 공교육체제 확립 및 기간학제화 •유치원 교사의 학력을 4년제로 제고 •유치원과 초등학교 교사 양성과정에 유·초등 연계과목 포함 •시도교육청의 유아교육 조직체계 및 인력 확충 •교육 지원기관의 유·초등 연계 지원 강화

출처: 장명림(2014).

| 그림 2-2 | 유 · 초등 연계 강화방안의 단계적 추진절차

토론

1. 우리나라 유아교육 이원화 체계에서 발생하는 문제점은 무엇이며, 이를 개선하기 위한 방안을 2가지 이상 제시해 보세요.
2. 유 · 초등 연계방안으로 교육과정과 교육방법 및 환경에 대해 자신의 생각을 밝혀 의견을 나누어 보세요.
3. 현 사회에서 가장 우선하여 해결해야 할 문제가 무엇이며 이를 공공정책에 반영할 수 있는 방법을 제안해 보세요.

교육부(2015a). '2015 개정 교육과정 총론 및 각론 확정 · 발표' 보도자료.
국가법령정보센터(2010). 유아교육법. 법제처. 제10176호(2010. 3. 24.)
국가법령정보센터(2017). 영유아보육법. 법제처. 제14597호(2017. 3. 14.)
국무조정실(2013). '유보 통합, 학부모 의견 최대한 반영해 임기 내 완성' 보도자료.
권미경(2016). 장애영유아 교육 · 보육 현안 및 요구 –유보 통합을 중심으로–. 육아정책연구소.
나정(2004). 우리나라 유아교육과 보육정책 OECD의 진단과 대정부 권고. 한국유아교육 · 보육행정학회 학술발표대회 논문집.
박명숙(2017). 유아교육과 보육 통합에 대한 유아교육기관 교사와 학부모의 인식 차이에 관한 연구. 공주대학교 대학원 석사학위논문.
보건복지가족부(2012). 중앙보육정책위원회 개최, 아이사랑플랜 심의. 보건복지가족부.
이상욱, 정희영, 최영해, 장은희, 황현주, 유은정, 신현정, 김성원, 김정희, 윤선화, 정희정(2011). **유아교육개론.** 학지사.
장명림(2014). 유아교육과 초등교육 연계 강화 방안 연구. 한국교육개발원.
장명림, 황성온, 김미나(2012). **2013~2017 유아교육 중장기 발전 방향.** 육아정책연구소.
장영희(1997). 유아를 위한 다문화교육의 개념 및 교수 방향에 대한 이론적 고찰. **성신연구논문집, 35.** 성신여자대학교.
조윤경(2014). 의무교육 대상 장애아 교육권 보장을 위한 유보 통합에서의 과제와 해결방안 토론회 자료집.
지옥정, 김수영, 정정희, 고미애, 조혜진(2017). **유아교육개론.** 창지사.
한국교육학회 유아교육연구회(1993). **유치원과 초등학교의 연계성.** 양서원.
황해익, 서정현, 송인숙, 이경화, 최혜진, 정혜영, 김남희, 이혜은(2009). **유아교육개론.** 공동체.

CHAPTER 03

유아교사론

제3장 유아교사론에서는 유아교육의 질을 결정하는 핵심요인인 유아교사의 전문성과 역할에 대해 설명한다. 특히, NAEYC에서 제시하고 있는 유아교사의 6가지 전문성 기준에 대해 살펴보고, 시대의 변화에 따라 요구되는 유아교사의 역할을 정리하였다. 이어서 전문가로서 성장 · 발달하기 위해 유아교사에게 필요한 핵심역량과 초임교사에게 필요한 핵심역량에 대해 살펴보고, 더불어 유아교사의 전문적 자질로서 중요하다고 여겨지는 돌봄(caring)과 교육철학에 대해 논하였다. 마지막으로 교직윤리로서 유치원 교사헌장 · 강령과 보육인 윤리선언 및 윤리강령의 전문을 살펴보며 도덕관과 윤리관의 중요성을 점검해 본다.

1. 유아교사와 전문성

1) 유아교육 전문가로서의 유아교사

현대사회의 빠른 변화는 사회 전 분야에 걸쳐 영향을 미치고 있으며 유아교육 분야에 대한 관심과 관점도 이에 따라 변화하고 있다. 특히, 취업모의 증가, 핵가족화에 따른 가족구조의 변화, 조기교육에 대한 관심 증가에 따라 유아교육의 필요성과 중요성이 강조되고 있다. 가정의 고유영역으로 인식되어 오던 영유아기 교육과 보육은 점차 영유아교육기관으로 그 역할이 이전되고 있으며 출산율 감소의 대책으로 유아교육의 공공성도 강화되고 있다.

Morrison(2014)은 유아교육에 대한 다양한 변화를 다음과 같이 정리하였다.

첫째, 유아들의 성장 · 발달 · 학습에 대한 과학적 지식 증가로 유아들은 매우 어린 시기에도 학습이 가능한 존재임이 확인되었다.

둘째, 생애 초기의 학습으로서 유아교육 프로그램과 교육과정들이 개발되었다.

셋째, 질 높은 유아교육은 전 생애에 거쳐 긍정적이며 지속적인 영향을 줄 수 있다.

넷째, 유아교육기관에 다니는 유아의 수는 지속적으로 증가하고 있다.

다섯째, 유아교육은 정치적 이슈가 되고 있다. 예를 들어, 미국에서는 오바마 대통령이 재임하고 있는 시기에 유아교육과 보육시설의 국가적 재정 지원이 확대되었다. 현재 우리나라에서도 유보 통합 및 공교육으로서의 유아교육 강조는 정치적 이슈가 되고 있다.

이처럼 유아교육에 대한 인식의 변화는 과거에 비해 좀 더 전문화된 유아교사 양성을 요구하며 유아뿐 아니라 유아들이 속한 가족구성원에게도 수준 높은 다양한 유아교육 프로그램을 수행할 수 있는 유아교사의 전문성을 필요로 하고 있다. 교육학 용어사전에 '전문성'은 다른 일반직과 달리 깊은 이론적 뒷받침과 기술을 필요로 하는 것이라고 정의되어 있다. 교사 전문성 역시 교직 전문성과 비슷한 용어로 혼용되며, '수업 전문성', '교직 전문성', '학급 운영 전문성', '교직윤리' 등으로 구분된다. 그러나 우리나라 유아교사의 전문성은 초 · 중등교사와 비교할 때 낮은 수준으로 인식되고 있으며, 교육과 보육의 이원화 체제에 따른 유치원과 어린이집 교사의 인식에 대한 차이가 존재하기도 한다. 또한, 매스컴을 통해 전해지는 유아교육기관의 불투명한 재정 운영 및 아동학대와 같은 사례들은 유아교사의 전문성에 대한 논란을 사회적 이슈로 끌어내며 유아교사의 전문성에 대한 불신감을 불러일으키기도 한다(연희정, 송주은, 김은주, 2014).

전문적으로 잘 준비된 유아교사가 가르치는 유아교육은 질적으로 우수하고, 질 높은 유아교육은 유아, 가족, 지역사회, 나아가 국가의 발전에 장기적인 영향을 미친다. 즉, 인간의 발달이 가장 활발히 이루어지며 삶의 기초를 형성하는 영유아기를 담당하는 유아교사의 역할은 매우 중요하며 유아교사는 유아교육의 전문가이어야 한다.

유아교육이란 출생 직후부터 8세(초등학교 저학년)까지 영유아기의 학습자를 대상으로 행해지는 전반적인 교육활동을 의미하며, 가족과 지역사회와 연계하여 모든 유아에게 질 높은 교육을 제공하고 성장과 발달을 지지하는 전반적인 행위라고 규정할 수 있다. 그러므로 유아들을 교육하고 프로그램을 수행하기 위해서는 전문적인 특성 · 지식 · 기술을 습득하는 것이 필수이며 영유아발달에 대한 이해와 교육에 대한 신념을 구축하는 것이 필요하다. 나아가 오늘날 영유아와 가족의 문제를 대중에게 알리는 역할도 강조되고 있다. 전문가로서 유아교사는 자신, 동료들, 유아들을 대상으로 다각도에서 개선과 발달에 영향을 미치고 촉진하는 매개가 되어야 하고, 자신의 기술과 지식을 계속 향상시켜야 한다. 그러므로 유아교육 전문가로서 유아교사의 전문성은 다각도로 살펴볼 필요가 있다.

유아교육의 전문가인 유아교사는 유아의 발달과 학습을 함양하고, 유아가 속한 가족, 지역사회와 적절한 관계를 형성하며, 유아와 가족 지원을 위한 관찰 · 기록 · 평가를 해야 한다. 또한, 유아를 위한 긍정적인 교수-학습을 실행하며 끊임없이 스스로 유아교육 전문가로서 발전할 수 있도록 노력해야 한다.

2) NAEYC 유아교사의 전문성 기준

NAEYC에서는 유아교육 분야의 확고한 전문성 마련을 위해 유아교사 전문성의 기준을 마련하고 있다. 현재 NAEYC에서 제시한 6가지 기준은 2009년에 개정된 내용으로 미국 각 주 및 전미 지역의 유아교사자격 및 인가를 포함하는 전문성 기준을 제시하고 있다. 또한, 전문직으로서 유아교사의 전문성 확보를 위한 내용들을 포함하고 있다.

유아들은 잘 교육받고 준비된 유아교사가 제공하는 교육환경과 교육과정 안에서 잘 성장하고 학습할 수 있다. 이러한 경험은 이후 유아가 성공적인 삶을 영위하는 데 근간이 되며 언어 · 수학 · 과학과 같은 학문적 학습에도 영향을 미친다. 뿐만 아니라 신체운동 발달, 사회적 기술, 자기조절능력, 정서적 발달에도 영향을 주며 이는 유아교사-유아-가족 간 친밀한 관계에도 요구된다. 이러한 관계로 인해 생성되는 심리적 안정적 기지의 제공은 유아가 추후 건강한 성인으로 성장하는 데 원동력이 된다. 유아를 위한 교육과정은 단순히 지식 · 기술 · 태도의 형성보다 더 큰 의미를 가지고 있으며 예비 유아교사에게 좀 더 역동적이고 다양한 준비가 요구된다.

유아교사의 전문성은 유아교사 양성과정에서부터 확보되어야 하며, 잘 계획된 교사양성 프로그램 안에서 전문적인 지식 · 기술 · 태도를 기를 수 있다. 또한, 자신의 삶과 새로운 지식을 연결시킬 수 있어야 한다. 즉, 유아교육과 관련된 전문적 지식과 기술, 이론을 실제에 적용할 수 있어야 한다. 이를 위해 지속적인 반성적 사고를 통해 예비 유아교사로서 그리고 전문가로서 자기평가를 하고 학습해야 한다.

이에 NAEYC에서 제시한 유아교사의 전문성 기준을 발췌하여 정리하면 다음과 같다(NAEYC Standards for Early Childhood Professional Preparation, 2009).

(1) 영유아발달과 학습 증진

기준 1 **영유아발달과 학습 증진**
1a 영유아의 특징과 요구 알고 이해하기 1b 영유아의 발달과 학습에 영향을 주는 다양한 요인 알고 이해하기 1c 건강하고, 존중하고, 지지적이며, 도전적인 학습환경 조성을 위한 발달적 지식 활용하기

예비 유아교사들은 영유아발달에 대한 지식에 근거하여 유아의 특성과 요구에 적합하게 상호작용해야 한다. 영유아발달이란 신체 · 사회 · 정서 · 언어 등과 같은 영역의 성장 · 발달단계이며, 영유아의 발달영역은 서로 연결되어 있으며 전인적으로 발달한다. 그러므로 영유아발달에 대한 이해를 기초로 놀이, 활동, 학습과정, 동기부여 등을 계획하고 수행해야 한다. 또한, 영유아발달에 영향을 주는 다양한 요인을 고려해야 한다. 영유아발달에 영향을 주는 요인으로는 문화, 언어, 사회적 관계, 사회 · 경제적 상태, 장애의 유무 등이 있다.

- 문화: 문화는 한 집단의 삶의 방식이며, 가치 · 믿음 · 종교 · 언어 · 의식주 등을 포함한다. 문화는 영유아들이 먹는 음식, 부모로부터 받는 양육형태 등을 결정하고 영유아들이 세상을 보는 방식과 반응하는 방식에 영향을 준다.
- 언어: 다문화사회로의 변화는 이주가족들에게 언어적 의사소통의 어려움을 야기할 수 있다. 영유아들은 종종 가족을 위한 통역자가 되기도 하고, 생존수단으로 언어를 학습한다.
- 사회적 관계: 또래 및 교사와 같이 의미 있는 성인과 사회적 관계를 형성할 수 있는 것은 문해능력만큼 중요하다. 불행히도 많은 영유아는 부적절한 부모의 양육으로 평화롭고 조화로운 삶을 위한 사회적 기술을 학습하는 데 어려움이 생길 수 있다.

- 사회 · 경제적 상태: 미국의 전체 인구 중 24%의 아동이 빈곤 상태에 있으며, 많은 연구는 이들이 학교생활뿐 아니라 긍정적 삶을 영위하는 데 어려움이 있음을 보고하고 있다. 이는 유아교사들이 경제적 어려움이 있는 영유아를 가르칠 수도 있으며 전문가로서 이들의 학습 · 성장 · 발달에 적절히 책임질 수 있어야 함을 의미한다.
- 장애: 미국 공립학교의 전체 아동 중 약 13% 정도가 장애를 가지고 있음이 보고되고 있고, 이는 다양한 장애를 가지고 있는 영유아의 수가 증가할 수 있음을 시사한다. 영유아들은 신체 · 행동 · 학습에 장애를 가지고 영유아교육기관에 올 수 있으며, 영유아교육 전문가로서 신체 · 행동 · 학습에 장애가 있는 영유아들을 보살피고 교육해야 한다.

영유아발달에 대한 이해는 교사가 '발달에 적합한 실제'를 계획하는 데 기초가 된다. 발달에 적합한 실제란 영유아 개인의 특성과 문화의 차이, 성장과 발달에 기초한 교육의 실제로 유아교육 전문가인 유아교사는 이에 적합한 교육과정과 지도방법을 계획하고 수행할 수 있어야 한다. 나아가 '발달과 문화에 적합한 반응적 실제(DCRP: Deveopmentally and Culturally Responsive Practice)'는 영유아의 문화적 배경과 인종적 요구들에 민감하게 반응하는 것을 포함하며, 우리나라도 점차 다문화사회로 변화하는 현실을 고려할 때 이를 교육현장에 반영해야 한다. 영유아가 자신의 고유한 특성, 성, 문화, 사회경제적 지위, 인종과 같은 요소들을 가지고 교육기관에 입학하면 유아교사는 이러한 학습자의 고유한 특성을 인정하고 이를 교육에 반영해야 한다. 그러므로 유아교사는 유아교육 전문가로서 문화와 인종을 초월하여 모든 유아는 교육받을 수 있는 보편적 권리가 있음을 수용하고 개별 유아의 특성을 가치 있게 여기고 반응하며 이를 교육에 적절히 반영해야 한다.

발달과 문화에 적합한 반응적 실제를 위해 유아교사는 다음의 내용을 기억해야 한다.

- 학급환경과 교수매체가 발달과 문화에 적합한 실제인지 평가하기
- 발달과 문화에 적합한 교실 재구성하기

- 교육과정과 접근의 다양성 평가하기
- 모든 유아는 존중되어야 하고 가치 있다는 믿음 가지기
- 유아와의 상호작용 반성하기
- 교육활동에 다문화활동 포함하기
- 다문화 교육과정 구성을 위해 가족 참여시키기

나아가 유아교사는 건강한 학습환경, 존중적인 학습환경, 지지적인 학습환경 그리고 도전적인 학습환경을 형성할 수 있어야 한다.

- 건강한 학습환경: 유아의 신체 및 심리적 건강, 안전을 제공할 수 있는 환경
- 존중적인 학습환경: 개별 유아를 존중하고 유아의 문화, 모국어, 개별 능력, 장애, 가정환경과 지역사회에 대해 이해하고 배려하는 환경
- 지지적인 학습환경: 각 유아들은 학습할 수 있는 능력이 있고, 유아 스스로 자신의 경험을 이해하고 의미 있게 할 수 있도록 도와줄 수 있는 환경
- 도전적인 학습환경: 모든 유아가 자신의 경험을 성취할 수 있고 확장할 수 있는 환경

(2) 가족과 지역사회와의 관계 형성

기준 2 **가족과 지역사회와의 관계 형성**
2a 다양한 형태의 가족과 지역사회 특징 알고 이해하기 2b 존중과 상호관계를 통한 가족과 지역사회 지지 및 개입하기 2c 영유아의 발달과 학습에 가족과 지역사회 참여하기

유아교사가 유아의 가족과 지역사회의 특성을 이해하고 이를 기초로 긍정적인 상호관계를 형성해야 한다. 이러한 관계 형성은 서로에 대한 존중과 배려를 바탕으로 유아의 가족들이 유아의 발달과 학습에 효과적으로 참여하는 데 도움을 준다.

유아의 부모 및 가족들과 긍정적이고 협력적인 관계를 형성하는 법을 배우는 것은 유아교사가 전문가로 성장하는 데 매우 중요하다. 부모, 가족들과 상호 존중적인

관계를 형성하면 가족들이 자녀의 교육에 참여하는 것을 도와주고 유아교육의 효과를 극대화할 수 있다. 유아가 속한 가정의 양육에 대해 배우고 배변훈련, 문제행동 등과 같은 유아의 일상이 어떻게 이루어지는지에 대해 관심을 가져야 한다. 가족과 긍정적인 관계를 형성하는 방법을 고민하고 배우는 것은 유아교사의 전문적 발달의 중요한 조건이다.

(3) 영유아와 가족 지원을 위한 관찰 · 기록 · 평가

기준 3 영유아와 가족 지원을 위한 관찰 · 기록 · 평가
3a 평가의 목표, 장점, 활용방법 이해하기 3b 관찰, 기록 그리고 적합한 평가도구와 접근법 알고 활용하기 3c 개별 영유아를 위한 긍정적 성과 향상을 위한 책임감 있는 평가 이해하고 활용하기 3d 가족 및 전문가와 평가 협력에 대해 알기

유아의 학습을 관찰 · 기록 · 평가하는 것은 유아교사의 전문적 책임 중 하나이다. 평가란 교육과 관련된 결정을 내리기 위해 유아의 발달, 학습, 행동, 학습과정, 특별한 요구나 성취에 대한 정보를 수집하는 과정이다. 유아교사는 평가의 목표, 장점, 활용방법을 숙지하고 체계적인 관찰과 기록방법, 다양한 평가방법 등을 인지하고 타당하고 신뢰성 있는 평가결과를 도출할 수 있어야 한다. 또한, 평가결과는 유아의 발달과 학습이 잘 이루어지도록 유아의 가족과 다른 전문가들과 협력하고 정보를 제공해야 한다. 평가를 통해 얻어진 결과는 교사가 유아를 어떻게 지도하고 무엇을 가르칠지에 대한 이정표가 되며 부모와 가족에게 공유되어야 한다. 또한, 유아의 평가를 위해 다양하고 적절한 평가도구를 적절히 사용할 수 있는 능력이 요구된다.

평가과정은 먼저 관찰과 다양한 평가도구를 사용하여 유아의 발달과 학습에 대한 정보를 얻고, 이를 분석하여 교육과정 및 교수학습에 반영하여 계획하고 부모 및 가족과 공유되어야 한다. 이러한 과정은 순환적으로 이루어져야 하며 이는 **| 그림 3-1 |** 과 같다.

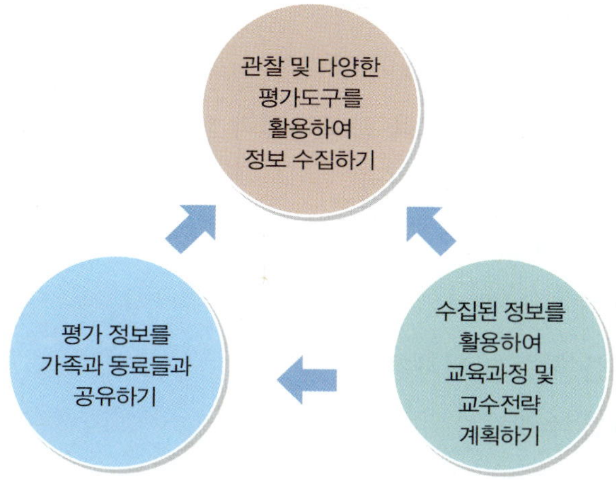

| 그림 3-1 | 평가과정

(4) 영유아와 가족을 위한 발달에 적합한 실제

기준 4 영유아와 가족을 위한 발달에 적합한 실제

4a 영유아와 함께 활동하는 기반으로서 긍정적인 관계와 지지적인 상호작용 이해하기
4b 영유아교육을 위한 효과적인 전략과 도구 알고 이해하기
4c 발달에 적합한 교수-학습방법 사용하기
4d 개별 영유아의 긍정적인 성취 향상을 위한 자신의 실제 반성하기

유아교사는 유아와 가족 간의 관계 이해, 교육과 학습 및 발달특성에 대한 이해, 효과적인 접근방법에 대한 이해, 교육과 행동지도에 대한 이해 지식, 교수-학습전략, 평가를 총체적으로 통합하여 유아의 발달과 학습을 도모해야 한다. 잘 준비된 전문성 있는 유아교사는 개별 유아 및 집단에서의 유아의 이해를 기초로 다양한 학습형태를 적절하게 사용하여 교육목표에 도달할 수 있다. 융통성 있고, 연구에 기반을 둔 전략을 소개하면 다음과 같다.

- 구두언어와 의사소통 향상하기
- 교수전략의 연속체 이끌어내기(적합한 교수전략 실행하기)
- 최적의 환경과 계획, 하루 일과 조성하기

- 실내 및 실외 환경 구성하기
- 유아의 개별적 특징 · 요구 · 흥미 장려하기
- 유아의 언어와 문화를 유아교육 프로그램과 연결하기
- 사회적 상호작용을 통해 가르치기
- 놀이를 위한 환경 만들기
- 유아의 도전적 행동 이끌기
- 과학기술을 통한 학습 지원하기
- 통합적 교육과정 수행하기

(5) 의미 있는 교육과정 구성

기준 5 의미 있는 교육과정 구성을 위해 가르치고자 하는 지식 활용하기

5a 학문 분야의 내용지식과 자원 이해하기
5b 학문 분야나 영역의 주요개념, 조사도구, 구조를 이해하고 활용하기
5c 개별 영유아를 위한 의미 있고 도전적인 교육과정을 계획하고, 수행하고, 평가하기 위한 지식, 적합한 학습기준, 그리고 다양한 자원 활용하기

유아들은 유아교사가 학문 분야에 대한 깊은 이해를 가지고 있을 때 더 많은 학습효과를 볼 수 있다. 학문의 내용영역은 읽고, 쓰고, 수학 및 과학을 학습하는 것을 기초로 학습의 성공을 이끈다. 결과적으로 전문성 있는 유아교사는 유아의 발달과 학습에서 학문의 내용영역의 중요성을 이해하고 각 내용영역을 지원하는 적합한 환경을 제공하여 필수적인 지식과 기술을 유아가 습득할 수 있도록 도와주어야 한다. 유아교육에서의 내용영역은 말하기, 듣기, 읽기, 쓰기와 같은 언어와 문해, 예술(음악, 창의적 동작, 춤, 드라마, 미술), 수학(수, 패턴, 공간과 변화), 과학(관찰, 실험), 환경을 변화하고 문제를 해결하는 도구가 되는 정보통신기술, 사회(지리, 역사, 경제, 사회적 관계), 건강과 안전, 영양 등을 포함하는 신체활동과 체육 등이다. 특히, 오늘날 과학기술의 발달로 과학(Science), 기술(Technology), 공학(Engineering), 수학(Mathematics)이 중요해져서 각 단어의 알파벳 앞 글자를 딴 STEM 교육이 부각되고 있으며, 유아교육에서도 이들 교과

를 융합하여 교육할 것을 권고하고 있다.

의미 있는 교육과정을 구성하기 위해 유아교사는 각 학문의 내용영역에서 비롯된 내용지식(content knowledge)을 알고 이를 어떻게 가르칠지 계획해야 하고 유아의 발달과 수준에 적절하게 환경을 구성하고 이끌 수 있어야 한다. 각 학문의 내용영역은 우리나라 국가수준의 유치원 교육과정인 '누리과정' 5개 영역의 신체건강 · 안전영역, 의사소통영역, 사회관계영역, 예술경험영역, 자연탐구영역별로 구분하여 주요 개념을 연결할 수 있어야 한다.

유아교사는 의미 있는 교육과정 구성을 위해 생각하기, 계획하기, 결정하기의 반성적 실제 주기를 활용할 수도 있다. 이는 유아가 어떻게 학습하고 유아교사가 유아의 학습과 발달을 위해 좀 더 효과적인 방법을 결정하는 데 도움이 된다. 의미 있는 교육과정 구성을 위해 가르치기 전에 생각하고 계획하는 단계가 요구된다. 이 단계에서는 국가수준의 교육과정의 주요개념에 기초하여 무엇을 가르칠지 결정하고, 유아가 가장 잘 학습할 수 있는 적합한 활동의 유형과 형태, 적절한 교수-학습자료 등을 결정하며, 유아의 사전경험과 도전적 과제에 대해서도 고민해 본다. 다음으로 가르치고 있는 상황에서도 지속적으로 사고하는 단계에서는 유아의 흥미를 유발하기 위해 사전경험을 활용하고 학습을 유지한다. 유아를 지속적으로 관찰 · 평가하고 유아의 요구에 적절히 반응해야 한다. 그러면서 점차 새로운 개념과 정보를 소개하고 유아의 학습을 위해 동기와 도전적인 과제를 부여해야 한다. 다음 단계에서는 가르친 후 반성하고 이를 다음의 계획에 반영한다. 유아의 성공과 성취를 평가하고 이를 기록하여 적절한 방법으로 부모와 가족에게 알려 준다. 이러한 과정은 피드백을 통해 학습과 성장이 지속적으로 이루어질 수 있도록 한다.

(6) 전문성 개발

기준 6 전문성 개발
6a 유아교육 분야를 확인하고 참여하기 6b 윤리적 지침과 다른 전문적 지침을 알고 지키기 6c 실제를 알리기 위해 지속적이며 협력적 학습에 개입하기 6d 유아교육에 관한 다양한 관점을 알고, 이를 반성적이며 비판적으로 통합하기 6e 유아와 유아교육에 관해 알려진 정치적 이슈에 개입하기

유아교사는 스스로 전문가임을 인식해야 하고 지속적으로 유아교육 전문가로서 노력해야 한다. 전문가가 된다는 것은 ① 윤리적 실제를 알고 참여하는 것이다. ② 지속적으로 전문지식을 쌓고 발전에 힘쓰는 것이다. ③ 동료, 부모, 가족, 그리고 지역사회와 협력하는 것이다. ④ 반성적 실천을 하는 것이다. ⑤ 유아와 가족 그리고 같은 직종의 종사자들과 관련된 이슈를 지원하고 지지하는 것이다. 이는 전문성을 나타내는 요인이라고 할 수 있다.

NAEYC에서 제시하고 있는 유아교사의 6가지 전문성 기준에 근거하여 기대되는 전문성 목표를 제시하면 | 표 3-1 |과 같다. | 표 3-1 |을 참고하여 현재 예비 유아교사로서 자신의 수준 정도를 평가(예 상 · 중 · 하)하고 목표 달성을 위한 계획을 세워 보도록 한다.

| 표 3-1 | 유아교육 전문가가 되기 위한 전문성 발달 체크리스트

NAEYC 기준	기대되는 전문성 목표	현재 나의 수준 정도	목표 달성을 위한 구체적인 계획
기준 1	**유아발달과 학습 향상(Promoting Child Development and Learning)** 나는 유아의 특징과 요구, 그리고 유아의 발달과 학습에 영향을 미치는 다양한 요인을 이해하고 이를 기초로 개별 유아에게 건강하고 존중적이며, 지지적이고 도전적인 환경을 구축할 수 있다.	예 중	예 1. 영유아발달 교과목 수강하기 2. 영유아발달의 영역별 관찰일지 써 보기 등

NAEYC 기준	기대되는 전문성 목표	현재 나의 수준 정도	목표 달성을 위한 구체적인 계획
기준 1	**교육과 보육의 실행**(Delivering Education and Child Care) 나는 유아교육과 보육 실행을 위한 다양한 접근을 알고, 안전하고 건강한 학습환경 속에서 유아교육과 보육을 수행하는 데 이를 활용할 수 있다.		
기준 1	**행동지도**(Guiding Behavior) 나는 행동지도의 원리와 중요성을 이해하고, 유아들이 평화롭고 협력적이며 행동을 조절할 수 있도록 지도할 수 있다.		
기준 1	**유아교육이론**(Theories of Early Childhood Education) 나는 유아교육의 주요이론을 알고 유아를 가르치기 위한 나의 신념 구축에 이를 활용할 수 있다.		
기준 2	**가족과 지역사회와의 관계 형성**(Building Family and Community Relationships) 나는 유아가 속한 가족과 지역사회의 특징을 알고 중요한 가치를 이해하고 있다. 유아의 가족을 이해하고 이들에게 권한을 부여하여 존중하며 상호적인 관계를 형성할 수 있으며 유아의 발달과 학습을 위해 가족의 참여를 도모할 수 있다.		
기준 3	**영유아와 가족 지원을 위한 관찰 · 기록 · 평가**(Observing, Documentating, and Assessing to Support Young Children and Families) 나는 평가의 목표, 장점, 사용방법을 알고 있으며 유아의 발달에 긍정적인 영향을 주기 위해 체계적인 관찰, 기록, 효과적인 평가전략을 가족 및 전문가들과 협력하여 사용할 수 있다.		
기준 4	**영유아와 가족을 위한 발달에 적합한 실제**(Using Developmentally Effective Approaches to Connect with Children and Families) 나는 유아와 유아가 속한 가족들과 함께할 수 있는 기초 마련을 위해 긍정적인 관계를 형성하고 지지적인 상호작용을 할 수 있다. 이를 위해 나는 발달에 적합한 접근, 교수전략과 방법을 알고 다양하게 활용할 수 있으며 모든 유아의 발달과 학습에 긍정적인 영향을 줄 수 있다.		

NAEYC 기준	기대되는 전문성 목표	현재 나의 수준 정도	목표 달성을 위한 구체적인 계획
기준 4	**다양한 유아를 위한 교육(Educating Diverse Student)** 나는 모든 유아가 자신만의 특별한 강점을 가지고 있음을 안다. 나는 이러한 차이를 수용하여 학급 운영에 반영할 수 있다. 나는 모든 유아의 존엄성을 존중한다.		
기준 4	**발달에 적합한 실제(Developmentally Appropriate Practice)** 나는 유아의 발달단계를 알고 발달에 적합한 실제를 실행하기 위해 이를 활용할 수 있다. 나는 유아의 잠재적 발달(신체 · 인지 · 사회정서발달 등) 증진을 위해 교육 및 보육을 도모할 수 있다.		
기준 4	**테크놀로지(Technology)** 나는 테크놀로지 사용에 익숙하고, 유아의 학습을 위해 테크놀로지를 적절하게 활용하고 적용할 수 있다.		
기준 5	**의미 있는 교육과정 구성을 위한 내용 지식의 활용(Using Content Knowledge to Build Meaningful Curriculum)** 나는 유아 교육과정의 발달적 영역과 학문적 내용의 중요성을 알고 있으며 각 학문적 영역의 핵심개념, 탐구도구, 내용영역의 구조의 중요성을 안다. 나는 이러한 나의 이해를 깊이 있고 심도 있게 하기 위해 노력한다. 나는 나의 지식과 자원을 활용하여 모든 유아의 발달과 학업성취를 향상하기 위해 의미 있고 도전적인 교육과정을 계획하고, 실행하고 평가할 수 있다.		
기준 6	**전문가 되기(Becoming a Professional)** 나는 나 스스로를 유아교육 전문가로 인식하고 있으며 윤리적 지침과 유아교육 실제와 관련된 전문적 기준을 알고 활용할 수 있다. 나는 지속적이며 협력적 학습자로 나의 직업에 대해 전문적 · 반성적 · 비판적 관점을 가진다. 또한, 다양한 자원과 자료로부터 나의 지식을 통합할 수 있으며 정당하고 올바른 의사결정을 할 수 있다. 나는 건전하고 올바른 교육적 실제와 정책을 지지할 수 있다.		
기준 6	**지속적인 전문성 발달(Ongoing Professional Development)** 나는 매해 전문적 진로계획을 가지고 있으며, 나의 지식과 역량 함양을 위해 연구와 교육에 참여한다. 또한, 유아교육과 관련된 단체에 소속되어 있으며 학위를 가지고 있다. 나는 유아교육 분야의 동료들과 긍정적이며, 협력적인 관계 형성을 위해 노력한다.		

NAEYC 기준	기대되는 전문성 목표	현재 나의 수준 정도	목표 달성을 위한 구체적인 계획
기준 6	**교수철학**(Philosophy of Teaching) 나는 유아를 가르치고 돌보기 위한 철학을 가지고 있고, 이 철학은 나의 모든 교육적 활동의 근간이 된다.		
기준 6	**변화에 대한 민감성**(Keeping Current in an Age of Change) 나는 전문성 발달에 대해 익숙하고 사회 및 유아교육의 변화에 맞는 이슈를 이해하고 새로운 연구, 정보, 동료 전문가들의 조언에 융통성 있고 민감하게 나의 생각과 사고, 그리고 실제를 변화시킬 의지가 있다.		
기준 6	**전문적 성향**(Professional Disposition) 나는 국가적이며 전문적 수준에서 제시하고 있는 기대를 반영하며 유아 · 가족 · 지역사회를 위해 공헌할 수 있다. 나는 나의 전문성이 적용되고 발전적 계획을 세울 수 있는 시기를 적절히 알고 나의 전문성을 발휘할 수 있다.		
기준 6	**역사적 지식**(Historical Knowledge) 나는 유아교사 직업의 역사를 알고, 나의 교직 실제에 영향을 미칠 수 있도록 활용할 수 있다.		

출처: Morrison(2014). Early childhood Education Today.

2. 유아교사의 역할

오늘날 유아교사의 전문적인 역할은 시대의 변화에 따라 점진적으로 변화하고 있다. 비록 전문성에 입각하여 유아교사의 특징과 자질은 여전히 과거와 유사하지만 책임, 기대 그리고 역할에 대한 변화는 지속적으로 이루어지고 있다. 이에 Morrison(2014)이 언급한 유아교사의 역할을 정리하면 다음과 같다.

1) 교육지도자로서의 유아교사

유아교사는 학급환경 및 운영에 대한 책임이 있다. 이는 단순히 눈에 보이는 지도뿐 아니라 유아들이 무엇을 학습할지 계획하고, 유아의 학습을 이끌고 가르치며, 유아들의 학습을 평가하고, 유아의 학습이 효과적으로 발생할 수 있는 환경을 적절히 구성하는 것의 총체를 의미한다.

2) 국가와 정부, 지역과 프로그램 목표와 기준을 반영하는 유아교사

국가와 정부는 유아들이 필수적으로 학습해야 하는 국가적 수준의 준거를 제공한다. 유아교사는 이를 이해하고 분명한 목적을 가지고 무엇을 가르칠지에 대한 확신이 있을 때 의도적인 교육이 일어난다. 그러므로 유아교사는 교육을 위해 많은 시간을 할애하고 유아 개인의 학습과정에 좀 더 적극적으로 관여해야 한다.

3) 수업의 효과를 극대화시키는 유아교사

유아교사는 수업시간의 활동과 내용을 통해 유아들에게 소중한 학습기회를 극대화시켜야 한다.

4) 유아의 학업성과에 대한 책무를 가진 유아교사

유아교사는 유아의 학업성취에 대한 책임이 있다.

5) 문해능력을 교육하는 유아교사

읽고, 쓰는 문해를 가르치는 유아교사의 역할이 확대되어야 하며, 나아가 의사소통 영역까지 포함시켜 통합적인 교육을 수행해야 한다.

6) 교수-학습에 과학기술을 융합하는 유아교사

국가는 교육기관에서 교과를 융합하여 교육하는 것을 권고하고 있으므로, 유아교사는 융합교육을 실시하여 좀 더 포괄적이고 효과적인 방안을 모색하고 실천해야 한다.

7) 21세기 미래 인재를 양성하는 유아교사

21세기에 필요한 기술을 습득하고 도와줄 수 있는 유아교사의 역할이 강조되고 있다. 21세기에 요구되는 것은 3R's(읽기: Reading, 쓰기: wRiting, 셈하기: aRithmetic)와 함께 4C(비판적 사고와 문제해결능력: Critical thinking and problem solving, 의사소통: Communication, 협력: Collaboration, 창의성: Creativity)로 미래사회를 살아가는 데 필요한 능력 함양을 도울 수 있어야 한다.

8) 통합교육을 실시하는 유아교사

유아교육 분야에 특수교육이 통합되면서 유아교사들은 장애아와 비장애아가 함께하는 통합 교실환경을 구성하고 통합교육을 실시하는 기술 및 지식이 요구된다.

3. 유아교사의 전문적 성장과 발달

1) 유아교사의 생애주기별 핵심역량

우리나라에서는 유아교육 선진화 방안(교육과학기술부, 2009. 12. 9.)에 따라 유치원 교원의 생애주기별 핵심역량을 다음과 같이 개발하여 제시하고 있다.

생애주기별 핵심역량 수준	
1 수준	초임교사 (경력 만 0년 이상)
2 수준	경력교사 (경력 만 3년 이상)
3 수준	부장교사 및 원감 (경력 만 6년 이상)
4 수준	원장 (경력 만 9년 이상)

생애주기별 핵심역량 영역	
영역 1	교직 인성 및 전문성 개발
영역 2	학습자에 대한 이해
영역 3	교육과정 운영
영역 4	평가의 이해 및 실행
영역 5	대인관계 및 의사소통 실천
영역 6	정보화 소양 개발
영역 7	학급 운영

유치원 교원의 생애주기별 핵심역량은 경력이 쌓이면 수직적으로 이동하는 경력 단계와 달리 경력과 직급에 따라서 반드시 획득해야 하는 기본적인 최소한의 역량을 제시하고 있다. 각 영역에 대한 세부내용은 다음과 같다.

영역 1. 교직 인성 및 전문성 발달	유치원 교원이 열정을 가지고, 다양한 상황과 조건에서 창의성을 개발하고, 지속적으로 전문성을 발달시킬 뿐 아니라 교사로서의 윤리를 이해하고 실천하는 것에 대한 역량
영역 2. 학습자에 대한 이해	유아의 일반적인 신체 · 정서 · 인지 · 언어 · 사회성의 발달과정과 각 유아들의 개별적인 성장 · 발달을 이해하고, 유아들에 대한 적절한 지도방법과 지도기술을 적용하는 것에 대한 역량
영역 3. 교육과정 운영	유아들이 성인 및 다른 유아들과의 상호작용, 선택된 매체, 계획된 활동을 통해서 개념 · 기술 · 태도 · 성향을 획득하고, 구성하고, 실천하는 경험의 범위를 의미함. 따라서 교육과정 운영영역은 교육과정에 대한 이해 및 실행, 교수–학습과정에 대한 이해 및 실행에 대한 역량
영역 4. 평가의 이해 및 실행	유아의 발달을 촉진하고, 유아 교육과정과 환경의 개선을 위해서 실행되는 유아 및 교육과정 평가의 이해와 실행, 평가결과의 활용에 대한 역량
영역 5. 대인관계 및 의사소통 실천	유치원 교원이 부모 · 동료 · 지역사회와 친밀하고 협력적인 관계를 형성하는데 필요한 공동체 의식 및 태도 형성, 관계 형성을 위한 의사소통 기술 형성, 공동체 형성 및 지원에 대한 역량

영역 6. 정보화 소양 개발	정보가 유력한 자원이 되고 정보의 가공과 처리에 의한 가치의 생산을 중심으로 사회나 경제가 운영되고 발전되어 가는 정보화 사회에서 필요한 정보화 기술 이해와 활용에 대한 역량
영역 7. 학급 운영	교육활동을 효과적으로 실시하기 위해 학급 안의 여러 가지 일을 운영하는 것으로 안전하고 즐거운 교실문화를 조성하고, 문서를 작성하고 관리하는 것에 대한 역량

이를 기초로 박은혜와 조운주(2015)는 유치원 초임교사가 갖추어야 할 핵심역량의 범주를 다음과 같이 제시하였다.

영역	범주
영역 1. 교직 인성 및 전문성 개발	1-1. 교직 열정 및 창의성
	1-2. 반성적 자기개발
	1-3. 교직윤리 함양
	1-4. 근무자세
영역 2. 학습자 이해	2-1. 유아발달 이해
	2-2. 특수아 이해
영역 3. 교육과정 운영	3-1. 교육과정 이론 이해
	3-2. 국가수준 교육과정 이해
	3-3. 교육계획안 구성 및 적용
	3-4. 교수-학습 이해 및 실행
영역 4. 평가의 이해 및 실행	4-1. 평가의 이해 및 실행
	4-2. 평가의 활용
영역 5. 대인관계 및 의사소통 실천	5-1. 공동체 의식 및 의사소통 기술 형성
	5-2. 부모 및 동료와의 협력
	5-3. 지역사회 및 국가와의 협력

영역	범주
영역 6. 정보화 소양 개발	6-1. 정보화 기술 이해
	6-2. 정보화 기술 활용
영역 7. 유치원 운영	7-1. 교실 운영 및 유아와의 관계 형성
	7-2. 유아행동 지도
	7-3. 문서 작성 및 관리

앞서 살펴본 바와 같이 유아교사는 전문가로서 NAEYC에서 제시하고 있는 전문성 수준과 우리나라에서 제시하고 있는 핵심역량을 파악하고 이를 개발하여 전문성을 체계적으로 갖추어야 한다.

2) 유아교사의 돌봄과 교육철학

(1) 돌봄

유아교사로서 유아, 가족, 동료들 그리고 지역사회에 영향을 미치고, 유아들의 학습, 동기, 발달 그리고 교육자로서의 전문적 성장에도 영향을 미치는 가치, 책무, 그리고 직업윤리를 포함하는 총체적 개념이 전문적 자질이다. 더불어 유아교육 전문가인 유아교사에게 '돌봄'은 매우 중요한 자질이다. Noddings(1992)에 따르면, '돌봄'은 기본적으로 현실 속에서 도덕적 근원을 '관계성'에 두고 있는 윤리이다. 돌보는 자와 돌봄을 받는 자의 관계에서 나타나는 상대를 향한 전념 · 염려 · 책임이다. 여기에서 책임, 상호 의존성, 유대, 관심, 배려, 사랑과 같은 윤리적 속성을 지닌 돌봄은 유아교육 그 자체이자 교육의 목적이다(양옥승, 2004).

유아를 대상으로 하는 전문적인 돌봄은 모든 유아와 유아가 속한 문화 그리고 사회 · 경제적 배경까지도 모두 수용하고 존중하는 것을 의미한다. 예를 들어, 유아들은 때로 청결하지 않고 아플 수도 있으며, 배고파할 수도 있고 유아와 부모가 유아교사의 배경과 다를 수도 있다. 돌봄은 유아를 위해 유아교사가 늦게까지 잠 못 이루며 유아를 돕기 위해 많은 시간을 고민하고 학습을 계획하고 준비하는 데 많은 시간을 할애하는 것을 의미하기도 한다. 또한, 돌봄은 유아와 가족의 삶의 긍정적 변화를 위해 끊임없이 노력하는 것이기도 하다. 그러므로 돌봄의 의미를 유아교사의 삶과 정체성 관점에서 진지하게 고민해 볼 필요가 있다.

(2) 교육철학

교사의 전문적 실제는 교육철학의 기반으로부터 수행된다. 즉, 교육철학은 가르치는 행위와 가르침의 대상인 유아에 대한 아동관을 지지해 주는 이정표가 된다. 교육철학은 유아의 발달과 학습에 대한 신념으로 유아들이 무엇을 알고 배워야 하며 행동해야 하는지에 대한 기초를 제공하며, 교사로 하여금 유아를 최적의 방법으로 어떻게 가르칠지에 대한 방향을 제시하기도 한다. 교육철학은 유아가 어떻게 발달하고 학습하며 무엇을 어떻게 가르칠지에 대한 신념체계로 교직전문성의 실제에 포함된다. 이는 유아교사가 유아를 바라보는 관점과 가르침에 대한 이정표가 되어 실제를 행하는 원동력이 된다.

교육철학은 교사 이전에 한 인간으로서 삶의 철학이기도 하다. 교사 자신, 타인 그리고 스스로의 삶에 대한 믿음은 교육철학을 형성하는 기초가 된다. 예를 들어, 앞서 언급한 돌봄에 대한 신념이 있는 교사라면 유아들에게 진정한 돌봄을 실천할 수 있는 교사가 될 것이다. 교육과 가르침에 대한 믿음과 가치는 유아들에 대한 생각, 교육에 대한 목적, 교사의 역할, 가르치는 행위 등에 영향을 미친다. 즉, 교육철학은 교사로서 매일의 가르침과 삶의 방향을 결정하는 원동력이 된다.

4. 유아교사의 직업윤리

교직윤리는 교육활동을 수행하는 교사가 지켜야 할 공식적 · 비공식적 규범이고, 교직행동에 대한 포괄적 지침이자 교육의 질과 교육의 수월성을 제고하기 위한 교사행동의 지향점이다. 교원은 전문직으로서 개인의 일생에 크게 영향을 미치며, 국가 · 사회의 미래에 막중한 영향을 주는 것은 물론 시민의 도덕적 성품과 자질 향상에 중대한 역할을 한다. 이러한 관계로 교원은 다른 직종의 사람들보다도 높은 도덕관과 표준적인 윤리관이 필요하다. 그러므로 유치원 교사헌장 · 강령과 어린이집 보육교직원 윤리강령을 살펴보고, 유아교사로서의 직업윤리를 확립해야 한다. 유치원 교사헌장 · 강령과 어린이집 보육교직원 윤리강령은 다음과 같다.

1) 유치원 교사헌장 · 강령

'유치원 교사헌장'은 2010년 유아교육선진화위원회와 관련 단체(유치원교원양성 · 임용제도개선연구단, 한국4년제유아교사양성대학교수협의회, 한국전문대학유아교육과교수협의회, 한국국공립유치원교원연합회, 한국유치원총연합회, 전국사립유치원연합회)가 공동으로 입안하여 발표했음에도 잘 보급이 되고 있지 않은 실정이다. '유치원 교사헌장'을 소개하면 다음과 같다.

(1) 유치원 교사헌장

유아교육은 유아의 삶에 초석이 되며, 우리 사회와 국가의 미래를 결정한다. 우리는 국민의 생애 초기교육을 책임지며 사회로부터 존경받는 교사로서 자신을 연마하고 소명의식을 가지고 유아교육자로서 가야 할 길을 밝힌다.

- 우리는 유아를 사랑하고 개성을 존중하며 전인발달을 지원하고 평화로운 교실문화를 조성한다.
- 우리는 미래지향적이며 질 높은 교육을 계획하고 실천하여 교육자로서의 책임을 다한다.
- 우리는 가정에 대한 이해와 연대를 강화하여 교육복지사회 구축에 공헌한다.
- 우리는 사회의 변화와 요구에 적극 부응하여 유아교육의 혁신과 발전을 위해 노력한다.
- 우리는 교육자로서의 품위를 유지하고 부단히 자기개발을 통해 유아교육 전문가로서의 위상을 갖춘다.

(2) 유치원 교사강령

① 유치원 교사와 유아

핵심개념	사랑, 평등, 개성 존중, 전인교육, 안전과 보호

- 우리는 유아를 사랑하며 유아의 인격을 존중한다.
- 우리는 유아의 개인적 · 가정적 배경에 관계없이 모든 유아를 평등하게 대한다.
- 우리는 유아의 개성을 존중하며 개인의 흥미와 잠재력에 적합한 교육을 제공한다.
- 우리는 유아의 전인발달을 지원하는 교육과 환경을 제공한다.
- 우리는 유아의 안녕을 위협하는 가정적 · 사회문화적 · 경제적 상황을 적극적으로 파악하고 유아를 보호하기 위해 노력한다.

② 유치원 교사와 가정

핵심개념	가족에 대한 이해, 권리 보호, 협력, 지원

- 우리는 유아를 교육하고 지원하기 위해 가정과 연계하고 협력관계를 구축한다.
- 우리는 교육적 목적으로 수집한 가족 정보에 대해 기밀을 유지하고 가족의 사생활을 보장한다.
- 우리는 유치원에서 일어난 안전사고나 위험상황에 대해 가족에게 충분히 설명한다.
- 우리는 가족에게 유치원을 개방하며 필요한 정보를 제공한다.
- 우리는 유치원 운영에 관련된 중요한 의사결정 과정에 부모를 참여시킨다.
- 우리는 가족에게 필요한 지역사회 자원에 대한 정보를 구축하고 이를 가족에게 적극 제공한다.

③ 유치원 교사와 사회

핵심개념	사회에 대한 이해, 교원의 지위 향상, 유아교육 위상 강화, 교직문화, 지역사회와의 협력

- 우리는 사회의 흐름을 파악하고 이를 교육에 반영하고자 노력한다.
- 우리는 유아에 관련된 법률과 정책을 이해하고, 이를 개선하기 위한 활동에 적극 참여한다.
- 우리는 교직 관련 단체와 전문가협회를 통해 교권 확립을 위한 활동에 참여한다.
- 우리는 유치원 교육을 사회에 널리 알려 유아교육의 위상을 높인다.
- 우리는 교직원 간의 상호 존중과 협력을 통해 건전한 교직문화를 형성한다.
- 우리는 유치원과 연계하여 지역사회의 생활과 문화 향상에 기여한다.

④ 유치원 교사의 책무

핵심개념	직업의식과 긍지, 인성(열정, 개방성, 창의성, 자율성), 교사로서의 품위, 연구와 자기개발

- 우리는 교육전문가로서의 직업의식을 갖는다.
- 우리는 건전한 국가관과 확고한 교육관을 가지고 교직에 종사한다.
- 우리는 유아에게 최적의 교육을 제공하기 위해 열과 성을 다한다.
- 우리는 건전한 언행과 생활태도로 유아에게 모범이 되도록 한다.
- 우리는 열린 사고와 개방적 태도를 가지고 전문성 향상에 매진한다.
- 우리는 다양한 분야의 전문가와 교류하고 새로운 지식과 정책을 비판적으로 수용한다.

2) 어린이집 보육교직원과 직업윤리

(1) 보육인 윤리선언

나는 영유아의 건강한 성장과 발달을 지원하는 보육교사(어린이집 원장)로서, 직무상의 윤리적 책임을 다하여 다음 사항들을 지킬 것을 다짐합니다.

하나, 나는 내가 영유아에게 지대한 영향을 미치는 존재임을 잊지 않으며, 항상 스스로의 말과 행동에 신중을 기한다.

하나, 나는 영유아의 인격과 권리를 존중하며, 어떠한 경우에도 영유아에게 해가 되는 일을 하지 않는다.

하나, 나는 영유아 가정의 다양성을 이해하고 존중하며, 상호 신뢰하는 동반자적 관계를 유지한다.

하나, 나는 동료를 존중하고 지지하며, 서로 협력하여 최상의 보육서비스를 제공하기 위해 노력한다.

하나, 나는 보육의 사회적 책임과 역할을 인식하고, 영유아의 권익과 복지를 위한 활동에 앞장선다.

하나, 나는「어린이집 원장 · 교사 윤리강령」을 직무수행의 도덕적 규준으로 삼아 진심을 다하여 충실히 이행한다.

(2) 어린이집 원장 및 보육교사 윤리강령

보육은 영유아를 건강하게 양육하고, 안전하게 보호하며, 발달특성에 적합한 교육을 제공하는 복지서비스이며, 보육인은 사랑과 존중과 전문지식을 바탕으로 영유아의 전인적 성장에 영향을 미치는 전문직업인이다. 그러므로 보육인은 윤리적 의식과 태도를 가지고 사회적 본분에 임해야 한다.

이에 어린이집 원장과 보육교사는 스스로 책무성을 발현하여 윤리강령을 제정함을 밝힌다. 본 강령을 직무수행의 규준으로 삼아, 보육현장에서 발생하는 윤리적 갈등을 해결하고 생존권, 보호권, 발달권, 참여권 등 영유아의 권리를 보장함으로써 직무상의 윤리적 책임을 다하여 전문직업인으로서의 위상을 공고히 하고자 한다.

더불어 영유아와 그 가정, 동료와 사회의 존엄성을 존중하는 보육의 실천으로 다각적인 신뢰를 구축하고, 영유아의 잠재력을 최대한 발휘시킴으로써 영유아가 긍정적인 자아개념을 형성하고 유능한 사회인으로 성장할 수 있도록 도와 궁극적으로는 영유아와 그 가정, 동료와 사회의 통합적 · 이상적 복지 실현에 기여하고자 한다.

제 I 장 영유아에 대한 윤리

1. 영유아에게 고른 영양과 충분한 휴식을 제공하여, 몸과 마음이 건강한 사람으로 자라도록 돕는다.
2. 성별 · 지역 · 종교 · 인종 · 장애 등 어떤 이유에서도 영유아를 차별하지 않고, 공평한 기회를 제공한다.
3. 영유아는 다치기 쉬운 존재임을 인식하여 항상 안전하게 보호한다.
4. 영유아에 대한 정서적 · 언어적 · 신체적 학대를 행하지 않는다.
5. 어린이집 내외에서의 영유아 학대나 방임을 민감하게 관찰하며, 필요한 경우 관련 기관('아동보호전문기관' 등)에 보고하고 조치를 취한다.
6. 영유아의 인격을 존중하고, 개인의 잠재력과 개성을 인정한다.
7. 개별적 상호작용 속에서 영유아의 요구를 수용하기 위해 노력한다.
8. 영유아의 사회 · 정서 · 인지 · 신체발달을 통합적으로 지원하는 보육 프로그램을 실시한다.
9. 특별한 도움을 필요로 하는 경우, 전문가와 협력하여 영유아의 입장에서 최선의 대안을 찾는다.
10. 보육활동을 계획 · 실행 · 평가하는 모든 과정에 영유아의 흥미와 의사를 반영한다.
11. 영유아의 개인적 기록과 정보에 대해 비밀을 보장한다.

제 II 장 가정에 대한 윤리

1. 상호 신뢰를 바탕으로 영유아의 가정과 동반자적인 관계를 유지한다.
2. 각 가정의 양육 가치와 의사결정을 존중한다.
3. 경제적 수준, 가족형태, 지역, 문화, 관습, 종교, 언어 등 어떤 것에 의해서도 영유아의 가정을 차별 대우하지 않는다.
4. 보육활동 및 발달상황에 관한 정보를 정확하게 제공하여 영유아에 대한 가정의 이해를 돕는다. 다문화, 심신장애 등으로 의사소통에 도움이 필요한 경우 문제를 해결할 최선의 방법을 도모한다.

5. 어린이집 운영 전반에 관한 정보를 공개하여 영유아 가정의 알 권리에 응한다.
6. 보육 프로그램과 주요 의사결정에 영유아의 가정이 참여하도록 안내한다.
7. 필요한 사회적 지원, 전문서비스 등 관련 정보를 제공하여 영유아 가정의 복리 증진을 돕는다.
8. 영유아 가정의 사생활을 보호하고 익명성을 보장한다.

제Ⅲ장 동료에 대한 윤리

[어린이집 원장]

1. 최상의 보육서비스 제공에 필요한 인적 · 물적 환경의 조성 및 유지를 위해 노력한다.
2. 보육교사를 신뢰하고 존중하며 전문성과 자율성을 인정한다.
3. 성별 · 학연 · 지연 · 인종 · 종교 등에 따라 보육교사를 차별하지 않는다.
4. 업무 관련 의사결정이 필요한 경우, 보육교사의 의견 개진 기회를 보장한다.
5. 보육교사에게 지속적 재교육 등 전문적 역량 제고의 기회를 부여한다.
6. 보육교사에게 적정 수준의 보상(보험 · 급여 등)을 안정적으로 제공하며, 복지 증진에 힘쓴다.
7. 보육교사 개인의 기록과 정보에 대한 비밀을 보장한다.

[보육교사]

1. 존중과 신뢰를 바탕으로 협력하며, 서로의 전문성과 자율성을 인정한다.
2. 상호 간 역량 계발과 복지 증진에 부합하는 근무환경이 되도록 힘쓴다.
3. 어린이집 원장 및 동료와 영유아보육에 대한 신념을 공유한다.
4. 보육교사로서의 전문성 향상을 위해 스스로 노력한다.
5. 어린이집 내에서 영유아 및 보육교사의 인권과 복지를 위협하는 비윤리적 사태가 발생한 경우, 법률규정이나 윤리기준('한국보육시설연합회 윤리강령위원회' 참조)에 따라 조치를 취한다.

제Ⅳ장 사회에 대한 윤리

1. 공보육에 대한 책임을 인식하고, 항상 질 좋은 보육서비스를 제공한다.
2. 영유아의 안전을 위협하는 환경이나 정책이 발견될 시, 관계기관과 협의하여 개선한다.
3. 공적 책임이 있는 어린이집으로서 재정의 투명성을 유지하고, 부정한 방법으로 사적 이익을 취하지 않는다.
4. 영유아의 권익 보호를 위해 관련 정책 결정 및 법률 제정에 적극 참여하며, 사회적으로 이를 널리 알리는 데 앞장선다.
5. 지역사회 실정에 맞는 어린이집의 책임과 역할을 인지하고, 실천하고자 노력한다.

토론

1. 전문성을 갖춘 유아교사로 성장할 수 있는 자질에 대해 생각해 보고 나열해 보세요. 그중 3가지 자질을 선택해 앞으로 전문성 있는 유아교사로 성장할 수 있도록 계획을 세워 보세요.
2. 전문가가 된다는 것은 직업에 대한 진로를 계획하는 것을 포함합니다. 전문가가 되기 위한 목표를 파워포인트를 사용하여 로드맵을 작성해 보세요. 예를 들어, '졸업 후 유치원의 부담임, 정담임, 원감, 원장, 유아 특수교사가 되고 싶은가?' 이러한 진로의 목표 달성을 위해 무엇을 해야 하는지 생각해 보세요.
3. 유아교사로서 자신의 교육철학을 생각해 보고 이야기해 보세요.

참고문헌

박은혜, 조운주(2015). 유치원 초임교사 핵심역량 구인타당화 연구. **육아지원연구, 10**(1), 107-131.

이가형, 정선아(2015). '돌봄'의 관점에서 유아교사 삶의 특성. **한국교원교육연구, 32**(4), 307-326.

양옥승(2004). 보살핌의 텍스트로서 유아 교육과정 이해. **유아교육연구, 24**(4), 247-262.

연희정, 송주은, 김은주(2014). 유아교사 전문성 개념에 대한 탐색. **유아교육학논집, 18**(4), 75-93.

유수경, 황해익(2009). 유아교육 분야에 나타난 교사 전문성 관련 연구 동향 분석. **열린유아교육연구, 14**(3), 293-314.

유치원교원양성, 임용제도개선연구단(2010). 유치원 교사헌장 · 강령 리플렛.

차정주, 강호수(2015). 예비 유아교사가 인식하는 유아교사 전문성 탐색. **유아교육 · 보육복지연구, 19**(1), 5-25.

NAEYC(2009). NAEYC Standards for Early Childhood Professional Preparation.

Noddings, N.(1992). The Challenge to Care in schools: an Alternative Approach to Education. New York: Teachers College Press.

Morrison, G.(2014). *Early Childhood Education Today*(13th edition). Pearson Education, Inc.

Wardle, F.(2003). *Introduction to Early Childhood Education: A Multidimensional Approach to Child-Centered Care and Learning.* Pearson Education, Inc.

CHAPTER 04

유아교육의 이론적 기초

제4장 유아교육의 이론적 기초에서는 유아교육이론의 토대를 형성하는 심리학적 기초와 함께 오늘날의 유아교육의 성격과 방향을 형성할 수 있었던 사회적 기초에 관해 알아본다.

심리학적 기초에서는 Piaget로 대표되는 구성주의 학습이론과 유아의 인지적 · 언어적 사회발달이 사회적 상호작용을 통해 지지받는다고 주장한 Vygotsky의 사회문화이론 그리고 유아의 지능을 논리-수학적, 언어적, 공간적, 음악적, 신체운동적, 대인관계, 자기이해, 자연탐구의 총 8가지 지능으로 묘사한 Gardner의 다중지능이론에 대해 살펴본다.

또한, 발달이란 정해진 스케줄에 따라 전개된다는 Rousseau의 자연주의 교육철학을 기반으로 형성된 성숙주의 이론과 유아발달이 생물학적 요인이 아니라 외부환경과 학습을 통해 발달을 이끌 수 있다는 행동주의 이론, 자아실현이라 불리는 인간의 동기부여이론을 발달시킨 Maslow의 욕구위계이론과 유아의 발달이 환경에서 형성된 관계체계와 연관되어 있다고 간주한 Bronfenbrenner의 생태학적 체계이론을 통해 교사의 유아발달을 돕기 위한 방안의 관한 교육적 시사점을 제시하였다.

사회학적 기초에서는 현재 우리 사회의 저출산, 고령화 현상과 여성의 사회 참여활동의 증가, 전통적 가족의 기능을 벗어나게 한 오늘날 가족구조 변화현상을 제시함으로써 우리나라의 유아교육이 이러한 사회적 변화를 수용하고 성별, 종교, 신체적 특성, 가족 및 민족배경 등으로 인한 편견이 없도록 편성되어야 하는 3-5세 누리과정의 지침과 같이 유치원과 어린이집의 유아교육기관에서는 주제나 교수-학습자료 선정, 교사의 언어 사용 등에 이러한 편견이 반영되지 않도록 유의해야 함을 거론하였다.

1. 심리학적 기초

1) Piaget와 구성주의 학습이론

인지발달이론은 영유아가 환경을 인식하고, 이를 자신의 사고체계 안에서 지식의 영역으로 구축시켜 가는지에 대한 과정에 관심을 갖는다. 성숙주의 이론에서는 인간의 내적 성숙에 의한 자연스러운 발달을 이야기했다면, 인지발달이론은 환경과의 상호작용을 통한 발달을 이야기한다. 그리고 정신분석이론이 인간의 무의식에 초점을 두었다면, 인지발달이론은 인간의 의식적인 사고에 초점을 둔다. 또한, 행동주의는 인간을 환경자극에 반응하는 수동적인 존재로 본 반면, 인지발달이론은 인간을 환경과 상호작용하며 지식을 구축해 나가는 능동적인 존재로 간주하였다. 구성주의는 유아가 자신의 경험을 조직하고, 구조화하고, 재구성하는 인지적 과정에 관한 이론이다. 구성주의에서는 사고의 도식을 물리적 · 사회적 세계와의 상호작용을 통해 일생 동안 수정되고, 풍부해지는 과정으로 간주한다. 구성주의 인지발달이론가로는, 영유아의 인지적 구성과정을 중심으로 설명하는 Piaget와 인지발달에 있어 사회문화적 영향력을 더 강조하는 Vygotsky를 대표적으로 꼽을 수 있다.

(1) Piaget의 인지발달이론

Piaget(1896~1980)는 파리의 비네(Binet) 연구소에서 아동용 지능검사도구를 제작하면서 아동의 오답이 연령에 따라 유사함을 발견하였다. 그는 연령이 높은 아동이 낮은 아동과 비교해 단지 더 많이 아는 것이 아니라, 서로 질적으로 다른 사고를 한다고 생각하였다. 또한, Piaget는 자신의 세 자녀를 대상으로 임상연구를 통해 아동의 인지발달에 관한 상당수의 저서와 논문을 남겼다.

① 주요개념

Piaget는 인간은 환경과 능동적으로 상호작용하면서 인지구조를 재구성하여 환경에 적응한다고 하였다. 이것이 인지발달의 과정이며, 인지구조의 재구성은 끊임없는 동화와 조절, 평형화에 의해 가능하다.

가. 도식

도식(scheme)은 인지구조의 기본구조이자, 개인이 갖고 있는 정신적 구조이다. 즉, 도식은 인간이 환경을 인지하고 대응하는 데에 사용하는 '인지의 틀'이라고 할 수 있다. 예를 들어, 신생아는 빨기나 잡기와 같은 반사행동을 할 수 있는 도식만 가지고 있지만, 이러한 도식은 아이가 환경과 상호작용하면서 새로운 경험을 해 봄에 따라 동화와 조절의 과정을 거치고, 도식이 점차 분화 · 세련화된다. 생의 초기에 영아의 도식은 반사적 도식이다. 도식은 발달과 학습에 의해 동기화된다. 유아들은 새로운 경험을 자신이 가지고 있는 도식에 적용해 감으로써 이해력을 신장시켜 나간다.

이와 같이 도식이 발달해 나가는 과정에서 Piaget는 운동적(신체적) 활동의 중요성을 기술하였다. 신체적 운동은 정신적 자극을 유도하고, 이는 결과적으로 정신적 활동을 유도한다. 영아기와 유아기에 신체적 그리고 정신적 환경 간의 명확한 연결점은 없지만 Piaget는 신체적 활동이 영아기 도식발달에 중요한 역할을 한다는 점을 강조하였다.

나. 동화

동화와 조절은 유아가 가지고 있는 기존의 도식을 변화하고 발달시킬 수 있도록 하는 정신적 과정이다. 동화(assimilation)는 이미 가지고 있는 도식에 새로운 사물이나 정보를 맞추어 받아들이는 것이다. 유아는 동화를 통해 기존의 방법과 경험을 사용하여 새로운 정보와 경험을 받아들이고 이해하려고 한다. 동화는 기존에 존재하는 도식을, 예를 들어 날아다니는 것을 모두 '새'라고 알고 있는 유아는 새로운 사물인 비행기를 보아도 자신의 도식에 맞추어 '새'라고 한다.

다. 조절

조절(accommodation)이란 환경에서 접하게 된 새로운 사실과 정보가 기존의 도식에 맞지 않을 때 그 도식을 수정하는 과정이다. 조절은 새로운 상황에 적응하기 위해 기존의 것을 변화시키는 것을 포함한다. 동화의 예에서 비행기가 새와 달리 무생물이고 사람을 태울 수 있음을 알고, 이것이 새의 도식과 맞지 않음을 알게 된 유아가 기존의 새에 관한 도식을 변경하는 것이 조절이다. 동화와 조절의 과정은 통합되고, 전체로서 기능하고 적응을 구성해 나가는 것으로 간주된다.

라. 평형화

평형화(equilibrium)는 유기체가 동화와 조절을 통해 인지 상태의 균형을 유지하려는 과정적 측면이다. 유아가 새로운 정보를 즉시 동화할 수 있다면, 평행화는 즉시 발생한다. 그러나 유아가 새로운 정보에 쉽게 동화할 수 없다면, 유아는 사고나 행동을 자신의 방법으로 조절하고, 새로운 정보를 설명하고, 지각하여 자신의 지적 시스템에 평형화를 이룬다. 동화와 조절은 기존에 존재하는 유아의 도식과 새로운 경험을 통해 적응하는 것과 학습하는 것 같은 균형을 창출하며 함께 이루어진다. 특히, 동화와 조절 시 기존의 도식과 맞지 않으면 인지적 불균형이 일어나는데, 인지적 불균형은 긴장과 갈등을 유발한다. 따라서 유아는 동화와 조절의 과정을 통해 인지적으로 평형 상태에 도달하려고 한다. 인간은 이처럼 동화와 조절을 통한 평형화를 전 생애에 걸쳐 반복하며, 이에 따라 인지발달을 이룬다.

유아들은 새로운 경험이 과거의 경험과 근본적으로 차이가 있을 때 동화와 조절에 어려움을 겪는다. Piaget는 이것을 이유로 새로운 경험은 이전 경험과 연계되어야 한다고 주장한다. 따라서 교사가 가르칠 내용을 선정할 때는 유아의 문화, 가족 그리고 지역사회을 고려해야 하고 이러한 측면을 유아의 과거와 연계시켜 가르칠 수 있다.

② 인지발달단계

Piaget는 인간의 인지구조는 질적으로 각기 다른 4단계의 변화를 겪으며, 이를 보편적인 발달과정이라고 하였다. 즉, Piaget에 따르면 감각운동기, 전조작기, 구체적 조작기, 형식적 조작기로 이루어진 인지발달의 4단계는 누구에게나 일정한 순서로 나타나며, 단계를 뛰어넘거나 이전으로 돌아가지 못한다.

가. 감각운동기

감각운동기는 0~2세에 해당하는 시기로 영아 자신의 감각과 신체운동의 움직임을 통해서 세상을 이해하고 인지구조를 형성한다. 즉, 영아는 반사행동뿐 아니라 입으로 빨고, 눈으로 보고, 만져 보고, 소리를 들어 보는 등의 활동을 통해 지식을 구성해 나간다. 또한, 감각운동기의 주요특징은 대상영속성의 개념발달이다. 대상영속성은 앞에 놓인 대상이 시야에서 사라졌음에도 그 대상이 계속 존재한다고 인지하는 것이다.

감각운동기 영아들은 다음과 같은 점이 가능하다(Morrison, 2013).

- 자신의 본능적인 반사적 행동에 의존적이고, 사용할 수 있다.
- 사물의 대상영속성이 발달한다(눈에 보이지 않고, 들을 수 없고, 만져지지 않더라도 존재할 수 있다는 생각)
- 자기중심적이다. 세상의 중심에 자신이 있고, 사건은 자신으로 인해 발생한다고 믿는다.
- 정보에 대해 상징보다는 구체적인 표상에 의존적이다.
- 2세 정도가 되면 감각운동적 반사에 덜 의존적이고, 존재하는 않는 사물의 상징을 사용하기 시작한다.

나. 전조작기

전조작기는 2~6세, 7세의 유아기에 해당되는 시기이다. 전조작기 단계에서는 표상의 발달, 상징적 사고가 발달하여 상상놀이나 그림, 언어를 사용하는 활동이 많이 나타난다. 그러나 아직 논리적으로 관계 지을 수 있는 조작능력이 제대로 발달하지 않아 '전조작기'라고 한다. 이 시기에는 추상적인 사고능력이 발달하지 못하고, 가역적 사고가 불가능한 단계이다. 전조작기 유아의 특징으로는 표상, 자기중심적 사고, 직관적 사고, 물활론적 사고, 전환적 추론, 실재론적 사고 등이 있다.

표상은 유아기 동안 중요한 성취 중의 하나로 사물이나 사건을 표상하는 상징(그림이나 언어, 그림책, 지도, 그림 그리고 가상 놀이)을 이해한다는 것이다. 유아는 2세경이 되면 언어 발달이 빠르게 가속화되고, 3세경이 되면 집 그림을 보고 실제 상징을 이해하게 된다. 이처럼 상징적으로 사고하는 능력은 유아가 인지적으로 발달할 기회를 제공해 주고, 주변환경에 대한 지식을 증대시킨다.

자기중심적 사고는 타인의 관점이 존재하며, 이것이 자신의 관점과 다를 수 있음을 인지하지 못해 자신의 관점에서만 생각하는 것이다. 즉, 자기중심적 사고를 가진 유아는 타인에 대한 조망수용능력이 발달하지 못한 상태이다. 예를 들어, 엄마의 생일 선물로 자신이 좋아하는 인형을 선물하면 엄마가 좋아할 것이라고 생각하는 것이 자기중심적 사고이다.

직관적 사고는 외형적으로 보이는 높이 · 길이 등 사물의 두드러진 주요 속성만 가지고 판단하는 것이다. 예를 들어, 똑같은 수의 구슬을 한 집단에서는 띄엄띄엄 늘어놓아 더 길게 놓고 다른 집단에서는 촘촘히 놓아 짧게 늘어놓으면, 유아는 길게 늘어놓은 구슬이 더 많다고 대답한다.

물활론적 사고는 생명이 없는 대상이나 현상에도 생명과 감정을 부여하는 사고이다. 인형을 때리면 인형이 아파한다고 생각하는 것이 물활론적 사고의 예이다.

전환적 추론은 두 사건이 비슷한 시간에 일어나거나 동시에 일어났을 경우, 서로 관련이 없어도 두 사건 간에 인과관계가 있다고 생각하는 것이다. 예를 들어, 동생을 미워했는데 동생이 아프면, 자신이 동생을 미워했기 때문에 동생이 아픈 것이라고 말하는 것이다.

실재론적 사고는 정신적인 현상에 물리적 속성을 부여하는 것으로, 마음으로 생각한 것이 실제로도 존재한다고 믿는 것이다. 자신이 꾼 꿈에서 본 것을, 현실에서도 찾는 유아의 모습에서 실재론적 사고를 엿볼 수 있다.

다. 구체적 조작기

구체적 조작기는 6, 7세부터 11세 정도의 아동 발달단계이다. 이 시기에는 정신적 이미지를 사용할 수 있고, 논리적 사고가 가능해진다. 이에 따라 가역적 사고도 가능해지고 보존개념을 형성할 수 있으며, 탈중심화도 가능해진다. 구체적 조작기의 유아들은 물리적 외양의 변화가 양과 질의 변화에 영향을 주지 않는다는 점을 이해한다.

가역적 사고란 나타난 결과를 역으로 되돌려서 생각해 보는 것이다. 예를 들어, 색종이로 1-2-3-4의 순서에 따라 개구리를 접었다면 4-3-2-1의 순서대로 다시 펴볼 수 있는 아동은 가역적 사고가 가능한 것이다. 보존개념의 예를 들면, 동일한 양의 점토 두 덩이를 하나는 넓적하게, 다른 하나는 길쭉하게 만들어도 모양만 다를 뿐이 양은 동일함을 아는 것, 같은 양의 점토 두 덩이에 무언가를 더하거나 잘라내지 않으면 그 둘의 양이 같음을 아는 것이다.

구체적 조작기의 아동은 논리적 사고가 가능해짐에 따라 분류, 서열화 등이 가능해지고 탈중심화가 가능해져 점차 타인의 관점을 이해할 수 있다.

라. 형식적 조작기

Piaget에 따르면 11세 이후는 형식적 조작기에 해당되는데, 이때에는 추상적인 문제해결이 가능해지며 눈에 보이지 않아도 가상적인 사고를 할 수 있게 된다. 또 가설적인 가능성을 체계적으로 검증하는 조합적 사고 역시 가능해져 성인의 사고방식과 동일한 수준에 다다르게 된다.

(2) Vygotsky의 사회문화이론

러시아 심리학자인 Vygotsky(1896~1934)는 유아의 인지적 · 언어적 · 사회적 발달은 사회적 상호작용을 통해 지지받는다. 즉, 개인의 발달이 사회문화적 환경의 영향을 받는다고 주장하였다. Vygotsky에 따르면 발달은 2가지 맥락에서 이루어지는데, 자연적 발달과 사회문화적 발달이다. 생물학적 성장, 신체 및 정신구조 성숙과 같은 자연적 발달은 하등 정신기능의 습득에 그치지만, 사회문화적 활동에 참여함으로써 이루어지는 사회문화적 발달은 고등 정신기능의 습득으로 이어진다. 그리고 이러한 고등 정신기능 습득과 발달은 인간에게만 나타난다.

Vygotsky는 발달에 언어가 중요한 역할을 한다고 본다. 언어는 성인이 문화적으로 가치 있는 사고양식을 영유아에게 전수하고, 인지발달을 촉진하는 주요한 도구로 기능한다(Shaffer, 1999). 이 점은 Piaget가 가졌던 언어에 대한 시각과 차이를 보인다. Piaget는 언어가 인지발달을 촉진하기보다는 그 수준을 반영하는 것으로 보아 Vygotsky보다 언어의 중요성을 강조하지 않았다. 이러한 그들의 시각차를 잘 보여주는 것이 '혼잣말'에 관한 해석이다. Piaget는 유아가 자주 보이는 혼잣말을 '자기중심적 언어(egocentric speech)'라고 하였다. 자기중심적 언어는 미성숙함으로 인해 상대가 이해할 수 없는 방식으로 이루어지다가 인지발달단계상 전조작기가 끝날 무렵 자기중심화에서 벗어나게 되면서, 사회화된 언어를 하게 되면서 사라진다고 보았다. 반면, Vygotsky는 혼잣말을 '사적 언어(private speech)'라고 하여 복잡한 문제를 해결하거나 중요한 목표를 달성하려고 할 때 유아가 스스로에게 말하면서 일어나는 것이라 보았다. 즉, 유아는 이 사적 언어를 통해 자신의 사고를 가다듬고 행동을 조정한다. 따라서 사적 언어가 인지발달에 중요한 역할을 한다. Vygotsky에 따르면, 사적 언어는 연령이 높아지면서 감소되지만 완전히 사라지지는 않으며, 내면화 과정을 통해 내적 언어가 된다.

Vygotsky는 인지발달이 사회문화적 영향을 받기 때문에 모든 사람이 동일한 조건의 인지발달단계를 거치지는 않는다고 주장하였다. 이는 Piaget가 보편적인 인지발달단계를 제시한 것과 차이를 보이는 부분이다.

Vygotsky는 또한 영유아의 발달수준을 이해하기 위해서는 근접발달지대을 알아야 한다고 하여, 새로운 개념을 제안하였다. 근접발달지대(ZPD: Zone of Proximal Development)는 영유아가 도움 없이 혼자 수행할 수 있는 실제적 발달수준과 성인이나 유능한 또래의 도움을 받으면서 수행할 수 있는 정도의 잠재적 발달수준 간 격차이다. 즉, 영유아가 이미 성취한 발달수준과 다른 이와의 상호작용을 통해 도달할 수 있는 능력 간의 차이가 근접발달지대이다.

근접발달지대와 매우 밀접한 연관이 있는 개념이 비계이다. 비계(scaffolding)란 건축학 용어로, 건물을 지을 때 발판으로 사용하다가 건물이 완성되면 제거하는 장치이다. 이를 교육에 적용하면 영유아가 스스로 문제를 해결할 수 있도록 성인이나 유능한 또래가 비계를 설정해 준다. 스스로 문제를 해결할 수 있게 되면 동일한 비계는 더 이상 사용하지 않는다는 것이다. 예를 들어, 퍼즐을 맞추고 있는 유아가 맞는 조각을 찾는 데에 어려움을 보일 때, 엄마가 "연결된 부분에 초록색이 있네!"라고 힌트를 제공해 주면, 유아는 초록색이 있는 퍼즐조각들을 골라 놓고 하나씩 맞춰 볼 것이다. 이 예에서 엄마의 힌트가 비계이다.

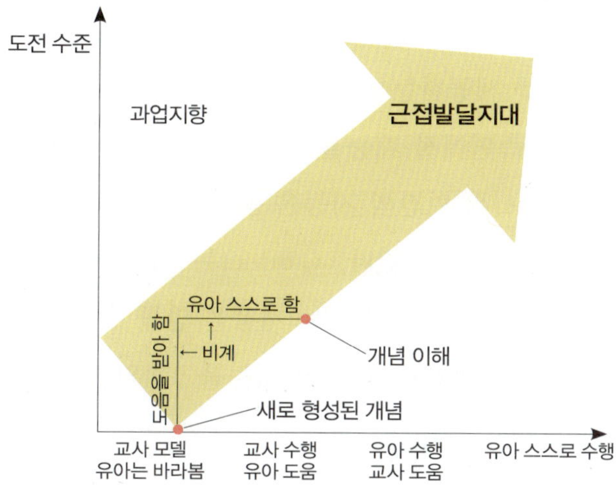

출처: Morrison(2013). Ealry childhood education today.

| 그림 4-1 | 근접발달지대

(3) 교육적 시사점

Piaget와 Vygotsky의 인지발달이론은 성숙주의 이론과 행동주의 이론에서 유기체의 내적 성숙, 무의식적 충동, 환경으로부터의 자극을 강조한 것과는 달리, 영유아를 환경과의 상호작용을 통해 지식을 구성하는 능동적인 존재로 보았다. 그리고 인지발달이론에서는 인간이 지식을 어떻게 구성해 나가는가 하는 인지발달단계 및 사고의 과정을 밝힘으로써 유아교육 분야에서 다양한 학습전략, 프로그램에 관심을 기울이게 해 주었다.

Vygotsky 이론을 통해서는 특히 사회문화적 맥락의 중요성, 학습이 발달을 이끌 수 있다고 보는 관점을 볼 수 있다. 사회적으로 그리고 개인 간에 이루어지는 의사소통 수단으로써 인지발달에서 언어를 강조하거나 근접발달지대와 비계설정이라는 학습전략을 제안하는 그의 사회문화이론을 통해 유아에게 환경을 어떻게 구성해 주어야 하는가, 그리고 성인과 또래 유아가 어떻게 유아의 인지발달을 도울 수 있는가를 생각하게 된다.

2) Gardner와 다중지능이론

Gardner(1943~)는 지능을 구성하는 요소가 무엇인지에 대해 교육자들이 다시 한번 생각해 볼 수 있는 기회를 제공하는 데 중요한 역할을 하였다. Gardner의 다중지능 이론은 유아들이 다양한 측면에서 재능을 지니고 있음을 기본전제로 한다. 『Frames of Mind』를 출판한 Gardner는 인간의 지능을 측정하는 IQ의 개념은 너무 좁고 근본적으로 확장되어야 한다고 제시하였다. Gardner는 지능을 문제해결능력이나 하나 또는 그 이상의 문화적 환경에서 가치 있는 제품을 만들 수 있는 능력이라고 정의하였다(Gardner & Hatch, 1989). Gardner는 처음에 지능을 7개의 영역으로 구분 지어 설명하다가 후에 8번째를 추가하였다.

① 논리-수학적 지능

논리-수학적 지능은 논리적이고 연역적으로 추론하는 능력, 직선형으로 생각하는 능력을 포함하고, 수학 · 과학과 가장 밀접하다. 이 지능은 전통사회에서 가장 가치 있는 것으로 정의되었으며, 학생들은 논리적으로 적응하도록 요구받았다. 교사는 논리-수학적 지능을 위해, 구조화를 위해 활동 앞에 목표를 제시하고, 토론을 격려하며, 퍼즐과 학습영역을 통합하여 제공할 수 있다.

② 언어적 지능

언어적 지능은 자신을 표현하고 기억을 구조화시키는 언어 사용을 포함한 구두와 서면에서의 언어 사용의 숙달이다. 논리-수학적 지능과 언어적 지능은 우리 전통적인 교육적 접근법의 많은 부분에 초점을 두고 있다. 교사는 언어적 지능을 자극하기 위해 새로운 어휘를 소개하고, 다른 사람들 앞에서 말할 기회를 제공하고, 교실에서 극놀이 영역을 통합하여 제공할 수 있다.

③ 공간적 지능

공간적 지능은 문제를 해결하기 위해 정신적 이미지를 조정하고 창조하는 능력으로, 예술적이고 제도적인 능력을 포함한다. 이것은 눈이 안 보이는 아이에게서도 발견할 수 있다. 교사는 공간적 지능을 격려하기 위해 자극적인 환경을 제공하고, 조작적인 교구로 작용하며, KidPix나 SMART 보드와 같은 기술을 사용한다.

④ 음악적 지능

음악적 지능은 패턴 · 리듬 · 음악을 통해서 학습된다. 작곡하고, 음악적 높낮이, 톤, 리듬, 패턴을 사용하고 인지하는 경향은 음악적 지능에 해당한다. 이 지능은 청각적 능력뿐만 아니라 모든 감각을 통해 패턴을 확인하는 능력도 포함된다. 교사는 유아들이 패턴블록으로 작업하고, 리듬을 통해 움직이도록 하며, 작업하는 동안 음악을 들을 수 있도록 배려한다.

⑤ 신체운동적 지능

신체운동적 지능은 신체를 조절하는 능력, 대근육운동과 소근육운동을 잘하는 능력을 포함한다. 이 지능이 뛰어난 아이들은 촉감자극을 즐기며, 잘 조절하고, 행동을 통해 학습하며, 교실 내에서 활동적으로 돌아다닌다. 교사는 신체운동적 지능을 위해 흥미영역에 조작적 요소를 가미할 수 있고, 신체활동 시 리듬과 음악을 통합하여 제공할 수 있다.

⑥ 대인관계 지능

대인관계 지능은 한 사람에게 다른 사람의 기분과 의도를 알도록 하고, 이 지식을 다른 사람과 일할 때 효과적으로 사용할 수 있도록 한다. 이 분야에 강한 사람들은 선천적인 지도자들이다. 교사는 대인관계 지능을 위해 활동하는 중간에 유아들 간의 상호작용이 활발하도록 하고 각 구성원의 역할이 배정될 수 있는 협동놀이를 권장한다.

⑦ 자기이해 지능

자기이해 지능은 자신의 느낌과 내적 동기에 대한 세심함을 다룬다. 교사는 자기이해 지능을 위해 교수방법을 다양화하여 제공하고, 학습자에게 선택의 기회가 있는 것을 제공하며, 교실에서 목표를 스스로 설정하도록 하거나 개인 저널을 작성하도록 한다.

⑧ 자연탐구 지능

물 · 식물 · 동물 · 지질과 같이 살아있는 것, 자연세계에 대한 세심함과 감상하는 것이 자연탐구 지능의 특징이다. 이 지능이 강한 아이들은 좋은 정원사가 될 수 있고, 동물을 기르는 것을 즐기며, 야외에서 큰 즐거움을 찾는다.

Gardner는 다중지능이 독립적으로 작동하지 않는다고 하였다. 이 이론은 교사들과 유아기 프로그램들은 논리-수학적, 언어적 지능뿐만 아니라 8가지 지능 모두를 가르치고, 지지하고, 사용해야 한다고 제안한다. 그리고 Gardner는 가능한 한 많은 지능을 사용하여 기본적인 사실과 개념을 가르칠 수 있는 방법을 찾아야 한다고 제안한다. 아이들은 자신의 강점 지능영역을 활용하여 그들의 독특한 배움의 방식으로 새로운 내용을 배우도록 도움을 받아야 한다.

3) Gesell과 성숙주의 이론

성숙이론은 '발달이란 정해진 스케줄에 따라서 전개된다.'는 Rousseau의 자연주의 교육철학을 기반으로 20세기 초에 전개된 이론이다. 성숙주의는 영유아가 지니고 있는 내재된 성장 가능성을 강조하며, 내적 시간표에 따르는 영유아의 자연스러운 성장을 인위적으로 앞당기려는 노력을 비판한다. 따라서 성숙주의자들은 환경이나 교육적 노력을 영유아의 발달을 주도하는 요인보다는 돕는 요인으로 바라본다. 이러한 성숙주의 이론의 대표적인 학자로 Hall과 Gesell이 있다.

(1) Hall

Hall(1844~1924)은 20세기 초 아동연구운동의 창시자로, 활약한 미국의 심리학자이다. Darwin의 진화론 관점에서 인간발달은 예정된 단계를 거치며 인류가 걸어온 역사 단계를 반복한다고 하였다. 또한 Hall은 관찰법, 질문지법을 통해 좀 더 객관적이고 과학적 · 체계적인 아동연구방법을 제시하였다. 특히, 그는 '아이들의 마음(contents of children's minds)'에 관심이 있었다. 그가 제안한 관찰법과 질문지법으로 인해 세상에 대한 아이들의 이해가 유아기에 급속히 성장하며, 유아가 생각하는 '논리'는 성인의 시각에서 볼 때 '논리적'이지 않음을 밝혔다(Shaffer, 1999). 이 연구방법은 이후 Gesell의 연구에도 영향을 주었다.

(2) Gesell

Hall의 제자인 Gesell(1880~1961)은 발생학적 모델을 적용하여 아동발달을 연구하였다. 발생학적 모델에 따르면, 태아가 모태에서 하나의 개체로 자리 잡고 10개월간 성장해 나가는 것은 외부의 영향에 의해서가 아니라 한 개체에 내재된 내적인 힘에 의해 이루어지는 것이며, 이는 일정한 순서대로 일어난다. Gesell은 예정된 발달론을 주장하여 Rousseau의 발달에 관한 사상에 과학적 설명력을 부여하였다.

Gesell은 '성숙(maturation)'이라는 용어를 처음 제안하여 유전자가 발달하는 과정의 방향을 결정하는 기제를 설명하였다. Gesell은 유전자가 유기체의 형태와 방향을 결정하고, 발달의 방향이 특수한 순서대로 진행되게 한다고 설명하였다. Gesell은 아이들이 따르는 신체적 성장의 예정된 패턴인 성숙의 개념에 관심이 많았고, 미리 결정된 경로는 환경의 정상적인 영향을 벗어났다고 생각하였다. 영유아들의 시간을 초월한 자연적 발달에 대한 Gesell의 시각을 성숙이론이라고 한다. Gesell과 그의 동료들은 영유아들의 발달을 가속화시키는 것은 반드시 피해야 한다고 주장한다.

Gesell의 또 다른 업적은 표준행동목록(normative data)이다. Gesell은 아이들의 신체발달에 대한 정보와 전국의 내과 의사들에게서 받은 추후 아이들의 검사를 위한 근거로 쓰일 자료를 모아 예일대학교 내 아동발달 관련 전문병원을 설립하였다. Gesell은 대규모 조사로서의 객관적 · 과학적인 관찰, 종단적 자료 수집을 통해 영유아의 신체 · 사회 · 인지 · 언어발달의 양상을 기록하였다. 그리고 이를 토대로 표준행동목록을 만들어 유아의 행동을 발달영역, 연령별로 분류하였다. 표준행동목록은 장애아를 판별하여 조기개입하고 가정과 연계하며 일했던 이전의 경험과 그의 관심영역이 반영된 것으로, 표준행동목록에서 Gesell은 특정 연령에서 대부분의 유아가 할 수 있는 능력을 제시하였다. 표준행동목록은 중산층 백인부부로 이루어진 가정의 영유아라는 동질집단표본이라는 제한점(Gesell & Thompson, 1938)에도 불구하고, 그 정확성에 기인하여 현재까지도 소아과 의사와 심리학자를 위한 기본 정보자료로 사용된다. 특히, Gesell의 표준행동목록은 덴버 발달선별검사, 베일리 영아발달검사의 토대가 되었다(Thelen & Adolph, 1992).

(3) 교육적 시사점

첫째, 교육은 영유아의 성장과 발달을 촉진하는 것이 아니라 그 기회를 주는 것이 바람직하다. 성숙주의 관점에 따르면, 인간에게는 성장과 발달을 위해 내재된 내적 시간표가 있어 인간은 예정된 발달 순서에 따른다. 즉, 성장과 발달의 주도권은 영유아에게 있다. 따라서 교육은 영유아가 자신의 속도에 맞추어 성장할 수 있도록 환경을 구성해 주는 방식으로 접근해야 한다.

둘째, 학습준비도가 중요하다. 영유아는 자신의 성숙 정도에 따라 이에 맞는 학습을 할 준비가 되었고, 가르치고자 하는 것을 받아들일 준비가 되었음을 그들의 행동으로 나타내는데, 양육자와 교사는 이때까지 기다려야 한다. 예를 들어, 글자를 읽을 준비가 된 영유아들은 책에 관심을 가지고 한 글자씩 발음해 보거나 주변의 간판을 보고 성인에게 어떻게 읽는지 묻는다. 성숙주의에서 바라볼 때 학습준비도를 벗어난 학습은 의미 없는 활동에 지나지 않는다.

셋째, 양육자와 교사에게는 영유아에 맞는 적절한 환경을 구성할 수 있는 능력이 필요하다. 양육자와 교사는 영유아의 성장에 따른 흥미와 욕구에 대한 주의 깊은 관찰을 통해 영유아에게 필요한 환경이 무엇인지 파악하고 이를 세심하게 준비해 주어야 한다.

이러한 교육적 시사점에도 불구하고, 성숙주의 이론은 영유아가 환경과의 능동적인 상호작용을 통해 성장 · 발달할 수 있음을 간과한다는 측면에서 한계점을 보인다.

4) Skinner와 행동주의 이론

학습이론으로도 불리는 행동주의 이론은 생물학적 요인이 아닌 외부환경이 발달과 학습을 이끌 수 있다는 입장이다. 행동주의가 인간발달에 미치는 환경적 영향을 강조한다는 점에서 이 이론의 뿌리는 Locke(1632~1704)의 사상이라고 할 수 있다. Locke는 인간은 백지 상태(tabula rasa)로 태어나며, 환경의 영향에 따라 그 백지가 그려지고, 인간이 무엇이 되는가는 결국 환경과 학습이 결정한다고 보았다. 행동주의에서는 환경의 영향을 강조하고, 외부에서 제시되는 자극이나 강화, 모방 등의 경험을 통한 학습에 의해 인간의 행동이 변화된다고 보기 때문에 인간을 외부자극에 반응하는 수동적 존재로 상정하는 관점을 지닌다.

행동주의자들은 성숙주의 이론, 정신분석이론, 인지발달이론과는 달리 눈으로 직접 관찰 · 측정할 수 있는 행동을 연구해야 한다고 믿는다. 따라서 이들의 관심사는 외부환경이 인간의 행동을 형성하는 과정이다. Skinner는 Watson, Thorndike 그리고 Bandura 같은 행동주의자와 함께 유아의 발달, 자녀양육, 학교, 유아 치료 그리고 유아기 프로그램에 상당한 영향을 주었다. 미국의 모든 심리학의 이론이었던 행동주의는 강화 · 벌 · 연계로 이루어져 있는 환경의 접근에 기반을 둔다. 행동주의 이론의 흐름은 Pavlov와 Watson의 고전적 조건형성이론, Skinner의 조작적 조건형성이론, Bandura의 사회학습이론으로 발전하였다.

(1) 고전적 조건형성이론

러시아의 생리학자 Pavlov(1849~1936)는 개의 타액 분비에 관한 실험을 통해 고전적 조건형성이론을 제기하였다. 그에 따르면 무조건자극과 함께 중립자극을 제시하여 무조건반응과의 연합이 반복적으로 이루어지면, 중립자극만 제시해도 무조건반응을 일으키게 된다.

예를 들어, 개는 음식(무조건자극)을 보면 자동적으로 침을 분비하는 반응(무조건반사)을 보이지만, 종소리(중립자극)에는 침을 분비하지 않는다. 그러나 종소리를 들려주고 음식을 주는 것을 반복 경험하면, 개는 종소리만으로도 침을 분비하게 된다. 이는 종소리가 침을 분비시키는 조건자극으로 바뀐 것이다. 따라서 조건자극으로 인해 개는 조건반응을 보이는 것이다. 이와 같이 중립자극이 조건자극이 되고, 조건반응을 일으키는 학습된 과정을 '고전적 조건형성'이라고 한다.

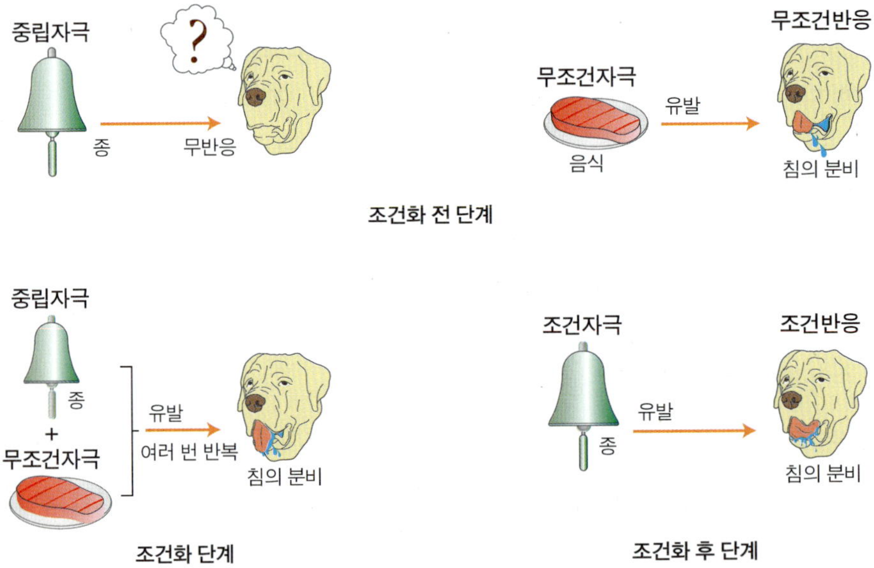

| 그림 4-2 | 파블로프의 고전적 조건형성 실험

Watson(1878~1958)은 고전적 조건형성원리를 인간에게 적용시켜 인간도 그의 행동을 조건화에 의해 변화시킬 수 있다고 밝혔다. Watson의 대표적인 실험으로는

Albert의 흰쥐 실험이다. 그는 11개월 된 영아 Albert가 흰쥐를 만질 때마다 큰 소리를 들려주어 공포심을 유발시켰다. 이러한 과정을 반복한 결과, Albert는 흰쥐뿐만 아니라 흰색 동물인 토끼, 강아지 등을 보았을 때에도 두려워하게 되었다. 이 실험에서 Watson은 중립자극이었던 흰쥐를 무조건자극인 큰 소리와 연합시켜 중립자극을 조건자극으로 만들어 Albert가 두려움을 느끼도록 한 것이다. Watson의 이러한 실험은 비윤리적이라는 이유로 비난을 받았지만, Watson은 "나에게 건강한 아기 12명과 그들을 키우기 위해 내가 지정한 세상을 주면, 나는 어떤 아이든 훈련시켜서 내가 선택한 어떤 전문가 유형이든 그 아이의 재능, 경향성, 성향, 능력, 인종에 상관 없이 의사, 법률가, 예술가, 상인, 지배자, 걸인, 강도 등으로 키울 수 있다(Watson, 1925)."고 장담할 정도로 환경에 의한 인간 통제를 전적으로 신뢰하였다.

(2) 조작적 조건형성이론

고전적 조건형성이론이 유기체를 주어진 자극에 반응하기만 하는 다소 무력한 존재로 보았다면, 조작적 조건형성이론은 유기체의 조작적 행동(operant behavior)에 의해 행동이 조건화된다고 보는 입장이다. 즉, 유기체가 환경을 조작한 결과에 따라 만족스러운 경험을 하면, 그 행동을 학습하고 반복하게 되지만 그렇지 않은 경험이라면 행동을 학습하지 않는다는 것이다.

Skinner(1904~1990)는 조작적 조건화라고 알려진 행동주의적 접근법을 완성하였다. Skinner와 그의 제자들은 이론의 개발을 돕기 위해 비둘기 · 쥐를 이용하여 다양한 실험을 하였다. 행동주의는 외부의 강화와 벌에 기초하여 행동을 가르치고, 바꾸고, 수정할 수 있고, 유아의 내적인 상태는 무시될 수 있다고 주장한다. 환경주의는 동기, 단계, 정보처리, 도덕 추론, 혼잣말 그리고 도식에 관한 개념을 무시하는 환경 또는 자연의 총접근법이다.

조작적 조건형성이론은 Skinner의 동물 실험을 통해 입증되었다. Skinner는 '스키너 상자(Skinner's box)'라는 작은 장치를 만들었다. 스키너 상자 안에는 누르면 먹이가 나오는 지렛대가 설치되어 있다. 상자 안에 있는 동물(쥐)은 처음에 자유롭게 돌아다니다가 우연히 지렛대를 누르고 먹이를 먹게 되면, 지렛대를 더 많이 눌러 계속 먹이

를 먹는 행동을 보인다. 이 일련의 과정을 조작적 행동, 보상, 강화라는 개념으로 정리하면 | 표 4-1 |과 같다.

| 표 4-1 | Skinner의 조작적 조건형성 실험

개념	실험결과
조작적 행동	쥐가 지렛대를 누르는 행동
보상	누른 지렛대를 통해 나오는 먹이
강화	지렛대를 누르는 행동 증가

강화는 스키너 실험의 먹이와 같이 보상을 제공하여 특정행동이 일어나는 확률을 높이는 것으로, 정적 강화와 부적 강화로 나눌 수 있다. 정적 강화란 유기체가 스스로 어떤 행동을 했을 때 긍정적인 강화물을 보상으로 주어 그 행동의 확률을 높이는 것이다. 부적 강화란 유기체의 반응 후에 주어지는 부정적 강화물을 줄여 원하는 목표행동이 일어나게 하는 것이다. 예를 들어, 놀이 후 정리 · 정돈을 한 아이가 부모님께 칭찬을 받고 더 열심히 정리 · 정돈을 하게 되는 것이 정적 강화라면, 놀이 후 정리 · 정돈을 잘하면 아이가 싫어하는 아침 운동을 5번에서 1번으로 줄여 주어 정리 · 정돈을 열심히 하게 하는 것이 부적 강화이다. 부적 강화는 벌 · 소거와 구분된다. 벌은 혐오자극을 주거나 긍정적인 자극을 제거함으로써 의도하지 않은 행동을 감소시키는 것이고, 소거는 특정 조작적인 행동이 더 이상 강화되지 않을 때 사라지는 것이다. 예를 들어, 아이가 울 때마다 장난감을 사 주었던 엄마가 아이가 우는 행동을 보임에도 이를 무시함으로써 장난감을 사 달라는 아이의 우는 행동을 사라지게 하는 것이다.

Skinner는 인간의 행동을 예측하고 통제할 수 있을 때 인간에 대한 진정한 과학적 이해가 이루어진다고 밝혔다(Skinner, 1972). 고전적 조건형성이론에서와는 달리 Skinner는 유기체의 '의지'라는 부분을 인정하였다. 그러나 그 '의지' 역시 환경을 조성하는 이에게서 계산된 것이라는 점에서 Skinner에게 유기체는 여전히 '자극(Stimulus)–반응(Response)'이론의 틀에서 벗어나지 않는다(Schneider & Morris, 1987).

Skinner와 다른 행동주의자들의 작업은 유아기 프로그램에서 강력한 영향을 가져왔고, 계속 가질 것이다. 행동수정, 타임아웃, 생각하는 의자, 토큰강화 그리고 벌의 다양한 형태는 이 작업의 직접적인 결과이다. 그러나 어려운 아이들의 행동을 수정하기 위해 사용하는 특정한 기술과 행동주의적 문제를 가진 특수교육을 받는 아이들에게 사용하는 것은 다른 경우이다.

(3) 사회학습이론

사회학습이론은 인간을 환경이나 자극에 수동적으로만 반응한다고 보는 전통적인 행동주의와 달리, 인간발달을 능동적이라고 본다. 사회학습이론가인 Bandura (1925~)는 영유아가 동물과는 달리 사회적 생활 속에서 모델을 관찰 · 모방하면서 학습한다고 보았다. 행동을 바꾸기 위해 모델링을 사용하거나 프로그램이나 학교가 사회적으로 원하는 행동을 촉진하기 위해 인기 있는 롤모델을 사용하는 것은 Bandura의 작업에 기반을 둔다. 행동주의의 다른 주요 업적은 유아교육자들이 아이들에 대한 지역과 사회, 그들의 기대, 그들이 보는 것이 얼마나 중요한지 그 큰 영향력을 이해할 수 있도록 하였다. 운동선수들이 돈 · 옷 · 차로 강화될 때, 록스타들이 매우 충격적인 옷과 부적절한 언어로 강화될 때 어린아이들은 이 행동들을 모방하고 싶어 하고 그들을 문화적으로 적절하게 본다. Bandura는 TV와 영화의 모델이 우리 아이들에게 얼마나 영향을 주는지를 보여 준다. 부모들이 자주 듣는 '자녀에게 책을 읽어 주는 모델이 되라.'는 충고는 다른 경우이다. 마지막으로 그들의 선수에게 보상하고 있는 학교들은 그들의 학생에게 운동은 사회적 · 문화적으로 학업보다 바람직하다고 가르친다.

여기에서 '모델'은 부모, 손위의 형제자매, 또래집단 또는 이야기 속의 주인공, 연예인 등이 될 수 있으며, 영유아는 이 모델을 통해 가치관 · 언어 · 성역할 · 도덕성 등을 학습한다. 즉, 영유아는 모델의 행동을 관찰하고, 사회적으로 수용될 수 있는 적절한 행동이 무엇인지, 특정행동을 하면 어떤 결과가 나오는지 학습하게 되는데, 이러한 일련의 과정을 관찰학습(observational learning)이라고 한다. Bandura는 '보보인형 실험'을 통해 공격성이 학습되는 관찰학습을 증명하였다. 이 실험은 먼저 아동이 인형과 함께 실험실에서 놀도록 하고, 엄마나 선생님이 보보인형을 때리는 영상을 보여 준다. 그 후 다시 인형이 있는 실험실에 데려가는 것으로 구성되어 있다. 폭력적 영상을 본 후 다시 실험실에 갔을 때 아동은 이전과 달리, 자신이 보았던 장면처럼 보보인형을 때리는 행동을 나타냈다. 이 실험을 통해 Bandura는 어떤 행동에 대한 직접적인 벌과 강화 없이도 아동은 모델의 행동을 관찰한 후 모방을 통해 행동을 학습한다고 주장하였다. 이렇듯 Bandura가 주장하는 관찰학습은 인간의 행동이 자신의 반응을 통해 직접적인 보상을 받을 때 강화된다는 조작적 조건형성의 시각과는 차이를 보인다.

이후 Bandura는 관찰학습에서의 인지과정을 더욱 강조하여 다음 4가지 과정으로 학습의 과정을 제시하였다.

- 주의집중: 모델의 행동에 주의를 집중하는 단계이다.
- 주의파지: 관찰한 내용을 기억하는 단계이다.
- 운동재생: 모방하고자 하는 행동을 실제로 옮기는 단계로, 이를 위해서는 운동기술과 신체적 능력, 연습이 필요하다.
- 강화와 동기화: 관찰을 통해서 학습된 행동을 실제 행동으로 재생하려면 동기가 유발되어야 한다. 아동은 관찰한 모든 행동을 그대로 다 재생하지 않고, 강화요인과 동기화 수준에 따라 학습된 행동의 재생 여부를 결정한다.

위에서 언급한 관찰학습의 과정을 적용해 보면, 유아는 엄마가 독서하는 것을 주의 깊게 살펴보고(주의집중), 관찰한 것을 인지적으로 저장하여(주의파지), 실제로 자신도 그림책을 본다(운동재생). 이 행동을 보고 아빠가 칭찬을 통해 강화시켜 주면, 다음에 또 책을 보는 행동을 한다(강화와 동기화).

(4) 교육적 시사점

첫째, 행동주의 이론은 바람직한 행동에 대한 보상을 통해 행동을 강화시키거나 부정적인 행동을 소거시키는 일련의 과정을 제시해 줌으로써, 실제 교육현장에서 수행할 수 있는 구체적이고 실제적인 지침을 제공해 준다.

둘째, 행동주의 이론은 모델과 환경의 중요성을 강조한다. Bandura의 사회학습이론은 모방을 통한 관찰학습으로, 행동이 학습될 수 있음을 제시하여 모델이 되는 의미 있는 타인, 예를 들어 교사와 주 양육자가 좋은 모범이 되어야 함을 시사한다. 또한, 보보인형 실험에서 볼 수 있듯 영유아가 접하게 되는 미디어와 같은 환경의 영향 또한 주의를 기울여야 함을 보여 준다.

이와 같이 행동주의 이론은 교육적 시사점을 주지만, 환경의 영향을 지나치게 강조하고 있다는 한계, 또 인간의 외현적 행동에만 초점을 맞추기 때문에 사고력, 문제해결력, 감정 같은 고차원적 정신활동은 온전히 설명하지 못한다는 한계가 있다(이숙재, 이봉선, 2003).

5) Maslow의 욕구위계이론

Maslow(1908~1970)는 자아실현이라고 하는 인간의 동기부여이론을 발달시켰다. 욕구위계이론은 인간의 욕구 충족에 바탕을 두고 있으며, 자아실현을 인간의 욕구의 가장 높은 것으로 여겼다. 인간의 내부에 잠재하고 있는 욕구는 상대적 중요성에 따라 가장 기본적인 차원인 생리적 욕구에서부터 최고 차원인 자기실현의 욕구까지 5단계의 계층을 이루고 있다고 주장하였다. 그러나 Malsow는 다른 기본적인 욕구들이 충족되기 전까지 성인과 유아는 자아실현을 성취할 수 없다고 강조한다. Maslow는 인간의 핵심적 욕구로 음식 · 물과 같은 생활필수품, 안전, 소속감과 애정, 성취와 존중, 심리적 욕구 등을 핵심적 욕구로 간주하였다.

(1) 생리적 욕구

생리적 욕구는 식욕 · 휴식 등 육체적 필요 및 의식주에 대한 욕구로 인간의 생명을 유지해 나가기 위한 기본적인 요구를 의미한다. 영유아기에 물 · 음식 · 영양분은 뇌기능에 필수적이다. 아침을 안 먹고 온 아이들은 건강한 점심을 먹기 어렵고, 학교생활에 집중하기 힘들고, 심지어 학업에도 부정적인 영향을 미친다. 비만, 영양실조, 당뇨도 불균형한 영양에서 비롯된다. 이와 같은 이유로 유아교육 프로그램은 아이들에게 아침 · 점심 · 간식을 제공해야 한다.

(2) 안전의 욕구

안전의 욕구는 기본적으로 신체적인 위험에 대한 공포로부터 안전과 보호를 유지하려는 욕구로, 유아들의 삶에 매우 중요하다. 유아들은 선생님이 자신을 싫어한다고 느낄 때, 선생님이나 다른 친구들이 자신에 대해서 말하는 것을 두려워한다고 느낄 때 유아들은 기본적인 욕구를 빼앗겼다고 생각한다. 이와 같은 상황에서 유아들은 학교생활에 적응하기 어렵다. 또한, 다른 사람들과 관계를 맺는 데 두려움을 가진다. 매일 규칙적인 일과의 교실에서 유아들은 안정감을 느낀다.

(3) 소속감과 애정의 욕구

아이들은 잘 성장하기 위해 학교와 가정에서 자신이 소속되었다는 느낌과 사랑받아야 한다. 모든 아이들은 미소, 포옹, 눈 마주침, 친밀감을 통해 애정에 대한 욕구를 충족받아야 한다.애정은 아이들의 삶에서 중요한 역할을 한다.

(4) 존중의 욕구

존중과 인정은 성공 · 성취와 관련된 자아존중감의 욕구이다. 독립적이고, 책임감 있고, 성취감이 있는 아이들은 자아존중감이 높다. 오늘날 많은 선생님은 아이들의 자아존중감을 어떻게 향상시킬까에 대한 고민을 많이 한다. 핵심은 성취도를 높이 것이다. 이때 교사는 단지 칭찬에 의존하는 것보다 성취도를 높이는 격려를 사용하는 것이 중요하다.

(5) 심미적 욕구

유아들은 아름다움을 즐기고 감상한다. 유아들은 매력적이고 즐거운 교실과 가정을 좋아한다. 교사는 교실을 즐겁게 만들어 유아들이 심미적 욕구를 충족시킬 수 있다. 교사와 부모가 유아들의 기본적인 욕구 충족을 지원할 때 아이들은 자아실현을 할 수 있다. 즉, 아이들은 만족감을 가지고 열정적으로 열심히 배운다. 이러한 유아들은 활동에 참여하고 싶어하고 이것은 성취도 수준을 높인다.

6) Bronfenbrenner와 생태학적 체계이론

Bronfenbrenner(1917~2005)의 생태학적 체계이론은 아이들의 발달을 그들의 환경에서 형성된 관계체계상황과 연관되어 있다고 간주한다. 이는 아동의 발달에 영향을 미치는 체계는 미시체계, 중간체계, 외부체계, 거시체계, 시간체계이다. 각 체계는 독립적이기보다는 상호영향을 주고받는다. | 그림 4-3 |은 환경적 체계의 모델로 각각의 체계들은 아이들의 발달 · 학습 · 삶에 영향을 미친다.

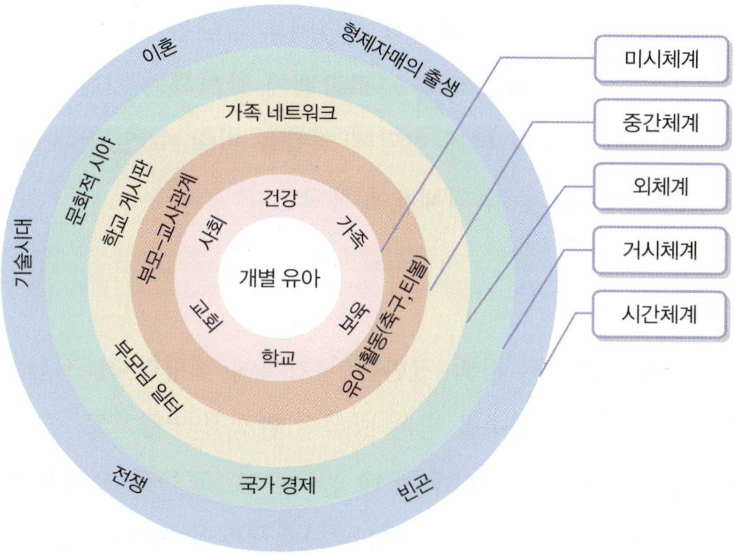

출처: Morrsion, G. S.(2013). Early childhood education today.

| 그림 4-3 | Bronfenbrenner의 생태학적 체계이론

(1) 미시체계

미시체계는 부모, 가족, 또래, 학교, 이웃, 종교집단으로 아동의 근접환경이 여기에 포함된다. 유아들은 주변환경으로 인해 영향을 받는다. 예를 들어, 특수교육 대상 유아 주민이는 편측마비라는 장애를 가지고 있다. 주민이가 돌봄 교실과 방과 후 교육 프로그램에 쉽게 접근할 수 있도록 1층 현관문에 특수유아 교실을 배치한다.

(2) 중간체계

중간체계는 미시체계 사이의 연결을 결합하였다. 상호작용과 영향은 미시체계 속의 모든 환경적 영향과 관련 있다. 예를 들어, 문해력에 대한 관심이 많거나 적은 가족은 아이의 학교생활에 영향을 준다. 마찬가지로, 가족 문해환경에 대한 학교의 지원이 가족 가치 문해력의 정도에 영향을 끼친다. 연구는 학문적 성공은 아이들이 부모와 다른 이와 많이 이야기하는 데 원인이 있다고 확신하였다.

(3) 외체계

외체계는 직접적인 상호작용은 없지만 그럼에도 영향을 미치는 사건을 포함한다. 예를 들어, 학부모 운영위원회가 교육 프로그램에 참여하는 것을 심의하며 결정 내렸을 때 이러한 결정은 아동의 미래 발달에 영향을 미칠 수 있다. 이와 같은 학교의 교육정책, 교육부의 계획안 등이 외체계에 해당한다.

(4) 거시체계

거시체계는 문화 · 관습 등 사회 전반적인 가치에 해당한다. 시간체계는 시간에 따라 유아의 발달과 행동에 영향을 받는 방식의 환경적 영향으로 구성되어 있다. 예를 들어, 요즘 아이들은 기계를 다루는 데 능숙하고, 교육과 오락을 위해 테크놀로지를 사용한다. 또한, 엄마가 직장에 다니는 가족생활의 변화는 아이들의 발달에 영향을 미친다. 전쟁으로 인해 가족이 오랫동안 떨어진 경우, 예를 들어 이라크와 아프가니스탄의 전쟁은 부모를 잃게 하였다.

2. 사회적 기초

우리 사회에서 유아교육의 모습을 더 알아보는 데에 그 사회상을 살펴보는 것은 의미 있는 작업이다. 우리 사회는 전통적인 농경사회에서 급속한 산업화를 거치면서 많은 변화를 겪어왔다. 여기에서는 사회적 변화, 가족의 변화, 복지사회로의 변화를 중심으로, 이러한 수많은 변화 속에서 유아교육은 어떠한 성격을 띠며, 추구하는 방향이 무엇인지를 살펴보고자 한다.

1) 사회적 변화

(1) 저출산 · 고령화의 진행

오늘날 우리 사회는 저출산현상과 더불어 고령사회로의 진입을 앞두고 있다. 우리나라 출산율은 1980년대 이후부터 하락한 이래 저출산현상이 지속되었고, 2015년에는 합계 출산율이 1.24명에 지나지 않는다(통계청, 2015).

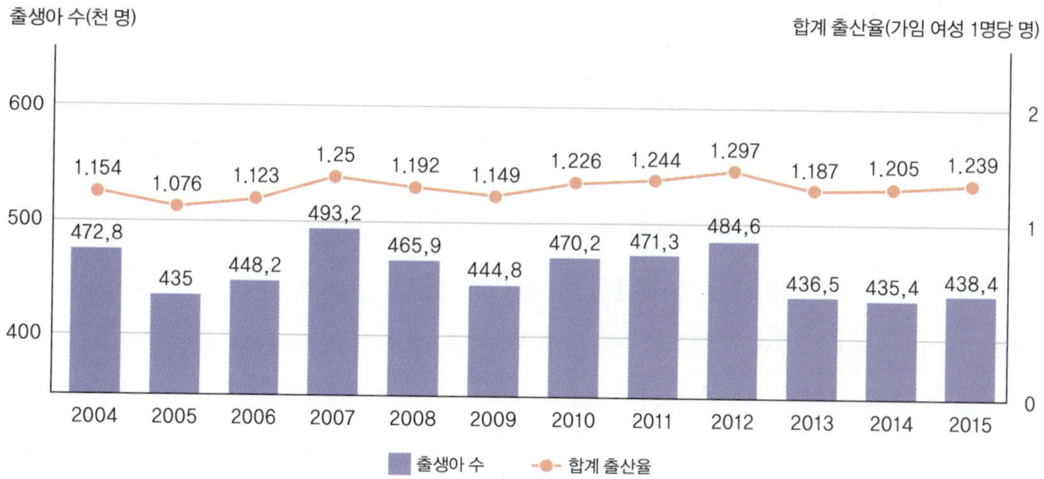

출처: 통계청(2015).

| 그림 4-4 | 출생아 수 및 합계 출산율

또한, 우리나라는 고령화 사회에 이미 진입했고 초고령화 사회를 앞두고 있다. 2017년 통계청 자료에 따르면, 65세 이상 인구와 14세 이하 인구의 비인 고령화 지수는 1970년대 중반까지 10% 이하로 낮은 수준이었다. 그러나 1980년대 진입 이후 꾸준히 증가하여 1990년에는 20% 2000년에는 34.3%이었고, 2017년에는 104.8%에 달하였다(통계청, 2017).

세계 최저 수준의 출산율과 빠른 고령화 사회의 진행으로, 정부는 2016-2020년 제3차 저출산 고령사회 기본계획으로 '브릿지플랜 2020'을 공표하였다. 모든 세대가 함께하는 행복한 지속발전사회구현의 비전 아래 아이와 함께 행복한 사회, 생산적이고 활기찬 고령사회를 목표로 삼고 여러 전략을 제시하였다. 이 전략 중 특히 저출산 문제의 해결을 위한 방안으로는 출산과 양육에 대한 사회적 책임의 강화, 일과 가정의 양립 가능한 시스템 구축 등이 있다. 실제로 한 연구에 따르면, 2009년보다 2015년의 경우 추가 출산을 주저하는 이유로 자녀의 교육과 양육비, 일과 가정 양립의 어려움에 대한 체감이 더 높아진 것으로 보아 이 부분에 대한 대책 마련이 시급하다.

이러한 사회적 비전과 인식에 따라, 유아교육 분야에서도 현재 종일반 운영을 확대하고 질 높은 교육과 보육을 위해 힘쓰는 등 양육의 사회적 책임을 함께 지고 가족친화적인 사회구현의 역할을 담당하고 있다.

(2) 여성의 사회 참여 증가

현재 우리 사회에서는 여성의 사회활동 참여가 증가하고 있다. 2009년 이래로 여성의 경제활동 참가율은 계속 증가하여, 2014년에는 51%를 넘어서고 있다(통계청, 2014).

그러나 우리나라 여성의 경제활동은 결혼과 출산, 육아로 노동시장에서 30대에 이탈한 이후, 40대 때에 재진입하는 M자 곡선을 보이는 한계가 있다. 특히, 통계청 자료를 분석해 보면, 2000년이나 10년 이상이 지난 2013년이나 10년 이상의 시간이 흘렀음에도 M자 곡선이 그대로 나타나는 것(통계청, 2013)은 아직까지도 우리나라 여성은 일과 결혼, 출산, 양육 중 하나를 선택해야 하는 현실이라는 것을 알 수 있다. 이는 여성의 경력 단절의 이유가 '결혼'(34.6%), '육아'(30.1%), '임신 · 출산'(26.3%)의 순으로 나타났다는 조사결과에서도 입증된다(통계청, 2016).

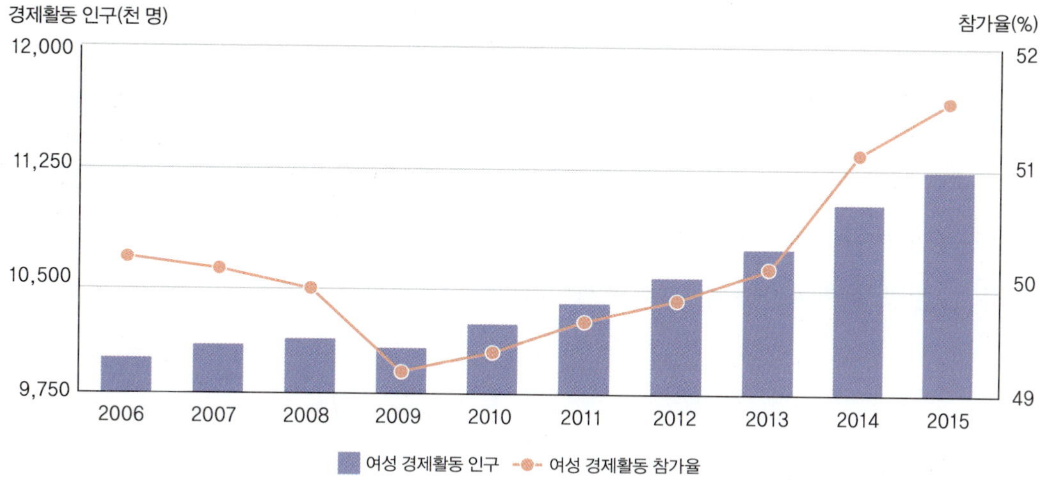

출처: 통계청(2015).

| 그림 4-5 | 여성 경제활동 인구 및 참가율 변화

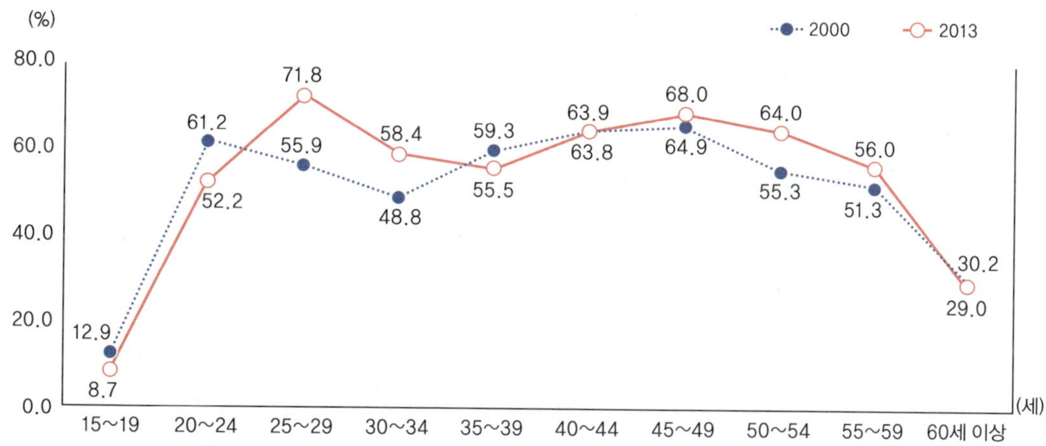

출처: 통계청(2014).

| 그림 4-6 | 여성의 연령대별 경제활동 참가율 비교

여성의 사회 참여 증가에 따라 양육에 대한 사회적 책임의 목소리가 높아지게 되었고, 이를 반영하여 유치원과 어린이집의 수가 증가하였다. 그리고 영유아 교육기관의 취원율도 증가하고 있다. 0~2세 어린이집 취원율은 2012년 60%를 넘어서

2013년 63.3%, 2014년 66.1%로 나타났고, 2014년 3세 이상 유치원과 어린이집 취원율은 92.3%에 다다른다(보건복지부, 2015). 이처럼 우리 사회에서 영유아교육기관에 맡겨지는 아이의 비율이 높아지고 있는 추세와 더불어, 앞에서 언급했듯 여전히 취업여성은 일과 가정의 양립이 어려워 육아 부담에 대한 양성평등의 시각과 정책 마련, 영유아교육에 대한 국가의 안정적 재원 확보와 지원 확충, 유치원과 어린이집의 질적 수준 향상은 여전히 주요한 과제이다.

2) 가족의 변화

가족구조의 변화는 가족기능의 변화와도 맞물려 있어 단순히 물리적으로 가구 수나 가족구성원의 변화에 그치지 않고, 그 기능의 변화를 수반하는 것이다.

현재 우리 사회에서 주된 가족구조는 핵가족이다. 부부와 미혼 자녀로 이루어진 핵가족은 2015년, 전체 가구의 44.2%를 차지하고 있다(여성가족부, 2015). 핵가족하에서는 기존 대가족제도에서 전적으로 가정의 몫이라 생각했던 자녀양육이 영유아교육기관으로 많은 부분 이전되었다. '우리 동네 전체가 아이를 함께 키운다.'는 아프리카 속담이 있듯이, 전통사회에서는 여러 세대가 어울려 살면서 올바른 자녀양육법에 대해 묻고 배울 기회가 많았다. 전통사회에서는 가정 내에서도 다양하게 대인관계를 맺을 수 있었고 기본생활습관과 가치관의 전달 또한 가정에서 이루어졌다. 그러나 핵가족화된 현대사회에서는 이 모든 것이 힘들어졌다. 아이들은 같이 놀 형제자매, 사촌, 이웃마저도 없으며 주 양육자와의 제한된 관계에만 머무르는 경우가 많아졌고, 사회에서 수용되는 가치관과 태도를 가정에서 온전히 형성하는 것도 어려워졌다. 조부모가 자녀양육을 담당하더라도 맞벌이가구인 경우가 많고, 최근 영유아기의 교육에 대한 관심이 높아지면서 양육과 보호, 교육의 기능 등 많은 부분이 영유아교육기관으로 이전되었다. 특히, 앞서 살펴보았듯 여성의 사회 참여 확대와 더불어 일과 가정의 양립을 가능하게 하는 국가정책의 일환으로 영유아교육에 대한 국가의 지원 확대가 이루어지면서 유치원과 어린이집은 부모가 믿고 자녀를 맡길 수 있도록 양적 확충뿐 아니라 질 높은 교육과 보육을 할 수 있도록 노력해야 한다.

유치원 평가와 어린이집 평가 인증 역시 그러한 노력의 일부이다.

한편, 여성의 경제활동 증가, 핵가족화 현상으로 자녀양육과 교육에 아버지의 역할을 바라보는 인식이 달라지고 있다. 양육과 보호, 교육의 기능이 가정에서 영유아 교육기관으로 이전된 부분은 있지만, 가정은 자녀에게 최초의 사회화가 이루어지는 환경으로 가정에서 담당해야 할 몫은 여전히 중요하다. 전통적인 양육환경에서는 아버지가 도구적 · 수단적인 역할을 수행하여 가정의 경제를 책임진 반면, 자녀양육과 교육에 대해서는 소극적이었다. 그러나 현대사회에서는 과거에 어머니에게만 맡겨졌던 위의 역할들이 아버지에게도 해당된다는 사회적 인식이 생겼다. 따라서 현대의 아버지들은 자녀와의 소통과 양육에 역할을 담당하는 경향이 증가하고 있다. 실제로 아버지가 자녀양육에 참여했을 때 자녀의 사회성, 인지, 정서조절능력, 또래 유능성에 도움이 된다는 결과가 있다(이배, 김경숙, 2013; 최미숙, 송순옥, 2014; 황희숙, 김은희, 주희진, 2012).

우리 사회 가족구조의 특징으로 핵가족화뿐 아니라 가족구조의 다양화도 언급할 수 있다. 예를 들어 우리나라의 한부모가족, 조손가족, 다문화가족은 전체 가족구조 중 차지하는 비율을 볼 때 주목하지 않을 수 없다. 또한, 재혼가족도 이혼의 급증으로 인해 생긴 것으로, 현대사회에서 새롭게 형성된 가족의 형태라고 할 수 있다(김진영, 김정원, 전선옥, 2013).

이처럼 현대사회에서는 전통적인 가족구조에서 벗어난 다양한 형태의 가족이 늘고 있다. 이들을 단순히 비정상적인 가족구조로 낙인찍고 관심 밖의 영역에 둘 것이 아니라, 다양한 가족도 우리 사회의 한 모습으로 받아들여야 한다. 초등학생과 중 · 고등학생을 대상으로 하여 교육부 지원으로 2011년부터 수 · 과학, 언어, 글로벌 리더십, 예체능으로 구분된 글로벌브릿지사업단 운영을 통해 우수 다문화 학생을 발굴 · 육성하고자 노력하고 있다. 이러한 측면에서 보면 유아교육 분야에서도 한부모가정, 조손가정, 재혼가정, 다문화가정 아이들에게 가정에서 충족되지 못하는 교육과 보육의 부분들을 국가재정지원사업을 통해 보완해 줄 필요가 있다. 특히, 다문화가정에 대한 이해는 세계시민의 소양으로서, 우리와 다른 것에 대한 편견 없는 수용과 타 문화에 대한 긍정적 태도와 이해를 꼽을 수 있기 때문에 유아교육 분야에서 중요하게 다루어야 할 부분이다.

현 3-5세 연령별 누리과정 편성지침에도 명시되어 있듯 누리과정은 성별, 종교, 신체적 특성, 가족 및 민족배경 등으로 인한 편견이 없도록 편성되어야 한다(교육부, 보건복지부, 2015). 즉, 누리과정은 다양성에 대한 편견을 가지지 않고 각자의 독특성을 수용 · 존중하고, 더불어 살아가는 태도를 기를 수 있도록 편성되어야 한다. 따라서 유치원과 어린이집에서는 주제나 교수-학습자료 선정, 교사의 언어 사용 등에서 이러한 편견이 반영되지 않도록 유의해야 한다.

3) 복지사회의 실현

복지사회구현은 고대부터 인류가 추구해 왔던 주요 가치이다. Platon, Rousseau, Pestalozzi를 거쳐 Froebel에 이르기까지 많은 교육사상가가 보였던 유아교육에 대한 관심은 단순한 유아 개인적인 자아실현에만 머무는 것이 아니라, 더 나은 사회를 위한 초석의 마련과 관련된다. 또한, 산업화와 도시화에 따른 도시 빈민 유아들의 성장과 발달을 돕는 노력으로 마련된 Oberline의 편물학교, Owen의 유아학교, McMillan 자매의 유아학교도 교육을 통한 복지사회의 구현이라는 맥을 이었다.

그 후 1960년대 미국에서 보상교육의 일환으로 헤드스타트 프로그램이 시행되었다. 이 프로그램은 빈곤가정에서 태어나 혜택을 받지 못하는 유아들에게 다양한 형태의 지적 자극과 풍부한 환경을 제공해 주어, 이들이 초등학교에 입학할 때 큰 결손 없이 학업을 시작하는 것을 목표로 진행된 프로그램이다. 더 나아가 헤드스타트 프로그램은 생의 초기에 질적으로 우수한 교육적 경험과 환경을 제공함으로써, 세대 간 세습되는 빈곤을 막는다는 목표하에 시행되었다. 이 프로그램의 특징은 빈곤가정의 유아를 가정의 맥락에서 분리하여 교육을 제공하는 것이 아니라, 가정 전체를 적극적으로 참여시켰다는 점이다. 따라서 헤드스타트 프로그램의 구성요소에는 교육, 부모참여, 건강진단, 영양, 사회복지서비스 등 그 범위가 포괄적이다.

헤드스타트 프로그램의 흐름을 타고 우리나라에서도 1980년대 새마을 유아원을 전국적으로 설립하면서 정부의 적극적인 개입하에 도시취약지구, 농어촌 유아들을 대상으로 무상교육을 실시하였다. 비록 이 운동이 크게 성공하지는 못했지만 포괄적 보육서비스라든가 위스타트(We Start) 운동, 드림스타트(Dream Start) 사업 등으로 이어져 교육과 연계시켜 복지사회의 실현을 위한 노력을 진행해 왔다.

현재 우리나라는 유치원 및 어린이집에 다니는 만 3~5세 유아의 경우 초등학교 취학 전 3년간 무상교육을 받을 수 있다. 소득 수준과 계층에 상관없이 만 3~5세의 자녀를 둔 부모라면 누구나 유아 학비와 보육비 지원을 받을 수 있다. 이를 통해 부모는 자녀교육과 양육에 대한 경제적 부담을 덜게 되었고, 이로 인해 우리나라 만 3~5세 유아에게 교육받을 수 있는 권리를 보장하게 되었다. 또한, 2012년에 도입한 '5세 누리과정'에 이어, 2013년부터 만 3, 4세까지 누리과정이 확대 도입됨에 따라 우리나라의 모든 만 3~5세 유아들은 유아교육·보육과정이 통합된 '3-5세 누리과정'이라는 교육과정을 따르게 되었다. 이는 생애 초기의 공정한 출발선을 보장한다는 의미가 있어 누리과정의 제정은 우리 사회가 복지사회의 실현으로 한 발짝 가까이 다가가는 노력의 일환이다.

토론

1. 유아가 환경을 어떻게 인식하고 이를 자신의 지식영역으로 구성해 나가는지 Piaget의 인지발달이론의 주요개념인 도식, 동화, 조절, 평형화를 기초로 예를 들어 설명해 보세요.
2. Vygotsky가 제시한 근접발달지대와 비계설정이라는 학습전략을 기반으로 자유선택시간에서의 교사의 역할은 무엇인지 생각해 보세요.
3. 유치원 및 어린이집은 Bronfenbrenner의 생태학적 체계이론 중 어느 곳에 속하는지 생각해 보고, 이를 바탕으로 유아의 발달을 위한 유아교육기관의 역할에는 어떤 것이 있는지 생각해 보세요.
4. 현대사회적으로 진행되고 있는 저출산, 고령화 현상과 여성의 사회 참여 증가 및 가족구조의 변화를 반영한 현재의 유아교육기관의 운영형태는 무엇이며 새로 제안할 수 있는 운영방법에는 무엇이 있을지 생각해 보세요.

참고문헌

교육부, 보건복지부(2015). **3-5세 연령별 누리과정 해설서.**

김진영, 김정원, 전선옥(2013). **영유아를 위한 부모교육.** 창지사.

대한민국 정부(2016). **제3차 저출산 고령사회 기본계획.**

보건복지부(2015). **통계로 보는 사회보장 2015.**

여성가족부(2015). **2015년 가족실태조사 분석 연구.**

이배, 김경숙(2013). 아버지 양육 참여도와 유아의 놀이성 및 자기조절능력과 의 관계. **아동교육, 22**(3), 191-206.

이삼식(2016). 최근의 임신 및 출산 실태와 정책적 함의. **보건복지포럼, 236,** 6-17.

이숙재, 이봉선(2003). **영유아의 발달과 교육.** 창지사.

이은화, 이정환, 이경우, 이기숙, 홍용희, 박은혜, 김희진(2008). **유아교육개론.** 이화여자대학교 출판부.

최미숙, 송순옥(2014). 아버지의 양육 참여도가 유아의 정서조절 능력 및 또래 유능성에 미치는 영향력. **어린이문학교육연구, 15**(1), 313-332.

황희숙, 김은희, 주희진(2012). 아동이 지각한 아버지의 양육 참여도와 학업적 자기효능감 및 성공지능과의 관계. **학습자중심 교과교육연구, 12**(2), 409-430.

Chaiklin, S.(2003). The zone of proximal development in Vygotsky's analysis of learning and instruction. in Kozulin, A., Gindis, B., Ageyev, V., Miller, S.(Eds.). *Vygotsky's educational theory and practice in cultural context*(pp. 39-64). Cambridge: Cambridge University Press.

Gesell, A., & Thompson, H.(1938). *The Psychology of early grwoth including norms of infant behavior and a method of genetic analysis.* New York: Macmillan.

Palinscar, A. S,, Brown, A. L., & Campione, J. C.(1993). First-grade dialogues for knowledge acquisition and use. in E. A. Forman, N. Minilk, & C. A. Stone(Eds.) *Contexts for learning*(pp. 43-57). New York: Oxford University Press.

Schneider, S. M., & Morris, E. K.(1987). A History of the Term Radical Behaviorism: From Watson to Skinner. *The Behavior Analyst, 10*(1), 27–39.

Shaffer, D. R.(1999). *Developmental Psychology: Childhood & Adolescence*(5th ed.). CA: Wadsworth Publishing.

Skinner, B. F.(1972). *Cumulative record*(3rd ed.) New York: Appleton–Century–Crofts.

Thelen, E., & Adolph, K.(1992). Arnold L. Gesell: The Paradox of Nature and Nurture. *Developmental Psychology, 28*(3), 368–380.

Watson, J. B.(1925). *Behaviorism.* New York: Norton.

통계청 http://kostat.go.kr/portal/korea/index.action

CHAPTER 05

유아교육기관의 운영·관리

제5장 유아교육기관의 운영 · 관리에서는 「유아교육법」과 「영유아보육법」 그리고 관련 법령과 기준들에 의해 이루어지는 유아교육기관의 운영과 관리에 대해 설명한다. 유아교육기관은 크게 유치원과 어린이집으로 나뉜다. 유치원은 교육부 소속으로 「유아교육법」과 관련법에 따라, 어린이집은 보건복지부 소속으로 「영유아보육법」과 관련법에 따라 운영 · 관리된다.

제5장에서는 유치원과 어린이집으로 나누어 환경과 시설관리, 인적 관리, 사무관리 등에 대한 내용에 대해 살펴보도록 한다.

1. 유아교육기관의 환경 구성과 시설관리

유아교육기관을 설립 · 운영하기 위해서는 「유아교육법」, 「영유아보육법」, 그 외 관련법에서 제시하는 유아교육기관의 환경과 시설기준에 적합한 시설을 갖추어야 한다. 유아교육기관의 환경과 시설은 입지와 건물, 실내 공간, 놀이터, 환경설비 등에 대한 기준에 따라 구성 · 관리된다.

1) 유치원

유치원의 환경 구성과 시설관리는 「유아교육법」, 「유아교육법 시행규칙」, 「고등학교 이하 각급 학교 설립 · 운영 규정」, 관할 시도교육청의 교구 · 설비기준 등을 따르는 데 구체적인 내용은 다음과 같다.

(1) 유치원의 설립

① 유치원의 종류

「유아교육법」 제7조에 따르면, 유치원은 설립과 경영의 주체에 따라 다음과 같이 구분된다.

- 국립유치원: 국가가 설립하고 경영하는 유치원
- 공립유치원: 지방자치단체가 설립하고 경영하는 유치원(설립주체에 따라 시립유치원과 도립유치원으로 구분)
- 사립유치원: 법인 또는 개인이 설립하고 경영하는 유치원

② 유치원의 설립기준

유치원의 설립기준은 「유아교육법」과 「유아교육법 시행규칙」에서 제시한 설립기준을 따라야 한다. 특히, 유치원의 시설은 「고등학교 이하 각급 학교 설립 · 운영 규정」 제3조와 제5조에 따라 교사와 체육장으로 이뤄진 교지를 갖추고 있어야 한다.

| 표 5-1 | 유치원 시설의 설립기준

(단위: ㎡)

구분	설명	원아 수별 기준 면적	
교사	교실, 도서실 등 교수-학습활동에 직간접적으로 필요한 시설물	40명 이하	5N
		41명 이상	80 + 3N
체육장	실외 놀이터	40명 이하	160
		41명 이상	120 + N
교지	교사의 안전, 방음, 환기, 채광, 소방, 배수 및 학생의 통학에 지장이 없는 곳에 위치	교사 면적 + 체육장 면적	

* N은 전체 원아 수를 말함.

(2) 실내 공간

유치원의 실내 공간은 유아들이 교육받고, 휴식과 용변을 보며, 식사를 하는 등 하루에 많은 시간을 머무르는 곳이므로 유아들의 발달에 적합하고 매력적으로 구성하여 안전하고 효율적인 교육이 이루어질 수 있도록 해야 한다. 「고등학교 이하 각급 학교 설립 · 운영 규정」 제3조에서 실내 공간은 교수와 학습이 이루어지기에 적합해야 하고, 환경위생과 식품위생 기준에 따라 유지 · 관리해야 한다고 제시하고 있

다. 일반적으로 유치원 실내 공간은 교실, 조리실, 출입구와 현관, 요리실, 화장실, 유희실, 교사실 등으로 구성된다(김연진, 이상희, 고영자, 2014; 김영옥 외, 2010).

① 교실

유치원 교실은 1, 2층에만 있어야 하고, 연령별 유치원 교실의 크기는 | 표 5-2 | 와 같다(대구광역시교육청, 2010).

| 표 5-2 | 유치원 교실의 크기

<table>
<tr><th colspan="2" rowspan="2">3세반</th><th colspan="2" rowspan="2">4세반</th><th colspan="2" rowspan="2">5세반</th><th colspan="4">혼합반</th></tr>
<tr><th colspan="3">정원</th><th>크기</th></tr>
<tr><td>정원</td><td>크기</td><td>정원</td><td>크기</td><td>정원</td><td>크기</td><td>3~4세</td><td>3~5세</td><td>4~5세</td><td rowspan="2">55㎡ 이상</td></tr>
<tr><td>18명</td><td>50㎡ 이상</td><td>24명</td><td>55㎡ 이상</td><td>28명</td><td>64㎡ 이상</td><td>20명</td><td>24명</td><td>26명</td></tr>
</table>

출처: 대구광역시교육청(2010).

교실은 주로 다양한 흥미영역을 중심으로 구성되는데, 각각의 흥미영역은 분리대나 교구장으로 구분되어 있다. 흥미영역에는 시도교육청에서 공시하고 있는 교구·설비기준에 준하는 교구들을 제시한다. 흥미영역별 구성특성과 제공되는 교구의 종류는 다음과 같다(김영옥 외, 2010; 지성애 외, 2012; 대구광역시교육청, 2010).

- 쌓기영역: 쌓기영역은 유아들이 대·소근육, 눈과 손의 협응력, 시지각발달과 같은 신체발달을 향상시키기 위한 영역이다. 충분한 공간을 제공하고 출입문과 같이 사람들이 빈번하게 다니는 곳과 떨어진 곳에 배치한다. 블록들이 쓰러지거나 떨어질 때 나는 소음을 줄이기 위해 바닥에 깔개를 깔아 준다. 쌓기영역에는 주로 유닛블록, 블록류(쌓기, 끼우기, 공간, 종이, 자석블록 등), 소품류(교통기관, 인형류, 동물류, 식물류, 교통표지판류, 관련 책, 화보 등) 등을 제공한다.
- 역할영역: 역할영역은 유아들이 자신의 경험과 생각을 말과 행동으로 표현해 보고, 다른 사람의 역할을 해 보면서 타인의 입장을 이해하고, 사회화 기술들을

습득하는 영역이다. 역할영역은 동적인 활동이 이루어질 수 있도록 충분한 공간을 마련해 주고, 쌓기영역과 인접하게 배치해 확장놀이가 이루어질 수 있도록 한다. 역할영역에는 소꿉놀이(주방용품, 음식 모형류), 가족놀이(각종 의상, 인형류), 병원놀이(병원놀이 도구), 도서관놀이(도서카드, 간판 등), 우체국놀이(우체통, 가방, 편지 등), 미장원놀이(빗, 롤, 헤어드라이어 등), 은행놀이(모형 돈, 지갑, 계산기 등), 가게놀이(과일 · 채소, 장바구니 등), 소방서놀이(옷, 모자, 소방 등), 교통놀이(모자, 호루라기, 모형 자동차 등) 등을 제공한다.

| 그림 5-1 | 유치원 흥미영역(쌓기영역)

| 그림 5-2 | 유치원 흥미영역(역할영역)

- 언어영역: 유아들은 언어영역에서 듣기, 말하기, 읽기, 쓰기 등의 언어능력을 향상시켜 나간다. 유아들이 조용하고 차분하게 책을 읽고 다양한 언어활동에 참여할 수 있도록 시끄러운 영역과 떨어진 곳에 배치한다. 깔개 · 쿠션 · 소파 등을 제공하여 안락한 분위기를 마련하고, 햇빛이 잘 드는 밝은 곳에 배치한다. 언어영역에는 듣기 자료(카세트 녹음기, CD 플레이어, 헤드폰, 테이프, CD 자료 등), 말하기 자료(이야기 꾸미기 자료, 인형류 등), 인형극 틀, 읽기 자료(동화, 동시, 그림책 등), 쓰기 자료(연필, 색연필, 사인펜 등), 활동자료(각종 게임, 카드, 퍼즐류 등) 등을 제공한다.
- 수 · 조작영역: 수 · 조작영역은 레고 · 퍼즐 · 수자료 등과 같은 작은 조각들을 조작하고 구성해 보면서 집중력, 눈과 손의 협응력, 지구력뿐만 아니라 분류, 서열, 수, 공간, 측정과 같은 수학개념 등을 습득하는 영역이다. 수영역과 조작

영역이 따로 구성될 때는 서로 인접한 곳에 배치하고, 바닥과 책상에서 모두 활동할 수 있도록 마련한다. 수 · 조작영역에서는 수자료(분류, 비교, 순서 짓기, 전체와 부분, 기초적 통계활동, 수카드, 주사위, 퍼즐류, 도장류 등), 공간과 도형(입체자료, 평면자료 등), 조작자료(퍼즐류, 카드류, 꿰기자료, 일상훈련 자료 등), 게임자료(생활주제별 각종 게임류) 등을 제공한다.

- 과학영역: 유아들은 과학영역에서 다양한 생물, 사물, 자연현상 등을 탐색 · 관찰하면서 과학적 개념, 논리적 사고, 문제해결력 등을 향상시켜 나간다. 동식물에게 먹이와 물을 주기 용이하고, 햇빛과 전기를 쉽게 조절 · 공급할 수 있는 곳에 배치하는 것이 좋다. 과학영역에는 측정도구(길이, 양, 시간, 온도 측정도구 등), 실험 및 관찰도구(거울, 확대경, 자석, 현미경, 손전등, 깔대기, 지구의, 핀셋, 비커, 동식물 모형 및 표본류 등), 동물 사육도구(먹이통, 어항, 사육상자 등), 식물 재배도구(화분, 꽃삽, 분무기, 물뿌리개 등) 등을 제공한다.

| 그림 5-3 | 유치원 흥미영역(언어영역)

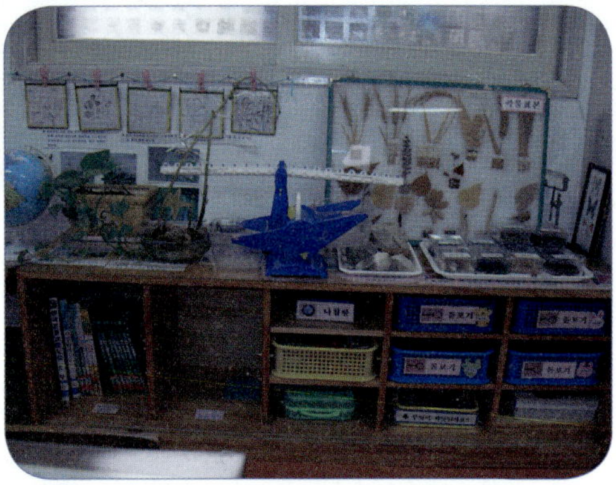

| 그림 5-4 | 유치원 흥미영역(과학영역)

- 조형영역: 유아들은 조형영역에서 다양한 자료와 활동을 함으로써 미술적 감각을 기르고, 자신의 생각과 느낌을 표현하면서 정서적 긴장감을 해소하며, 눈과 손의 협응력, 성취감 등을 형성해 나간다. 조형영역은 활동적이고 시끄러운 영역이므로 조용한 영역과 떨어진 곳, 수도시설이 가까운 곳에 배치하는 것이 좋다. 조형영역에는 그리기 자료(물감, 붓, 크레파스, 색연필, 연필, 사인펜, 네임펜 등), 만들기 자료(가위, 풀, 접착제, 끈, 고무줄, 점토류 등) 등을 제공한다.

• 음률영역: 유아들은 음률영역에서 음악을 즐기고 감상하고, 다양한 악기를 탐색하고 연주해 보면서 음악적 감각을 키우며 스트레스를 해소하기도 한다. 음률영역은 소음이 많이 발생하는 곳이므로 바닥에 깔개를 깔고, 충분한 공간을 마련해 주는 것이 좋다. 음률영역에서는 리듬악기(탬버린, 캐스터네츠, 트라이앵글 등), 가락악기(실로폰, 핸드벨 등), 건반악기(피아노 또는 키보드), 전통악기(북, 징, 장구, 꽹과리, 소고 등), 음악 감상자료(테이프 또는 CD), 신체표현도구(리듬막대, 리본막대, 스카프, 한삼, 줄 등) 등을 제공한다.

| 그림 5-5 | 유치원 흥미영역(조형영역)

| 그림 5-6 | 유치원 흥미영역(음률영역)

• 목공놀이영역: 유아들은 목공놀이영역에서 다양한 물체의 물리적 특성과 다양한 소리를 경험하고, 부분과 전체의 개념, 인과관계, 공간개념 등을 습득해 나간다. 매우 활동적이고 소음이 많이 날 수 있는 영역이므로 조용한 영역과는 떨어진 곳에 배치한다. 실내뿐만 아니라 실외에 설치하기도 하는데, 햇빛이 강하지 않은 서늘한 그늘과 왕래가 빈번하지 않은 곳에 배치한다. 안전관리를 철저히 해야 하는 영역으로 유아가 활동에 참여할 때 항상 교사나 보조교사가 관찰한다. 목공놀이영역에는 목공놀이대, 목공놀이도구(유아용 망치, 못, 톱, 펜치, 드라이버, 나사류 등)가 제공되어야 한다.

• 전통영역: 최근 전통악기나 전통놀이에 대한 관심이 높아지면서 유아들에게 다양한 전통악기와 놀이기구를 제공하여 전통문화에 친숙해지도록 하기 위한 영

역이다. 전통영역에서는 사방치기판, 투호놀이, 팽이, 굴렁쇠, 제기차기, 윷놀이 자료, 공깃돌, 민속소품 등을 제공한다.

- 컴퓨터영역: 컴퓨터영역에서는 유아와 교사가 놀이와 학습에 필요한 자료를 검색하고 프린트하여 활용하는 영역이다. 멀티미디어를 활용한 최근 경향에 부합하여 많은 교실에 컴퓨터영역이 마련되고 있다. 컴퓨터의 사용방법과 사용시간 등에 대한 규칙을 정하고 컴퓨터를 활용해 봄으로써 컴퓨터의 적절한 사용법을 익힐 수 있는 영역으로 컴퓨터, 소프트웨어, 프린터 등을 제공한다.

교실에 비치되어 있는 흥미영역의 교구장과 교구들은 유아가 쉽게 볼 수 있도록 개방하고, 흥미영역 바닥의 1/3 또는 1/2 정도는 교구장과 교구가 없는 빈 공간으로 두어야 한다. 책상과 의자에는 소음 방지 고무 등을 끼워 소음을 줄이고, 교실은 적정 온도(20~22℃)와 습도(50~60%)를 유지하는 것이 좋다. 창문에는 방충망을 설치하고, 커튼이나 블라인드를 설치하여 채광과 환기가 용이하도록 구성한다. 교실에는 옷이나 가방과 같은 개인 소지품을 보관할 수 있는 공간을 마련하는 것이 좋다. 종일반을 운영하는 유치원에서는 유아들에게 휴식이 필요할 때 쉴 수 있도록 침구류(유아용 이불, 매트, 베게 등)를 학급당 5개씩 침구보관함에 구비하고 있어야 한다(김연진, 이상희, 고영자, 2014; 대구광역시교육청, 2010; 임미혜 외, 2013).

② 조리실

유치원의 조리실은 유아들의 간식과 점심을 준비하는 곳으로 「유아교육법」 제17조, 「유아교육법 시행규칙」 제3조 등에서 제시하는 기준에 따라 시설 · 설비 · 비품을 갖추어야 한다.

- 교실과 떨어진 곳에 위치해야 하고, 식품의 운반과 배식이 편리한 곳에 있어야 한다.
- 교차 오염이 발생하기 않도록 전 처리실, 조리실, 식기구 세척실을 벽과 문으로 구분해야 한다.
- 내부벽, 바닥, 천장은 청소와 소독이 쉽고, 화재를 예방할 수 있는 재질이어야 한다.

- 출입구와 창문은 방충망을 설치하고, 환기시설을 갖추며, 조명을 밝게 해야 한다.
- 세척시설과 손 소독시설을 설치하여 손에 의한 오염을 막아야 한다.
- 온도와 습도를 관리할 수 있는 시설을 설치하고, 냉 · 난방시설을 갖춘다.
- 냉장고와 냉동고는 식재료의 보관 · 해동 · 냉각 등을 할 수 있는 충분한 용량과 온도를 유지해야 한다.
- 조리와 배식을 위생적으로 하기 위해 식품 세척시설, 조리시설, 식기구 세척시설, 식기구 보관장, 덮개가 있는 폐기물 용기 등을 갖추어야 하고, 소독 · 살균이 가능하도록 설치한다.
- 냉장식품 검수와 가열조리식품의 중심 온도를 잴 수 있는 온도계를 갖추어야 한다.

③ 출입구와 현관

출입구와 현관은 유치원에 드나드는 사람들이 오래 머무르지는 않지만 많은 상황과 이야기들이 이루어지는 곳이다. 유아와 교사가 만나고, 유아와 학부모가 헤어지며, 학부모와 교사가 잠시 대화를 나누는 곳이다. 뿐만 아니라 유치원에 오는 다양한 방문객들을 맞이하는 곳이기도 하다. 출입구와 현관은 공간을 충분히 확보하고, 실내와 실외가 보일 수 있도록 구성하여 밝고 따뜻한 분위기를 조성해야 한다. 우산을 담을 수 있는 통, 유아용과 성인용 신발장과 실내화, 잠시 기다릴 수 있도록 의자를 준비하는 것도 좋다(김연진, 이상의, 고영자, 2014).

④ 요리실

최근 유치원에서는 요리활동을 많이 실시하고 있는데 교실과 조리실은 요리활동을 하기 위한 도구나 설비 등이 갖추어져 있지 않아 따로 요리실을 마련하는 경우가 많다. 요리실에 마련되는 설비와 기구들은 유아의 신체발달에 적합하고 안전한 것으로 준비해야 한다. 요리실에는 조리대, 조리기구(가스용 · 전기용 레인지 등), 조리도구(도마, 플라스틱 칼, 접시, 쟁반, 거품기, 계량컵, 계량스푼, 냄비, 프라이팬 등), 요리 관련 책(요리 순서카드, 요리 화보, 요리책, 요리 스크랩북 등) 등을 비치한다(대구광역시교육청, 2010).

⑤ 화장실

유아들은 화장실에서 자신의 건강과 청결을 유지하고, 위생습관을 습득해 나간다. 화장실의 위치는 교실과 실외 공간에서 출입이 모두 용이한 곳이 좋고, 화장실에 비치되는 시설과 설비들(예 변기, 세면대, 거울, 화장실 문, 수건, 비누 등)은 유아의 신체발달에 적합한 것이어야 한다. 바닥은 미끄럽지 않아야 하고, 통풍과 환기가 잘되어 습하지 않고 위생적으로 유지해야 한다.

⑥ 유희실

비나 눈이 오거나 미세먼지 농도가 높아 유아들이 바깥활동을 할 수 없을 때 실내에서 대근육활동을 하거나 특별 행사를 하기 위한 유희실이 필요하다. 유희실 바닥에는 매트(1,200×2,400×60mm)를 깔고, 평균대(3,600×450mm 이하), 대근육 게임자료(유니바, 고리 던지기, 큰 주사위 등), 놀이도구(공, 줄넘기, 굴렁쇠, 줄, 훌라후프 등), 자전거(세발자전거, 보조바퀴 달린 두발자전거 등) 등과 같은 대근육 활동도구와 교구를 제공한다(대구광역시교육청, 2010).

| 그림 5-7 | 유희실

⑦ 교사실

유치원 교사실의 크기는 교사의 수와 기관의 규모에 따라 결정된다. 교사들은 교사실에서 교육활동을 계획하고 준비하며, 교사회의를 실시하고, 행정업무를 처리하는 등 다양한 업무를 수행한다. 양호실이나 휴식실을 따로 갖추고 있지 않은 유치원에서는 교사실이나 원장실에 침대나 침구를 마련하여 다치거나 아픈 유아들이 쉴 수 있도록 한다. 교사실에는 교사들의 책상과 의자, 자료보관함, 업무에 필요한 물품(컴퓨터, 프린터, 스캐너, 팩스, 복사기, 게시판 등), 방송시설, 비상대비물품(소화기, 구급상자, 체온계 등), 유아용 침대들을 갖추고 있어야 한다(대구광역시교육청, 2010).

(3) 실외 공간

유치원에서는 하루 1시간씩 대근육 활동시간을 포함하여 바깥놀이에 참여하고 있다(교육과학기술부, 보건복지부, 2013). 실외 공간의 면적, 공간 구성, 제공되는 놀이시설과 설비의 유형에 따라 유아 상호작용의 양과 질, 놀이의 유형과 주제, 놀이시간의 지속성 등에 영향을 미친다. 유치원의 실외 공간은 크게 대근육 활동영역, 모래놀이영역, 물놀이영역, 동식물영역, 휴식영역 등으로 나뉘어 구성된다(대구광역시교육청, 2010; 임미혜 외, 2013).

- 대근육 활동영역: 유치원의 실외 공간에는 유아들이 대근육활동을 할 수 있도록 미끄럼틀, 그네, 정글짐, 터널, 구름달, 오름대, 흔들사다리와 같은 놀이시설이나 이러한 놀이들을 할 수 있도록 구성된 종합 놀이기구가 설치되어 있어야 한다.
- 모래놀이영역: 모래놀이영역은 유아들이 촉각적 자극을 통한 다양한 감각경험들을 하게 되는 영역으로, 실내 · 외에서 모두 이루어질 수 있지만 주로 실외 놀이 공간에 배치하는 경우가 많다. 모래놀이는 정적인 활동이므로 왕래가 많지 않은 곳에 배치해야 한다. 정기적으로 모래를 보충해 주고, 사용하지 않을 때는 덮개를 덮어 모래의 양이 충분하고 상태가 청결하게 유지되도록 해야 한다. 모래놀이영역에는 모래놀이도구(채류, 삽류, 물뿌리개, 모양 틀 등), 모래놀이장(넓이 3×3m, 모래 깊이 30㎝, 강모래) 등을 제공한다.
- 물놀이영역: 유치원의 실외 공간에는 물놀이를 할 수 있는 공간과 시설을 마련해 주는 것이 필요하다. 물놀이영역과 모래놀이영역은 서로 인접한 곳에 두어 통합적인 활동이 이루어질 수 있도록 하는 것이 좋다. 물놀이영역에는 수도꼭

지 3개 이상의 수도시설, 물놀이도구(물통, 호스, 깔때기, 그릇류, 물뿌리개 등), 물놀이 장(넓이 3×2m, 이동식) 등을 제공한다.

- 동식물영역: 실외 공간에는 동물 사육장과 식물 재배장을 갖추어 동식물을 직접 길러 보기를 권장한다. 유아들은 동식물을 직접 길러 봄으로써 동식물의 성장과 변화를 관찰하고 생명체의 소중함을 경험할 수 있다. 동식물영역은 바람이 잘 통하고 배수가 잘되는 곳에 배치하는 것이 바람직하다.
- 휴식영역: 실외 공간에는 유아들이 활동 중 휴식을 취할 수 있도록 테이블, 벤치, 그늘설비 등을 마련해 주어야 한다. 휴식영역에 조작 · 언어 · 조형과 같은 정적 활동을 할 수 있는 자료를 함께 비치해 주는 것도 좋다.
- 창고: 실외 공간의 다양한 영역에서 실외 놀이를 하는 데 필요한 물품과 도구를 정리 · 보관할 수 있는 창고를 마련한다.

2) 어린이집

어린이집의 환경 구성과 시설관리는 「영유아보육법」, 「영유아보육법 시행령」, 「영유아보육법 시행규칙」 등에서 제시하는 기준을 따른다. 구체적인 내용은 다음과 같다.

(1) 어린이집 설립

① 어린이집의 종류

「영유아보육법」 제10조에 따르면, 어린이집은 설립을 하고자 하는 주체에 따라 다음과 같이 나뉜다.

- 국공립어린이집: 국가나 지방자치단체가 설치 · 운영하는 어린이집
- 사회복지법인어린이집: 「사회복지사업법」에 따른 사회복지법인이 설치 · 운영하는 어린이집
- 법인 · 단체등어린이집: 각종 법인이나 단체 등이 설치 · 운영하는 어린이집
- 직장어린이집: 사업주가 사업장의 근로자를 위하여 설치 · 운영하는 어린이집

- 가정어린이집: 개인이 가정이나 그에 준하는 곳에 설치 · 운영하는 어린이집
- 협동어린이집: 보호자 또는 보호자와 보육교직원이 영리를 목적으로 하지 않는 조합을 구성하여 설치 · 운영하는 어린이집
- 민간어린이집: 이상의 규정에 해당하지 않는 어린이집

② 어린이집의 설립 입지

어린이집의 건물은 「영유아보육법」 제15조와 「영유아보육법 시행규칙」 제9조에서 제시한 바와 같이 보육에 대한 수요, 교통, 안전, 주변환경 등을 고려하여 교육과 보육을 실시하기에 적합한 환경을 가진 곳에 설립해야 한다.

- 국공립어린이집은 저소득층 밀집 지역이나 농어촌 지역과 같은 취약 지역, 일정 세대 이상의 주택 지역에 우선 설치한다.
- 직장어린이집은 상시 여성 근로자가 300명 이상이거나 남녀 구분 없이 근로자가 500명 이상인 곳의 사업주는 의무적으로 설치해야 한다.
- 유흥업소나 숙박업소, 기타 유해업소가 있는 곳에는 어린이집을 설립할 수 없다.
- 주변에 위험시설이 있을 시에는 50m 이상 떨어진 곳에 설립해야 한다.
- 어린이집의 구조와 설비는 어린이집을 이용하는 영유아의 특성에 맞게 구성되어야 한다. 어린이집의 시설 면적은 실외 공간을 제외하고 영유아 1인당 4.29㎡ 이상이어야 한다. 단층 건물을 원칙으로 한다. 단, 사업장 내 위치한 직장어린이집은 2층 또는 3층에 설립이 가능하다.
- 영유아들이 주로 다니는 출입구 바닥의 높이가 지면에서 1m 이내이어야 한다.

(2) 실내 공간

「영유아보육법」 제15조와 「영유아보육법 시행규칙」 제9조에서는 어린이집의 실내 공간에는 영유아들이 생활하는 보육실, 어린이집에서 실시하는 급식과 간식을 준비하는 조리실, 위생적으로 세면과 샤워를 할 수 있는 목욕실 그리고 화장실을 기본적으로 갖추고 있어야 한다고 제시한다.

① 보육실

보육실은 영유아들이 어린이집에 머무르는 동안 가장 많이 생활하는 곳으로 영유아의 연령과 발달특성을 고려하여 구성한다. 보육실에는 유아들이 휴식을 취하거나 혼자 활동할 수 있는 일상생활 공간과 다양한 놀잇감과 자료를 활용하여 활동에 참여할 수 있는 놀이 공간으로 나누어 구성되어야 한다(김영옥 외, 2010; 보건복지부 2011).

- 보육실 면적은 거실, 포복실, 유희실을 포함하여 영유아 1인당 2.64㎡ 이상이어야 한다.
- 일상생활 영역: 0~1세의 어린 영아들이 생활하는 보육실에는 기저귀를 갈 수 있는 공간, 수유 및 급식을 위한 공간, 휴식과 수면을 위한 공간 등이 마련된 일상생활 영역과 이에 필요한 물품들이 준비되어 있어야 한다.

| 그림 5-8 | 일상생활 영역

- 흥미영역: 영유아들이 쌓기놀이, 소꿉놀이, 미술활동, 언어활동, 수 · 과학활동, 음률활동을 할 수 있는 공간과 교재 · 교구들이 준비되어 있어야 한다.
- 보육실은 환기, 조명, 채광, 온도와 습도가 적절하게 유지될 수 있도록 관리해야 한다.
- 보육실의 바닥에는 난방시설을 갖추어야 한다.
- 보육실 출입문은 영유아가 열고 닫을 수 있도록 가벼운 목재를 사용한 슬라이딩 도어로 설치한다. 출입문에는 반드시 손 끼임 방지를 설치하고, 문턱은 없어야 한다. 외부에서 내부를 볼 수 있도록 설치하는 것이 좋다.

| 그림 5-9 | 보육실 손 끼임 방지 설치 문

② 조리실

조리실은 영유아들의 급식과 간식을 준비하는 곳으로 위생적으로 유지하는 것이 가장 중요하다. 채광이 잘되어야 하고, 환기시설이 설비되어 있어 청정한 실내 환경을 유지할 수 있어야 하며, 창문에는 방충망이 설치되어 있어야 한다. 식기를 소독하고 위생적으로 취사 · 조리할 수 있는 설비도 갖추고 있어야 한다.

③ 목욕실

영유아들의 위생과 청결 유지를 신속하게 하기 위해 목욕실은 보육실과 인접한 곳에 위치해야 한다. 샤워 및 세면설비, 냉 · 온수 공급을 위한 설비가 준비되어 있어야 하고 바닥에는 미끄럼 방지장치를 설치해야 한다. 난방시설을 갖추고 있어 항상 냉 · 온수를 사용할 수 있어야 하고, 수도꼭지는 온수 사용 시 온도를 조정하거나 고정시킬 수 있는 것이어야 한다.

④ 화장실

화장실 바닥은 미끄럼 방지장치가 설치되어 있어야 하고, 영유아의 신체 크기에 적합한 수세식 유아용 변기와 세면대를 설치해야 한다. 세정장치와 수도꼭지는 냉 · 온수의 온도를 조절하고 고정시킬 수 있는 것이어야 한다. 화장실은 보육실과 같은 층의 인접한 곳에 위치해야 한다.

(3) 놀이터

「영유아보육법」 제15조의 2와 「영유아보육법 시행규칙」 제9조에 따르면, 어린이집은 영유아가 50인 이상이 되면 실외 놀이터를 설치해야 한다. 놀이터의 모래밭은 12개월 미만의 영아를 제외한 영유아 1인당 3.5㎡ 이상의 규모가 되어야 하고, 천연 및 인공잔디, 고무매트, 폐타이어 블록으로 대처할 수 있다. 대근육 활동시설 등 놀이시설물이 3종 이상 설치되어 있어야 한다. 놀이터의 놀이시설물은 「어린이 놀이시설 안전관리법」, 「환경보건법」 등에서 정한 기준에 적합한 제품을 사용해야 한다. 놀이시설물의 기준은 다음과 같다.

- 설치할 때는 제조업자의 취급설명서에 따라 안전하게 설치한다.
- 크기나 무게는 영유아의 신장과 체중을 고려하여 선정한다.
- 표면 도색에 독성이 있는지 확인한다.
- 추락 가능성이 있을 경우 아래와 주변에 충격 흡수 안전장치를 설치한다.
- 영유아가 걸려서 넘어지거나 부딪칠 수 있는 방해물이 없어야 한다.
- 시설물에 날카로운 부분, 뾰족한 부분, 모서리 등이 없어야 한다.

I 그림 5-10 I 놀이터

「영유아보육법」 제15조의 2, 「영유아보육법 시행규칙」 제9조에 따르면, 실외 놀이터에 구멍이나 틈이 있는 경우에는 영유아의 몸이 빠지거나 끼지 않도록 조치한다. 볼트와 너트는 위로 튀어나오지 않도록 해야 하며, 너트가 위를 향하고 있을 때는 너트의 높이가 3.2mm를 넘지 않도록 해야 한다. 업무용 시설 밀집 지역과 같이 지역적 특수성이 있어 실외 놀이터를 설치하지 못할 때는 인근 놀이터나 실내 놀이터를 활용할 수 있으나 실내 놀이터는 지하나 옥상에는 설치할 수 없다.

(4) 환경설비

「영유아보육법」 제15조의 3, 제15조의 4, 「영유아보육법 시행규칙」 제9조에서는 어린이집의 건물, 실내 공간, 놀이터 외에도 비상재해대비시설, 커튼 · 블라인드 · 카펫, 급배수시설, 실내 설비 등 다양한 환경설비기준에 적합한 환경을 갖추어야 한다고 제시하고 있다. 구체적인 내용은 다음과 같다.

- 비상재해대비시설: 어린이집은 소화용 기구를 비치하고 비상구를 설치해야 한다. 비상구 상단에는 비상구 유도등을 달고 문 안쪽에는 잠금장치를 설치한다. 어린이집이 2층에 있을 경우에는 비상계단과 영유아용 미끄럼대를 설치해야 한다.
- 마감재와 커튼류: 어린이집 내부의 마감재료는 불연재, 준불연재 또는 난연재를 사용한다. 실내 장식물과 창문에 설치하는 커튼류와 카펫은 방염성능이 있는 것으로 설치한다.
- 급배수시설: 어린이집에서 음용수를 상수도, 간이 상수도에서 공급받는 경우에는 직접 수도꼭지를 연결하여 사용하고 지하수를 사용할 경우에는 저수조 등의 시설을 경유한다.
- 실내 설비: 영유아가 접근할 수 없는 안전한 장소에 비상약품과 간이 의료기구를 비치한다. 비상구를 제외한 모든 출입문과 창문은 안쪽에서 잠기지 않도록 하고, 밖에서 쉽게 열 수 있어야 하며, 손가락 끼임 방지 고무패킹과 완충장치를 설치해야 한다. 가구의 모서리는 둥글고 표면은 매끄럽게 처리된 것으로 구입하고 고무 등으로 가구의 모서리를 보호해야 한다. 보일러 설비, 퓨즈박스, 소화기, 소독수, 살충제, 날카로운 칼, 가위, 포크, 랩 등은 영유아의 손이 닿지 않는 곳에 보관한다.

- 폐쇄회로 텔레비전(CCTV): 어린이집의 보안을 유지하고, 영유아의 안전과 아동학대를 방지하기 위해 폐쇄회로 텔레비전을 설치하고 관리해야 한다. 폐쇄회로 텔레비전은 각 보육실, 공동 놀이실, 놀이터, 식당, 강당 등에 각 한 대씩 설치해야 한다. 폐쇄회로 텔레비전에 저장된 영상은 60일 이상 보관해야 한다.

2. 유아교육기관의 인적 관리

유아교육기관에서 영유아들에게 제공되는 보육과 교육은 교직원들의 전문성과 자질에 따라 달라지기 때문에 교직원은 기본적인 자격과 자질을 갖추어야 할 뿐만 아니라 주어진 역할에 충실하며, 적합한 처우와 대우를 받아야 할 필요가 있다. 유치원과 어린이집에서 근무하는 교직원의 종류, 자격조건과 배치기준, 역할과 처우 등에 대해 알아보고자 한다.

1) 유치원의 인적 관리

「유아교육법」 제20조에 따르면, 유치원에서 근무하는 교원과 직원을 교직원이라 한다. 교원은 원장, 원감, 수석교사, 교사 등이고, 직원은 촉탁의사, 영양사, 간호사 또는 간호조무사, 행정직원 등이다. 유치원의 규모와 시설유형에 따른 유치원 교직원의 배치, 자격조건, 역할과 처우 등을 구체적으로 알아보면 다음과 같다.

(1) 유치원 교직원의 배치

「유아교육법」 제20조와 제23조, 「유아교육법 시행령」 제23조와 제24조, 「유아교육법 시행규칙」 제3조에 따르면, 유치원에는 원장과 원감이 1명씩 있어야 하고, 학급마다 교사 1명 이상을 배치해야 한다. 단, 전체 학급이 두 학급 미만인 유치원은 원장 및 원감이 학급을 담당할 수 있다. 방과 후 과정을 실시할 경우, 학급 담당교사 외에

방과 후 과정 담당교사를 1명 이상 둘 수 있다. 수석교사는 유치원별로 1명씩 두되, 전체 유아 수가 100명 이하이거나 학급 수가 네 학급 이하인 유치원에서는 수석교사를 두지 않아도 된다. 교육과정 운영에 필요한 경우 교원 외에 강사, 기간제 교사, 명예교사 등을 두어 교육을 담당하거나 보조하게 할 수 있다. 직원은 유치원의 필요에 따라 1명 이상 둘 수 있다. 한 번에 100명 이상의 유아에게 급식을 제공하는 유치원에서는 영양사 1명을 두어야 하는데, 같은 교육청 관할구역에 있는 5개 이내의 유치원은 공동으로 영양사를 둘 수 있다.

(2) 유치원 교원의 자격

「유아교육법」 제22조와 제23조에서 제시하는 유치원 교원의 자격은 | 표 5-3 |과 같다.

| 표 5-3 | 유치원 교원의 자격

구분	자격기준 내용
원장	• 유치원 원감자격증을 가지고 3년 이상의 교육 경력과 소정의 재교육을 받은 자 • 학식과 덕망이 높은 자로 대통령령이 정하는 원장기준에 해당한다고 교육부장관의 인정을 받은 자
원감	• 유치원 1급 정교사자격증을 가지고 3년 이상의 교육 경력과 소정의 재교육을 받은 자 • 유치원 2급 정교사자격증을 가지고 6년 이상의 교육 경력과 소정의 재교육을 받은 자
수석교사	• 유치원 1급, 2급 정교사자격증을 소지하고 15년 이상의 교육 경력을 가지고 있는 자
정교사 (1급)	• 유치원 2급 정교사자격증을 소지하고 3년 이상의 교육 경력을 가지고 소정의 재교육을 받은 자 • 유치원 2급 정교사자격증을 소지하고 대학원에서 유치원 교육과정을 전공하여 석사학위를 받고 1년 이상의 교육 경력이 있는 자
정교사 (2급)	• 대학의 유아교육과 졸업자 • 대학 졸업자로서 재학 중 소정의 보육과 교직학점을 취득한 자 • 교육대학원 또는 교육부장관 지정 대학원에서 유치원 교육과정을 전공하고 석사학위를 받은 자 • 유치원 준교사자격증을 가지고 2년 이상의 교육 경력과 소정의 재교육을 받은 자
준교사	• 유치원 준교사 자격검정에 합격한 자

구분	자격기준 내용
강사	• 전문대학 졸업자 또는 그 이상의 학력이 있는 사람으로 유아교육과 관련되는 분야를 전공한 자 • 전문대학 졸업자 또는 그 이상의 학력이 있는 사람으로 유아교육과 관련되는 분야에서 2년 이상 실무 경력이 있는 자 • 교육감이 따로 정하는 자격기준에 해당하는 자
명예교사	• 유치원 규칙과 법인의 정관 등에서 정하는 자격기준에 해당하는 사람

(3) 유치원 교직원의 임무

「유아교육법」 제21조의 2에 따르면, 유치원에 근무하는 교직원은 직책에 따라 맡아야 하는 임무와 역할이 있다. 특히, 원장을 포함한 유치원의 모든 교직원은 다음과 같은 임무를 수행해야 한다. 임무수행 중 유아의 인권을 보장하고, 도구나 신체 등을 이용해서 유아의 신체에 고통을 가해서는 안 된다.

① 원장

- 원무를 총괄하고 소속 교직원을 지도 · 감독하며, 유아를 교육한다. 유아에 대해 건강검진을 실시하고, 치료가 필요한 유아는 보호자와 협의하여 필요한 조치를 한다.
- 유아의 발달을 종합적으로 관찰 · 평가하여 생활기록부를 작성 · 관리한다.
- 유아가 질병 · 사고나 재해 등으로 위급한 상태가 발생할 경우 즉시 해당 유아를 응급의료기관으로 이송한다.

② 원감

- 원장을 보좌하여 원무를 관리하고, 유아를 교육한다.
- 원장이 부득이한 사유로 직무를 수행하지 못할 시 그 직무를 대행한다.

③ 수석교사

교사의 교수 · 연구활동을 지원하며, 유아를 교육한다.

④ 직원

유치원의 행정사무와 그 밖의 사무를 담당한다.

(4) 유치원 교직원의 처우

유치원 교원의 복무와 처우는 「교육공무원법」과 「국가공무원법」에 따라 정해지는데, 개인이 설립한 사립유치원은 기준에 따라 복무와 처우가 이루어지지 않는 곳이 많다.

- 유치원 교원은 정신적 · 육체적 휴식을 위한 연가, 질병으로 인한 병가, 업무수행이나 법령상의 의미 이행을 위한 공가를 쓸 수 있다. 또한 출산휴가, 경조사휴가, 육아휴가와 같은 특별휴가를 사용할 수 있다. 이러한 휴가를 사용하기 전에는 수업에 문제가 되지 않도록 적절한 조치를 반드시 취해야 한다.
- 근무시간은 오전 9시부터 오후 5시까지이지만 출 · 퇴근시간은 자유롭게 조절할 수 있다.
- 국공립 유치원의 교사는 국공립유치원 교사 호봉표와 제수당규정에 따라 월급이 지급되고, 사립유치원의 교사는 사립유치원 교사 호봉표에 따라 월급을 지급한다. 이에 시도교육청의 예산 편성과 집행에 따라 사립유치원 교원에게 처우개선비와 담임수당을 지원하고 있다.
- 유치원 교사는 2급 정교사에서 1급 정교사, 원감, 원장의 순서로 승급하는데 법적 기준으로 제시된 경력과 교육과정을 이수해야 한다.

2) 어린이집의 인적 관리

「영유아보육법」 제2조에 따르면, 어린이집에서 영유아보육하기, 건강관리하기, 보호자와 상담하기, 시설관리, 운영하기 등과 같은 업무를 담당하는 사람을 모두 보육교직원이라고 한다. 보육교직원에는 일반적으로 원장과 보육교사가 있고, 어린이집의 규모와 운영방식에 따라 특수교사, 영양사, 조리원, 운전기사, 간호사, 사회사업가 등이 포함되기도 한다(정옥분 외, 2012). 어린이집 규모와 시설유형에 따른 보육교직원의 배치, 자격조건, 역할과 처우 등은 다음과 같다(권미량, 서영희, 2015; 전남련 외, 2012; 정옥분 외, 2012; 최혜순, 이미현, 2015).

(1) 보육교직원의 배치

어린이집은 「영유아보육법」 제17조 제4항과 「영유아보육법 시행규칙」 제10조에서 제시하고 있는 보육교직원의 종류와 인원을 보유하고 있어야 한다. 보육교직원의 배치는 | 표 5-4 |와 같다.

| 표 5-4 | 보육기관의 교직원 배치

구분	보육교직원의 배치내용
원장	• 어린이집의 원장은 1명이 있어야 한다. • 20명 이하의 어린이집은 원장이 보육교사를 겸할 수 있다.
보육교사	• 영유아의 연령에 따른 보육교사 배치 인원은 다음과 같다. – 만 1세 미만: 영유아 3명당 보육교사 1명 – 만 1~2세: 영유아 5명당 보육교사 1명 – 만 2~3세: 영유아 7명당 보육교사 1명 – 만 3~4세: 영유아 15명당 보육교사 1명 – 만 4~미취학: 영유아 20명당 보육교사 1명, 영유아 40명당 1명은 보육교사 1급 자격증 소지자 – 취학아동: 아동 20명당 보육교사 1명 • 보육교사의 업무 부담을 줄이기 위해 보육교사를 둔다. • 장애아는 3명당 보육교사 1명을 배치한다. 장애아 9명당 1명은 특수교사자격 소지자여야 한다.
간호사	• 영유아가 100명 이상인 어린이집은 간호사 또는 간호조무사 1명을 둔다.
영양사	• 영유아가 100명 이상인 어린이집은 영양사 1명을 둔다. • 시 · 군 · 구의 5개 이내의 어린이집이 공동으로 영양사를 둘 수 있다.
조리원	• 영유아가 40~80명인 어린이집은 조리원 1명을 둔다. • 영유아가 80명을 초과할 때마다 1명씩 증원해야 한다.

구분	보육교직원의 배치내용
기타	• 어린이집의 규모와 특성에 따라 의사, 사회복지사, 사무원, 관리인, 위생원, 운전기사, 치료사 등의 보육교직원을 둘 수 있다. • 원장이 간호사 또는 영양사의 자격이 있을 시에는 겸직할 수 있다.

(2) 원장과 보육교사의 자격

어린이집의 원장의 자격기준은 「영유아보육법」 제21조 제1항과 「영유아보육법 시행령」에 | 표 5-5 |와 같이 제시되어 있다.

| 표 5-5 | 어린이집의 원장자격 기준

구분		자격기준 내용
일반기준		• 보육교사 1급 자격 취득 후 3년 이상의 보육 등 아동복지업무 경력 있는 사람 • 유치원 정교사 1급 자격 취득 후 3년 이상의 보육 등 아동복지업무 경력 있는 사람 • 유치원 원장자격이 있는 사람 • 초등학교 정교사 자격 취득 후 5년 이상의 보육 등 아동복지업무 경력 있는 사람 • 사회복지사 1급 자격 취득 후 5년 이상의 보육 등 아동복지업무 경력 있는 사람 • 간호사 면허 취득 후 7년 이상의 보육 등 아동복지업무 경력 있는 사람 • 국가 및 지방자치단체 7급 이상 공무원으로 5년 이상 보육 등 아동복지업무 경력 있는 사람
시설 유형별	가정어린이집	• 일반기준에서 정한 자격을 갖춘 사람 • 보육교사 1급 이상의 자격 취득 후 1년 이상 보육업무 경력이 있는 사람
	영아전담 어린이집	• 일반기준에서 정한 자격을 갖춘 사람 • 간호사 면허 취득 후 5년 이상 아동간호업무 경력이 있는 사람
	장애아 전문 어린이집	• 일반기준에서 정한 자격을 갖춘 사람으로 대학에서 장애인 복지 및 재활 관련 학과 전공한 사람 • 일반기준에서 정한 자격을 갖춘 사람으로 장애 영유아 어린이집에서 2년 이상 보육업무 경력이 있는 사람
	대학, 교육시설 운영 어린이집	• 일반기준에서 정한 자격을 갖춘 사람 • 어린이집을 운영하는 대학의 조교수 또는 교육훈련시설의 전임교수 이상으로 보육 관련 교과 3년 이상 교육 경력이 있는 사람

어린이집의 보육교사의 자격기준은 「영유아보육법」 제21조 제3항과 「영유아보육법 시행령」에 | 표 5-6 |과 같이 제시되어 있다.

| 표 5-6 | 어린이집의 원장자격 기준

구분	자격기준 내용
보육교사 1급	• 보육교사 2급 자격 취득 후 3년 이상 보육업무 경력 있는 사람으로 승급교육을 받은 사람 • 보육교사 2급 자격 취득 후 보육 관련 석사학위 이상 취득하고 1년 이상 보육업무 경력 있는 사람으로 승급교육을 받은 사람
보육교사 2급	• 전문대학 이상의 학교에서 보건복지부 지정 보육 관련 교과목 및 학점을 이수하고 졸업한 사람 • 보육교사 3급 자격 취득 후 2년 이상의 보육업무 경력 있는 사람으로 승급교육을 받은 사람
보육교사 3급	• 고등학교 이상의 학교를 졸업한 사람으로 보건복지부 지정 교육훈련시설의 교육과정을 이수한 사람

(3) 보육교직원의 역할

원장, 보육교사, 기타 교직원 등 보육교직원은 어린이집의 안전하고 효과적인 보육과 교육을 제공하기 위해 다음과 같은 역할과 임무를 수행해야 한다.

① 원장

「영유아보육법」 제18조에서는 원장이 해야 할 직무를 영유아보육하기, 보육교직원 지도 · 감독하기, 보육시설 총괄하기 등으로 규정하고 있다. 원장이 해야 하는 역할에 대해 좀 더 구체적으로 살펴보면 다음과 같다(권미량, 서영희, 2015; 전남련 외, 2012; 정옥분 외, 2012; 최혜순, 이미현, 2015).

- 영유아보육하기: 원장은 영유아를 바라보는 관점과 보육에 대한 확고한 철학을 가지고 있어야 하고, 이러한 철학에 기초하여 장 · 단기적 보육계획을 세우고 연간 행사를 계획한다. 영유아의 발달과 변화를 유심히 관찰하고 편안한 분위기를 조성하여 영유아가 보육시설에 잘 적응할 수 있도록 한다.

- 보육교직원 지도 · 감독하기: 원장과 보육교사가 수립한 보육계획을 보육교사가 잘 실행하는지 평가하고, 우수한 보육교직원을 채용하고 인사관리를 해야 한다. 보육교직원들 간의 업무 분담을 공정하게 분배할 수 있어야 하고, 전문성을 향상시킬 수 있도록 업무상 훈련과 교육의 기회를 제공해야 한다.
- 행정적 사무와 운영 담당하기: 대외적으로 필요한 행정사무와 어린이집 전체 운영을 담당한다. 예산과 재정을 관리하며, 필요한 물품과 교재 · 교구를 구입한다. 부모와의 상담과 부모교육 등을 실시하고 지역사회에 보육 프로그램을 소개하고 지역사회 인사의 보육활동 참여 등을 통해 계속적인 교류를 추진한다.

② 보육교사

「영유아보육법」 제18조에는 보육교사의 역할이 영유아를 보육하고, 어린이집의 원장이 직무를 수행할 수 없을 때에는 원장의 직무를 대행하는 것으로 명시되어 있다. 보육교사의 역할을 좀 더 구체적으로 살펴보면, 다음과 같다(권미량, 서영희, 2015; 정옥분 외, 2012).

첫째, 보육교사는 자신들이 담당하고 있는 영유아들의 신체적 · 심리적 요구를 살피고 반응하면서 적절하게 보호하고, 영유아들의 건강 · 안전 · 영양과 관련된 지도를 한다.

둘째, 어린이집 원장과 함께 보육 프로그램과 보육활동 및 경험을 계획 · 실행함으로써 영유아가 자신과 주변에 대해 배워 나갈 수 있도록 한다.

셋째, 실내 · 외 환경을 계획하고 구성하며, 프로그램의 운영과 영유아들에게 필요한 비품이나 교재 · 교구 등을 준비하고 제공한다.

넷째, 영유아의 부모에게 영유아의 발달과 변화에 대한 정보, 어린이집에서 실시하고 있는 프로그램 소개, 육아에 대한 상담을 실시한다.

다섯째, 어린이집 내에서 교직원으로 담당해야 할 업무를 수행한다.

③ 기타 보육교직원

「영유아보육법」 제17조와 「영유아보육법 시행규칙」 제10조에 따르면, 어린이집에는 원장과 보육교사를 제외하고 특수교사, 영양사, 간호사, 조리원 등과 같은 교직원들이 종사하고 있다. 이러한 보육교직원들이 수행하는 일은 다음과 같다(권미량, 서영희, 2015; 전남련 외, 2012; 정옥분 외, 2012; 최혜순, 이미현, 2015).

- 특수교사: 어린이집에 장애아가 있을 경우, 장애아 9명당 1명이 특수교사자격증을 소지한 교사이어야 한다. 보육교사를 도와 장애아들을 돌보는 일을 주로 담당한다.
- 간호사: 영유아의 신체적 성장 · 발달에 대한 검사를 실시하고, 전염성 질병과 안전사고를 예방한다. 치료나 응급처치를 위한 비상약품과 의료기구를 구입 · 관리하며, 보육교직원과 학부모를 대상으로 응급처치와 관련된 교육을 실시한다.
- 영양사: 식단을 작성하고, 검식과 배식을 관리한다. 구매한 식품의 검수와 관리, 급식실의 위생관리, 운영일지 작성 등의 업무를 담당한다. 더불어 영유아와 부모를 대상으로 건강, 영양, 식생활습관 관련 교육과 상담을 실시한다.
- 조리원: 영양사와 협력하여 영유아와 보육교직원을 위한 식사와 간식을 제공하고, 조리실을 위생적으로 관리한다.

(4) 보육교직원의 처우

어린이집 보육교직원의 복무와 처우는 「영유아보육법 시행규칙」 제10조, 「근로기준법」에 따라 휴가, 근무시간, 보수기준, 퇴직금 등이 정해진다. 그러나 실제적으로 기준에 맞는 복무와 처우가 이루어지지 않는 곳이 많다.

- 휴가는 보수교육, 고용, 산전 · 산후휴가, 육아휴직 등과 같은 휴가를 실시할 수 있다. 휴가는 공백을 최소화하기 위해 가급적 순번제로 실시하고 대체교사를 배치하도록 한다.
- 보육교사의 근무시간은 1일, 8시간을 원칙으로 하고, 근무시간을 초과했을 경우에는 초과근무수당을 지급한다.
- 초임 호봉은 1호봉으로 하고, 1년이 경과하면 1호봉이 승급한다. 국고 보조를 받는 어린이집은 보육교직원 인건비 지급기준에 따르지만, 그 외의 어린이집은 보육교직원 인건비 지급기준에 준하여 자율적으로 지급한다.

3. 유아교육기관의 사무관리

유아교육기관에서는 환경 및 시설관리, 인적 관리와 함께 관련 법규에서 규정하고 있는 사무관리를 통해 유치원과 어린이집을 운영 · 관리해야 한다.

1) 유치원의 사무관리

「유아교육법」에서 제시하는 유치원 운영에 있어서 중요한 사무관리에 관한 것은 유치원의 편성과 운영, 유아들의 건강검진과 급식관리, 유치원 운영위원회, 유치원 생활기록부 등으로 나누어 살펴볼 수 있다.

(1) 유치원의 편성과 운영

「유아교육법」 제12조와 「유아교육법 시행령」 제11조~제14조에 따르면, 유치원의 학년도, 학기, 수업일수와 학급 편성 등의 운영은 다음과 같다.

- 매 학년도를 두 학기로 나누되, 학년도는 3월 1일부터 다음해 2월 말일까지로 한다.
- 보호자의 요구와 지역실정에 따라 방과 후 과정을 운영할 수 있다.
- 유치원의 수업일수는 매 학년도 180일 이상을 기준으로 한다.
- 유치원의 학급편성은 같은 연령으로 하는 것이 기준이지만 교육과정의 운영에 특별히 필요한 경우는 혼합연령으로 학급을 편성할 수 있다.
- 비상재해나 급박한 사정이 발생한 경우 임시휴업을 할 수 있다.

(2) 건강검진과 급식관리

유치원에서는 「유아교육법」 제17조와 「유아교육법 시행규칙」 제2조의 5와 제3조에 따라 유아의 건강검진과 급식관리를 해야 한다.

- 유치원의 원장은 1년에 한번 이상 「건강검진기본법」에서 영유아검진기관으로 지정한 기관에서 영유아 건강검진을 실시해야 한다. 다만 보호자가 건강검진을 실시하여 검사결과 통보서를 제출한 유아는 생략할 수 있다.
- 영유아 건강검진결과는 유아의 퇴학이나 졸업 후 3년 동안 보관해야 한다.
- 영유아 건강검진결과 치료가 필요한 경우 보호자와 협의하여 필요한 조치를 해야 한다.
- 유치원에서는 유아에게 적합한 급식을 제공할 수 있다. 다만, 원내에서 급식을 실시하기 위해서는 급식시설과 설비기준에 따른 조리실이 설비되어 있어야 하고 정기적으로 위생관리를 철저히 해야 한다. 또한, 「유아교육법」에서 제시한 기관의 규모와 조건에 따라 영양사와 조리사를 두어야 한다.

(3) 유치원 운영위원회

「유아교육법」 제19조의 3에 따르면, 유치원 운영의 자율성을 높이고 지역의 실정과 특성에 맞는 다양한 교육을 창의적으로 실시할 수 있도록 하기 위해 국공립유치원과 정원이 20명 이상인 사립유치원은 유치원 운영위원회를 두어야 한다.

- 유치원 운영위원회는 해당 유치원의 교원 대표 및 학부모 대표로 구성되며, 5명 이상 11명 이내의 범위에서 구성한다.
- 유치원 운영위원회는 유치원 규칙 개정, 유치원 예산 및 결산, 유치원 교육과정 운영방법, 학부모가 부담하는 경비, 급식, 방과 후 과정 운영, 유치원 운영에 대한 제안 및 건의 등과 같은 사항을 심의하거나 자문한다.
- 사립유치원과 국공립유치원의 유치원 운영위원회 구성과 운영은 약간 차이가 있지만, 운영위원회의 자문결과를 최대한 존중해야 한다.

(4) 유치원 생활기록부

「유아교육법」 제14조에서는 유아의 생활지도 및 초등학교와의 연계지도를 위해 유아의 발달 등 종합적으로 관찰 · 평가하여 생활기록부를 작성하고 관리하도록 하고 있다. 유치원 생활기록부는 교육부장관이 제시한 유치원 생활기록부 작성 및 관리지침에 따라 작성한다.

- 유치원 생활기록부는 전자기록생산시스템을 통해 전자적으로 생산 · 관리해야 한다.
- 유치원 생활기록부는 준영구 보존한다.
- 매 학년이 종료된 이후에는 유치원 생활기록부 입력자료 정정을 금지한다.
- 유아의 보호자나 유아가 입학한 초등학교장이 요청하면 보호자의 동의하에 유치원 생활기록부를 송부해야 한다.
- 유치원 생활기록부에는 인적사항(성명, 성별, 생년월일, 주소, 가족사항, 특기사항), 학적사항(입학 연월일 · 원명 · 입학연령, 재입학 · 편입학 · 전학 · 수료 · 졸업, 졸업 후 진학 학교), 출결사항(수업일수, 출석일수, 결석일수, 장기결석사유 등), 신체발달상황(신체검사결과, 검사일, 특이사항 등), 유아발달상황(누리과정 5개 영역의 발달상황) 등을 입력한다.

2) 어린이집의 사무관리

「영유아보육법」 제24조, 「영유아보육법 시행규칙」 제23조에서는 어린이집의 안전관리, 급식관리, 차량 운행관리, 기타 다양한 운영관리에 관련한 전반적인 운영기준들을 제시하고 있다.

(1) 어린이집의 안전관리

화재, 놀이시설물, 아동학대 등 어린이집에서 발생할 수 있는 사고들을 예방하고 처리하는 과정에 대한 기준에 따라 안전관리를 해야 한다.

- 통합 안전점검표에 제시된 바에 따라 정기적으로 시설의 안전점검을 실시해야 한다.
- 놀이시설물은 점검일정을 계획하고 점검을 실시한다. 놀이시설물의 이음장치, 울타리, 부식 여부는 매일 점검한다. 움직이는 부분들이 서로 맞물리는 형태의 놀이시설물은 영유아의 신체가 끼지 않도록 점검한다.

- 소방계획을 세우고 매월 소방훈련을 실시한다.
- 보육교직원은 「아동복지법」에 따라 안전교육을 받아야 한다.
- 영유아 보호자의 비상연락망을 확보하고, 사고를 대비하여 영유아에 대한 응급처치 동의서를 받아 두어야 한다.
- 사고 발생 시 즉시 영유아의 보호자에게 알리고, 사고보고서를 작성하여 보관한다.
- 영유아에게 아동학대의 징후가 보일 경우, 「아동학대범죄의 처벌 등에 관한 특례법」에 따라 즉시 아동보호전문기관 또는 수사기관에 신고해야 한다.

(2) 어린이집의 급식관리

어린이집에서 제공하는 급식과 관련되어 발생하는 식중독과 사고를 예방하기 위해 급식관리는 다음과 같은 기준에 따라 이루어져야 한다.

- 어린이집에서 식중독 환자가 발생하지 않도록 위생관리를 철저히 해야 한다.
- 영유아에게 필요한 영양을 섭취할 수 있도록 영양사가 작성한 식단에 따라 급식을 준비하고 제공한다.
- 영유아에게 제공하는 급식은 어린이집에서 직접 조리해서 제공한다.
- 음식 재료를 잘 관리하여 유통기한이 지난 재료를 사용하지 않고, 급식에 사용했던 음식물은 재사용하지 않는다. 부패 · 변질이 쉬운 음식 재료나 제품은 냉동 · 냉장시설에 보관한다.
- 조리에 종사하는 보육교직원의 개인 위생관리를 철저히 해야 한다.

(3) 어린이집의 차량운행 관리

어린이집에서 운행하는 차량과 관련하여 안전교육, 차량관리, 차량 운행 시 유의점 등은 다음과 같다.

- 차량은 어린이 통학버스로 관할 경찰서에 신고하고 신고필증을 받아야 한다.
- 운전기사는 채용 시 건강진단서를 제출해야 한다.

• 차량은 통합 안전점검표에 의한 안전점검을 정기적으로 실시해야 한다.
• 차량 운행 시 영유아를 보호할 수 있는 사람이 반드시 동승해야 하고, 36개월 미만 영아는 보호자가 동반하거나 보호장구를 착용해야 한다.
• 차량 운행이 시작되기 전에 반드시 안전벨트를 착용해야 한다.
• 운전자는 차량 운행 중 음주, 휴대폰, 이어폰 사용 등을 금한다.
• 차량 운행 시 영유아가 보육교사나 부모 등 보호자에게 안전하게 인도되었는지 여부를 확인한다.

(4) 어린이집 기타 운영관리

어린이집에서 이뤄지는 안전관리, 급식관리, 차량 운행관리 이외에도 다음과 같은 기준에 따라 어린이집을 운영한다.

• 어린이집의 반은 2세 미만의 영아반, 2세 영아반과 3세 이상의 유아반을 동시에 운영하고, 장애아가 있을 경우에는 장애아반을 운영해야 한다.
• 어린이집은 주 6일 이상, 하루 12시간 이상 운영해야 한다. 영유아의 보호자로부터 동의를 받은 경우 운영일과 운영시간을 조정할 수 있다. 그러나 천재지변이나 감염병 발생 등과 같은 부득이한 경우를 제외하고 휴원할 수 없다.
• 어린이집에서는 다음과 같은 장부와 서류를 작성 · 보관해야 한다.
재산목록과 그 소유를 증명하는 서류, 어린이집 운영일지 및 출석부, 보육교직원의 인사기록카드, 예산서 및 결산서, 총계정원장 및 수입 · 지출보조부, 금전 및 물품출납부와 그 증명서류, 소속 법인의 정관 및 관계서류, 어린이집 이용신청자 명부, 생활기록부, 영유아보육일지, 보육교직원의 인사 · 복무 및 어린이집 운영에 관한 규정, 통합 안전점검표, 영상정보 열람대장 등
• 보육교직원은 영유아의 유행성 질환 감염, 피부, 머리, 손톱 · 발톱, 치아 상태 등을 관리해야 한다. 어린이집의 침구 · 화장실 · 목욕실 등도 정기적으로 소독하고 청결하게 관리해야 한다.

토론

1. 유아교육기관의 운영관리 내용 중 유아교사가 가장 중요하게 고려해야 할 사항은 무엇인지 의견을 나누어 보세요.
2. 유치원과 어린이집의 환경 및 시설관리, 인적 관리, 사무관리 중 가장 큰 차이점은 무엇인지 의견을 나누어 보세요.
3. 유치원과 어린이집의 운영관리가 서로 다르기 때문에 발생할 수 있는 문제점은 무엇인지 의견을 나누어 보세요.

참고문헌

교육과학기술부, 보건복지부(2013). **3–5세 연령별 누리과정 해설서.**

권미량, 서영희(2015). **보육학개론.** 동문사.

김연진, 이상희, 고영자(2014). **영유아교육기관 운영관리.** 태영출판사.

김영옥, 오숙현, 임영숙, 정경자(2010). **유아교육기관의 환경구성.** 공동체.

대구광역시 교육청(2010). 대구광역시 학교 교구 · 설비기준. 대구광역시교육청 고시 제2010–1호.

보건복지부(2011). **2011 보육시설 평가인증 지침서.** 보건복지부.

임미혜, 장미아, 신혜영, 김영애, 심은희(2013). **영유아교육과정.** 양서원.

전남련, 김재환, 이애련, 황연옥, 이혜배, 강은숙, 김기선, 권경미, 심순애, 엄은옥, 이경선(2010). **영유아 프로그램 개발과 평가.** 학현사.

정옥분 외(2012). **보육학개론.** 학지사.

지성애, 채영란, 신금호, 박희숙, 박유영(2012). **놀이지도.** 정민사.

최혜순, 이미현(2015). **유아교육기관운영관리.** 동문사.

「고등학교 이하 각급 학교 설립 · 운영 규정」(대통령령 제28051호 공포일 2017. 5. 29. 시행일 2017. 5. 29. 일부개정)

「교육공무원법」(법률 제13935호 공포일 2016. 2. 3. 시행일 2016. 8. 4. 타법개정)

「국가공무원법」(법률 제14183호 공포일 2016. 5. 29. 시행일 2016. 11. 30. 타법개정)

「어린이 놀이시설 안전관리법」(법률 제14839호 공포일 2017. 7. 26. 시행일 2017. 7. 26. 타법개정)

「영유아보육법 시행규칙」(보건복지부령 제487호 공포일 2017. 3. 17. 시행일 2017. 3. 17. 타법개정)

「영유아보육법 시행령」(대통령령 제28132호 공포일 2017. 6. 20. 시행일 2017. 6. 20. 일부개정)

「영유아보육법」(법률 제14597호 공포일 2017. 3. 14. 시행일 2017. 3. 14. 일부)

「유아교육법 시행규칙」(교육부령 제88호 공포일 2015. 12. 31. 시행일 2015. 12. 31. 타법개정)

「유아교육법 시행령」(대통령령 제28111호 공포일 2017. 6. 20. 시행일 2017. 6. 22. 일부개정)

「유아교육법」(법률 제 14602호 공포일 2017. 3. 21. 시행일 2017. 6. 22. 일부개정)
「환경보건법」(법률 제13893호 공포일 2016. 1. 27. 시행일 2016. 7. 28. 일부개정)

CHAPTER 06

유아교육 평가

제6장 유아교육 평가에서는 유아교육 평가의 개념과 목적을 설명하며, NAEYC에서 제시한 유아를 위한 발달적으로 적합한 평가에 대해 소개한다. 또한, 유아를 위한 평가를 크게 표준화 검사와 참평가/비형식적 평가로 나누어 설명하고, 참평가를 위한 지침과 방법을 구체적으로 제시한다. 장애 유아를 위한 평가방법과 교사 및 유아교육기관의 평가에 대해서도 살펴본다.

1. 유아교육 평가의 이해

1) 유아교육 평가의 개념

유아의 발달과 학습에 대한 평가(assessment)는 유아교사와 유아교육 프로그램이 제공하는 교실의 경험을 효과적으로 계획하고 수행하며, 평가하는 데 있어서 필수적이다. 또한, 평가는 유아교육 프로그램이 추구하는 목표를 향한 유아들의 발달과 학습과정을 모니터링하는 도구이기도 하다(Copple & Bredekamp, 2009: 21-22). 유아교육에서 평가의 개념을 구체적으로 살펴보면 다음과 같다.

- 유아의 발달, 학습, 건강, 행동, 학업과정, 특수서비스의 필요성 그리고 성취에 대한 정보를 수집하고 기록하는 지속적으로 진행되는 과정이다(Morrison, 2015).
- 여러 유형의 증거로부터 유아에 대한 정보를 수집한 다음 그 정보를 조직화하고 해석하는 과정이다(McAfee, Leong, & Bodrova, 2004; Wortham, 2015).
- 관찰, 검사, 포트폴리오 그리고 기타 평가(evaluation)를 포함한 다양한 방법을 통해 유아의 학습과 발달에 대한 정보를 수집하는 체계적인 방법이다(Essa, 2014).
- 관찰이나 검사를 통해 개인의 특성이나 행동, 프로그램의 특징 또는 다른 실체(entity)의 특성을 결정하고 그 결정에 수·등급·점수를 부여하는 과정이다(Goodwin & Goodwin, 1982; Wortham, 2005에서 재인용).

• 교육하는 과정의 일부로서 연속적인 과정, 포괄적인 과정 그리고 통합적인 과정의 특성을 가진다(Gullo, 1994).

2) 유아교육 평가의 목적

유아를 교육하는 과정의 한 부분인 평가는 유아교육현장에서 여러 가지 목적으로 사용된다. 유아교육 평가의 목적은 학자들에 따라 다음과 같이 정리할 수 있다.

Morrison(2015: 66)은 평가의 목적을 5가지 측면에서 언급한다.

① 유아를 위한 평가

- 유아가 알고 있는 것을 알아내기
- 특별한 요구를 알아내기
- 적절한 배치를 결정하기
- 유아와 가족이 추가 서비스를 받을 수 있도록 관련 프로그램이나 단체에 의뢰하기

② 가족을 위한 평가

- 자녀의 발달과정과 학습에 대한 정보 제공하기
- 가정학습을 돕기 위해 유치원 활동과 가정활동 및 경험을 연계하기
- 유아와 가족구성원을 돕기 위해 교사와 가족이 협력하기

③ 교사를 위한 평가

- 수업과 활동 계획하기와 목표 세우기
- 새로운 교실 배치하기
- 자료 선택하기
- 교수-학습과정을 관찰하고 개선하기
- 수업을 위한 그룹으로 나누기

④ 유아교육 프로그램을 위한 평가

- 유아에게 적절한 방침 결정하기
- 유아들이 받는 프로그램과 서비스가 얼마나 유익하고 적절한지, 어느 정도까지 유익하고 적절한지 결정하기
- 유아의 요구에 맞게 교육과정과 교수법 조정하기

⑤ 공공(public)을 위한 평가

- 유아의 성취 알리기
- 유아의 전반적 성취에 대한 정보 제공하기
- 공공정책(예 법률, 권고, 성명서)을 위한 근거 제공하기

Wortham와 Hardin(2015)이 제시한 유아교육에서 평가의 목적을 요약하면 다음과 같다.

- 유아의 전반적인 발달이나 언어 · 수학과 같은 특정 발달영역을 평가한다.
- 발달지연이나 낮은 학습수행의 원인을 진단하고 유아의 강점을 찾기 위해 평가한다.
- 영유아들을 영유아 프로그램에 배치하거나 특별한 서비스를 제공하기 위해 평가한다.
- 개별화 프로그램의 계획 및 효과를 평가하기(evaluate) 위해 평가한다.
- 영유아의 행동을 더 잘 이해하고 영유아에게 주어진 경험의 적절성을 측정하는 연구의 목적을 위해 평가한다.

Essa(2014)는 다음을 평가의 목적으로 포함한다.

- 유아의 학습과 발달을 증진시키기
- 건강과 특별한 서비스가 필요한 유아 찾기
- 동향 관찰하기
- 프로그램과 서비스 평가하기
- 개별 유아, 교사, 학교 책임지기

Shepard와 그녀의 동료들(1998)이 제시한 평가의 목적은 다음과 같다.

- 유아의 학습과 발달을 촉진하기 위해서 평가한다.
- 의료나 특별한 서비스를 필요로 하는 유아를 찾아내기 위해서 평가한다.
- 유아의 학습 동향을 모니터링하고 프로그램과 관련된 서비스를 평가(evaluating)하기 위해서 평가(assessing)한다.

평가를 통해 발달의 결정적 시기인 유아기에 유아가 언어, 인지, 사회성 또는 신체발달 등에서 지연을 가진 것으로 밝혀질 경우 학령기에 접어 들기 전, 발달의 위험성을 수정하거나 최소화하거나 치료할 수 있도록 조치를 취할 수 있다. 유아가 가진 발달적 결함 또는 차이를 이른 시기에 발견하고 조기 중재를 계획할수록 더 많은 유아가 자신이 가진 발달적 어려움을 극복하거나 보완할 수 있을 것이다(Wortham & Hardin, 2015).

3) 유아를 위한 발달적으로 적합한 평가

유아교육 전문가들은 유아들을 가르치고 유아들의 학습에 대한 중요한 결정을 하기 위해서 발달적으로 적합한 방법으로 평가해야 한다. 발달적으로 적합한 평가는 지속적이고 의도적이며 유아의 발달수준에 적합한 교수법을 결정하기 위해 사용된다(Morrison, 2015). NAEYC(2009: 22)에 의하면 발달적으로 적합한 유아평가는 다음과 같다.

- 유아의 발달과 학습의 향상 및 성취에 대한 평가는 지속적이고, 전략적이며 목적을 가진다. 평가의 결과는 경험의 계획 및 수행에 대한 정보를 제공하고, 유아의 가족과 의사소통하고, 교사와 프로그램의 효과를 평가하고 향상시키기 위해 사용된다.
- 평가는 발달적 · 교육적으로 중요한 목표를 이루기 위해 유아의 향상에 초점을 둔다.
- 교실에서 일어나는 것에 대한 정보를 수집하고, 이해하고, 평가 정보로 활용하

는 시스템(형성평가)이 있다. 교사는 교육과정 및 학습경험을 계획하고 유아와 매 순간 상호작용할 때 이러한 정보를 사용한다. 즉, 교사는 교수 및 학습을 향상시키기 위한 목적을 위해 지속적으로 평가한다.

- 평가방법은 유아의 발달 상태와 경험에 적합하고, 학습자의 개인차를 인정하고, 유아 자신의 능력을 다양한 방법으로 발휘할 수 있도록 한다. 교실에서 유아를 평가하기 위한 적합한 방법에는 교사의 유아관찰 결과, 임상면담, 유아 작품 샘플 수집, 그리고 참(authentic)활동수행 등이 있다.
- 평가는 유아가 독립적으로 할 수 있는 것뿐만 아니라 다른 유아나 성인의 도움을 받아 할 수 있는 것도 평가한다. 따라서 교사는 유아가 비계설정을 제공하는 집단과 여러 가지 상황에 참여할 때 평가한다.
- 교사에 의한 평가 외에도 유아 자신의 작업에 대한 평가뿐만 아니라 가족의 의견도 전반적인 평가전략의 일부이다.
- 평가는 특정한 목적에 맞춰져 있고, 신뢰할 수 있고 타당한 정보를 제공하는 것이 입증된 것이어야 한다.
- 등록 또는 배치와 같이 유아에게 주요한 영향을 미치는 결정은 단일 발달평가 또는 선별검사도구의 결과를 근거로 해서는 안 되고, 교사와 부모(필요하다면 전문가)의 관찰과 유아들과의 상호작용으로부터 얻어진 정보를 포함시킨 여러 가지 관련 정보자료에 기초해야 한다.
- 선별검사나 평가에서 유아가 특별한 학습 또는 발달적 요구가 있는 것으로 나타난 경우 적절한 후속조치와 평가가 이루어지고, 장애가 있는 것으로 확인되면 전문가에게 의뢰한다. 간단한 선별검사 또는 일회성 평가로 진단 또는 라벨링(labeling) 해서는 안 된다. 가족은 중요한 정보원으로서 참여해야 한다.

앞에서 언급한 발달적으로 적합한 유아평가와 더불어 Wortham과 Hardin(2015)에 따르면 유아교육현장에서 평가를 실시하기 위해 적용할 수 있는 일반적인 원칙은 다음과 같다.

첫째, 여러 가지 정보자료를 사용하는 것이다. 각각의 평가전략은 장점과 단점이 있고 단일 평가방법은 유아에 대한 부분 정보만 제공하기 때문이다.

둘째, 평가는 유아에게 유익(benefit)하고 학습을 향상시켜야 한다. 평가를 통해 유아가 발달지연을 보일 경우 유아는 필요한 도움을 받거나 조기 중재를 받을 수 있어야 한다.

셋째, 평가는 유아와 가족을 포함해야 한다. 연령이 낮을수록 부모와 주 양육자는 주요한 정보원이 될 수 있다. 검사를 통해 유아의 발달을 측정하기도 하지만, 유아에 대한 부모의 지식은 유아의 발달적 특성을 진정으로 이해하는 데 있어서 필수적이다(Darragh, 2009; Popper, 1996; Rocco, 1996).

넷째, 평가는 모든 유아에게 공정해야 한다. 장애를 가진 유아와 문화적 · 언어적으로 다양한 배경을 가진 유아는 이러한 다양성이 고려된 좀 더 효과적인 방법으로 평가받아야 한다.

2. 유아교육 평가유형 및 방법

1) 유아를 위한 평가

유아에 대한 평가는 궁극적으로 개별 유아에 대한 이해를 높이고 유아의 전인발달에 도움을 주기 위해 실시하는 것이다(교육과학기술부, 보건복지부, 2012: 35). 유아의 평가는 성취한 결과보다는 유아의 특성과 변화 정도를 평가하는 것이 바람직하므로 평가내용은 태도 · 기능 · 지식 등이 종합적으로 포함되도록 한다. 평가 시기와 장소는 제한하기보다는 생활과 교육활동 속에서 자연스럽게 이루어지도록 한다(교육과학기술부, 2007: 88).

구체적으로 만 3–5세 연령별 누리과정에서는 유아를 평가하기 위해 다음과 같은 내용을 제시한다(교육과학기술부, 보건복지부, 2013).

- 누리과정의 목표와 내용에 근거하여 유아의 특성과 변화 정도를 평가한다.

- 유아의 지식 · 기능 · 태도를 포함하여 평가한다.
- 유아의 일상생활과 누리과정 활동 전반에 걸쳐 평가한다.
- 관찰, 활동 결과물 분석, 부모면담 등 다양한 방법을 사용하여 종합적으로 평가하고, 그 결과를 기록한다.
- 유아평가 결과는 유아에 대한 이해와 누리과정 운영 개선 및 부모면담자료로 활용할 수 있다.

평가는 유아의 능력과 역량을 반영하는 다양한 정보 출처에 근거해야 하고, 어떤 학습환경이 유아의 최적의 발달을 위해서 가장 적합한 중재서비스를 제공하는지에 대해 알려 주어야 한다(Wortham, 2004). 유아를 평가하는 방법은 크게 표준화 검사와 비형식적 평가로 나눌 수 있다.

(1) 표준화 검사

형식적 평가(formal assessments)인 표준화 검사(standardized test)는 검사도구를 전문가가 개발하고 상업적으로 유통되는데 타당도와 신뢰도를 확보하는 것이 중요하다. 타당도는 측정하고자 하는 것을 측정하는 것이고, 신뢰도는 측정의 일관성과 관련된다. 표준화 검사는 동일한 검사조건에서 검사를 실시하기 위한 특정기준을 제공한다(Essa, 2014). 표준화 검사는 개인의 특성을 측정하는 것으로 개별 또는 그룹으로 검사할 수 있다. 표준화 검사를 실시하는 목적은 능력, 성취, 적성, 흥미, 태도, 가치 그리고 성격 특성을 측정하는 것이다. 검사결과는 수업을 계획하고 개인과 그룹의 차이를 연구하고 상담 및 지도를 위해 활용할 수 있다(Wortham & Hardin, 2015).

표준화 검사에는 선별검사(screening test), 발달검사(developmental test), 지능검사(intelligence test) 그리고 준비도 검사(readiness test)가 있다. Essa(2014)는 이 검사들을 다음과 같이 요약하였다.

① 선별검사

선별검사는 발달지연과 같은 발달상 위험에 처한 유아를 신속하게 찾아내는 방법이다. 선별검사에서 문제가 나타나면 진단검사(diagnostic testing)을 후속으로 실시한다. 선별검사에 소요되는 시간은 15~30분 정도이다. 선별검사의 종류에는 Denver Developmental Screening Test Ⅱ(DDST Ⅱ), Developmental Indicators for the Assessment of Learning(DIAL Ⅲ), 그리고 Ages and Stages Questionnaires(ASQ)가 있다.

가. DDST Ⅱ(Frankenburg & Dodd, 1990)

DDST Ⅱ는 보편적으로 사용되는 선별검사도구 중 하나로 영아부터 만 6세 유아를 대상으로 평가한다. 검사도구 사용법을 비교적 쉽게 배울 수 있고 검사시간이 짧다. 유아교육 전문가뿐만 아니라 의료전문가가 자주 사용하는 도구로 자조(self-help), 사회성, 언어, 소근육 및 대근육 운동영역에서 발달지연 가능성을 알아내기 위해 각 영역에서 영유아의 기능을 평가한다. DDST Ⅱ는 규준참조검사(norm-referenced test)이다. 규준참조검사에서는 미리 결정된 기준 또는 수행 표준을 사용하여 유아의 점수를 결정하는 대신 동일 연령 유아집단의 점수와 비교하여 평가한다.

나. DIAL Ⅲ

Mardell-Czudnowski와 Goldenberg(1998)가 개발한 DIAL Ⅲ는 만 2~6세 유아를 대상으로 운동(motor), 개념(concept) 그리고 언어영역에서 선별검사를 실시한다. DDST Ⅱ 선별검사처럼 사용하기 쉽고 검사를 실시하는 데 시간이 오래 걸리지 않는다.

다. ASQ

Squires와 Bricker(2009)가 개발한 ASQ는 4~60개월 영유아를 대상으로 의사소통, 대·소근육운동, 개인-사회적 발달영역에서 발달지연을 검사한다. 가족구성원이나 양육자가 10~15분 동안 평가한다.

② 발달검사

발달검사는 전반적, 대부분 또는 일부 발달영역에서 유아의 기능을 평가한다. 발달평가는 일반적으로 규준참조검사보다 준거참조검사(criterion-referenced test)를 사용한다. 준거참조검사에서는 동일 연령 유아집단의 평균 점수 대신 미리 정해진 성취 수준을 기준으로 평가한다. 발달검사의 종류에는 Brigance Diagnostic Inventory of Early Development-Revised와 Assessment, Evaluation, and Programing System(AEPS)이 있다.

가. Brigance Diagnostic Inventory of Early Development-Revised

Brigance(2004)가 개발한 Brigance Diagnostic Inventory of Early Development-Revised는 만 0~7세 유아를 대상으로 대·소근육, 언어, 인지 그리고 자조영역에서 발달을 평가한다. 유아의 발달과정을 검사기간 동안 모니터링하고 웹기반 형식으로 기록할 수 있다. 검사의 많은 항목이 교육과정에 포함되어 있기 때문에 검사를 실시하기 위해 유아를 교실에서 데리고 나올 필요가 없다.

나. AEPS

Bricker(2003)가 개발한 AEPS는 만 0~6세 유아를 대상으로 소근육운동, 대근육운동, 인지, 적응, 사회적 의사소통, 사회성 발달을 평가하고 모니터링 한다. AEPS는 발달적으로 적합한 목표를 세우고, 중재가 효과적인지 확인하기 위해 사전·사후 평가를 실시하고, 가족이 전 과정에 참여하도록 돕는다.

③ 지능검사

가장 오래된 표준화 검사 중의 하나가 지능검사이다. 유아를 대상으로 한 지능검사의 주요 활용 부분 중의 하나는 지능의 정상범위 이하 또는 이상인 유아를 알아내는 것이다. 예를 들어, 지적장애(intellectual disability) 또는 영재를 분류할 때 일반적으로 지능검사 점수를 사용한다. 하지만 유아의 지능 점수를 사용하는 것에 대한 우려 중 하나는 이 점수가 유아기 이후의 지능 점수를 예측하지는 않는다는 것이다. 지능 검사의 예로는 Stanford-Binet 지능검사가 있다. 이 검사도구는 만 2세부터 성인을 대상으로 검사도구 사용훈련을 받은 심리학자가 평가를 실시해야 한다.

④ 준비도 검사

유아가 초등학교에 입학할 준비가 되었는지의 여부를 결정하기 위해 준비도 검사를 실시할 수 있는데 이 검사는 다른 유형의 평가와는 구별된다. 준비도(readiness)는 유아의 본질적인 부분이 아니라 가족, 학교, 지역사회의 가치와 기대를 반영하기 때문에 정의하기 어려운 개념이다(Maxwell & Clifford, 2004).

(2) 참평가(authentic assessment)/비형식적 평가(informal assessment)

유아의 발달과 학습을 측정하기 위해 표준화 검사뿐만 아니라 다양한 유형의 비형식적 평가방법과 전략이 사용된다(Wortham, 2005). 유아를 평가할 때에는 성취중심의 결과평가보다는 변화과정을 진술하는 평가로 이루어져야 한다. 이는 유아의 미습득 능력이 어느 순간 갑자기 발달하는 것이 아니라, 여러 단계의 과정을 거쳐 천천히 발달하기 때문이다(교육과학기술부, 2007: 89). 이러한 점에서 비형식적 평가방법은 유아교육기관에서 유아를 대상으로 평가할 때 유용하다. 비형식적 평가, 형성평가 그리고 참평가의 용어는 서로 교환하여 자주 사용된다(Morrison, 2015).

① 참평가를 위한 지침

참평가는 전통적인 검사(conventional testing)의 대안적이고, 발달적으로 적합한 평가방법이다(Bagnato, Neisworth, & Pretti-Frontczak, 2010). 유아를 대상으로 참평가를 실시하기 위한 지침은 다음과 같다(Morrison, 2015).

- 유아의 실제 활동을 기초로 평가한다.
  - 작업 샘플, 공연, 수행, 학습일지, 저널, 프로젝트, 발표, 실험 그리고 교사의 관찰을 이용한다.
- 유아가 실제로 무엇을 하는지와 교육과정을 통해 무엇을 하는지에 기초하여 평가한다.
  - 유아는 자신의 학습의 증거로 기술, 행동 그리고 생각을 보여 준다.
- 개별 유아가 할 수 있는 것을 평가한다.
  - 한 유아와 다른 유아를 비교하거나 한 그룹의 유아들과 다른 그룹의 유아들

을 비교하기보다 개별 유아가 배우는 것을 평가한다.

- 학습과정의 일부로 평가한다.
  - 유아가 발표와 참여를 통해서 알고 있는 것을 보여 주도록 격려한다.
- 유아의 전부에 대해 배운다.
  - 평가과정을 단지 유아가 습득한 한정된 기술보다 더 많이 배우기 위한 기회로 삼는다. 수학 문제를 풀기 위해 다른 유아들과 협력할 때 사회성이 발달하고, 이야기를 분석할 때 정서가 발달하는 것과 같이 유아의 다양한 발달영역에 대해 배운다.
- 매일의 학습활동과 수업과정의 일부분이다.
- 유아와 부모를 협력적 평가과정에 포함시킨다.
  - 참평가는 유아중심으로 이루어진다.
- 한 해 동안 내내 지속적인 평가를 실시한다.
  - 유아를 학기 말 또는 연말이 아니라 일년 내내 지속적으로 평가한다.
- 발달적으로 적합한 평가와 방법을 사용한다.
  - 평가와 방법이 발달적으로 적합할 때 평가절차를 가장 신뢰할 수 있고 평가결과가 가장 정확하다.

② 참평가방법

참평가를 위한 정보 수집은 직접 관찰 및 녹음 · 녹화, 인터뷰, 평정척도 그리고 유아의 자연스러운 놀이 또는 조성된 놀이 및 일상생활 기술에서 관찰된 표본을 통해 이루어진다(Bagnato, 2007). 참평가는 비형식인 절차를 중심으로 평가가 이루어지는데 구체적인 평가방법을 살펴보면 다음과 같다.

가. 관찰

가장 효과적인 평가방법 중의 하나는 집중적인 관찰이다. 유아기 발달의 여러 측면은 형식적 평가보다는 자연스러운 환경에서 유아의 행동으로 나타난다(Wortham & Hardin, 2015). 관찰은 유아의 행동에 대한 자세한 정보를 제공하고, 유아의 행동을 이해하고 예측할 수 있도록 돕는다. 또한, 관찰은 유아가 고립된 환경에서 특정과제를 수행하도록 요구하는 형식적 평가와는 달리 유아가 참여하는 활동을 방해하지 않고 자연스럽게 이루어진다(Essa, 2014). 관찰은 다양한 목적을 가지고 유아의 발달을 관찰하고 기록하는데 이러한 실제는 유아교사가 유아교육현장에서 주로 유아의 직접적인 기술 습득을 보고하거나, 학습의 향상을 평가하거나, 특정한 시간에 유아가 나타내는 행동의 빈도, 지속시간 그리고 특성을 파악하기 위해 활용하는 친숙한 실제이다(Helm,Beneke, & Steinheimer, 1998).

가) 관찰의 목적

관찰의 구체적인 목적은 다음과 같다(Morrison, 2015).

- 유아의 인지, 언어, 사회, 정서 그리고 신체발달 알기
- 유아의 흥미와 학습방식 알기
- 교실의 활동 계획하기
- 개별 유아의 요구 충족시키기
- 개별 및 그룹에서 유아의 학습 및 행동 발달과정 알기
- 유아에 대한 정보를 부모에게 제공하기
- 유아교사 자신에 대해 더 많이 배우고 유아들을 돕기 위해 무엇을 해야 할지에 대한 통찰력 가지기

나) 유아교육기관 방문 관찰을 위한 지침

유아를 관찰하기 위해 유아교육기관을 방문하는 경우 관찰자로서 다음과 같은 지침을 따른다(Wortham & Hardin, 2015).

- **관찰 장소 결정**

관찰의 목적을 결정하고 그 목적에 적합한 관찰 장소를 선택한다. 어떤 유아교육기관은 관찰로 인한 방해로부터 유아들을 보호하고자 관찰을 허락하지 않을 수 있고 야외학습 등으로 관찰이 어려운 날도 있으므로 관찰 일정을 정하기 전 관찰할 기관에 미리 연락을 취하는 것이 좋다.

• **관찰 방문 동안 관찰자의 행동**

관찰자는 해당 교실의 담임교사의 지도 스타일과 양립하는 방식으로 관찰해야 한다. 예를 들어, 어떤 교사는 관찰자가 특정영역을 관찰하도록 하지만 유아들과의 상호작용은 제한할 수 있다. 반면, 어떤 교사는 관찰자가 유아들과 언어적 상호작용을 하거나 유아들의 활동에 참여하도록 제안할 수 있다. 관찰자는 관찰할 장소에 도착하면 자신의 도착 여부를 교무실 등에 알리고 이름표 등을 부착한다. 유아들은 교실에 방문자가 있을 경우 민감하여 자신들의 행동을 바꿀 수 있기 때문에 관찰자는 가능한 한 유아들의 관심을 끌 수 있는 어떠한 변화라도 최소화해야 한다. 유아들의 관심을 끌지 않을 곳에 앉기, 몇 분 동안 유아들을 쳐다보지 않기, 관찰 · 기록하는 것을 몇 분 동안 연기하기, 단색의 단순한 옷 입기 등을 고려할 수 있다. 관찰자의 옷차림은 너무 캐주얼하기보다는 격식을 갖추어 입어야 한다.

• **관찰 방문의 윤리**

관찰자는 관찰하는 동안 수집한 정보를 사용하는 데 있어서 적합한 방법을 알고 있어야 한다. 유아, 유아의 가족 그리고 교직원의 사생활이 고려되어야 하고 관찰로부터 얻어진 정보는 비밀이 보장되어야 하며, 다른 사람들이 우연히라도 정보를 읽지 않도록 해야 한다. 관찰 대상의 유아에 대해서 다른 관찰자들, 교직원 또는 외부인과 비전문적인 태도로 말을 나누거나 유아가 있을 경우 유아에 대해 말해서는 안 된다. 유아를 관찰하기 전 해당 유아의 가족으로부터 동의를 구해야 하는 경우 관찰에 대한 허락을 구하는 동의서를 먼저 받아야 한다.

• **개인적 편견 피하기**

개인적 편견은 관찰자의 반응과 보고에 영향을 미칠 수 있다. 만약 관찰자의 개인적 배경과 이전 경험이 관찰한 결과를 보고하는 데 어떤 영향을 미칠 수 있을지 안다면, 관찰자는 관찰하는 동안 수집한 내용을 해석할 때 개인적인 생각을 사용하는 것을 피할 수 있다. 관찰자는 유아의 가정환경이나 가족문제에 대해서 편견을 가질 수 있다. 좋은 유치원이나 어린이집이 가지는 특징에 대한 관찰자의 인식과 부합하지 않은 기관에 대해서는 관찰결과를 부정적으로 해석할 수도 있다. 또한, 관찰자가 관찰하기 위해 방문한 시간 또는 짧은 방문시간도 관찰한 내용 해석에 편견을 가지고 올 수 있다. 관찰자는 이러한 편견을 가질 수 있음을 알고 관찰할 때 편견을 피하도록 노력해야 한다.

다) 관찰방법

체계적이고 목적을 가진 관찰을 수행하기 위해 관찰계획하기, 관찰하기, 수집한 정보 해석하기, 해석한 자료를 근거로 교육활동 및 물리적 교실환경 등과 관련된 계획 수행하기와 같이 4가지 단계를 거친다(Morrison, 2015). 첫 단계인 관찰계획하기에서 어떤 관찰방법을 사용할 것인지 선택한다. 관찰방법에는 일화기록, 연속기록, 시간표집, 사건표집, 체크리스트, 평정척도, 전자기기, 작품 표본, 포트폴리오, 루브릭 등이 있다.

- **일화기록**

일화기록(anecdotal record)은 유아교사들이 사용할 수 있는 가장 효율적인 관찰방법 중의 하나이다. 일화기록은 교실에서 유아의 다양한 행동이나 또래, 교사와의 상호작용 또는 유아의 사회, 정서, 언어, 인지 등 여러 가지 발달적인 면과 관련된 흥미로운 사건(incident)을 교사가 직접 관찰하여 간략하게 이야기(narrative) 식으로 묘사하여 기록하는 것이다(Marion, 2004). 사건의 내용은 어떤 일이 언제, 어디에서 일어났는지를 포함하여 객관적으로 설명한다(Wortham & Hardin, 2015).

- **연속기록**

연속기록(running record)은 일화기록과 비슷하지만 사건에 관한 더 많은 정보를 얻기 위해 좀 더 시간을 들여 관찰하는 방법이다. 교사는 연속기록을 하는 동안 유아와 상호작용하지 않고, 유아의 눈에 띄지 않은 장소에서 관찰해야 한다는 점이 일화기록과 다르다. 시간을 많이 할애해야 하는 점에서 유아교사들이 꺼리는 경우도 있으나 전통적인 연속기록 방법을 수정하면 하루일과로 바쁜 교사들이 쉽게 활용할 수 있다. 연속기록은 의사결정을 위해 양질의 정보가 필요하고 일화기록이 적합하지 않을 때 20~30분의 짧은 시간 동안 관찰할 수 있다. 또한, 일화기록이나 다른 관찰방법들을 보완할 수 있는 방법으로 연속기록을 사용하는 것도 고려할 수 있다(Marion, 2004).

- **시간표집**

시간표집(time sampling)은 정해진 시간 동안 행동의 빈도를 기록하는 방법으로, 관찰자는 관찰하기 전 관찰할 행동, 시간 간격, 행동을 기록하는 방법을 미리 결정한다. 유아들의 행동 지속시간은 짧기 때문에 시간표집으로 관찰할 수 있다. 관찰시간은 관찰할 행동, 관찰자와 유아의 친숙함, 관찰상황, 관찰 대상 유아의 수에 따라 달라질 수 있다(Morrison, 2013; Beaty, 2014; Wortham & Hardin, 2015에서 재인용). 시간표집은 교사나 다른 교직원이 유아의 공격적인 행동과 특정시간에 교실에서 일과활동에 참여하지 않는 등의 부적절한 행동을 관찰하기 위해 자주 사용하는 관찰방법 중의 하나로, 하루 일과 중 부적절한 행동이 일어나는 일정시간에 시간표집을 할 수 있다. 이렇게 얻어진 정보는 유아의 부적절한 행동을 수정하기 위해 교사가 무엇을 해야 할지 결정하는 데 도움을 준다(Wortham & Hardin, 2015).

- **사건표집**

사건표집(event sampling)은 행동이 일어날 수 있는 예측 가능한 시간 동안 유아의 행동을 관찰하는 시간표집과 달리 특정한 상황에서 발생하는 유아의 행동에 초점을 맞추어 관찰하는 방법이다. 유아의 행동이 특이하거나 드물게 나타날 경우 그 원인 또는 결과를 알아보기 위해 일반적으로 사용되는데(Beaty, 2014), 관찰자는 유아의 행동이 일어날 가능성이 언제인지를 결정하고 그 행동이 일어날 때까지 기다린다. 관찰한 행동의 원인을 파악하기 위해 관찰한 사건을 ABC 분석(ABC analysis)으로 분석할 수 있다(Bell & Low, 1997). A는 선행사건(antecedent event), B는 목표행동(target behavior), C는 결과사건(consequent event)를 의미한다. 사건표집은 부적절한 행동을 관찰하기 위한 대표적인 방법으로 행동의 원인을 밝히고 문제를 설명하는 데 유용하다(Worthan & Hardin, 2015).

- **체크리스트**

체크리스트(checklist)는 범주체계로 정리된 일련의 행동목록이다(Wortham & Hardin, 2015). 특정한 연령에서 도달해야 하는 발달목록과 특정한 학년이나 학습내용에서 성취해야 하는 학습목표 목록이 체크리스트에 해당한다(Wortham, 2004). 관찰자는 유아가 목록에 제시된 행동들이나 기술들을 보이는지 알아내기 위해 체크리스트를 사용하는데, 많은 행동을 관찰할 때 매우 빠르고 쉽게 사용할 수 있다(Wortham & Hardin, 2016). 관찰자는 유아가 해당 특징이나 행동을 보이는 경우 체크를 표시하고, 보이지 않는 경우 빈칸으로 남겨 둔다. 체크리스트는 유아가 행동을 나타내는지, 아닌지를 알아보는 효율적 방법이지만 일화기록이나 연속기록보다 얻을 수 있는 정보는 적다(Marion, 2004).

• **평정척도**

평정척도(rating scale)는 체크리스트와 유사하지만 체크리스트가 행동의 출현 여부를 측정하는 반면, 평정척도는 평가자가 출현행동의 정도에 대한 질적 판단을 통해 측정한다는 점이 다르다. 평정척도는 체계적인 절차를 사용해서 판단하는 일련의 특성으로 구성되며 (Wortham & Hardin, 2015), 과제 수행과정을 평가하기 위해 사용된다(예 항상 , 자주, 때때로, 거의 하지 않음, 전혀 하지 않음)(Eass, 2014).

• **전자기기**

새로운 기술의 지속적인 발전으로 인해 많은 관찰결과를 전자형식으로 저장할 수 있다. 노트북, 전자 태블릿 그리고 스마트폰을 활용할 수 있다. 또한, 관찰을 녹음 · 녹화하는 것은 관찰한 활동을 기록하기 위한 유용한 도구가 될 수 있다. 관찰을 녹음 · 녹화하기 전에 반드시 부모의 동의를 받아야 한다. 예를 들어, 관찰자는 활동에 참여하는 동안 유아들이 말하는 것을 적는 대신 녹음기를 사용해서 기록하고, 이후 유아들의 대화를 분석하기 위해 검토할 수 있다. 또한, 관찰자는 관찰 중에 중요한 사건을 기록할 수 있지만 비디오 녹화를 통해서 관찰이 완료된 후에 추후 연구하거나 분석하고 여러 관찰자와 함께 작업할 경우 관찰한 내용을 해석 및 분석하는 데에도 도움을 준다. 스마트폰과 디지털카메라는 관찰결과를 교사와 유아가 함께 나눌 수 있도록 보여 주는 데 유용하고, 이후에 사용할 수 있도록 좀 더 영구적인 형태로 인쇄할 수 있다(Wortham & Hardin, 2015).

• **작품 표본**

작품 표본(work sample)은 유아의 발달과정 또는 성취를 보여 주는 모든 유형의 유아 작품의 표본이다. 예를 들어, 동물을 주제로 수업할 때 동물의 개념에 대한 이해를 나타낸 찰흙으로 만든 동물모형이 작품 표본이 될 수 있다(Wortham, 2004). 유아의 결과물과 작품 표본을 활용하여 유아의 발달과 진전(progress)을 기록하는 것은 좋은 아이디어이다(Almy & Genishi, 1979; Helm, Beneke, & Steinheimer, 1998; Katz & Chard, 1996; Marion, 2004에서 재인용). 예를 들어 유아의 완성단계가 다른 작품, 작품과정을 보여 주는 사진, 작업하는 과정에서 유아와 교사의 코멘트 기록 등이 있다(Marion, 2004).

• **포트폴리오**

포트폴리오(portfolio)는 유아의 발달과 학습을 평가하기 위해 비형식평가와 수행평가를 통해 수집된 유아의 작업과 교사의 정보 모음이다. 유아는 일정 기간 동안 자신을 위한 작업 표본을 포트폴리오로 보관할 수 있다. 교사도 포트폴리오를 조직할 수 있는데 관찰보고서, 체크리스트, 작업 표본, 수행한 과제 기록, 인터뷰 또는 다른 수행자료가 포트폴리오에 포함된다. 유아 포트폴리오, 교사 포트폴리오 그리고 유아와 교사가 함께 만드는 포트폴리오가 있다(Wortham & Hardin, 2015). 구체적으로 쓰기, 수학 문제해결하기, 과학 저널 쓰기 및 과학 실험 도면 그리기, 미술/그리기 활동과 관련된 표본 또는 결과물이 포트폴리오에 포함된다(Morrison, 2015).

• **루브릭**

루브릭(Rubrics)은 수행을 평가하는 일련의 지침으로(Beaty, 2014), 평가척도와 같이 기준의 범위를 포함하지만 수행의 질을 결정하거나 점수(grade)를 부여하기 위해 사용하는 지표가 있다. 루브릭은 포트폴리오 평가에서 많이 사용되지만 포트폴리오의 부분이 아닌 수행평가에 적합하다(Wortham & Hardin, 2015). 루브릭을 효과적으로 사용하기 위해서는 유아에게 각 작업 수준의 모델이나 예시를 제공하고 루브릭 평가에 따라 자신의 작업을 수정하도록 격려한다(Morrison, 2015).

(3) 장애유아를 위한 평가방법

장애 통합교육의 중요성이 강조되고, 만 3~5세 장애유아의 교육이 의무화되어 더 많은 장애유아가 일반 교실에서 통합교육을 받는 추세를 고려하면, 교사는 평가자로서 비장애유아뿐만 아니라 장애유아의 발달 및 학습의 과정과 성취를 효과적으로 평가할 수 있도록 다양한 평가전략을 사용할 필요가 있다. 대표적인 전략으로 조절이 있는데 조절은 검사의 내용을 변경하지 않는다. 교실의 모든 유아를 평가하기 위해 적용할 수 있는 조절은 5가지로 나눌 수 있다(Morrison, 2015).

- 평가 형식 조절(format accommodations)
  평가를 실시할 때 지시 또는 내용을 유아의 요구에 따라 시각적(예 큰 글자), 촉각적(예 점 자 또는 양각 글자), 청각적(예 음성 녹음)으로 조절한다.
- 반응 조절(response accommodations)
  유아는 보조 의사소통 수단, 타이핑, 수화 또는 가리키기와 같은 다양한 방법을 사용해서 응답할 수 있다.
- 평가 장소 조절(setting accommodations)
  유아의 주의를 산만하게 하거나 방해받지 않는 곳으로 평가 장소를 바꾼다.
- 시간 조절(timing accommodations)
  검사에 소요되는 시간의 변경을 허용하고 유아에게 필요한 시간과 휴식을 제공한다.
- 일정 조절(scheduling accommodations)
  평가를 실시하는 일정, 즉 하루 중 특정시간, 주중의 하루 또는 평가 일수를 변경할 수 있다.

2) 교사평가

교사의 전문역량은 유아교육의 질적 수준을 결정하는 주요요인 중의 하나이다. 「유아교육법 시행령」 제28조 제1항에는 유아교사의 전문적 자질을 향상하기 위해서는 관련 교육이나 연수를 정기적으로 실시할 것을 명시하고 있다. 유치원 교사의 전문성 향상을 지원하기 위한 적합한 교육과 연수를 제공하기 위해서는 현재 교사의 역량을 평가하는 것이 우선되어야 한다. 2017년 유치원 교원능력개발평가 표준모형(안)에서 평가대상, 평가시기, 평가영역, 평가방법에 대한 구체적 정보를 제시하면 | 표 6-1 |과 같다(서울특별시 서부교육지원청, 2017).

| 표 6-1 | 2017년 유치원 교원능력개발평가 표준 모형(안)

<table>
<tr><th colspan="2">구분</th><th colspan="3">주요내용</th></tr>
<tr><td colspan="2">평가대상</td><td colspan="3">• 공 · 사립유치원 재직 교원(계약제 포함)
– 공립: 전체 유치원 교원
– 사립: 7학급 이상 유치원 교원
(※ 6학급 이하 희망하는 유치원 교원)
※ 2개월 미만 근무 교원과 전일제 근무 외 계약제 교원은 단위유치원 평가관리위원회의 심의를 거쳐 평가대상 및 평가결과 활용에서 제외될 수 있음
교육행정기관 또는 연수기관 파견 교사 평가대상에서 제외
〔유치원 자율〕 전일제 근무 외 계약제 교원의 평가대상 포함 여부</td></tr>
<tr><td colspan="2">평가시기</td><td colspan="3">• 매년 실시
• 평가실시 시작은 유치원별로 하되, 11월 30일까지 종료
〔유치원 자율〕 평가실시의 시기</td></tr>
<tr><td rowspan="5">평가
영역
·
요소
·
지표</td><td>개요</td><td colspan="3">• 교원의 교육활동 전반(학습지도, 생활지도, 교수 · 연구 활동 지원, 유치원 경영)
〔유치원 자율〕 평가지표 및 문항을 자체 평가계획으로 정할 수 있음</td></tr>
<tr><td>구분</td><td>영역</td><td>요소</td><td>지표</td></tr>
<tr><td rowspan="2">교사</td><td>학습지도</td><td>수업준비
수업실행
평가 및 활용</td><td>교수–학습전략 수립 등
8개 지표</td></tr>
<tr><td>생활지도</td><td>상담 및 정보 제공
문제행동 예방 및 지도
생활습관 및 인성지도</td><td>개별유아 특성 파악 등
5개 지표</td></tr>
<tr><td>원장
·
원감</td><td>유치원 경영</td><td>유치원 교육계획, 원내장학,
교원인사, 시설 및 예산
(원감 제외)</td><td>유치원 경영목표 관리 등
원장 8개,
원감 6개 지표</td></tr>
<tr><td colspan="2">평가방법</td><td colspan="3">• 5단척도 체크리스트 문항(척도와 평어 병기)과 자유서술식 응답 병행
※ 교원의 교육활동 소개자료는 동료 교원, 학부모에게 필수 제시
※ 공개수업 참관록과 교원평가 학습지도 영역의 문항을 일치하여 활용
※ 학부모 공개수업 및 상담활동 등을 통한 다양한 정보 제공
• 학부모 참여방식 선택권 보장(온라인시스템 및 종이 설문지) 및 참여절차, 방법 등에 대한 홍보 강화
〔유치원 자율〕 구체적인 학부모의 참여방식 및 연수 · 홍보방안, 교원의 교육활동 소개자료 제시방법, 학부모 대상 공개수업 및 상담활동, 수업 동영상 등 정보 제공방법, 종이 설문지 참여 학부모 익명성 보장 강화</td></tr>
</table>

출처: 서울특별시 서부교육지원청(2017). 유치원 교원 전문성 제고를 위한 2017 유치원교원능력개발평가 시행계획, p. 4–6에서 일부 발췌.

3) 유아교육기관 평가

(1) 유치원 평가

① 유치원 평가의 목적 및 중요성

유아교육의 질적 수준을 높이기 위한 일환으로 「유아교육법」 제19조(평가)와 「유아교육법 시행령」 제20조(평가의 대상), 제21조(평가의 기준), 제22조(평가의 절차 등)에 근거하여 2007년 유치원 시범평가를 시작으로 2008년부터 3년을 기준으로 유치원 평가를 실시하고 있다. 제4주기(2017~2019) 유치원 평가는 다음의 목적을 가지고 실시한다(서울특별시 교육연구정보원, 2017).

- 누리과정을 충실히 운영할 수 있는 유치원 운영체계 구축 및 유치원의 책무성 제고를 통한 유치원 교육서비스의 질적 수준 제고
- 유치원 운영 전반을 체계적 · 종합적으로 점검하고 평가결과 환류 및 맞춤형 지원을 통해 유치원 운영 개선
- 평가결과 공개를 통해 학부모의 알 권리 충족 및 유치원 선택권 보장으로 유치원 교육에 대한 만족도 제고

② 유치원 평가절차

제4주기인 2017학년도 유치원 평가는 | 그림 6-1 |과 같은 평가절차를 거친다.

※ 원칙은 3단계 평가절차이지만 '현장 · 종합평가'를 통합하여 추진

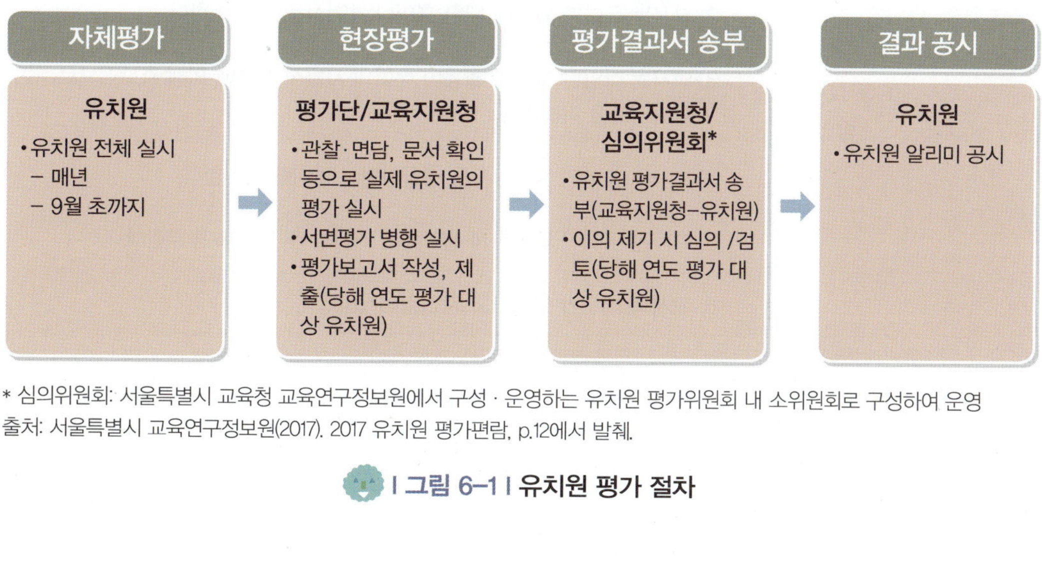

* 심의위원회: 서울특별시 교육청 교육연구정보원에서 구성 · 운영하는 유치원 평가위원회 내 소위원회로 구성하여 운영

출처: 서울특별시 교육연구정보원(2017). 2017 유치원 평가편람, p.12에서 발췌.

| 그림 6-1 | 유치원 평가 절차

③ 유치원 평가내용

유치원 평가를 위한 제4주기 유치원 통합 평가지표는 | 표 6-2 |와 같다.

| 표 6-2 | 제4주기 유치원 통합 평가지표[4개 영역, 20개 지표 77개 항목]

평가영역	평가지표	평가항목
Ⅰ. 교육과정 및 방과 후 과정(31)	1-1. 교육 계획 수립 및 실행(4)	1. 국가수준의 교육과정에 제시된 목표 및 내용을 반영한다.
		2. 유아의 발달수준 및 학급특성을 고려하여 연간, 월간, 주간, 일일계획안을 작성한다.
		3. 연간, 월간, 주간, 일일계획안의 목표 및 내용이 적절하며, 연계성이 있다.
		4. 누리과정의 영역을 반영하여 교육활동을 실시한다.
	1-2. 일과 운영(5)	1. 계획에 따라 유아의 연령에 적합한 놀이, 활동, 일상생활 경험을 균형 있게 통합적으로 운영한다.
		2. 자유신택활동 시간을 매일 충분히 배정하여 운영한다.
		3. 바깥놀이 시간을 매일 충분히 배정하여 운영한다.
		4. 놀이나 활동을 융통성 있게 운영한다.
		5. (특) 특수교육 대상 유아를 위한 관련 서비스(치료 지원 포함.)를 일과 중에 통합적으로 제공한다.
	1-3. 교수-학습 방법(6)	1. 주제에 적합한 활동계획을 수립하고 그에 적절한 교수-학습방법과 자료를 활용한다.
		2. 교사는 유아가 활동에 대한 흥미나 호기심을 갖도록 한다.
		3. 교사는 다양한 놀이와 활동이 유아의 자발적 선택에 의해 주도적으로 이루어지도록 격려한다.
		4. 교사는 유아의 놀이상황을 관찰하면서 놀이를 지원한다.
		5. 교사는 유아가 다양하게 생각하여 대답할 수 있도록 발문한다.
		6. 교사의 태도가 안정되고 자신감이 있다.

평가영역	평가지표	평가항목
Ⅰ. 교육과정 및 방과 후 과정 (31)	1-4. 교사-유아 상호작용(6)	1. 교사는 신체적 특성, 가족 및 민족배경 등으로 인한 편견 없이 모든 유아를 존중한다.
		2. 교사는 유아의 기질, 정서적 상태, 놀이 선호 등을 파악하여 적절히 반응한다.
		3. 교사는 유아의 개별적 요구나 질문을 주의 깊게 듣고, 적절하게 반응한다.
		4. 교사는 유아가 이해할 수 있는 내용으로 눈을 마주치며 이야기한다.
		5. 교사는 위협 · 비난 · 조롱 등 부정적 언어를 사용하지 않는다.
		6. 교사는 칭찬과 격려를 통해 유아에게 자신감을 준다.
	1-5. 유아 간 상호작용 시 교사역할(4)	1. 교사는 유아가 일상에서 또래와 긍정적 상호작용을 하도록 격려한다.
		2. 교사는 유아가 자신의 의견이나 생각을 또래에게 말로 표현하도록 격려한다.
		3. 교사는 유아가 적절한 약속과 규칙을 알고 지킬 수 있도록 격려한다.
		4. 교사는 유아 간 다툼이나 문제가 발생하지 않도록 환경을 마련하고, 발생 시 적절히 개입한다.
	1-6 평가(4)	1. 유아의 행동을 객관적으로 관찰 · 기록한다.
		2. 교육과정 목표와 내용을 준거로 유아의 발달특성과 변화를 평가한다.
		3. 유아평가 결과를 교육과정 편성 및 운영에 반영하고, 부모면담의 자료로 활용한다.
		4. 교육과정 운영에 대한 평가를 실시하고, 그 결과를 다음 계획안에 반영한다.
	1-7. 방과 후 과정(2)	1. 특성화 활동을 운영지침에 따라 실시한다.
		2. 방과 후 과정을 위한 기본 시설 · 설비를 구비하고 있고 담당인력을 배치하고 있다.

평가영역	평가지표	평가항목
II. 교육 환경 및 운영관리 (18)	2-1. 실내 공간 구성(5)	1. 교실 내 흥미영역은 유아의 연령 및 발달특성을 고려하여 충분한 공간에 구성한다.
		2. 유아의 요구를 충족하는 다양한 공간을 마련하고 있다.
		3. 실내 시설 및 설비가 유아의 발달수준에 적합하다.
		4. 계획안의 주제와 관련된 교재교구들을 유아의 연령 수준에 맞게 영역별로 다양하게 구비하고 있다.
		5. 비품과 교재 · 교구를 보관하는 별도의 공간이 있고 연령별, 주제별 또는 영역별로 정리되어 있다.
	2-2. 실외 공간 구성(3)	1. 실외(옥외) 놀이터 등을 구비하고 있다.
		2. 유아발달에 적합한 다양한 놀이기구를 구비하고 있다.
		3. 실외 공간에 다양한 활동영역을 제공하고 있다.
	2-3. 기관 운영(5)	1. 학급을 편성 규정에 맞게 운영하고 있다.
		2. 개별 유아의 생활기록부를 작성 · 관리하고 있다.
		3. 신입 유아 적응을 위한 지원을 하고 있다.
		4. 예결산서를 대내외적으로 공개한다.
		5. 입학금과 수업료 외의 기타 경비 관련 규정을 마련하여 준수하고 있다.
	2-4. 가정 및 지역사회와의 연계(5)	1. 부모와 상호 협의하에 유치원을 개방한다.
		2. 부모교육을 다양하게 실시하고 있다.
		3. 부모와 개별면담을 하고 가정과의 소통을 다양한 방법으로 실시하고 있다.
		4. 유아와 가족의 문제를 파악하고 지원한다.
		5. 지역사회와 연계한 다양한 활동을 실시하고 있다.

평가영역	평가지표	평가항목
Ⅲ. 건강 · 안전(15)	3-1. 실내 · 외 공간의 청결 및 안전(4)	1. 실내 · 외 공간을 청결하고 쾌적하게 관리하고 있다.
		2. 실내 · 외 공간을 유아의 안전을 위해 위험요인 없이 관리하고 있다.
		3. 실내 · 외 놀잇감이 안전하고, 위험한 물건을 안전하게 보관 · 관리하고 있다.
		4. 안전시설 및 설비를 비상시 효율적으로 사용할 수 있도록 관리하고 있다.
	3-2. 급 · 간식(3)	1. 영양의 균형을 고려한 급 · 간식을 제공하고 있다.
		2. 식자재의 구입 · 보관 및 조리 공간을 위생적으로 관리하고 있다.
		3. 조리 및 배식과정을 청결하고 위생적으로 관리하고 있다.
	3-3. 건강증진을 위한 교육 및 관리(3)	1. 손 닦기, 양치질 등 청결한 위생습관을 실천한다.
		2. 교사는 유아의 건강 상태를 살펴보고 적절하게 지원한다.
		3. 유아와 교직원의 건강 증진을 위한 예방관리와 교육을 실시한다.
	3-4. 등 · 하원의 안전(2)	1. 유아는 등 · 하원 시 성인의 보호 하에 있다.
		2. 통학차량을 운행할 경우 안전 요건을 갖추어 관리한다.
	3-5. 안전교육 및 사고대책(3)	1. 유아를 대상으로 안전교육을 지속적으로 실시하고 있다.
		2. 교직원은 안전교육을 받고 유아학대 예방지침을 준수한다.
		3. 유아, 교직원 및 시설보험에 모두 적합하게 가입하고 있다.
Ⅳ. 교직원(13)	4-1. 원장의 리더십(4)	1. 원장은 자신의 전문성 향상을 위해 노력하고 있다.
		2. 원장은 교직원을 존중하고, 교직원의 발전을 위해 지원하며, 면담을 실시한다.
		3. 원장은 정기적인 교사회의 등을 통해 교직원(교사)의 의견을 민주적으로 수렴한다.
		4. (사립) 2년 이상 근속한 교사가 전체 교사의 50% 이상이다.

평가영역	평가지표	평가항목
Ⅳ. 교직원(13)	4-2. 교직원의 근무환경(3)	1. 교사실과 개인 사물함을 별도로 마련하고 있다.
		2. 교사의 업무 지원을 위한 자료 및 설비를 충분히 구비하고 있다.
		3. 성인용 화장실/변기를 유아용과 별도로 설치하고 있다.
	4-3. 교직원의 처우와 복지(3)	1. 교직원 인사와 관련하여 공정한 규정이 있으며, 이를 준수하고 있다.
		2. 교직원의 보수와 관련한 규정이 있으며, 이를 준수하고 있다.
		3. 교직원의 복지를 위해 노력하고 있다.
	4-4. 교직원의 전문성 제고(3)	1. 신규 교직원에게 업무 관련 오리엔테이션을 실시하고 있다.
		2. 교원의 전문성 제고를 위한 다양한 연수 기회를 부여하고 있다.
		3. 교사의 교수-학습방법에 대한 장학을 실시하고 있다.

출처: 서울특별시 교육연구정보원(2017). 제4주기 유치원 평가 통합 평가지표 참고자료, p. 3-4에서 발췌.

(2) 어린이집 평가인증제

① 어린이집 평가인증의 목적과 중요성

평가인증제도란 평가인증을 신청한 어린이집이 평가인증지표를 기준으로 질적 수준을 자체적으로 점검 · 개선하도록 한 후, 공정한 평가과정을 수행하여 인증을 부여하는 제도이다. 또한, 어린이집 평가인증은 영유아에게 안전한 보호와 질 높은 보육서비스를 제공하기 위해 평가인증지표를 기준으로 어린이집의 현재 수준을 점검하고 개선하도록 한 후 객관적인 평가를 통해 일정 수준 이상의 기관에 대해 국가가 인증을 부여하는 제도로 목적은 다음과 같다(보건복지부,한국보육진흥원, 2017).

첫째, 보육서비스의 질적 수준을 향상시켜 영유아가 안전한 보육환경에서 건강하게 양육될 권리를 보장할 수 있도록 한다.

둘째, 어린이집이 보육서비스의 질적 수준을 높이고자 준비하고 노력하는 과정을 통해 원장과 보육교직원의 전문성이 증진되도록 한다.

셋째, 보육서비스의 질적 수준에 대한 정보를 제공하여 부모들이 합리적으로 어

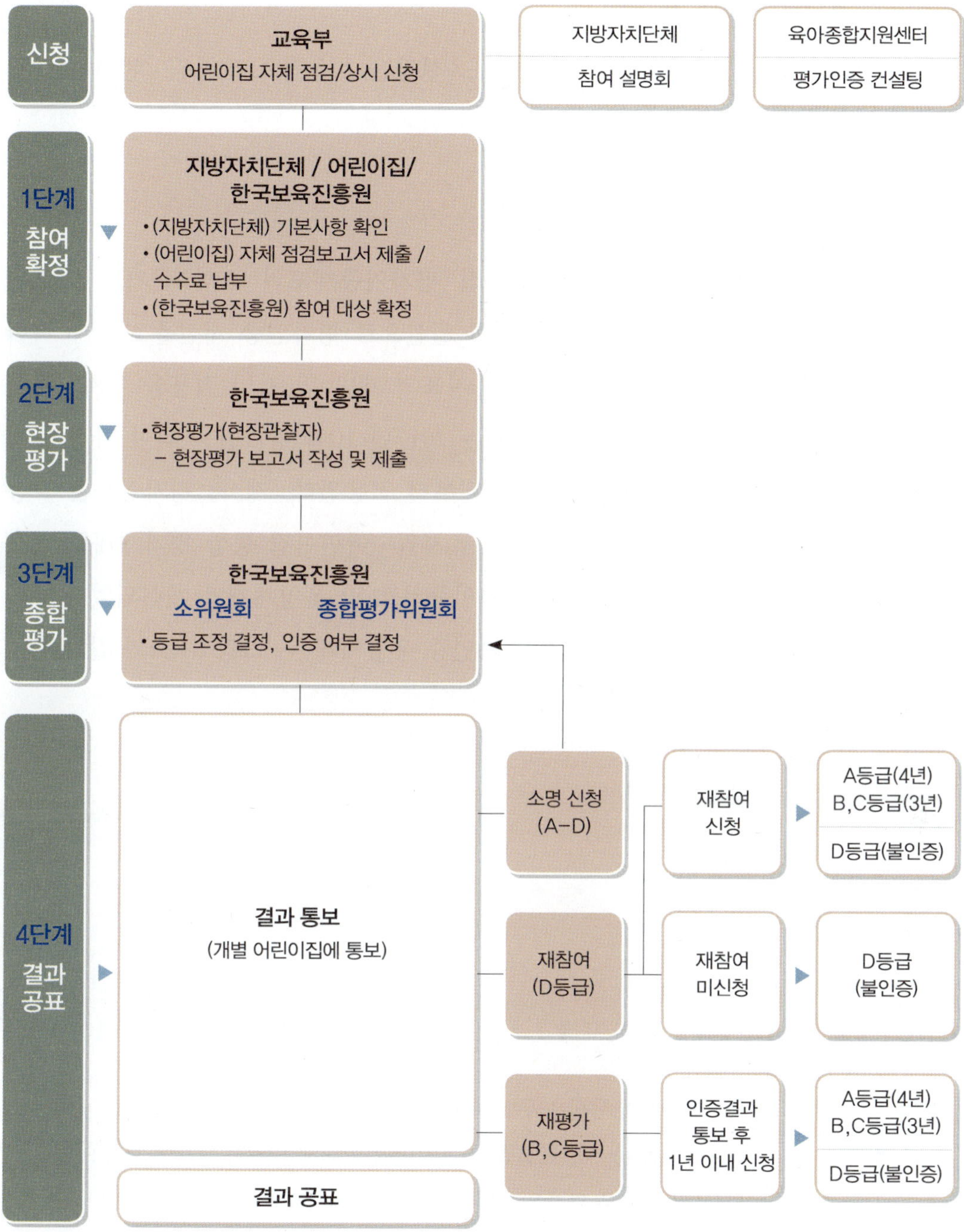

출처: 보건복지부, 한국보육진흥원(2017). 제3차 어린이집 평가인증 안내(통합지표), p. 49에서 발췌.

| 그림 6–2 | 어린이집 평가인증 운영체계

린이집을 선택할 수 있도록 한다.

넷째, 보육정책 수립의 주체인 정부가 보육현장을 효율적으로 지원 · 관리하는 체계를 확립한다.

② 어린이집 평가인증의 운영체계와 절차

「영유아보육법」 제30조에 따라 어린이집 평가인증제도의 도입 근거가 마련된 2004년 이후 보육의 질적 수준 향상을 위한 일환으로 평가인증 개선을 위한 노력이 지속적으로 이루어져 왔다. 2014년 제3차 지표의 개발 및 시범 적용을 거쳐 제3차 어린이집 평가인증 통합지표 및 운영체계는 2017년 10월 평가인증 참여 확정이 되고, 2017년 11월 현장평가 대상인 어린이집부터 적용된다. 제3차 평가인증은 그동안의 평가인증제도의 문제점을 보완하고, 유치원 · 어린이집 통합 평가체계를 적용하고, 안심보육환경을 강화하기 위해 평가인증지표 및 운영체계가 개선되었다(보건복지부, 한국보육진흥원, 2017). 제3차 어린이집 평가인증 운영체계는 | 그림 6-2 |와 같다.

토론

1. 유아교육 평가의 목적은 무엇일까요?
2. 유아 관찰방법 중 시간표집법과 그 장단점에 대해 의견을 나누어 보세요.
3. 유아교육기관 방문 관찰을 위한 지침은 무엇일까요?

교육과학기술부(2007). **유치원 교육과정 해설(Ⅰ).**

교육과학기술부, 보건복지부(2013). **3-5세 연령별 누리과정 해설서.**

보건복지부, 한국보육진흥원(2017). **제3차 어린이집 평가인증 안내(통합지표).**

서울특별시 교육연구정보원(2017). **2017 유치원 평가편람. 제4주기(2017-2019).**

서울특별시 교육연구정보원(2017). **제4주기 유치원 평가 통합지표 참고자료.**

서울특별시 서부교육지원청(2017). **유치원 교원 전문성 제고를 위한 2017 유치원 교원능력 개발평가 시행계획.**

한국보육진흥원(2017). 2017년 어린이집 평가인증(3차지표) 운영체계 안내. https://www.kcpi.or.kr/에서 2017년 8월 4일 인출.

Bagnato, S. J.(2007). *Authentic assessment for early childhood intervention*. New York, NY: Guilford Publications, Inc.

Bagnato, S. J., Neisworth, J. T., & Pretti-Frontczak, K.(2010). *Linking authentic assessment and early childhood intervention: Best measures for best practices*(2nd). Baltimore, MI: Paul H. Brookes Publishing Co., Inc.

Beaty, J. J(2014). *Observing development of the young child*(8th ed). Upper Saddle River, NJ: Pearson Education, Inc.

Copple, C. E., & Bredekamp, S.(Eds.).(2009). *Developmentally appropriate practice in early childhood programs serving children from birth through age 8*(3th ed). Washington, DC: National Association for th Education of Young Children.

Essa, E. L.(2014). *Introduction to early childhood education*(7th ed). Wadsworth, Cengage Learning.

Gullo, D. F.(1994). *Understanding assessment and evaluation in early childhood education*. New York, NY: Teachers College Press.

Helm, J. H., Beneke, S., & Steinheimer, K.(1998). *Windows on learning: Documenting young children's work*. New York, NY: Teachers College Press.

Marion, M.(2004). *Using observation in early childhood education*. Upper Saddle River, NJ: Pearson Education, Inc.

McAfee, A., Leong, D. J., & Bodrove, E.(2004). *Basics of assessment. A primer for early childhood education*. Washington, DC: National Association for the Education of Young Children.

National Association for the Education of Young Children(2009). *Developmentally appropriate practice in early childhood programs serving children from birth through age 8*. Retrieved from https://www.naeyc.org

Shepard, L., Kagan, S. L., & Wurtz, E.(Eds.).(1998). *Principles and recommendations for early childhood assessments*. Washington, DC: US Government Printing Office.

Wortham, S. C.(2004). *Assessment in Early Childhood Education*. Upper Saddle River, NJ: Prentice Hall Education.

Wortham, S. C., & Hardin, B. J.(2015). *Assessment in early childhood education*(7th ed.). Pearson.

CHAPTER 07

유아교육기관의 부모, 가족 그리고 지역사회

제7장 유아교육기관의 부모, 가족 그리고 지역사회에서는 유아의 성장과 발달에 영향을 미치는 요인으로서 부모와 가족 그리고 지역사회를 살펴본다. 유아의 가족, 친구, 학교, 이웃 등은 미시체계로 유아의 삶에 직접적인 영향을 미친다. 부모와 가족, 지역사회는 유아의 사회 · 문화적 체계와 맥락을 형성하며 유아의 성장과 발달에 직간접적으로 영향을 준다. 그러므로 영유아발달과 교육에 영향을 미치는 부모와 가족 그리고 지역사회에 대해 알아보고 바람직한 동반자적인 관계를 이해해야 한다.

특히, 사회적 변화에 따라 다양한 형태의 가족에 대한 이해를 바탕으로 부모와 가족이 자녀양육과 교육에 좀 더 적극적으로 참여할 수 있는 방안을 모색하고, Epstein이 제안한 부모와 가족 참여를 위한 6가지 유형의 모형을 살펴본다. 나아가 부모와 가족 참여를 위한 과학기술의 활용방법과 아동학대로 이어질 수 있는 장기 결석에 대해서도 살펴보고, 지역사회와 지역사회 자원의 필요성과 지역사회 연계 사례를 통해 유아교육기관의 지역사회 연계에 대해서도 설명한다.

유아교육에서 부모와 가족, 지역사회는 유아의 성장과 발달에 영향을 미치는 요인으로서 중요한 의미가 있다. Bronfenbrenner의 생태학적 이론에 따르면 유아는 자신을 둘러싼 복잡한 관계체계 속에서 발달한다. 즉, 유아 삶의 생태학적 환경은 미시체계, 중간체계, 외체계, 거시체계, 시간체계의 동심원적 구조로 이루어져 있으며 영유아는 이러한 체계 안에서 성장 · 발달한다.

유아의 가족, 친구, 학교, 이웃 등은 미시체계로 영유아의 삶에 가장 직접적인 영향을 미치며, 이들 간의 상호관계는 중간체계를 형성한다. 외체계는 유아가 직접 참여하지는 않지만 영향을 받게 되는 사회적 환경을 의미하며, 거시체계는 앞서 설명한 미시체계, 중간체계, 외체계를 포괄하는 문화적 맥락을 의미한다. 각 문화의 가치관, 태도, 신념, 관습, 법 등이 거시체계에 해당하며, 서양과 동양의 부모의 양육태도가 다른 것과 같은 문화적 차이를 예로 들 수 있다. 시간체계는 삶의 전체에 걸쳐 일어나는 변화와 사회 · 역사적 환경을 포함한다.

이와 같은 관점에서 부모와 가족, 지역사회는 유아의 사회 · 문화적 체계와 맥락을 형성하며 유아의 성장 · 발달에 직간접적으로 영향을 준다. 또한, 유아 교육과정인 누리과정에서도 유아는 가족과 지역사회의 구성원으로서의 역할과 공동체에서 화목하게 지내기를 사회관계영역에서 제시하고 있다.

본 장에서는 영유아발달과 교육에 영향을 미치는 부모와 가족 그리고 지역사회에 대해 알아보고자 한다.

1. 부모와 가족

유아는 태어나면서 가정과 다양한 지역사회에 속하게 되며 이러한 환경 속에서 자아를 형성하고 사회화되면서 자신을 발전시켜 나간다. 유아교육기관에서도 지역사회나 주변환경을 소재로 유아에게 다양한 경험을 제공함으로써 유아는 사회생활에 필요한 지식 · 기술 · 태도를 내면화하게 된다.

오늘날 출산 및 부모됨의 의미는 저출산 및 빠른 사회적 변화와 함께 과거와는 매우 달라졌다. 자녀가 지니는 의미와 자녀로 인한 부담이 달라졌으며, 자녀에 대한 기대도 달라졌다. 이러한 개인적 차원에서의 변화는 사회 전반의 사고와 행동양식의 변화를 의미하다. 그러나 부모가 되어 자신의 자녀를 잘 키우고자 하는 부모의 마음은 동서고금을 막론하고 변함이 없다.

1) 부모와 가족의 동반자적 관계에 대한 새로운 관점

유아교육기관은 교육기관인 학교로서 사회적 기술 및 기본적인 학문과 관련된 지식을 유아에게 학습시킨다. 그러나 오늘날 사회의 변화와 함께 유아교육기관의 기능과 역할도 변화하고 있다. 특히, 유아교육에서 부모와 가족의 역할은 그 어느 시기보다 유아의 성장과 발달 그리고 학습에 많은 영향을 미치며 책무성도 중요해졌다. 따라서 부모가 자녀를 바람직하게 양육하고 교육할 수 있도록 부모교육이 이루어져 왔다. 부모교육(parent education)은 부모를 가르치는 전반적인 활동을 강조하며, 부모를 가르치는 것에 대한 전반적 의미를 가지고 있다. 부모교육은 교육목표와 대상에 따라 다양한 용어가 사용되는데 이를 정리하면 | 표 7-1 |과 같다(고문숙 외, 2014에서 재인용).

| 표 7-1 | 부모 대상의 다양한 교육, 참여와 관련된 용어

용어	내용
부모훈련 (parent training)	• 비교적 단기적으로 진행 • 양육기술이나 전략을 가르치는 활동 강조 • 구체적인 절차와 개입으로 진행 • 자녀행동 지도, 기본생활습관을 증진시키는 전략 등
부모개입 (parent intervention)	• 위기(빈곤, 가정폭력, 이혼 등)에 처한 부모를 돕기 위해 개입하는 활동 강조 • 헤드스타트에서 빈곤가정의 부모와 자녀를 돕는 활동
부모참여 (parent involvement/ parent participation)	• 부모가 유아교육기관의 다양한 활동(학급활동, 부모회 활동, 기관의 운영과 관련된 활동 등)에 직접 참여하기를 강조 • 단순히 보조자로서 참여하는 수준에서 기관의 재정에 참여하는 수준까지 부모참여는 다양함
부모상담 (parent counseling)	• 부모가 자녀양육에 관해 교사나 기관장과 의논한다는 의미를 강조 • 정기적 상담과 비정기적 상담으로 운영
부모(가정)-기관 의사소통 (parent/home-school communication)	• 부모(가정)과 유아교육기관과의 의사소통(부모와 교사 간 면대면 의사 교환, 쪽지, 전화, 전자우편, 인터넷 홈페이지 등의 다양한 매체를 통한 정보 제공 및 상호 의견 교환)의 의미 강조
부모역할하기 (parenting)	• 자녀의 양육 · 보호 · 지도에 필요한 모든 반응, 활동, 기술의 획득 강조 • 어머니 역할하기, 아버지 역할하기 등
부모지지 (parent support)	• 유아양육에서 친지, 이웃, 지역사회 내의 각종 단체, 종교기관, 지방단체, 아동복지시설, 병원, 교육기관, 기업체, 기타 사회사업기관으로부터 받는 모든 지원과 지지
부모협력 (parent cooperation)	• 부모가 유아교육기관과 대등한 관계에서 협력한다는 의미 강조 • 활동이 진행되는 운영과정에서 동반자 역할수행

출처: 고문숙 외(2014). 재인용.

| 표 7-1 |에서 언급한 바와 같이 부모와 가족은 다양한 형태로 자녀의 성장과 발달 그리고 교육에 참여했으나, 궁극적인 목적은 자녀의 바람직한 성장과 발달을 최적화하기 위해 지원하는 것이다. 특히, 현대사회의 교육에 대한 책무성과 교육적 혁신으로 인해 부모와 가족은 그들의 자녀가 수준 높은 교사에게 효과적이고 질 높은 교육과 돌봄을 받을 권리가 있음을 인지하고 이를 적극적으로 요구하게 되었다. 이

에 교육기관과 단체는 부모와 가족이 다양하고 적극적인 방법으로 자녀의 교육에 참여하고 개입할 수 있는 방안을 찾고 있으며 이를 위해 성숙하고 협력적인 관계 형성을 위해 노력하고 있다.

2) 변화하는 가족과 참여

오늘날 가족의 형태는 과거 가족의 형태와는 다르고 계속 변화할 것이다. 예를 들어, 우리나라에서도 1인 가구가 증가하고 있으며 '혼술', '혼밥'이라는 신조어도 생겨났다. 그 외에도 이혼으로 인한 한부모가정, 입양, 조부모나 삼촌, 고모와 함께 사는 확대가정, 다문화가정 등 가족의 형태가 다양화되고 있다. 그러므로 오늘날 유아교육에서 다양한 형태의 가족구조를 이해하고 모든 유아에게 필요로 하는 것이 무엇인지 그리고 그들의 가족에게 어떠한 지원이 필요한지에 대해 알아야 한다.

(1) 한부모가정의 참여

한부모가정은 이혼, 별거, 사별, 유기, 미혼모 발생 등을 이유로 부모 중 한 사람과 자녀로 구성된 가정이다. 또한, 어머니가 주 양육자이면 여성 한부모가정으로, 아버지가 주 양육자이면 남성 한부모가정으로 구분한다. 결혼에 대한 가치관과 사회적 태도의 변화로 이혼은 꾸준히 증가하고 있는 추세이며, 이에 따라 한부모가정도 점차 증가하고 있다. 2015년 3월 25일자 아주경제 '서울시 한부모가족지원센터, 양육비이행관리원 동행서비스 실시'의 기사를 보면 서울시 한부모가정은 2000년 34.4%에서 2014년 50.2%로 증가해 2030년에는 59.2%로 증가할 것으로 전망한다. 한부모가정은 다양한 어려움에 처해 있지만 그중에서도 자녀양육과 경제적 어려움이 가장 크다. 2016년 3월 22일자 서울 PN 기사를 보면 한부모가정의 3가구 중 1가구는 차상위 또는 저소득 계층이었고, 기준 중위소득의 29%인 기초생활수급가구는 13.5%였다.

이에 따라 한부모가정의 참여를 위한 제안을 하면 다음과 같다.

첫째, 한부모가정이 편하고 쉽게 참여할 수 있는 시간과 행사를 기획한다.

둘째, 한부모가정의 부모는 자녀의 유아교육기관 및 가정의 생활에서 함께 보낼 수 있는 시간이 부족할 수 있음을 기억해야 한다.

셋째, 한부모가정의 부모가 자녀와 의미 있게 보낼 수 있는 방법에 대해 다양하게 제안한다.

넷째, 한부모가정의 생활방식과 상태에 대해 점검한다.

다섯째, 부모교육과 같은 한부모가정을 지원해 줄 집단을 형성한다.

여섯째, 한부모가정에게 유아교육기관에서 자원봉사를 할 수 있는 기회를 제안한다.

(2) 아버지 참여

맞벌이가정의 증가로 오늘날의 아버지들은 과거에 비해 자녀양육에 더 많이 참여하고 있다. 또한, 퓨 리서치 센터(Pew Research Center)가 미국 인구 통계를 분석한 결과, 1960년에 30만 명이었던 남성 한부모가정이 2011년에는 260만 가정으로 증가하였다. 그럼에도 불구하고 영유아기를 아버지와 함께 보내지 못하는 유아가 많다.

많은 전문가는 아버지의 양육과 어머니의 양육은 상호 보완적 과정임을 강조한다. 아버지는 유능한 양육자로 자녀를 잘 관리하고 가정을 유지하는 데 도움이 되고 관계의 안정성을 제공하기도 하며, 어머니의 역할을 지원하고 유아에게 남성적 역할의 모델이 되기도 한다. 그러므로 많은 단체에서는 아버지 양육에 대해 온라인 자원, 팁 그리고 아버지 양육을 위한 동호회를 지원해 주기도 한다. 또한, 유아교육기관에 기반을 둔 프로그램이나 단체를 제공하여 아버지 참여를 장려하기도 한다. 이러한 지원은 안전하고 건강한 지역사회를 형성하는 데 도움이 될 뿐 아니라 유아들에게 더 풍부한 교육경험을 제공해 준다. 아버지가 자녀의 양육에 좀 더 적극적으로 참여했을 때 유아의 학업성취가 높으며, 문제행동이 덜 발생하고 기관에 잘 적응한다.

아버지 양육은 매우 다양하다. 어머니 대신 가정에서 육아를 담당할 수 있으며, 재택근무로 집에 있는 아버지도 있다. 어떤 아버지는 한부모가정의 부모일 수도 있고, 어떤 아버지는 가부장적일 수도 있다. 어떤 아버지는 수동적이고 소극적이어서 가정과 육아에는 덜 참여하는 반면, 동등한 동반자로서 자녀양육에 적극적으로 참여하는 아버지도 있다. 이처럼 다양한 아버지가 있으며 아버지 참여를 위한 다양한 노력이 요구된다.

아버지 참여를 위한 다양한 제안을 해 보면 다음과 같다.

첫째, 아버지를 유아교육기관에 초대한다.

둘째, 아버지가 유아교육기관에서 환영받는 기분을 느낄 수 있도록 한다.

셋째, 아버지의 의견을 반영할 수 있도록 설문조사를 한다.

넷째, 아버지와 관련된 다양한 문학작품을 활용한다(예 우리 아빠가 최고야, 아빠 사랑해요 등).

다섯째, 아버지를 위한 특별한 프로그램을 계획 · 운영한다. '아버지 학교'는 아버지들에게 긍정적인 남성의 역할을 제공하고, 아버지의 자녀양육을 장려한다.

(3) 조부모 참여

맞벌이부부의 증가로 자녀양육에 조부모 참여가 증가하고 있다. 조부모가 손자녀 육아를 지원하는 경우는 크게 2가지이다. 먼저 손자녀가 부모와 함께 살고 있지만 부모가 취업 등으로 육아가 어려운 경우 낮 시간 동안 조부모가 이를 지원해 주는 경우이며, 또 다른 상황은 여러 가지 이유로 손자녀에게 부모가 부재하여 조부모가 손자녀의 양육을 전적으로 책임지는 조손가정의 경우이다. 조손가정은 조부모가 저소득층인 경우가 높아 생활 전반에 어려움이 있어 빈곤가정인 경우가 많다. 그러므로 빈곤층 조손가정을 위한 종합적 지원이 필요하다. 예를 들어 생계 지원, 조부모 일자리 지원, 손자녀 양육 지원 등이 필요하다. 또한, 많은 조부모는 오늘날 변화된 양육형태에 익숙하지 않으므로 이를 위한 다양한 노력이 필요하다.

조부모 참여를 위한 다양한 제안을 해 보면 다음과 같다.

첫째, 조부모도 부모처럼 유아에게 최선을 다하고 싶은 욕구와 요구가 있으므로 부모처럼 조부모에게도 동일한 참여기회를 제공한다.

둘째, 사회의 변화로 인해 조부모가 양육했던 과거의 방식이 오늘날의 양육방식과는 차이가 있으므로 자녀를 양육하고 교육하는 데 있어 필요한 다양한 부모교육의 기회를 제공한다.

셋째, 조부모에게도 다양한 지원단체와 연결시키고 연계기회를 제공한다.

넷째, 조부모가 유아의 학업과 활동에 참여할 수 있는 기회를 제공한다.

(4) 다문화가정의 참여

우리나라는 1990년대 중·후반을 기점으로 다문화사회로 접어들기 시작하였다. 이는 세계화에 따라 인구의 국가 간 이동이 활발해지면서 나타나는 현상이지만 우리나라에서는 주로 혼인 적령기를 놓친 농촌 지역의 미혼 남성 위주로 국제결혼이 이루어지고 있다. 이러한 현상으로 다문화가정이 점차 증가하고 있으며 다문화가정의 자녀 중 영유아의 비중이 높다. 다문화가정은 문화와 언어적 장벽으로 인해 지역사회의 주류문화에 적응하는 데 많은 어려움을 겪고 있다. 다문화가정의 부모도 한 가정의 부모로서 자신의 자녀교육에 관심이 많고 부모참여에 적극적인 의지가 있지만 한계가 있다. 또한 양육 스타일, 가족체계, 학교기관에 대한 태도, 삶의 목표와 가치, 정치적 영향, 의사소통의 방식에도 많은 차이가 있다. 특히, 다문화가정의 언어적 한계는 교육철학, 실제 그리고 구조와 같은 정보를 얻는 데 어려움이 있다. 잘못된 개념을 형성하거나 두려움을 야기하기도 하므로 다문화가정의 참여를 유도하기 위한 다양한 제안을 해 보면 다음과 같다.

첫째, 다문화가정이 있는 곳으로 찾아간다. 교회 또는 지역사회센터는 종종 다문화가정의 부모들과 편하게 상호작용하고 정보를 제공해 줄 수 있는 장소이므로 이곳으로 직접 찾아가는 것도 좋은 방법이다.

둘째, 다문화가정의 모국어로 소통하는 것이 좋으므로 통역을 지원받는다.

셋째, 다문화가정의 문화와 언어를 존중한다.

넷째, 다문화가정의 문화에 대해 알고, 배우려고 노력한다.

다섯째, 다문화가정의 문화에 대해 이야기하고, 소중한 자원으로서 교육과정에 반영하거나 활용할 수 있도록 요청한다.

여섯째, 다른 가정과 연계하도록 지원한다.

이 외에도 다양한 가정의 형태를 이해하고 이들이 자신의 자녀양육과 교육에 좀 더 적극적으로 참여할 수 있는 방안에 대한 지속적인 노력이 요구된다.

3) 부모와 가족 참여의 유형

부모와 가족은 유아의 발달을 지원하고 지지하는 가장 효과적이며 경제적인 체계이다. 유아교육에서 부모와 가족의 참여가 없는 개입은 유아의 성장과 발달, 나아가 성공적인 학업수행을 저해할 수 있다. 부모와 가족 참여는 유아기부터 청소년기까지 이어진다. Bogenschneider(2004) 연구에 따르면 위스콘신과 캘리포니아 지역 9개 고등학교 8,000명의 고등학생들을 대상으로 연구한 결과, 몇몇의 예외적 상황을 제외하고 부모들이(어머니 또는 아버지) 청소년기 자녀의 학교에 참여할 때 자녀의 학교 성적이 높았다고 보고되고 있다. 이는 인종이나 교육적 배경보다 더 큰 영향을 미쳤다. 그러므로 부모와 가족들은 자신의 자녀들의 교육기관에서 가치를 느끼고 즐겁게 참여할 수 있는 분위기를 조성하는 것이 무엇보다 중요하다.

존스홉킨스대학교의 Epstein(2002)은 부모와 가족 참여를 위한 6가지 유형의 모형을 제시하였고, 부모(가족)–기관–지역사회 간 협력적 관계를 형성하는 지침을 제공해 주었다. 이를 자세히 살펴보면 다음과 같다.

(1) 자녀양육과 기술 지원

자녀양육과 기술 지원은 부모와 가족이 유아의 발달을 이해하고 유아에게 적합한 가정환경을 마련할 수 있도록 지원해 주는 것으로 실제의 예는 다음과 같다.

- 유아의 연령에 적합한 학습을 지원해 주는 적절한 가정환경 상태 제안하기
- 유아의 연령에 적합한 자녀양육을 위한 워크숍[1], 비디오 자료, 메시지 등을 제공하기
- 부모교육과 부모를 위한 다양한 학습(예 검정고시 교육이나 대학과정의 과목 이수, 문해교육 등) 지원하기
- 건강 · 영양과 같은 가족 지원서비스 제공하기
- 유치원, 초등학교, 중 · 고등학교의 진학 시 전이과정에서의 가정 방문 또는 가정과 학교 간 이해를 위해 이웃 간 협의회 개최하기

1) 워크숍은 특정시간에 학교기관에서 개최하는 것보다 더 많은 의미를 가져야 한다. 그리고 다양한 형태로 언제나 볼 수 있고, 들을 수 있고 읽어 볼 수 있는 형태이어야 한다.

나아가 자녀양육과 기술 지원을 위해 지속적으로 다음과 같은 도전을 생각해 볼 수 있다.

첫째, 학교기관에서 이루어지는 워크숍이나 회의에 참석 가능한 일부 부모만이 아닌 원하던 원치 않던 모든 부모와 가족에게 다양한 정보를 제공한다.

둘째, 부모와 가족들이 학교기관과 문화, 배경, 유아의 강점과 필요한 것이 무엇인지 등에 관한 정보를 공유할 수 있도록 한다.

셋째, 부모나 가족을 위한 정보나 가족으로부터 얻은 모든 정보는 명확하고, 사용 가능하고, 학교에서 유아의 성공과 관련 있음을 이해한다.

(2) 의사소통

의사소통하기는 부모와 가족–학교 그리고 학교–부모와 가족 간에 좀 더 다양하고 효과적인 방법으로 소통하는 것으로 기관의 프로그램이나 학생의 성장 · 발달에 대한 소통의 의미는 다양한 방식과 체계에 의해 정립될 수 있다. 의사소통을 위한 실제의 예는 다음과 같다.

- 적어도 1년에 1회 정도 모든 부모와의 정기회의(필요하다면 후속회의 포함.) 진행하기
- 필요하다면 다문화가족 지원을 위한 언어 통역 지원하기
- 주차별 또는 월차별 가정에 보내는 영유아 활동 관련 포트폴리오 제공하기
- 학업성취 점수 향상에 대한 회의나 부모/학생 평가카드 만들기
- 유용한 알림, 메모, 전화, 가정통신문과 같은 형태의 정기적 소통하기
- 기관 또는 수업, 프로그램, 활동을 선택하기 위한 정확한 정보 제공하기
- 기관, 프로그램, 개정 또는 전이와 같은 정확한 모든 정보 제공하기

나아가 자녀양육과 기술 지원을 위해 다음과 같은 도전을 지속적으로 생각해 볼 수 있다.

첫째, 읽기 쉽고, 명확하고, 형태와 메모와 알림 그리고 인쇄물 또는 인쇄되지 않은 다양한 형태로 소통한다.

둘째, 다문화사회 진입에 따라 우리말(국어)에 서툰 부모를 배려한다.

셋째, 지속적으로 가정통신문, 성적표, 회의 일정과 같은 일반적인 형태의 소통을 한다.

넷째, 유아교육기관과 가정 간 쌍방향의 소통체제를 정립한다.

(3) 자원봉사

자원봉사는 가족구성원들을 유아교육기관의 봉사자로 초청하여 유아와 유아교육기관의 프로그램을 지원할 수 있도록 하는 것으로 누구든 장소나 시간에 구애받지 않고 기관의 목적에 맞게 유아의 학습과 발달을 지원할 수 있다. 자원봉사를 위한 실제의 예는 다음과 같다.

- 교사, 행정, 유아 그리고 부모를 도울 수 있는 기관 또는 학급의 자원봉사 프로그램을 활용한다.
- 자원봉사 업무, 회의, 자원을 위한 가족의 공간 또는 가족센터를 이용한다.
- 이용 가능한 재능, 자원봉사 시간 그리고 지역을 확인하기 위한 조사를 매해 실시한다.
- 학급 부모, 비상연락망 또는 필요한 정보를 제공받을 수 있는 다양한 형태를 활용한다.
- 유아교육기관의 운영과 안전을 지원할 수 있는 부모 보안관 또는 다양한 형태의 활동을 지원한다.

나아가 자원봉사를 위해 다음과 같은 도전을 지속적으로 생각해 볼 수 있다.

첫째, 자원봉사자를 모집한다. 모든 가족이 적당한 시간에 재능이 적절히 활용되고 참여할 수 있도록 한다.

둘째, 부모들이 참여 가능하도록 유연한 스케줄을 확보한다.

셋째, 훈련 제공하기, 시간과 재능을 연결하여 효율적이며 생산성 있는 봉사하기와 같이 자원봉사 체계를 조정하여 정리한다.

(4) 가정학습

가정학습은 가정에서 부모들이 자녀의 과제나 교육과정과 연계된 학습활동에 참여하는 것이다. '과제'라는 것은 혼자 해야 하는 것뿐만 아니라 타인과 가정에서 공유하고 실제의 삶 속에서 가정, 지역사회와 연계하여 상호작용할 수 있는 것을 의미한다. 또한, 가정에서 과제를 지원하는 것은 과제를 가르치는 것이 아닌 격려하기, 경청하기, 반응하기, 관찰하기, 칭찬하기, 지도하기, 모니터하기 그리고 토론하는 것이다. 가정학습을 위한 실제의 예는 다음과 같다.

- 각 연령에 적합하게 학습이 필요한 기술에 대한 정보를 가족에게 제공해 준다.
- 과제에 대한 정보 및 집에서 부모가 이를 어떻게 모니터하고 도와줄 수 있는지 지원해 주고, 유아가 유아교육기관에 적응할 수 있도록 지원해 준다.
- 수업에서 무엇을 하는지 부모와 상호작용하는 과제를 제공한다.
- 집에서 부모와 유아가 함께 활동할 수 있도록 자료와 재료를 제공해 준다.
- 유아교육기관에서 하는 수학 · 과학 · 읽기 활동 등을 가족에게 제공한다.
- 집에서 하는 방학과제와 같은 학습활동을 제공한다.
- 유아들이 매해 진로를 계획하고 목표를 성취할 수 있도록 가족 참여를 돕는다.

나아가 가정학습을 위해 다음과 같은 도전을 지속적으로 생각해 볼 수 있다.

첫째, 유아가 책임감을 가지고 가족과 함께 상호작용하며 학습할 수 있는 과제를 계획한다.

둘째, 가정 연계활동을 계획한다.

셋째, 가족과 유아가 교육과정 결정에 함께 참여한다.

(5) 의사결정

유아교육기관에서 이루어지는 의사결정에 부모를 포함시키고 학부모 리더 및 대표를 지원한다. 의사결정은 협력과정이며 공동의 목표를 위해 서로의 관점을 공유하는 것이다. 학부모 대표는 대표성을 가지고 모든 가족과 소통해야 하며 구성원들의 이야기에 귀 기울여야 한다. 의사결정을 위한 실제의 예는 다음과 같다.

- 부모들은 리더십과 참여를 위해 부모교사연합회에 가입하고 참여한다.
- 기관의 혁신이나 발전을 위한 독립된 단체를 결성하고 참여한다.
- 가족과 지역사회 참여를 위한 지역 수준의 위원회를 결성하고 참여한다.
- 유아교육기관의 대표를 선정하기 위해 기관 또는 지역 선거의 정보를 제공하고 공유한다.
- 학부모 단체와 모든 가정을 연결하는 네트워크를 형성한다.

나아가 의사결정을 위해 다음과 같은 도전을 지속적으로 생각해 볼 수 있다.

첫째, 모든 인종, 사회경제적 집단을 아우를 수 있는 학부모 대표를 선발한다.
둘째, 학부모 대표들이 학부모를 대신하여 역할수행을 적절히 할 수 있는 훈련을 제공한다.
셋째, 의사결정에 있어 부모와 함께 유아의 의견도 포함해야 한다.

(6) 지역사회 협력

지역사회 협력은 유아와 부모(가족) 그리고 기관이 지역사회에 서비스를 제공하는 다양한 기관 및 단체의 자원과 서비스를 이해하고 통합하는 것이다. 지역사회는 유아의 가정과 유아교육기관이 속해 있는 지역의 이웃뿐 아니라 유아의 학습과 발달에 영향을 미칠 수 있는 총체를 의미한다. 또한, 지역사회는 사회 · 경제적 지위를 넘어 모든 유아와 가족, 기관을 지원해야 한다. 지역사회 협력을 위한 실제의 예는 다음과 같다.

- 유아들과 가정을 위한 지역사회의 건강, 문화, 여가, 사회적 지원과 다양한 프로그램과 서비스에 대한 정보 제공하기
- 유아를 위한 방학 프로그램과 같은 학습과 특별활동과 관련된 지역사회 활동과 관련된 정보 제공하기
- 기관과의 협력체계를 통한 가족서비스, 상담, 건강, 여가, 채용 그리고 다른 기관과 단일체계 형성하기
- 유아, 가족 그리고 기관에 대한 지역서비스(재활용 프로젝트, 미술, 음악, 연극, 노인을 위한 활동 등 튜터링 또는 코칭 프로그램) 제공하기
- 유아를 위한 졸업생 프로그램 제공하기
- 기관과 기업 간 연계하기

나아가 지역사회 협력을 위해 다음과 같은 도전을 지속적으로 생각해 볼 수 있다.

첫째, 협력적 활동을 위한 역할, 책임, 자본, 장소에 관한 문제를 해결한다.

둘째, 모든 가족과 유아에게 지역사회 프로그램과 서비스에 대한 정보를 제공한다.

셋째, 모든 유아와 가족이 지역사회 프로그램에 참여하고 서비스를 받기 위해 공평한 기회를 부여한다.

넷째, 기업과 지역사회 봉사자와 기관의 목적에 부합하는 자원을 적절하게 연결해 준다.

4) 부모와의 가족 참여를 위한 과학기술의 활용

과학기술의 발달은 부모와 가족이 유아의 교육에 참여할 수 있는 다양한 방안을 제안한다. 특히, 인터넷은 유아교사가 부모와 협력적 관계를 형성하는 좋은 매개가 되며 다양한 정보와 참여의 기회를 제공해 준다. 예를 들어, 교사는 인터넷을 사용하여 주간 계획표나 식단, 가정통신문, 과제나 평가도구, 좋은 부모가 되기 위한 다양한 양육의 팁을 전달할 수 있다. 과학기술을 활용한 다양한 부모와 가족 참여를 활성화할 수 있는 예는 다음과 같다.

• 이메일(e-mail): 이메일은 빠르고 편리해서 많은 부모와 가족이 선호하는 의사소통의 형태이다. 이메일을 통해 유아교사와 가족 간의 의사소통, 원장 및 관리자와 유아의 교육과 관련된 그 밖의 지역사회 관련자들과 의사소통할 수 있다.

• 홈페이지(website): 대부분의 모든 기관은 홈페이지를 개설하고, 원의 교육철학이나 목표, 프로그램에 관한 일반적이며 보편적인 정보를 제공한다. 이는 부모 및 지역사회 구성원에게 원의 정보를 제공하는 매우 효과적 · 효율적인 홍보수단이 되며, 원의 행사 등을 소개하기도 한다. 예를 들어, 유아교사는 학급의 사진, 활동과 교육자료 등을 부모와 공유할 수 있다.

• 트위터(twitter): 트위터는 140자 이내의 단문으로 개인의 의견이나 생각을 공유하고 소통하는 소셜 네트워킹 웹사이트(social networking website)로 일상의 작은 이야기들을 그때그때 짧게 올릴 수 있는 장점이 있다. 그러므로 유아교사는 트위터를 사용하여 부모들이 시간과 장소를 초월하여 즉시 응답할 수 있는 짧은 안내사항을 올릴 수 있다.

• 비디오 챗(video chat): 유아교사는 Skype나 Gmail에서 제공하는 무료 비디오 챗을 활용하여 부모들과 화상회의를 할 수 있다.

• 블로그(blog): 블로그는 웹로그(web log)의 줄임말로, 인터넷을 의미하는 '웹(web)'과 항해일지를 뜻하는 '로그(log)'가 합쳐진 신조어다. 웹로그라는 용어는 1997년 11월에 John Barger가 처음 사용한 것으로 알려져 있으며 Evan Williams가 만든 블로깅을 위한 사이트, '블로거(Blogger)'에서는 블로그를 '일기처럼, 정기적으로 업데이트되는 짧은 글들로 이뤄진 웹페이지'라고 정의하였다. 유아교사는 블로그를 활용하여 유아 및 부모, 가족과 소통할 수 있으며 활동에 대한 소개, 개념 소개, 설명, 다양한 정보 등을 게시할 수 있다. 부모는 이에 대해 댓글을 남길 수 있으며 자녀의 학습에 대해 더 많은 정보를 얻을 수 있고 교사와 소통할 수 있다.

• 키즈노트(kids note): 키즈노트는 유치원, 어린이집을 대상으로 하는 스마트폰 알림장 서비스로 교사가 써 주는 알림장이나 사진, 동영상 등을 통해 유아의 유치원 생활을 시각적으로 좀 더 자세히 알 수 있다. 이외에도 투약의뢰서, 귀가동

의서, 출석부와 같은 기능이 있어 하루 일과에서 교사의 업무를 담당하며 교사와 부모, 가족이 좀 더 효율적으로 의사소통할 수 있다.

| 그림 7-1 | 키즈노트

| 그림 7-2 | 키즈노트의 주요기능

이처럼 과학기술의 발달로 유아교사는 부모, 가족들과 더 많은 소통을 할 수 있으며, 이는 부모와 가족들로 하여금 부모와 가족 참여를 장려하고 활성화할 수 있다. 그러나 가족과 과학기술을 활용한 의사소통을 할 때 주의해야 할 점도 기억해야 한다.

첫째, 기관에서 사용하는 테크놀로지에 대한 지침을 확인하고, 홈페이지 사용에 대한 주의점과 정책(사생활 보호 및 정보 유출 등)에 대해 꼼꼼히 살펴보아야 한다.

둘째, 모든 부모와 가족이 과학기술에 익숙하다고 생각해서는 안 된다. 인터넷 또는 과학기술에 익숙하지 않은 부모와 가족을 위해 전화나 알림장의 사용도 병행해야 한다.

셋째, 얼굴을 직접 맞대고 의사소통하는 것처럼 최대한 공손하고 배려적인 태도를 취해야 한다. 즉, 네티켓(인터넷 예절)을 알고 지켜야 한다.

넷째, 오해의 소지가 생길 수 있으므로 사이버 공간 안에서는 좀 더 명확하고 명료하게 의사소통을 해야 한다.

5) 유아, 부모 그리고 무단 장기결석

유아는 유아교육기관의 교실 안에서 학습하고 성장하기 때문에 매일 일정한 시간에 등원하는 것은 유아의 하루 일과 및 삶 속에서 당연하게 이루어지는 일상이다. 그러나 유아가 결석한다면 어떻게 하는 것이 좋을까? 유아가 결석을 한다면 유아는 학습을 할 수 없게 되고 때로는 문제를 야기할 수도 있다. 특히, 무단 장기결석은 초기 학업성취에도 영향을 미친다. 무단 장기결석은 유아가 정당한 이유 없이 수업일수의 10% 이상을 결석하는 것으로, 미국의 경우 전 지역의 유치원과 초등학교 1학년 학생의 10% 정도가 장기결석을 하는 것으로 보고되었다. 이는 사회 · 경제적 지위가 낮은 가정의 유아의 경우로 추후 학업성취에도 지대한 영향을 미친다. 그러므로 장기결석을 하고 있는 유아가 정상적으로 등원할 수 있도록 해야 한다. 이에 Morrison(2014)은 장기결석의 문제를 해결하기 위해 다음과 같은 방안을 제안하였다.

- 모든 부모가 참여할 수 있도록 노력하기, 부모 스스로 가치를 느낄 수 있도록 도와주며 유아교육기관에 참여할 수 있도록 도와주기, 자녀가 유아교육기관에 즐겁게 등원할 수 있도록 도와주기
- 유아의 장기결석에 영향을 주는 유아와 부모의 스트레스 요인을 파악하기, 매일 등원의 중요성을 알리기, 유치원에 매일 등원하는 것이 중요하다는 것을 알림장이나 가정통신문을 보내 정보를 알려 주기
- 유아가 결석했을 때 부모와 연락하여 결석의 이유를 묻고 혹시 필요한 도움이 있는지 물어보기
- 등원에 대해 보상(예 상장, 선물, 현장학습 등)해 주기

우리나라에서는 2016년, 유치원에 다녔던 유아가 가정 내 아동학대로 숨진 평택 아동학대 사건을 계기로 아동학대 조기 발견을 위한 유치원 · 어린이집 결석 영유아에 대한 대책이 필요하게 되었다. 이에 교육부와 보건복지부(2016)는 '유치원 · 어린이집 아동학대 조기 발견 및 관리 · 대응 매뉴얼'을 제작하여 배포하였다. 이 매뉴얼에는 아동학대와 관련하여 유아의 건강과 안전을 매일 확인하고, 사전에 보호자동의서(무단결석 시 가정방문)를 받아 둘 것을 권고한다. 또한, 유아가 일주일 이상 장기결석을

할 경우 유치원 생활기록부 '특기사항'에 결석의 사유를 입력하게 되어 있으며, 유아의 결석에 대한 대처 매뉴얼이 수록되어 있다. 유아의 무단결석에 대한 대응과 관리를 제시하면 | 그림 7-3 |과 같다.

시기	주요 점검사항	필요한 조치사항	행정사항
결석 당일 (1일)	• 결석아동의 결석 사유 확인	• 지속적인 유선 연락을 통한 확인	• 무단결석 아동에 대한 조치결과 관리대장 작성(부록 5)
2일	• 결석아동의 출석 여부 확인 및 소재·안전 확인	• 결석 아동에 대한 가정방문 실시 • 가정방문 결과 아동학대가 의심되거나 아동의 소재·안전이 확인되지 않는 경우 수사기관(112)에 신고	• 무단결석 아동에 대한 조치결과 관리대장 작성(부록 5) • 무단결석 아동 중 아동학대 신고 현황 교육청/시·군·구 보고(부록 6)
사후관리	• (유관 기관 연계) 수사기관에서 협조 요청 시 요청사항에 대해 적극 협조 • (무단결석 아동관리) 무단결석 아동이 등원했을 경우, 아동의 상태에 따라 적절히 조치 • (보호자 관리) 해당 보호자에 대해서는 면담 또는 부모교육 등을 실시		
비고	• 전화 연락 시 필요한 경우 아동과 직접 통화하여 소재·안전 확인 • 가정방문 시 교직원 및 읍·면·동 공무원이 함께 실시		
반복적인 무단결석 관리	• 학비 지원 규정에 의한 수업일수 미달 시 학비 지원이 제한됨을 안내 • 유치원의 경우에는 유치원 규칙에 의한 퇴학처리규정 안내		

| 그림 7-3 | 무단결석 유아에 대한 대응과 관리

2. 지역사회

1) 지역사회와 지역사회 자원

지역사회(community)는 집단의 크기와 상관없이 사회적 집단(social unit)을 의미한다. 사회적 집단은 공통으로 공유하는 규범, 종교, 가치 또는 정체성을 가지고 있으며 일정한 지리적 공간 안에서 사회 · 심리적 소통의 끈끈한 관계를 맺기도 한다. 우리나라에 이웃사촌이라는 용어가 있듯 이러한 관계는 혈연적 관계를 능가하기도 하며, 가족과 같은 긴밀한 사회적 관계를 형성하고 집단의 정체성과 문화를 결정하는 요인이 되기도 한다. 즉, 경계를 갖는 지역(지리적 공간), 사람들의 삶의 터전(생활 공간), 지역사회 내에서 생활하는 사람들(지역사회 주민), 지역사회 내에서 하위 공동목표를 갖는 사람들의 집합체(조직), 지역사회 주민들이 문화를 공유하는 과정(상호작용)을 중심으로 지역사회가 구성되며(남미경, 2011에서 재인용), 유아는 지역사회의 구성원으로서 자신의 세계를 차츰 넓혀 나가게 된다. 이러한 관점에서 지역사회는 유아가 속한 공간이자 환경이며, 유아가 점차 사회화되어 가는 과정에 직간접적인 요인이 된다는 점에서 중요한 의의를 갖는다. 그러므로 전문성을 가진 유아교사라면 유아교육에서의 지역사회의 중요성을 인식하고, 다양한 지역사회 자원과 서비스를 알고 있어야 한다. 또한, 유아와 유아의 부모, 가족에게 이를 적절하게 연계할 수 있는 다양한 노력이 필요하다.

유아는 가정과 유아교육기관에서는 경험할 수 없는 환경을 지역사회 자원을 통해 제공받을 수 있으며, 이를 통해 좀 더 다양하고 역동적인 경험을 할 수 있다. 또한, 이러한 경험은 유아들로 하여금 사회구성원으로서의 책임을 느낄 수 있는 기회를 제공하여 미래에 책임 있는 구성원으로서 필요한 삶의 태도와 가치를 형성하게 된다.

지역사회 자원은 산과 공원, 하천, 다양한 동식물과 흙, 공기 등과 같은 자연환경과 공공시설, 놀이터, 박물관, 스포츠센터, 도서관 등과 같은 공공환경, 이웃, 또래친구, 지역주민, 관공서 관계자 및 공무원 등과 같은 인적 환경 등을 포함한다. 이러한

지역사회 자원은 사용목적이나 내용에 따라 다양하게 분류될 수 있는데, 유아를 위한 지역사회 자원을 활용한 지속가능발전교육 프로그램을 개발한 신미숙(2015)은 수도권을 중심으로 서울특별시와 경기도 등의 지방자치단체 홈페이지를 분석하여 지역사회 자원을 유형별로 분석하였다. 이를 정리하면 | 표 7-2 |와 같다.

| 표 7-2 | 지역사회 자원의 유형

지역사회 자원	내용
자연적 자원	공원, 산, 하천, 식물원, 동물원, 수목원, 생물자원관, 갯벌, 자연체험관 등
인적 자원	기관 종사자, 공무원, 문화재 해설사, 숲 해설가, 지역봉사자, 환경전문가 등
물적 자원	지역관광 홍보책자, 관공지도, 각종 행사 브로슈어, 기관별 홍보자료 등
문화적 자원	지역축제 및 행사, 공연, 박물관, 유적지, 문화재, 미술관, 기념관 등

지역사회와 지역사회 자원을 유아교육에 활용하는 것은 유아와 유아의 부모, 가족이 타인과 교류·소통하는 매우 가치 있는 사회교육이며 서비스이다. 오늘날 현대사회는 지방자치단체를 중심으로 행정이 이루어지면서 지역사회와 지역사회 자원의 중요성이 강조되고 있으며, 좀 더 다양한 자원과 서비스를 제공하고 있다. 예를 들면, 서울특별시에서는 지역사회 자원을 활용한 관광객 유치를 위한 노력으로 버스투어 프로그램 및 문화 해설가와 함께하는 도보관광 프로그램 등이 개발·운영되고 있다. 경기도에서는 지역교육과 관광객 유치를 위한 노력으로 교과서 속 체험여행, 교과서 속 연천여행, 체험놀이터 경기도, 즐거운 가족캠핑 만들기, 경기음식문화 맛 기행 등 지역사회 자원 활용 책자를 발간하여 지역사회 자원을 알리고 있다(신미숙, 2015). 그러므로 이러한 자원을 유아교육에서 좀 더 적극적으로 활용할 수 있는 다양한 방안에 대해 고민할 필요가 있다.

이에 대한 Morrison(2014)의 제안을 정리하면 다음과 같다.

- 유아의 흥미와 요구 파악하기: 관찰, 부모회의, 토의 등을 통해 유아들이 학습하는 데 있어 어려움을 알고 어떤 도움을 줄 수 있는지 알아보기

- 지역사회 알기: 지역사회를 돌아보고 지역사회에 익숙해지기(예 지역신문 읽기, 지역사회 행사나 활동에 참석하기)
- 지역사회 단체 안내 브로슈어 활용하기
- 재능기부나 자원봉사와 같은 활동 요청하기
- 지역사회 기반 단체활동에 참여하기(예 미국의 경우, 오클랜드 부모문해 프로젝트(The Oakland Parent Literacy Project)에서는 수요일 밤에 2시간 동안 유아들과 부모들에게 무료로 식사를 대접하고 독서모임과 공연을 지속적으로 하였다. 이 프로젝트는 점차 오클랜드 지역의 모든 초등학교로 확대되었고, 지역사회 서비스 네트워킹을 활성화하였다.)

2) 지역사회 연계의 필요성

지역사회와 지역사회 자원은 유아의 성장과 발달, 나아가 교육과 학습을 위한 중요한 자원이며 가정과 교육기관에서는 배울 수 없는 부분들에 대한 학습까지도 가능하게 한다. 그러므로 전문성 있는 유아교사로서 지역사회와 자원을 활용한 교육활동의 교육적 의미를 알고, 지역사회와의 연계를 위한 노력이 요구된다.

신미숙(2015)은 지역사회와 지역사회 자원을 지속가능발전교육의 자원으로 보고 유아를 위한 지역사회 자원 활용 지속가능발전교육 프로그램을 개발하여 교육적 효과성을 밝힌 바 있다. 이와 관련하여 신미숙은 지역사회 연계의 교육적 의의를 다음과 같이 밝혔다(신미숙, 2015).

첫째, 지역사회의 자연적 자원인 산과 하천, 갯벌, 수목원, 공원은 유아가 동식물과 같은 다양한 자연환경과의 만남을 통해 자연에 대한 감수성을 키울 수 있다. 이를 통해 자연을 존중하고 환경을 아끼고 보존하고자 하는 가치와 태도를 기를 수 있다.

둘째, 사회적 요소로 문화적 자원이나 인적 자원과 관련지어 볼 때 지역사회에서 이루어지고 있는 다양한 행사, 축제의 체험과 지역주민, 공무원, 각 분야의 해설사 등과의 교류를 통해 지역을 이해하고 지역주민과의 소통을 늘려 능동적인 사회 참여를 높일 수 있다.

셋째, 경제적 요소로 지역의 모든 자원에 대해 공공성을 인식하고 바르게 이용·관리·보존하려는 태도와 가치관을 형성함으로써 미래 세대를 위한 책임의식을 향상시킬 수 있다.

나아가 유아교사는 부모와 가족을 위해 지역사회 기관과 협력해야 하며 이는 유아, 유아의 부모와 가족 지원을 위해 많은 장점이 있다고 Morrison(2014)은 설명한다.

첫째, 교사는 종종 부모와 가족의 지원을 도와줄 수 있는 첫 번째 사람이 될 수 있으므로, 지역사회 기관과의 연계는 가족의 문제가 너무 심할 경우 교사가 혼자 이를 다루기 어려울 때 가족에게 지역사회 기관을 연결해 줄 수 있다. 예를 들어, 유아교사는 수업시간에 유아의 행동의 변화를 쉽게 알아차릴 수 있고, 유아로부터 가정에서 발생하는 어렵고 스트레스가 될 수 있는 상황을 전해 들을 수 있다. 이는 가족이 어려움 상황에 처했음을 알고 전문적인 개입을 도울 수 있다.

둘째, 기관은 가족을 도울 수 있는 다양한 서비스를 제공할 수 있고 부모가 이러한 도움을 받음으로 인해 유아는 스트레스를 덜 받고 유아교육기관에 더 잘 적응할 수 있다. 이는 교사의 역할에 도움이 되며 매우 효과적이다. 이러한 지지적인 관계는 부모가 유아의 수면지도나 학습과 관련된 구체적인 양육기술을 함양할 수 있다.

셋째, 지역사회 기관 관련자들은 유아교사가 부모, 가족들과 좀 더 잘 소통할 수 있도록 도와줄 수 있다. 부모의 멘토는 부모의 관심을 잘 헤아리고 이를 구체화하여 유아교육기관에 이야기할 수 있도록 도와준다.

넷째, 지역사회 기관 관련자들은 부모를 도울 수 있는 확실한 자원을 잘 파악할 수 있다. 예를 들어, 경제적 어려움과 같은 상황에 처한 부모와 가족에게 경제적 지원을 도와줌으로써 지원해 줄 수 있다.

이처럼 위기의 유아와 부모 그리고 가족을 위한 지원으로서 지역사회 연계는 필요하다. 이와 관련하여 우리나라에서도 2005년부터 시행된 「건강가정기본법」에 따라 여성가족부가 시행하는 가족정책의 주요 전달체계로 다양한 가족 지원정책을 제안하고 실행하기 위해 건강가정지원센터를 설립하여 운영하고 있다. 건강가정지원센터는 가정문제의 예방, 상담 및 치료, 건강가정 유지를 위한 프로그램 개발, 가족

문화운동 전개, 가정 관련 정보 및 자료 제공을 위해 중앙, 시도 및 시 · 군 · 구에 설치 · 운영되고 있으므로 유아교사는 필요한 경우 지역사회 기관과 협력할 수 있어야 한다.

I 그림 7-4 I 건강가정지원센터(www.familynet.or.kr)

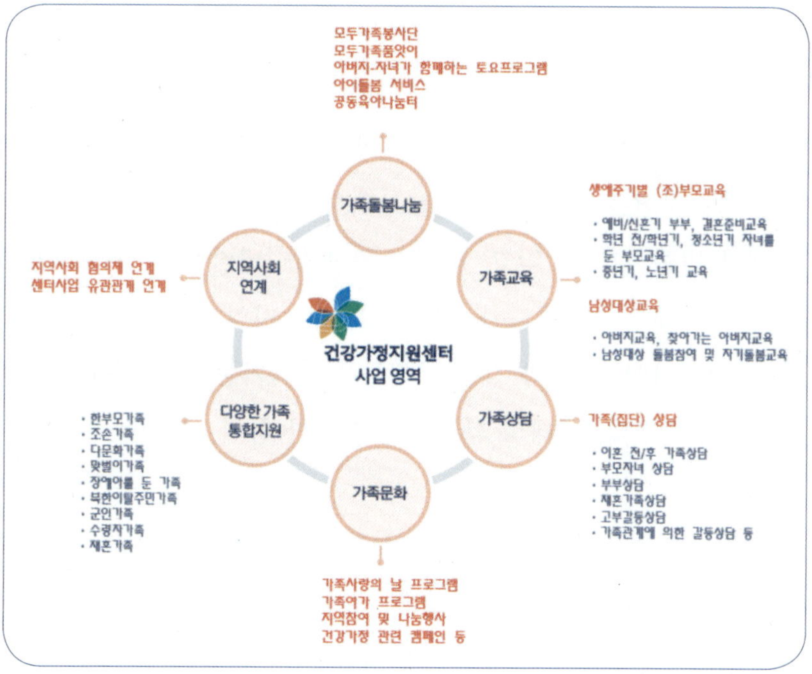

I 그림 7-5 I 건강가정지원센터 주요사업 체계도

3) 지역사회 연계의 사례

지역사회와 지역사회 자원을 유아교육과 연계하여 외국의 사례와 국내의 사례를 살펴보고자 한다. 외국의 경우, 학교 및 행정기관이 주축이 되어 지역 협력체제를 구축하기 위한 노력들이 활발히 진행되고 있다(우정희, 2007). 특히, 레지오 에밀리아 접근법은 지역의 사회문화적 요인과 적절하게 조화되어 있다. 유아와 교사, 부모, 지역사회 구성원 간의 관계를 통해 더 큰 규모의 사회문화적 차원의 지원적 상호관계가 전제되어 교육이 상호 협력적으로 이루어지고 있다(New, 1999). 레지오 에밀리아 접근법의 교육은 각 개별 영유아에게 초점을 두면서 또래, 교사, 가족, 학교환경, 지역사회, 더 넓은 사회와의 관계 속에서 고려되어야 한다. 레지오 에밀리아 접근에서는 유아학교를 유아를 위한 살아 있는 종합적인 유기체로서 많은 성인과 유아가 삶을 나누고 관계를 맺을 수 있는 생활 터전과 같은 것으로 생각한다. 이외에도 Fish(2004)는 미국 캘리포니아 주립대학 Northrige의 유아교육 관계자들과 지역사회 관계자들이 협력하여 개발한 유아교육자문서비스(ECECS: Early Childhood Education Consulting Services)의 사례를 통해 지역에 기반을 둔 유아교육 프로그램의 질적 향상을 지원하고, 의미 있는 학습경험을 제공한 사례를 보고하기도 하였다. 이외에도 Pratt(2010)은 지역사회 내에서 멸종 위기를 겪고 있는 토종 동물 '빌비 돕기 프로젝트'를 진행했고, Bates와 Tragenza(2006)은 염도가 높아지고 있는 지역 하천 '뮤레이 강 물 프로젝트'를 유아들과 진행하였다. 이와 같은 사례들은 지속가능발전교육과 관련하여 지구를 돌보는 책임, 민주주의, 미래의 환경문제에 대한 참여, 환경적 관심을 이끌어 내는 데 효과적이었음을 밝히고 있다.

국내에서는 전남 지역의 225명의 유아교사를 대상으로 지역사회 연계교육에 대한 유아교사의 인식 및 실태조사를 한 문병환, 김동례(2016)에 따르면 지역사회 연계교육 실태에서 운영 횟수는 월 1회, 1시간 이하가 가장 많았으며, 연간 교육계획안에 통합과 지역사회와 관계 형성하기를 운영하고 있는 것으로 나타났다. 지역사회 자원 사용 빈도는 문화예술관, 소방서, 도서관, 박물관, 경찰서, 동사무소, 동물원과 대형마트, 병원 순으로 나타났다. 그러나 이러한 지역사회 연계는 단기적 · 일회적 방문에 그친다는 점에서 국외의 지역사회 연계 사례와는 차이가 있다. 지역사회 자원 활용 지속가능발전교육 실천을 위해 이화어린이연구원에서 일본 대지진과 지역사회 환경문제를 연결시켜 '쓰레기 프로젝트'를 진행했고, 덕성여자대학교 부속유치원에서는 지역사회 문제인 이상기후현상, 쓰레기, 동물 유기 등의 문제를 지역사회와 연계되도록 동심원적 사회확산형 공공캠페인을 진행한 지구환경 살림이 프로그램도 있다. 또한, 신미숙은 '수암산', '안산천', '용하공원'과 같은 경기도 안산 지역의 지역사회 자원을 활용한 지속가능발전교육을 실천하였다. 특히, 신미숙은 프로그램의 교수-학습단계로서 지역사회에 관심 갖기, 탐구하기, 문제 인식 및 해결방안 모색하기, 실천하기의 단계를 제시하며 일상에서 좀 더 쉽게 실천할 수 있고 적용할 수 있는 프로그램을 개발하여 지역사회 자원 활용의 사례를 제시하였다.

이와 같이 지역사회 연계 사례들을 통해 유아교사는 유아가 속한 지역사회에 대한 이해를 기반으로 유아들이 공동체의 건강한 구성원으로 성장할 수 있는 방안을 다각도로 도모해야 한다.

토론

1. 현재 교육의 책무성과 개선을 위한 방침들이 어떻게 변화하고 있으며 부모참여에 대한 부모의 태도가 어떻게 변화하고 있는지 인터넷 검색을 해 보세요. 왜 부모들이 자녀의 교육기관에 적극적으로 참여해야 하는지 생각해 보세요. 부모참여에 대한 장점과 단점을 생각해 보고 의견을 나누어 보세요.
2. 국가 또는 각 지역의 사회적 서비스에 대해 알아보고, 어떤 서비스가 유아와 부모에게 적합할지 찾아보세요. 유아와 부모들이 쉽게 접근할 수 있는 자원들을 목록화하고 정리해 보세요.
3. 유아가 3일 연속으로 결석했다고 가정해 보세요. 결석한 이유에 대해 알기 위해 부모에게 연락을 한다면 유아의 계속되는 결석에 대해 어떤 질문을 할 수 있으며 더 이상 결석을 하지 않도록 어떻게 제안하면 좋을지 생각해 보세요.

참고문헌

교육부, 보건복지부(2016). 유치원 · 어린이집 아동학대 조기 발견 및 관리 · 대응 매뉴얼.

남미경(2011). 대구지역 유아교육기관의 지역사회 자원 활용 실태 및 적용타당성 조사. **생태유아교육연구, 10**(4), 51–69.

문병환, 김동례(2016). 지역사회 연계 교육에 대한 유아교사의 인식 및 실태조사. **어린이문학교육연구, 17**(2), 493–520.

신미숙(2015). 유아를 위한 지역사회 자원 활용 지속가능발전교육 프로그램 개발 및 적용효과. 중앙대학교 박사학위논문.

우정희(2007). 유아교육기관의 지역사회 연계교육 실태. **열린유아교육연구, 12**(6), 195–214.

여성가족부(2016). **초보 아빠수첩**. 여성가족부.

Bogenschneider, k.(2004). *Wisconsin Family Impact seminars*. Phyllis M. Northwag.

Epstein, J. L. et al. (2002). *School, family, and community partnerships: Your handbook for action, second edition*. Thousand Oaks, CA: Corwin Press.

Morrison, G.(2014). *Early Childhood Education Today*(13th ed). Pearson Education, Inc.

건강가정지원센터 http://www.familynet.or.kr/index.jsp

CHAPTER 08

장애유아 통합교육

제8장 장애유아 통합교육에서는 통합교육의 개념을 설명하고, 윤리적 · 사회적 · 발달적 · 비용적 이슈를 중심으로 통합교육의 필요성에 대해 살펴본다. 또한, 통합교육 관련 정책과 장애유아 선정 기준 및 절차와 배치에 대해 설명한다. 통합교실에서 장애유아와 비장애유아의 발달과 학습을 돕기 위한 통합교육 프로그램의 필수요소와 통합환경에서 유아교사와 특수교사의 협력적 역할에 대해서도 알아본다.

1. 장애유아 통합교육의 개념 및 필요성

1) 장애유아 통합교육의 개념

2007년에 제정된 「장애인 등에 대한 특수교육법」 제2조 제6항에 따르면 통합교육이란 특수교육 대상자가 일반학교에서 장애유형, 장애 정도에 따라 차별을 받지 않고 또래와 함께 개개인의 교육적 요구에 적합한 교육을 받는 것을 의미한다.

통합(inclusion)이라는 용어는 1980년 중반 이후 교육현장에서 사용되었는데(Thomazet, 2009), 과거 특수교육 분야에서 자주 사용되었던 주류화와 통합이 혼용되기도 하지만 그 개념에는 다음과 같은 차이가 있다(Bae, 2012에서 재인용).

- 주류화(mainstreaming): 장애유아는 특수학급에서 이동하여 하루 중 일부 시간만 일반학급에 배치된다(Mclean & Hanline, 1990; Rafferty et al., 2003). 주류화에서 일반학급의 접근은 장애유아가 또래 비장애유아와 동일한 기능적 수준을 가진 경우에 해당된다. 또한, 주류화 교실에서는 또래 비장애유아들과 비교해서 배우는데 다양한 도움이 필요한 장애유아를 위한 교육의 수정 또는 지원서비스는 제공되지 않는다(Rafferty et al., 2003).
- 통합(integration): 장애유아와 비장애유아를 같은 교실에 배치한다(Odom & McEvoy,

1990; Rafferty et al., 2003). 그러나 장애유아를 일반학급에 물리적으로 통합하는 것이 장애유아가 전적으로 일반학급의 구성원이 된다는 것을 항상 보장하지는 않는다(Ferguson, 1996). 즉, 단순히 장애유아를 일반학급에 배치하는 것은 이 장애유아가 같은 학급의 또래 비장애유아와 함께 효과적으로 배울 것이라는 것을 의미하는 것은 아니다(Vakil, Welton, O'Connor, & Kline, 2009).

유아기 장애유아 통합의 정의는 일치되지 않았으나 미국의 대표적 유아교육전문단체인 특수교육협의회(Council for Exceptional Children)의 유아교육분과(DEC: Division for Early Childhood)와 NAEYC는 공동으로 다음과 같이 통합의 정의를 제안한다(2009: 2).

- 통합: 유아기 통합은 능력에 관계없이 모든 영유아와 그들의 가족이 가족, 지역사회, 사회구성원으로서 다양한 활동과 환경에 참여할 권리를 지지하는 가치 · 정책 · 실천을 포함한다. 통합의 경험과 가족이 기대하는 결과는 소속감, 멤버십, 긍정적인 사회적 관계와 우정 그리고 발달과 학습에 있어서 잠재력을 최대한 발휘하는 것을 포함한다. 양질의 유아교육 프로그램과 서비스를 확인하기 위한 통합의 정의적 세부특징은 접근(access), 참여(participation), 지지(support)이다.

양질의 장애유아 통합교육의 환경은 통합의 정의적 세부특징에 따라 다음과 같이 설명할 수 있다(DEC & NAEYC, 2009).

첫째, 장애유아가 다양한 교육환경에서 다양한 학습기회와 적절한 활동에 접근한다.

둘째, 장애유아가 자신의 특별한 요구를 충족시키는 개별화된 조절과 지지를 통해 비장애 또래 유아들과 놀이와 학습활동에 참여한다.

셋째, 효과적인 통합교육의 실제를 위해 가족구성원, 실무자, 전문가 그리고 관리자를 위한 지속적인 전문 개발과 지지가 제공될 때이다.

이상을 종합하면, 장애 통합교육은 장애유아가 일반교실의 환경에서 또래들이 경험하는 동일한 학습기회, 활동, 환경에 접근할 수 있도록 하고, 개별유아의 요구를 충족시키는 수정된 교육방법과 전문적 지지를 제공하며, 비장애 또래유아들과 함께 놀이와 학습활동에 전적으로 참여할 수 있도록 하여 개별유아의 교육적 요구에 적합한 교육을 받도록 하는 것이다.

2) 장애유아 통합교육의 필요성

(1) 유아기 장애 통합교육의 필요성

Allen과 Cowdery(2015)가 장애유아를 위한 통합교육의 근거로 제시한 윤리적 · 사회화 · 발달적 · 비용적 이슈를 요약하면 다음과 같다.

① 윤리적 이슈(The ethical issue)

통합 옹호자들이 지지하는 가장 주요한 윤리적 주장(ethical force)은 장애아가 가능한 한 충만한 삶을 누리는 권리이다. Dunn(1968)은 장애아가 분리된 교육을 받는 것이 정당하지 않음을 대중의 의식에 처음 도입하였다. 그는 특수학급들은 발달지연아들에게 대부분 부적절한 교육을 제공했다고 주장하였다. 장애아 통합은 조기교육에서 다문화 접근과 매우 유사하다. Derman-Sparks(1988~1989)에 따르면, 공통의 목표는 확연히 다른 문화적 · 지적 또는 신체적 특징을 가진 유아들을 위해 우리의 교육 시스템에 받아들이는 것이다. 이것이 성취되기까지 어떠한 차별과 관련된 윤리적 문제는 해결되지 않는다.

② 사회화 이슈(The socialization issue)

장애아를 주류교육에 포함시키는 것은 비장애아와 동등한 사회적 지위를 가짐을 의미한다. 통합은 지역사회 구성원의 인식을 높이는데, 지역사회 구성원은 발달장애아에게 더욱 익숙해지고 이는 지역사회 구성원들이 장애아를 한층 더 수용하도록 한다. 장애아하고만 놀이하고 상호작용하는 장애아는 정상적인 사회적 기술을 배우지 못하므로 비장애유아와 함께하는 놀이는 건강한 발달을 촉진하기 위해 고안하는 프로그램의 필수적인 부분이어야 한다(Lieber, Schwartz, Sandall, Horn, & Ashworth Wolery, 2003; Wolery & Wilbers, 1994). 비장애유아들은 시각 및 청각장애를 가진 유아, 신체장애를 가진 유아 또는 인지능력에 어려움이 있는 유아들에 대해 알 필요가 있다. 영유아기에 비장애유아들이 장애유아들에 대해 알지 못하면 발달적으로 다른 장애유아들을 받아들이기 어렵다.

③ 발달적 이슈(developmental issues)

유아들은 유아기 동안 발달의 전 영역에서 다음과 같은 다양한 기본기술을 획득한다. 이러한 기본기술들을 획득할 수 있도록 돕는 질 높은 유아교육 프로그램의 경험은 장애유아 또는 발달적으로 위험에 처해 있는 유아들에게도 유익하다.

기본적인 발달기술

1. 한곳에서 다른 곳으로 혼자서 이동하기 위해서 돌아다니기, 탐색하기 위해서 돌아다니기, 실험하기 위해서 돌아다니기
2. 잡기, 들기, 놓기, 복잡한 사물 조작하기
3. 개인적인 욕구 돌보기: 화장실 가기, 옷 입기, 먹기
4. 모국어 습득하기, 자신이 원하는 것을 얻기 위해 주변의 다른 사람들이 선호하는 다양한 방법으로 언어 사용하기
5. 생각하기, 아이디어 생각해내기, 문제해결하기, 판단하기, 다른 사람에게 영향 주기
6. 다른 사람들이 말을 걸거나 영향력을 행사하려고 할 때 점점 더 정교한 말과 몸짓으로 반응하기
7. 자신과 같은 사람들, 자신과 다른 사람들과 사이좋게 지내고 상호작용하는 방법 찾기

출처: Allen & Cowdery(2015). The exceptional child: Inclusion in early childhood education, p. 11에서 요약.

발달적 이슈는 크게 민감기/결정적 시기, 가르칠 수 있는 순간, 모방으로 설명할 수 있다(Allen & Cowdery, 2015).

가. 민감기/결정적 시기

대부분의 유아들은 위와 같은 기본적인 발달기술을 그들 스스로 획득하는데 이러한 학습의 일부는 발달적으로 민감한 시기(sensitive periods) 또는 결정적 시기(critical periods)에 이루어진다. 이 시기의 유아는 반응적이고 특정한 종류의 자극으로부터 배울 수 있

다. 민감기 또는 결정적 시기가 아닌 다른 시기에 받는 동일한 자극은 발달에 거의 영향을 미치지 않는다. 따라서 이 시기 동안 모든 유아는 많은 자극이 주어지고 반응적인 학습환경을 경험하는 것이 중요하다. 발달적으로 어려움을 겪는 유아들에게는 훨씬 더 필수적이다(Olswang & Bain, 1991).

나. 가르칠 수 있는 순간

발달의 중요성과 관련된 개념 중의 하나가 가르칠 수 있는 순간(teachable moments)이다. 가르칠 수 있는 순간은 유아가 동기부여되어 걷기, 세발자전거 타기, 또는 수세기와 같은 특정한 기술을 더 잘 습득할 수 있는 시점이다. 심각한 장애를 가진 유아들을 포함한 모든 유아에게는 매일의 일과와 활동을 통해 가르칠 수 있는 순간들이 많다.

다. 모방

통합환경에서 장애유아는 비장애유아가 모델링으로 보여 주는 더 발달된 기술들을 관찰하고 모방(imitate)한다(Goldstein, 1993). 모든 사람에게 있어서 다른 사람을 모방하는 것은 학습의 주요방법이다. 유아들은 하면서(doing) 배운다. 발달적으로 어려움을 가진 유아가 적절히 놀이하는 것을 배우려면, 이 유아는 다른 유아들을 모방하고 같이 놀이를 해야 한다. 만약, 문제행동을 가진 유아가 나누고 차례대로 놀이하는 것을 배우려면, 이 유아는 나누고 차례대로 놀이하는 방법을 아는 유아들을 모방하고 상호작용할 수 있는 기회를 가져야 한다. 또한, 심각한 의사소통 문제를 가진 유아가 대화를 시작하는 방법을 배우려면 재미있고 적합한 대화 파트너인 또래가 있어야 한다.

④ 비용적 이슈(The cost issue)

통합교육을 제공하는 데 필요한 비용은 부모, 프로그램 제공자, 행정관 그리고 기타 프로그램 소비자들에게 주요 관심사이다. 장애유아에게 적절한 교육을 제공하는 데 드는 비용은 기존의 지역사회 프로그램을 활용함으로써 감소시킬 수 있다. 이러한 비용 절감은 통합의 이점이기는 하지만 학군 내에서 통합교육을 추진하는 주된 요인이 되어서는 안 된다.

비용문제의 또 다른 측면은 많은 수의 장애 및 비장애유아가 적절한 통합교육을 받지 못하고 있다는 것이다. 즉, 주변에 갈 만한 질 높은 유아교육 프로그램이 충분하지 않다. 공공자금을 통합교육시설보다 특수교육시설에 투자하는 것은 철학적·경제적으로 모든 유아의 발달적 요구를 충족시키는 데 있어서 차질을 가져온다.

2. 장애유아 통합교육의 이점

유아교사와 기관 운영관리자를 포함한 유아교육 전문가들은 질 높은 통합교육을 현장에 적용시키기 위해 많은 노력을 하고 있다. 몇몇 연구들은 통합교육의 기회를 확대함으로써 장애 및 비장애유아들은 다음과 같은 발달적·학습적 이점을 가진다고 보고한다(Bae, 2012에서 재인용).

1) 장애유아의 이점

- 발달장애를 가진 3명의 유아들은 통합교실에서 이야기 나누기 또는 자유선택활동 시간과 같은 일상활동에 참여하였다. 이 유아들을 위해 세워진 사회성 발달의 목표는 협동활동 시작하기, 대화 주고받기, 대그룹 활동에 참여하기이다. 이야기 나누기 또는 자유선택활동에 참여한 발달장애유아들은 협동, 차례대로 하기, 지시 따르기와 같은 사회적 기술이 증가하였다(Macy & Bricker, 2007).
- 경증부터 중증의 자폐를 가진 4명의 유아들은 헤드스타트, 지역사회 기반 유치원, 통합 특수교육 프로그램을 포함한 통합 유치원 프로그램의 놀이활동에 참여하였다. 개별 자폐유아들은 또래와 대화를 시작하고 지속하는데 어려움을 가지고 있었고 혼자놀이 또는 방관자 놀이를 하였다. 대부분의 자폐장애유아들은 또래들의 놀이에 관심을 보였으나, 일부 자폐장애유아들은 놀이터에서 다른 유

아들과 놀이하려고 시도하지 않았고 어떤 자폐장애유아들은 다른 유아들과 놀이하는 데 실패하였다. 이 자폐장애유아들은 놀이활동에 참여하면서 놀이 시작하기, 참여시간, 놀이기술이 증가하였다(Nelson, McDonnell, Johnston, Crompton, & Nelson, 2007).

- 발달장애유아 15명을 각각 통합학급과 특수학급에서 교육한 후 발달장애유아들의 사회 · 정서발달의 결과를 비교하였다. 발달장애유아들은 자조기술(self-help skills), 일반지식/이해, 사회 · 정서발달에 지연을 가지고 있었고, 비교 전 두 학급의 발달장애유아들의 자조기술, 일반지식/이해, 사회 · 정서발달의 기능 수준에는 차이가 없었다. 이후 두 그룹에서 기능 수준이 높은 발달장애유아들의 사회 · 정서발달을 비교한 결과, 특수학급보다 통합학급 발달장애유아들의 사회 · 정서발달에서 향상이 나타났다(Holahan & Costenbader, 2000).
- 통합학급의 발달장애유아 68명과 특수학급의 발달장애유아 28명의 청각적 이해, 표현언어, 사회적 기술을 비교하였다. 통합학급의 68명 중 26명은 심각한 장애를 가지고 있었고, 42명의 유아들은 덜 심각한 장애를 가지고 있었다. 특수학급은 21명이 심각한 장애를 가지고 있었고, 7명은 덜 심각한 장애를 가지고 있었다. 이 유아들은 언어발달과 사회적 기술에 어려움을 가지고 있었다. 학기 초와 학기 말에 두 그룹 유아들의 청각적 이해, 표현적 언어, 사회적 기술을 비교한 결과, 통합학급의 심각한 발달장애를 가진 유아들이 특수학급의 유아들 보다 청각적 이해, 표현언어, 사회적 기술이 크게 향상되었다(Rafferty, Piscitelli, & Boettcher, 2003).
- 특수학급의 심각한 장애를 가진 48명의 유아들과 통합학급의 심각한 장애를 가진 유아 46명의 발달 및 사회성 이점을 알아보기 위해 통합학급의 경도/중도 장애를 가진 유아 66명과 비장애유아 63명과 비교하였다. 심각한 장애를 가진 유아들을 위해 세워진 발달목표의 영역은 학업 전(pre-academic), 의사소통, 사회/자조, 대근육운동, 행동, 일상생활, 사회화, 운동기술들이다. 특수학급과 통합학급의 유아들을 비교한 결과, 통합학급의 심각한 장애를 가진 유아들이 특수학급의 심각한 장애를 가진 유아들보다 더 많은 발달적 이점이 있었다. 특히, 통

합학급의 심각한 장애를 가진 유아들은 특수학급의 심각한 장애를 가진 유아들보다 의사소통과 사회/자조영역에서 큰 향상을 보였다. 통합학급의 심각한 장애를 가진 유아들은 통합학급의 경도/중도 장애를 가진 유아들과 비슷한 발달적 이점들을 가지는 것으로 나타났다(Hundert, Mahoney, Mundy, & Vernon, 1998).

이상과 같이 다른 유형의 장애와 장애 정도를 가진 유아들은 일반 교육환경에서 교육받음으로써 사회성 및 발달의 이점을 가진다. 또한, 다양한 중재전략을 제공하는 일반 교육환경은 다양한 요구를 가진 장애유아를 지원한다. 따라서 장애유아들은 비장애 또래유아들과 놀이하고 상호작용하는 기회뿐만 아니라 다양한 중재전략을 지원받을 수 있도록 통합환경에 접근할 수 있어야 한다.

2) 비장애유아의 이점

통합환경에서 비장애유아들은 또래 장애유아들을 돕기 위한 여러 가지 전략을 사용하면서 친사회적 행동이 증가하고(Diamond & Carpenter, 2000), 또래 장애유아들에 대한 이해와 수용도 증가한다(Odom, Schwartz, & ECRII Investigators, 2002). Allen과 Cowdery(2015)는 통합교육을 통해 비장애유아들이 갖는 이점과 관련하여 다음과 같이 3가지를 언급한다.

① 발달과정(developmental process)

정상적으로 발달하고 있는 유아들을 발달장애유아들이 포함된 통합학급에 배치된다고 해서 비장애유아의 발달에 부정적인 영향을 미치지 않는다. 통합교실의 비장애유아들은 다양성에 대해 더 잘 이해하고 동시에 심각한 장애를 가진 또래 장애유아들에 대한 기대도 높다(Carter & Kennedy, 2006). 통합 프로그램에서 유아발달의 결과는 통합환경에 유아를 배치하는 것보다는 교육의 질에 있다.

② 또래 교수(peer tutoring)

또래 교수를 받는 유아와 또래 교수를 하는 유아는 모두 이러한 경험으로부터 상당한 이점을 갖는다. 성인은 자신이 알거나 배우고 있는 것을 다른 사람에게 자발적으로 가르칠 기회가 주어질 때 자기 자신이 가지고 있는 기술이나 자신이 알고 있거나 배운 것을 더 잘 이해하게 된다. 이것은 유아도 마찬가지이다. 모든 발달단계의 유아들 사이의 자발적인 또래 교수는 장애 및 비장애유아들의 사회적 상호작용과 수용 가능한 놀이행동을 증가시키고 재료를 적합하고 정교하게 사용하도록 돕는다(Spodek, Saracho, & Lee, 1984).

③ 감수성/민감성 발달(developing sensitivity)

통합은 비장애유아들이 다른 사람들의 차이점을 이해하도록 돕는다. 이로써 비장애유아들의 감수성이 발달하고 자신의 강점과 약점을 점점 더 잘 인식하게 된다(Rafferty, Boettcher, & Griffin, 2001). 또한, 장애유아를 가장 많이 접촉한 경험이 있는 비장애유아들은 장애유아에 대해 더 허용적인 태도를 보인다(McGregor & Vogelsber, 1998).

3. 장애유아 통합교육의 현황 및 정책

장애유아 통합교육은 세계적인 추세이고 우리나라는 「장애인 등에 대한 특수교육법」 제3조 및 동법 시행령 제2조에 따라 2010년도에는 만 5세 이상, 2011년도에는 만 4세 이상, 2012년도에는 만 3세 이상 장애유아를 위한 유치원 과정의 의무교육이 차례대로 실시하게 되었다. 또한, 동법 시행령 제3조에 따라 만 3세 미만의 장애영아를 포함한 무상교육이 실시되면서 영아기부터 전공과 과정에 이르기까지 특수교육 대상자의 무상교육이 제도화되었다. 또한, 「장애인 등에 대한 특수교육법」에서는 장애아를 일반학급에 배치하는 것을 권장하는데, 이는 미국의 특수교육법인 「장애인 교육법」(Individuals with Disabilities Education Act, 2004)에서 장애를 가진 모든 아동이 무상으로 공립학교에서 적합한 교육을 받을 권리와 최소 제한적 환경의 배치원칙과 일치한다. 여기서 최소 제한적 환경은 장애유아의 요구를 적절히 충족시킬 수 있는 가

장 일반적인 환경으로 주로 비장애유아가 교육받는 환경이다(Allen & Cowdery, 2015). 국내에서 전일제 통합학급에서 교육받는 장애유아를 포함한 장애학생의 수는 **| 그림 8-1 |**과 같이 해마다 지속적으로 증가하고 있다.

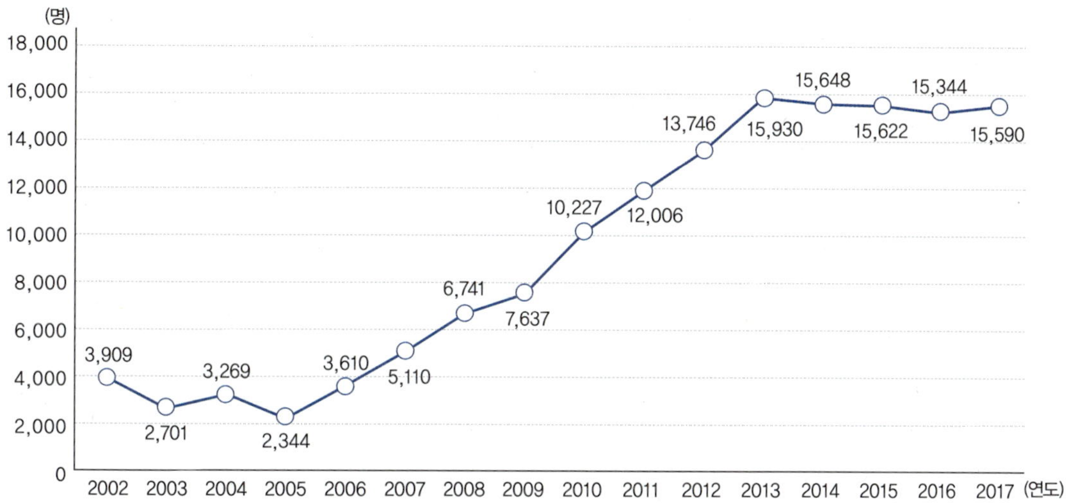

출처: 교육부(2017). 2017 특수교육 통계, p. 11에서 발췌.

| 그림 8-1 | 연도별 일반학급 학생 수(전일제 통합학급)

1) 장애 통합교육의 현황

만 3~5세 장애유아를 위한 교육의 의무화와 만 0~2세 장애영아를 위한 무상교육은 더 많은 장애영유아가 유아교육기관에서 통합교육을 받을 기회가 확대됨을 의미한다. 장애영유아를 위한 교육의 의무화와 무상교육 실시가 제도화된 이후 장애 통합환경에서 교육받는 장애영유아의 수가 2009년부터 최근까지 매년 증가하고 있다(표 8-1 참조). 국내 출산율이 1970년에 4.53명에서 2015년에 1.2명으로 지속적으로 감소(OECD, 2017)하는 추세를 고려하면, 장애 통합교육을 받는 장애영유아의 비율이 지속적으로 증가하고 있음을 알 수 있다.

| 표 8-1 | 유치원 장애유아 통합교육 현황

연도	유치원 수	학급 수	장애유아	
			전체	여
2009	1,331	1,881	2,447	820
2010	1,290	1,796	2,431	831
2011	1,331	1,934	2,584	835
2012	1,419	2,029	2,843	901
2016	1,674	2,612	4,248	1,268
2017	1,698	2,772	4,489	1,333

* 2009~2012, 2016, 2017년도 특수교육 통계에서 요약.

| 표 8-2 | 어린이집 장애유아 통합보육 현황

구분	어린이집 수	보육아동				
		정원	현원			
				계	장애아동	비장애아동
2009	806	69,324	계	60,572	3,469	57,103
			남	32,154	2,422	29,732
			여	28,418	1,047	27,371
2010	810	72,067	계	64,542	3,487	61,055
			남	34,145	2,435	31,710
			여	30,397	1,052	29,345
2011	815	73,681	계	66,151	3,513	62,638
			남	34,734	2,458	32,276
			여	31,417	1,055	30,362

구분	어린이집 수	보육아동				
		정원	현원			
				계	장애아동	비장애아동
2012	836	76,924	계	70,286	3,565	66,721
			남	36,887	2,564	34,323
			여	33,399	1,001	32,398
2016	911	84,019	계	75,122	4,079	71,043
			남	39,604	2,941	36,663
			여	35,518	1,138	34,380

* 장애 아동 현원: 아동자격이 '(영유아, 누리, 방과 후) 장애아'인 아동 현원.
* 2009~2012, 2016년도 보육 통계에서 요약.

| 표 8-3 | 영아전담시설 현황

구분	시설 수	보육아동							
		정원	현원						
			계		영아 현원				3세 이상 현원
					소계	0세	1세	2세	
2009	677	30,927	계	27,058	24,748	4,188	9,609	10,951	2,310
			남	14,026	12,805	2,194	4,913	5,698	1,221
			여	13,032	11,943	1,994	4,696	5,253	1,089
2010	648	30,185	계	27,381	25,111	3,835	9,485	11,791	2,270
			남	14,142	12,996	2,019	4,925	6,052	1,146
			여	13,239	12,115	1,816	4,560	5,739	1,124

구분	시설 수	정원	보육아동						
			현원						
			계		영아 현원				3세 이상 현원
					소계	0세	1세	2세	
2011	638	29,663	계	26,754	24,653	4,141	9,374	11,138	2,101
			남	13,933	12,868	2,155	4,950	5,763	1,065
			여	12,821	11,785	1,986	4,424	5,375	1,036
2012	629	30,399	계	27,750	25,497	4,078	10,508	10,911	2,253
			남	14,418	13,253	2,138	5,442	5,673	1,165
			여	13,332	12,244	1,940	5,066	5,238	1,088
2016	453	19,403	계	16,677	15,759	2,647	6,480	6,632	918
			남	8,612	8,132	1,377	3,362	3,393	480
			여	8,065	7,627	1,270	3,118	3,239	438

* 영아, 아동 현원: 보육 나이가 0, 1, 2세인 아동 현원.
* 2009~2012, 2016년도 보육 통계에서 요약.

2) 장애 통합교육의 정책

유아교육현장에서 장애 통합교육을 성공적으로 수행하기 위해서는 장애 통합을 적극적으로 지원하는 관련 정책을 수립하는 것이 매우 중요하다. 우리나라는 「특수교육진흥법」(1994)의 전면개정으로 장애유아를 위한 통합교육 및 개별화 교육을 교육현장에 소개하였다. 또한, 장애를 가진 유아들과 고등학교 학생들을 위해 교육의 이점을 최대화하기 위하여 「특수교육진흥법」의 대안적 특수교육법인 「장애인 등에 대한 특수교육법」 제정(2007) 및 시행(2008)에 따라 장애아를 위한 의무 · 무상교육의 기회가 확대되었다. 개정된 「장애인 등에 대한 특수교육법」 중 장애 통합교육과 관련된 일부 내용을 살펴보면 | 표 8-4 |와 같다.

| 표 8-4 |「장애인 등에 대한 특수교육법」 일부 내용

「장애인 등에 대한 특수교육법」 [법률 제15234호, 2017. 12. 19]	「장애인 등에 대한 특수교육법 시행령」 [대통령령 제28211호, 2017. 7. 26]
제1장 총칙	
제1조(목적) 이 법은 「교육기본법」 제18조에 따라 국가 및 지방자치단체가 장애인 및 특별한 교육적 요구가 있는 사람에게 통합된 교육환경을 제공하고 생애주기에 따라 장애유형 · 장애 정도의 특성을 고려한 교육을 실시하여 이들이 자아실현과 사회통합을 하는 데 기여함을 목적으로 한다.	제1조(목적) 이 영은 「장애인 등에 대한 특수교육법」에서 위임된 사항과 그 시행에 필요한 사항을 규정함을 목적으로 한다.
제3조(의무교육 등) ① 특수교육 대상자에 대하여는 「교육기본법」 제8조에도 불구하고 유치원 · 초등학교 · 중학교 및 고등학교 과정의 교육은 의무교육으로 하고, 제24조에 따른 전공과와 만 3세 미만의 장애영아교육은 무상으로 한다. ② 만 3세부터 만 17세까지의 특수교육 대상자는 제1항에 따른 의무교육을 받을 권리를 가진다. 다만, 출석 일수의 부족 등으로 인하여 진급 또는 졸업을 하지 못하거나, 제19조 제3항에 따라 취학의무를 유예하거나 면제받은 자가 다시 취학할 때의 그 학년이 취학의무를 면제 또는 유예받지 아니하고 계속 취학하였을 때의 학년과 차이가 있는 경우에는 그 해당 연수(年數)를 더한 연령까지 의무교육을 받을 권리를 가진다. ③ 제1항에 따른 의무교육 및 무상교육에 드는 비용은 대통령령으로 정하는 바에 따라 국가 또는 지방자치단체가 부담한다.	제2조(의무교육의 실시) 「장애인 등에 대한 특수교육법」(이하 '법'이라 한다.) 제3조 및 법률 제8483호 부칙 제1조 단서에 따라 특수교육 대상자에 대한 의무교육은 다음 각 호에 따라 차례로 각각 실시한다. 1. 2010학년도: 만 5세 이상 유치원 과정 및 고등학교 과정 2. 2011학년도: 만 4세 이상 유치원 과정 3. 2012학년도: 만 3세 이상 유치원 과정 제3조(의무교육의 비용 등) ① 법 제3조 제3항에 따라 국가 또는 지방자치단체가 부담하여야 하는 비용은 입학금, 수업료, 교과용 도서대금 및 학교급식비로 한다. ② 국가 및 지방자치단체는 제1항의 비용 외에 학교운영 지원비, 통학비, 현장 · 체험학습비 등을 예산의 범위에서 부담하거나 보조할 수 있다.
제4조(차별의 금지) ① 각급 학교의 장 또는 대학(「고등교육법」 제2조에 따른 학교를 말한다. 이하 같다.)의 장은 특수교육 대상자가 그 학교에 입학하고자 하는 경우에는 그가 지닌 장애를 이유로 입학의 지원을 거부하거나 입학전형 합격자의 입학을 거부하는 등 교육기회에 있어서 차별을 하여서는 아니 된다. 〈일부 생략〉	

「장애인 등에 대한 특수교육법」	「장애인 등에 대한 특수교육법 시행령」
제2장 국가 및 지방자치단체의 임무	
제8조(교원의 자질 향상) ① 국가 및 지방자치단체는 특수교육 교원의 자질 향상을 위한 교육 및 연수를 정기적으로 실시하여야 한다. ② 국가 및 지방자치단체는 특수교육 대상자의 통합교육을 지원하기 위하여 일반학교의 교원에 대하여 특수교육 관련 교육 및 연수를 정기적으로 실시하여야 한다. ③ 제1항과 제2항에 따른 교육 및 연수 과정에는 특수교육 대상자 인권의 존중에 관한 내용이 포함되어야 한다. 〈신설 2013.12.30.〉 ④ 제1항과 제2항에 따른 교육 및 연수에 필요한 사항은 대통령령으로 정한다. 〈개정 2013.12.30.〉	
제4장 영유아 및 초·중등교육	
제21조(통합교육) ① 각급 학교의 장은 교육에 관한 각종 시책을 시행함에 있어서 통합교육의 이념을 실현하기 위하여 노력하여야 한다. ② 제17조에 따라 특수교육 대상자를 배치받은 일반학교의 장은 교육과정의 조정, 보조인력의 지원, 학습보조기기의 지원, 교원연수 등을 포함한 통합교육계획을 수립·시행하여야 한다. ③ 일반학교의 장은 제2항에 따라 통합교육을 실시하는 경우에는 제27조의 기준에 따라 특수학급을 설치·운영하고, 대통령령으로 정하는 시설·설비 및 교재·교구를 갖추어야 한다.	세16조(통합교육을 위한 시설·설비 등) ① 일반학교의 장은 법 제21조 제2항에 따라 통합교육을 실시하는 경우에는 특수교육 대상자의 교내 이동이 쉽고, 세면장·화장실 등과 가까운 곳에 위치한 66㎡이상의 교실에 특수학급을 설치하여야 한다. 다만, 배치된 특수교육 대상자의 수 및 그 학교의 여건 등을 고려하여 시도 조례로 정하는 바에 따라 44㎡ 이상의 교실에 학급을 설치할 수 있다. ② 일반학교의 장은 법 제21조 제2항에 따라 통합교육을 실시하는 경우에는 배치된 특수교육 대상자의 성별, 연령, 장애의 유형·정도 및 교육활동 등에 맞도록 정보 접근을 위한 기기, 의사소통을 위한 보완·대체기구 등의 교재·교구를 갖추어야 한다.

출처: 교육부(2017). 장애인 등에 대한 특수교육법에서 일부 발췌.

(1) 장애유아 선정기준 및 선정 절차

① 장애유아 선정기준

장애유아 선정은 다음의 특수교육 대상자 선정기준(「장애인 등에 대한 특수교육법 시행령」 10조)에 따른다.

1. 시각장애를 지닌 특수교육 대상자

시각계의 손상이 심하여 시각기능을 전혀 이용하지 못하거나 보조 공학기기의 지원을 받아야 시각적 과제를 수행할 수 있는 사람으로서 시각에 의한 학습이 곤란하여 특정의 광학기구 · 학습매체 등을 통하여 학습하거나 촉각 또는 청각을 학습의 주요수단으로 사용하는 사람

2. 청각장애를 지닌 특수교육 대상자

청력 손실이 심하여 보청기를 착용해도 청각을 통한 의사소통이 불가능 또는 곤란한 상태이거나, 청력이 남아 있어도 보청기를 착용해야 청각을 통한 의사소통이 가능하여 청각에 의한 교육적 성취가 어려운 사람

3. 지적장애를 지닌 특수교육 대상자

지적 기능과 적응행동상의 어려움이 함께 존재하여 교육적 성취에 어려움이 있는 사람

4. 지체장애를 지닌 특수교육 대상자

기능 · 형태상 장애를 가지고 있거나 몸통을 지탱하거나 팔다리의 움직임 등에 어려움을 겪는 신체적 조건이나 상태로 인해 교육적 성취에 어려움이 있는 사람

5. 정서 · 행동장애를 지닌 특수교육 대상자

장기간에 걸쳐 다음 각 목의 어느 하나에 해당하여, 특별한 교육적 조치가 필요한 사람

가. 지적 · 감각적 · 건강상의 이유로 설명할 수 없는 학습상의 어려움을 지닌 사람

나. 또래나 교사와의 대인관계에 어려움이 있어 학습에 어려움을 겪는 사람
다. 일반적인 상황에서 부적절한 행동이나 감정을 나타내어 학습에 어려움이 있는 사람
라. 전반적인 불행감이나 우울증을 나타내어 학습에 어려움이 있는 사람
마. 학교나 개인 문제에 관련된 신체적인 통증이나 공포를 나타내어 학습에 어려움이 있는 사람

6. 자폐성 장애를 지닌 특수교육 대상자

사회적 상호작용과 의사소통에 결함이 있고, 제한적이고 반복적인 관심과 활동을 보임으로써 교육적 성취 및 일상생활 적응에 도움이 필요한 사람

7. 의사소통 장애를 지닌 특수교육 대상자

다음 각 목의 어느 하나에 해당하여 특별한 교육적 조치가 필요한 사람
가. 언어의 수용 및 표현능력이 인지능력에 비하여 현저하게 부족한 사람
나. 조음능력이 현저히 부족하여 의사소통이 어려운 사람
다. 말 유창성이 현저히 부족하여 의사소통이 어려운 사람
라. 기능적 음성장애가 있어 의사소통이 어려운 사람

8. 학습장애를 지닌 특수교육 대상자

개인의 내적 요인으로 인하여 듣기, 말하기, 주의집중, 지각(知覺), 기억, 문제해결 등의 학습기능이나 읽기, 쓰기, 수학 등 학업성취 영역에서 현저하게 어려움이 있는 사람

9. 건강장애를 지닌 특수교육 대상자

만성질환으로 인하여 3개월 이상의 장기 입원 또는 통원치료 등 계속적인 의료적 지원이 필요하여 학교생활 및 학업수행에 어려움이 있는 사람

10. 발달지체를 보이는 특수교육 대상자

신체, 인지, 의사소통, 사회 · 정서, 적응행동 중 하나 이상의 발달이 또래에 비하여 현저하게 지체되어 특별한 교육적 조치가 필요한 영아 및 9세 미만의 아동

② 장애유아 선정절차

장애유아의 조기 발견을 위해 영유아를 대상으로 선별검사를 실시해야 한다. 유아기 선별검사의 목적은 현재 또는 잠재적인 발달상의 문제점 또는 어려움을 가진 유아들을 조기에 찾아내는 것이다. 선별검사를 통해 특별한 요구들을 가진 유아에게 가장 적합한 조기 중재서비스를 제공할 수 있다는 점에서 그 역할이 중요하다(Greenspan & Meisels, 1996). 우리나라 「유아교육법」(제17조)과 「영유아보육법」(제31조)에는 영유아를 위한 건강검진 또는 건강진단을 명시하고 있고, 「장애인 등에 대한 특수교육법 시행령」 제9조에서도 영유아를 대상으로 한 선별검사 수시 실시와 선별검사 결과, 장애가 의심되는 영유아의 경우 의료기간에서 장애진단을 받도록 보호자에게

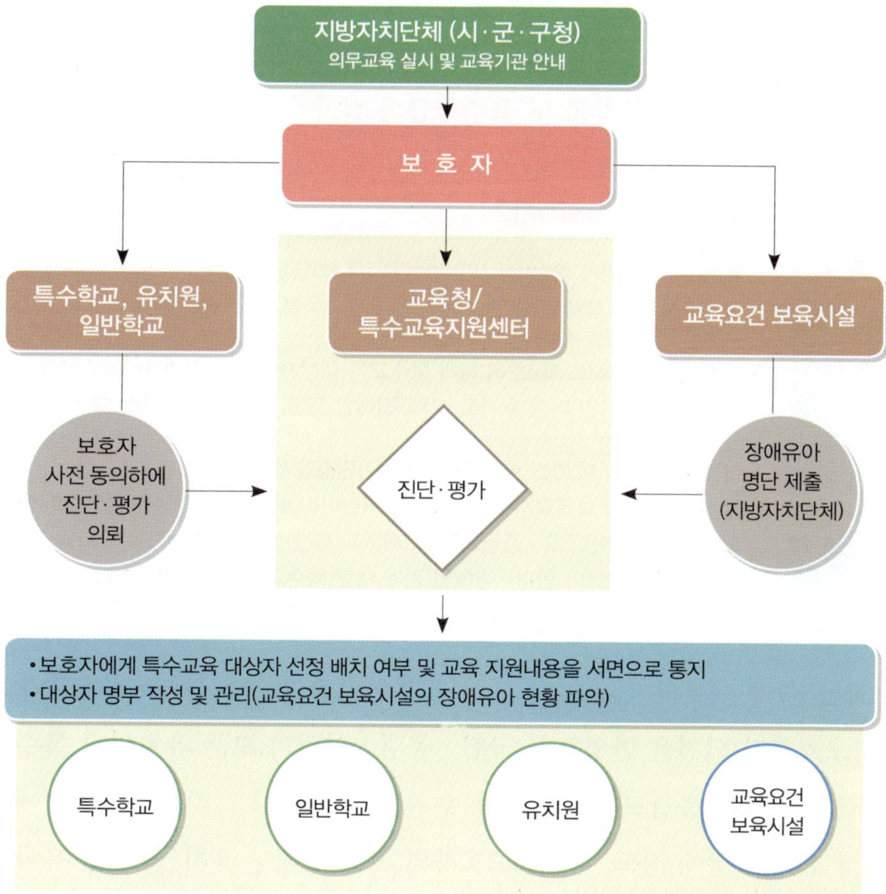

출처: 교육과학기술부(2009). 유치원 및 고등학교 과정 특수교육 대상자의 의무교육 실시방안 p. 12에서 발췌.

I 그림 8-2 I 특수교육 대상자 선정절차

안내하고 상담할 것을 명시하고 있다. 장애유아 선정은 | 그림 8-2 |와 같이 특수교육 대상자 선정절차를 따른다. 또한, 유아들 중 장애인 등록 유아 중 보호자가 동의한 유아, 장애가 있거나 장애 위험이 있는 것으로 의사가 진단한 유아, 보호자의 사전 동의하에 교육기관의 장 또는 보호자가 특수교육이 필요할 것으로 판단한 유아 중에서 장애진단 · 평가절차를 통해 특수교육 대상자로 선정된 유아가 의무교육 실시 대상이 된다(교육과학기술부, 2009).

(2) 장애유아 배치

특수교육 대상 유아는 장애 정도, 능력, 보호자의 의견 등을 종합적으로 판단하여 거주지에서 가장 가까운 일반학교의 일반학급과 특수학급, 특수학교에 배치될 수 있다. 또한, 만 3~5세 특수교육 대상 유아 중에서 일정한 교육요건을 갖춘 어린이집에 배치도 가능하다. 특수학교 및 특수학급의 설치기준은 | 표 8-5 |와 같다.

| 표 8-5 | 특수학교 및 특수학급 설치기준

유치원	• 특수교육 대상자가 1인 이상 4인 이하인 경우 1학급을 설치하고, 4인을 초과하는 경우 2개 이상의 학급을 설치(「장애인 등에 대한 특수교육법」 제27조)
방과 후: 유치원	• 「유아교육법」 제2조 제6호에 따라 특수교육 대상자에 대한 방과 후 과정 운영을 담당할 인력을 학급당 1인 이상 추가로 배치(「장애인 등에 대한 특수교육법」 제26조)
어린이집	• 「영유아보육법」 제30조 제1항에 따른 평가인증을 받은 어린이집 • 장애아 3명마다 보육교사 1명을 배치한 어린이집(보육교사가 3명 이상인 경우에는 보육교사 3명 중 1명은 「초 · 중등교육법」 제21조 제2항에 따른 특수학교 유치원 교사자격증을 소지한 교사여야 한다)(「장애인 등에 대한 특수교육법 시행령」 15조)

특수학급 설치 여부와 상관없이 유아기 통합교육의 필요성 및 선호도가 높아짐에 따라 보호자의 의견을 반영하여 국립 · 공립 · 사립의 모든 유치원에 특수교육 대상 유아를 배치하여 통합교육을 실시할 수 있다(교육과학기술부, 2009). 이 경우에는 특수교육 대상 유아의 장애 정도, 능력, 보호자의 의견과 해당 유치원 시설, 유아의 정원 등을 종합적으로 판단하여 특수교육 운영위원회의 심의를 거쳐 교육장 또는 교육감이 통합교육 환경의 배치를 최종 결정한다(교육과학기술부, 2009).

4. 유아교육현장에서의 통합교육

1) 통합교육을 위한 프로그램

통합교실에서 장애 및 비장애유아의 발달과 학습을 돕기 위해서는 좋은 통합교육 프로그램이 필요하다. 발달과 학습에 있어서 긍정적인 경험을 가지고 올 수 있는 만 3~5세를 위한 통합교육 프로그램의 필수요소를 다음과 같이 언급한다(Allen & Cowdery, 2015).

(1) 배려의 학습자 공동체 만들기

유아교육 프로그램의 목표는 모든 유아의 학습을 지지하는 물리적 · 사회적 교실 환경을 만드는 것이다. 학습자 공동체의 아이디어는 교실에서 누구든지 성공하면 교실의 모든 유아에게 도움이 된다는 것을 강조한다(Gibbs, 2001). 학습자 공동체는 사회적 관계, 유아와 성인의 협력 그리고 교실의 모든 개인에 대한 존중을 강조한다.

(2) 발달과 학습을 향상시키는 교육하기

교수전략은 유아의 연령에 적합하고 개별적으로도 적합해야 하므로 교사는 유아의 요구를 충족시키기 위해 다양한 전략을 사용한다. 통합교실에서 교사는 다양한 장애를 가진 유아를 위한 기회와 상황을 세심하게 제공하는 학습환경을 설계하고, 하루 일과 중 가르칠 수 있는 순간을 위해 우연의 교수전략(incidental teaching strategy)를 사용한다. 교수전략은 유아의 독립성, 자기결정, 창의성이 증진되도록 돕는다. 적합한 교수전략들은 유아가 기술을 배우고, 문제를 해결하고 일상생활과 관련된 정보를 얻을 수 있도록 기회를 제공한다.

(3) 적절한 교육과정 구성하기

유아는 하면서 배우므로 교육과정의 목표는 유아가 주도하고 교사가 지원하는 탐색과 발견활동을 포함한다. 놀이는 유아가 가장 잘 배우도록 하는 매개체이고, 교육과정의 목표와 교실활동을 설정하는 데 우선적으로 고려되어야 하는 사항이다. 교육과정의 목표는 발달영역 간의 상호 의존성을 인정하는 유아발달의 통합적 모델을 사용하여 개발해야 한다. 교육과정은 개별 유아의 다양성을 계획하고 각 유아의 성장과 발달 패턴을 지지해야 한다.

(4) 유아의 학습과 발달 평가하기

통합환경에서 유아를 평가할 때는 유아가 어떻게 기능(functioning)하고 있는지를 평가한다. 교사는 평가결과를 통해 유아의 성공적인 학습과 발달을 돕기 위해 어떤 유형의 조절(accommodations), 수정(modifications) 또는 교수전략이 필요한지를 결정한다. 평가는 프로그램에 참여하는 유아의 '준비도'를 결정하는 것이 아니라 교육과정을 계획하고 수행하기 위해 활용하는 교사의 지침이다. NAEYC에 따르면, 발달적으로 적합한 실제, 평가 그리고 교육과정의 지침이 통합되어 있다.

(5) 부모 상호 호혜적 관계

부모와 교사는 유아를 위해 일관성 있는 교육을 제공해야 한다. 어떤 부모는 매일 등·하원시간에 만날 수도 있고 어떤 부모는 자주 볼 수 없다. 그러나 교사는 모든 부모와 규칙적인 의사소통이 필요하다. 규칙적인 의사소통은 교사와 부모가 유아의 발달과정에 대해 규칙적으로 상의할 수 있도록 돕는다. 만약 문제가 생기면 교사와 부모는 이미 이러한 문제를 해결할 수 있는 관계를 맺고 있는 것이다. 많은 유치원은 부모와 교실활동이 연계되도록 가정통신문이나 주간계획 알림장을 사용한다.

2) 통합교육을 위한 누리과정

유아가 가진 장애의 종류 및 장애 정도를 고려하여 차별적이지 않은 일반 교육경험을 장애유아에게 제공하는 것이 중요하다. 여기에서 일반 교육경험은 비장애유아가 교실에서 참여하는 다양한 놀이와 학습활동을 포함한다. 구체적으로 국가수준의 교육과정인 누리과정에서는 | 표 8-6 |과 같이 장애유아의 다양한 요구를 반영하도록 명시하고 있다.

| 표 8-6 | 통합교육을 위한 누리과정 편성, 운영 및 교수-학습방법

편성	마. 성별, 종교, 신체적 특성, 가족 및 민족배경 등으로 인한 편견이 없도록 편성한다. – 장애유아는 각기 다른 장애와 능력을 가지고 있기 때문에 그들의 독특한 교육적 요구에 가장 적합한 교육내용과 활동으로 편성해야 한다. 일반유아에게 맞도록 편성된 과정을 적용하되, 참여와 수행에 어려움이 있는 경우 장애유아의 특성에 따른 개별화 교육계획을 수립한다.
운영	다. 유아의 능력과 장애 정도에 따라 조정하여 운영한다. – 장애유아는 각기 다른 장애의 특성을 지니고 있으므로 그들의 특별한 요구에 적합한 교육 · 보육 내용을 구성하고, 장애유아 개개인의 특성에 알맞은 교수-학습방법으로 누리과정을 운영한다. 필요한 경우 장애유아의 참여를 촉진하기 위하여 진행 중인 반(학급)별 활동이나 교재를 수정하여 운영하도록 한다. 또한, 특별한 요구를 가진 유아들을 위해 특수교육 교육과정 및 교수-학습자료를 활용할 수 있다. – 장애유아의 가장 중요한 조력자는 부모이므로 부모가 적절한 역할수행을 할 수 있도록 부모교육을 실시하고 지원한다. 또한, 역할수행을 도울 수 있는 관계 전문가(치료자)들과 연계 · 협력하여 지원하도록 한다.
교수-학습방법	사. 유아의 관심과 흥미, 발달이나 환경특성 등을 고려하여 개별유아에게 적합한 방식으로 학습하도록 한다. – 장애가 있는 유아의 경우, 교사는 전문가의 도움을 받아 장애 상태와 발달에 적절한 교육 · 보육계획을 세워야 한다. 교사가 특수교육에 대한 충분한 지식이 없는 상황에서 혼자 특수유아에 대해 판단을 내리는 것은 바람직하지 않다. 교사는 특수교육 전문가와 긴밀한 협력체계를 구축하고 특수교육 대상으로 판단되는 유아를 좀 더 면밀히 관찰하여 그에 따른 개별지도를 해야 한다.

출처: 교육과학기술부, 보건복지부(2013). 3-5세 연령별 누리과정 해설서, p. 23-31에서 일부 발췌.

3) 통합교육을 위한 교사의 역할

일반 유아교육의 환경에 포함되는 장애유아의 수가 지속적으로 증가함으로써 장애유아뿐만 아니라 비장애유아의 발달 및 학습의 요구를 충족시키면서 교육하는 것은 교사의 중요한 역할이자 과제이다. 통합교육을 충실히 수행하기 위한 일환으로 예비 유아교사는 유치원 교원 양성과정과 보육교사 양성과정에서 장애아 관련 교과목을 필수적으로 이수하고, 현직 유치원 교사와 보육교사는 관련 연수과정에 참여하여 유아교사의 자질이 향상되도록 하고 있다.

Morrison(2015)은 유아교사가 자신의 교실에서 통합교육을 성공적으로 수행하기 위한 방법을 다음과 같이 제시하였다.

(1) 유아들의 특별한 요구 이해하기

- 장애유아의 특성 배우기
- 장애유아에게 영향을 미치는 관련법 배우기
- 장애유아에게 편안해지기
- 보조 및 교육공학에 대해 배우고 사용하기

(2) 교수법 기술 개발하기

- 장애유아를 위해 수업 수정하기
- 다양한 수업방식과 매체를 사용하고 학습 행동범위 넓히기
- 수업을 개별화하고 교육과정 통합하기
- 모든 능력 수준의 유아를 위한 수업하기
- 장애유아를 평가하기 위한 방법 수정하기

(3) 교실환경 관리하기

- 장애유아의 요구를 만족시키기 위해 교실의 물리적 환경 조절하기
- 장애유아의 사회적 수용(social acceptance) 지지하기
- 또래 교수 활용하기
- 모든 유아의 행동을 지도하고 지지하기
- 모든 유아들에게 동기부여하기

(4) 다른 전문가들과 부모와 협력하기

- 특수교육자와 다른 전문가들과 긴밀하게 협력하기
- 부모와 함께 일하고 참여시키기
- 개별화 교육계획(IEPs)의 계획 및 수행에 참여하기

통합학급에서 유아교사와 특수교사의 역할은 | 표 8-7 |과 같다. 유아교사와 특수교사는 통합학급을 운영하기 위한 하나의 팀이라고 할 수 있다. 유아교사와 특수교사는 각자 역할을 맡고 있지만 유아교사는 장애유아뿐만 아니라 비장애유아들을 지원하고 상호작용할 수 있어야 한다. 특수교사도 장애유아를 포함하여 개별적인 지원이 필요한 비장애유아도 지원할 수 있어야 한다. 따라서 유아교사와 특수교사는 장애유아를 위한 개별지도와 다양한 발달수준, 개인차와 요구를 가진 비장애유아를 지도하기 위한 다양한 지원방법과 전략을 익히고 실제 적용할 수 있는 역량을 키워야 한다(신재훈, 2013).

| 표 8-7 | 장애유아 교육을 위한 유아교사와 특수교사의 담당역할

교사	직접적인 서비스 제공자	협력자
유아 교사	• 전반적인 학습환경과 활동을 개발한다. • 장애유아와 비장애유아 간의 사회적 상호 교환능력을 증진시켜 주기 위해 학습환경과 활동 등을 개발한다. • 교육 프로그램들의 모든 측면을 통합하여 다면적인 교육방법을 제공한다. • 장애유아의 발달을 확장할 수 있는 정보와 지원을 제공한다. • 프로그램의 효율성을 평가한다.	• 장애유아의 문제의 본질과 심각성에 대해 의견을 제공하고 목표행동을 설정하는 데 도움을 준다. • 장애유아를 위한 교수전략이나 사회적 통합에 대한 문제들은 특수교사와 협력하여 해결한다. • 교육과정에 대해 특수교사의 자문역할을 담당한다. • 집단 관리기술에 대해 특수교사의 자문역할을 담당한다.
특수 교사	• 장애유아를 판별하고 유아발달에 대한 검사를 실시한다. • 각 유아를 위한 개별화 교육 프로그램을 개발한다. • 장애유아의 교육적인 성취를 평가한다. • 각 유아에게 적합한 학업 및 행동적인 교육방법들을 실시한다. • 프로그램의 효율성을 평가한다.	• 다양한 측면에서 장애유아의 행동을 관찰하여 행동 분석에 대한 정보를 제공한다. • 장애유아를 위한 교수방법이나 사회적 통합과 관련된 다양한 서비스를 기획하고 조정한다. • 통합적이고 개별화된 교육방법에 대해 유아교사들의 자문역할을 담당한다. • 장애유아나 그들 가족의 욕구에 대한 의견을 파악하여 전달한다.

출처: 신재훈(2013). 장애유아 통합교육 교수-학습자료 활용을 위한 일반교사용 지침서 개발. 국립특수교육원, p. 41에서 발췌.

토론

1. 유아기 장애유아 통합교육의 정의는 무엇일까요?
2. 장애유아 통합교육을 실시해야 하는 이유에 대해 의견을 나누어 보세요.
3. 장애유아 통합교육에서 유아교사와 특수교사의 역할을 무엇일까요?

참고문헌

교육과학기술부(2009). **2009 특수교육 통계.**

교육과학기술부(2009). **유치원 및 고등학교 과정 특수교육 대상자의 의무교육 실시 방안.** 특수지원과.

교육과학기술부(2010). **2010 특수교육 통계.**

교육과학기술부(2011). **2011 특수교육 통계.**

교육과학기술부(2012). **2012 특수교육 통계.**

교육부(2016). **2016 특수교육 통계.**

교육부(2017). 「장애인 등에 대한 특수교육법」(www. law.go.kr에서 2017년 2월 7일 인출).

교육부(2017). **2017 특수교육 통계.**

교육부, 보건복지부(2013). **3-5세 연령별 누리과정 해설서.**

보건복지부(2009). **2009 보육 통계.**

보건복지부(2010). **2010 보육 통계.**

보건복지부(2011). **2011 보육 통계.**

보건복지부(2012). **2012 보육 통계.**

보건복지부(2016). **2016 보육 통계.**

신재훈(2013). 장애유아 통합교육 교수-학습자료 활용을 위한 일반교사용 지침서 개발. 국립특수교육원. E-BOOK https://www.nise.go.kr

Allen & Cowdery(2015). *The exceptional child: Inclusion in early childhood education*. Stamfor, CT: Cengage Learning.

Bae, Y.(2012). Attitudes of preschool teachers in South Korea toward inclusion: usimg the Rasch model to construct a teacher aittude measure. Unpublished doctoral dissertation. The university of Toledo, Ohio, USA.

DEC/NAEYC(2009). *Early childhood inclusion: A joint position statement of the Division for Early Childhood(DEC) and the National Association Education of Young Children(NAEYC)*. Chapel Hill, NC: The University of North Carolina, FPG Child Development Institute.

Diamond, K., & Carpenter, E.(2000). Participation in inclusive preschool programs and sensitivity to the needs of others. *Journal of Early Intervention, 23*, 81–91.

Greenspan, S. I., & Meisels, S. J.(1996). Toward a new vision for the developmental assessment of infants and young children. In S. J. Meisels, & E. Fenche(Eds.). *New visions for the developmental assessment of infants and young children*(pp. 11–26). Washington: Zero to Three.

Holanhan, A., & Costenbader, B.(2000). A comparison of developmental gains for preschool children with disabilities in inclusive and self-contained classrooms. *Topics in Early Childhood Special Education, 20*, 224–235.

Hundert, J., Mahoney, B., Mundy, F., & Vernon, M. L.(1998). A descriptive analysis of developmental and social gains of children with severe disabilities in segregated and inclusive preschools in Southern Ontario. *Early Childhood Research Quarterly, 13*, 49–65.

Macy, M. G., & Bricker, D. D.(2007). Embedding individualized social goals into routine activities in inclusive early childhood classrooms. *Early Child Development and Care, 177*, 107–120.

Morrison, G. S.(2015). *Early childhood education today*(13th ed.). Pearson.

Nelson, C., McDonnell, A. P., Johnston, S. S., Crompton, A., & Nelson, A. R.(2007). Keys to play: A strategy to increase the social interactions of young children with Autism and their typically developing peers. *Education and Training in Developmental Disabilities, 42*, 165–181.

Odom, S. L., Schwartz, I. S., & ECR II Investigators(2002). So what do we know from all this? Synthesis points of research on preschool inclusion. In S. L. Odom(Ed.). *Widening the circle: Including children with disabilities in preschool programs*(pp.154–174). New York, NY: Teacher College Press.

OECD(2017). Fertility rates(indicator). doi: 10.1787/8272fb01-en(Accessed on 15 August 2017).

Rafferty, Y., Piscitelli, V., & Boettcher, C.(2003). The impact of inclusion on language development and social competence among preschoolers with disabilities. *Exceptional Children, 69*, 467–479.

CHAPTER 09

유아교육 프로그램의 이해

제9장 유아교육 프로그램의 이해에서는 국가수준의 교육과정은 아니지만 특정 철학적 기반이나 지역적 특색과 여건하에서 형성되고 발달한 세계 여러 나라의 프로그램들을 소개한다. 현재 세계적으로 널리 확산 · 적용되고 있는 프로그램으로는 몬테소리 프로그램, 하이스코프 프로그램, 발도르프 프로그램, 프로젝트 접근법, 레지오 에밀리아 접근법 등이 있다.

제9장에서는 각각의 프로그램을 운영하는 데 기준이 되는 교육목표, 아동관, 교육과정의 내용과 방법, 교사의 역할, 물리적 환경 등에 대해 살펴보도록 한다.

1. 몬테소리 프로그램

몬테소리 프로그램(Montessori Program)은 이탈리아의 여의사 Montessori가 제시한 정신지체아를 위한 교육방안으로, 1907년 이탈리아의 빈민가 산 로렌조 지방에 최초로 개원한 '어린이집(Casa Dei Bambini)'을 통해 일반유아들에게까지 확대 · 적용되었다(Montessori, 1996). 1910~1920년대까지 큰 관심을 받던 몬테소리 프로그램은 잠시 주춤했다가 1960년대부터 인지발달이 강조되고, 불우한 환경의 아동을 위한 프로그램에 대한 관심이 증대되면서 세계적으로 소개되었다. 오늘날에는 국제몬테소리연합(AMI: Association Montessori International)과 미국몬테소리협회(AMS: American Montessori Society)와 같은 전문단체들이 프로그램 개발과 교사연수 등을 통해 좀 더 효과적인 몬테소리 프로그램을 널리 전파하고자 노력하고 있다(이기숙, 김정원, 이현숙, 전손옥, 2015). 몬테소리 프로그램의 기본개념, 교육, 교사의 역할 등은 다음과 같다.

1) 몬테소리 프로그램의 기본개념

몬테소리 프로그램은 유아에 대한 존중, 흡수정신, 민감기, 자동교육, 정상화 이론, 준비된 환경 등과 같은 개념에 기초한다. 몬테소리 프로그램의 기본개념을 구체적으로 살펴보면 다음과 같다(문미옥, 2012; 이기숙 외, 2015; Morrison, 2014).

- 유아에 대한 존중: 유아를 특별하고 개별화된 독특한 특성을 지닌 존재로 간주하고, 있는 그대로 존중하며, 유아의 선택을 존중한다. 유아들이 성인으로부터 자신들의 선택을 존중받으면 자율성과 긍정적인 자존감을 형성하게 되고, 친절과 공손함을 기르며, 내적 훈련과 자신감을 발달시켜 나가게 될 것이라고 믿는다.
- 흡수정신: 흡수정신이란 유아의 내부에 잠재되어 있는 정신능력으로 주위의 환경으로부터 다양한 정보와 자극을 받아들여 스스로 학습해 나가는 것이다. 흡수정신은 무의식적 단계와 의식적 단계로 나뉘어 발달한다. 무의식적 단계는 출생부터 3세까지로 보기, 듣기, 맛보기, 냄새 맡기, 만지기와 같은 감각을 발달시켜 주변의 거의 모든 자극과 정보를 흡수한다. 의식적 단계는 3세부터 6세까지로 무의식적 단계에서 발달시킨 기본능력들을 통합시키고 정교화하기 위한 감각을 발달시켜, 의식적 · 계획적으로 환경과 상호작용하며 다양한 정보를 선택적으로 학습한다.
- 민감기: 민감기는 유아가 특정기술이나 행동을 비교적 짧은 시간에 배워 나가는 결정적인 시기로 일반적으로 0~6세에 일어난다. 언어(4개월~5.5세), 근육(2.5~6세), 작업(2~6세), 질서(출생~6세), 감각(출생~6세)과 같이 발달영역에 따라 민감기가 다르다. 민감기의 유아들은 특별한 민감성향을 가지고 환경과의 적극적인 상호작용을 통해 그 성향을 더욱 발달시켜 나간다. 그러나 각각의 발달영역에 대한 개인의 민감성은 각기 다른 시기에 나타나므로 교사의 세밀한 관찰과 적합한 환경구성이 중요하다.
- 자동교육: 유아는 적절하게 준비된 환경과 교구를 스스로 선택 · 수행하면서 학습을 주도적으로 이루어 나갈 수 있다. 교사는 세밀한 관찰을 통해 유아의 발달에 적절한 환경과 교구를 제공해 주고 스스로 이해될 때까지 반복할 수 있는 기회와 공간을 제공해 주어야 한다. 활동에 참여하는 동안 실패를 경험하는 것도 학습의 중요한 자원이 된다고 믿어 유아가 스스로 자신의 수준과 실패의 원인을 생각해 보고 적절한 활동을 선택하여 학습해 나갈 수 있도록 한다.

- 정상화 이론: 유아는 스스로 선택한 활동과 작업에 흥미를 갖고 집중하고 반복하면서 만족감을 갖고, 내적 훈련과 자신감을 발달시켜 전인적 발달을 이룬다. 유아들이 전인적 성장을 하고, 주변환경에 잘 적응하게 되는 정상화 과정은 몬테소리 프로그램의 주요목적이다.
- 준비된 환경: 몬테소리 프로그램의 교사는 유아들을 세밀하게 관찰하고 발달단계를 파악하여 유아의 학습이 적절하게 이루어질 수 있는 준비된 환경을 제공한다. 유아들은 준비된 환경 속에서 자신에게 적합한 교구와 활동을 선택하고 자신에게 맞는 학습을 개별적으로 진행해 나간다.

2) 몬테소리 프로그램의 교육

몬테소리 프로그램의 교육영역은 감각교육, 일상생활 훈련, 수학교육, 문화교육, 언어교육과 같이 크게 5가지로 나뉜다. 각 영역에서는 기초적으로 다루어져야 할 내용과 이를 좀 더 효과적으로 실시하기 위한 다양한 교구를 다음과 같이 제공한다(신화식 외, 2015).

(1) 감각교육

감각교육은 시각 · 촉각 · 청각 · 미각 · 후각과 같은 5가지 감각을 통한 학습뿐만 아니라 이러한 학습에 필요한 감각을 발달시키고자 하는 교육이다. 감각교육영역에서는 다양한 감각기관의 발달에 효과적인 다양한 교구를 제공한다. 이러한 감각교구들을 활용한 활동은 유아의 읽기 학습과 사고능력 발달에 기초가 된다(이영숙, 2005). 감각교육에서 제공되는 감각기관별 교구는 다음과 같다.

- 시각: 꼭지 달린 원기둥, 꼭지 없는 원기둥, 분홍 탑, 빨간 막대, 갈색 계단, 색판, 기하도형
- 촉각: 촉각판, 기하학적 입방체, 비밀주머니, 온도병, 무게판
- 청각: 소리상자, 음감벨
- 미각: 미각병
- 후각: 후각병

| 그림 9-1 | 감각교육의 교구

(2) 일상생활 훈련

일상생활 훈련은 영유아들이 기본적인 일상생활 기술들을 배워 독립심과 인성을 기를 수 있도록 한다. 이 영역은 개인관리, 환경관리, 사회적 관계, 동작의 조절과 분석과 같은 내용으로 구성되어 있다 (이기숙 외, 2015; 이선옥, 2006).

- 개인관리: 유아가 자기 자신을 돌보고 보호하기 위한 교육이다. 손 씻기, 머리 빗기, 옷 입고 벗기, 양치질하기, 양말 신고 벗기, 구두 닦기 등과 같은 활동을 한다.
- 환경관리: 유아의 주변과 교실환경을 정리하고 보호하기 위한 교육이다. 물 따르기, 곡물 따르기, 말기와 펴기, 자르기, 껍질 벗기기, 물건 옮기기, 청소하기, 수건 빨기, 동식물 기르기 등과 같은 활동을 한다.
- 사회적 관계: 주변의 사람들과 사이좋게 지내기 위한 예절교육이다. 인사하기, 감사하기, 친구에게 도움 청하기, 사과하기, 초대하고 초대받기, 축하하기와 같은 활동을 한다.
- 동작의 조절과 분석: 이동/비이동동작을 알고 조절 · 집중할 수 있는 능력을 기르기 위한 교육이다. 선 위를 걷기, 균형 유지하기, 침묵 게임하기 등을 한다.

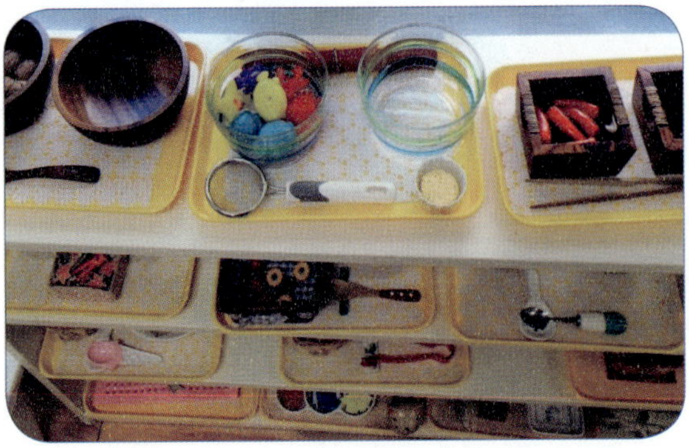

| 그림 9-2 | 일상생활 훈련의 교구

(3) 수학교육

수학교육은 유아가 다양한 교구를 활용한 활동을 통해 수, 연산과 암산, 분수 등과 같은 수학적 개념을 습득해 나갈 수 있도록 하는 영역이다. 수학교육을 위한 교구들은 일상생활 속에서 접할 수 있는 자연물이나 구체물보다는 몬테소리 프로그램을 위해 고안된 교구들이다. 이처럼 고안된 수학교육의 교구들은 유아들이 구체적인 개념을 습득한 후 이를 추상적인 개념으로 바꾸어 나갈 수 있도록 한다(이선옥, 2004).

- 내용: 수, 십진법, 연속 수, 수 연산과 암산, 분수
- 활동
  - 10 이전의 수개념, 수의 이름, 양의 개념 등을 습득하기 위한 활동
  - 십진법, 자리개념, 수의 구성을 소개하는 활동
  - 덧셈, 뺄셈, 곱셈, 나눗셈과 같은 기본 공식을 학습하기 위한 활동
  - 수학의 과정에 대한 이해, 구체적인 방법을 통한 계산, 추상적인 계산을 통한 추상성의 이해를 돕는 활동
  - 분수 끼우기와 곱셈과 같은 분수를 이해하기 위한 활동
- 교구: 숫자막대, 모래종이 숫자판, 숫자카드, 바둑돌, 색 구슬과 구슬대, 세강판, 분수 핀, 분수 철제 틀

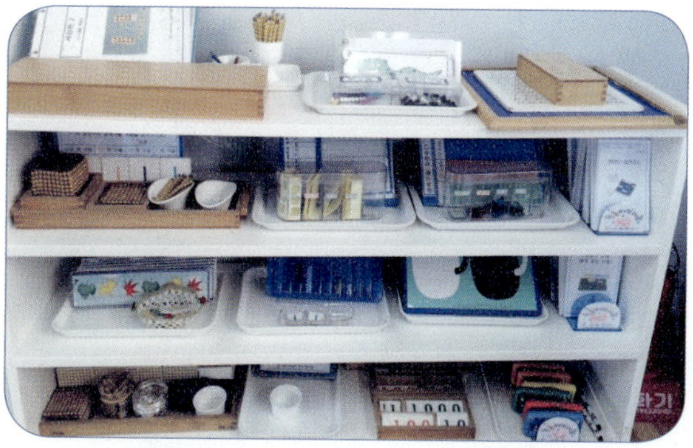

| 그림 9-3 | 수학교육의 교구

(4) 언어교육

몬테소리 프로그램에서는 언어와 문해기술의 습득이 영유아의 추후 학문에 필수적인 기술이라고 믿어 언어교육을 강조하였다. 구두언어를 위한 교육과 읽기, 쓰기를 위한 교육으로 나뉘어졌는데 언어교육도 다양한 감각교구를 활용하여 이루어졌다. 읽기와 쓰기 교육은 통합적으로 이뤄지도록 하였는데, 읽기 이전에 쓰기를 먼저 배울 수 있도록 하였다.

① 구두언어를 위한 교육

- 내용: 구두언어에서 듣기의 중요성 강조하여 또렷하고 분명하게 발음하고, 자유로운 대화, 지속적인 자기표현을 할 수 있도록 하는 교육
- 활동: 노래하기, 새로운 계절에 대해 말하기, 질문하기 게임, 사건이나 활동 이야기하기, 보고 말해 보기, 경험에 대해 이야기하기, 게임에 대한 논의

② 읽기와 쓰기를 위한 교육

- 내용: 쓰기를 습득한 유아가 읽기 활동에 지속적으로 참여하도록 하는 내용으로 읽기와 쓰기를 통합하여 교육
- 활동: 모래종이 글자, 움직이는 자음과 모음, 음성 사물상자, 음성 단어카드, 표음문자, 어려운 단어 분류하여 읽기, 단어기능, 읽기 분석, 받아쓰기

| 그림 9-4 | 언어교육의 교구

(5) 문화교육

문화교육은 기존의 문화를 이해하고 새로운 문화를 창조할 수 있는 능력을 형성하고자 하는 교육이다. 인간의 삶의 형태, 습관, 특성, 문학, 예술 등을 이해할 수 있도록 제작된 다양한 문화적 교구를 통해 이루어졌다(이선옥, 2013).

- 교육내용: 지리, 물리, 생물, 역사, 미술, 음악
- 교구: 특징적인 동물 · 식물 · 광물과 다양한 사람이나 집, 사람에 관한 사진, 지도, 지구본, 시계, 자연환경을 담은 사진, 국기, 우표 등

| 그림 9-5 | 문화교육의 교구

3) 몬테소리 프로그램에서 교사의 역할

몬테소리 프로그램에서 교사는 영유아를 존중하고, 영유아가 내적 동기화를 이루어 스스로 만족하고 즐거움을 느끼며 교육에 참여할 수 있도록 격려한다. 몬테소리 프로그램이 효과적으로 실행되기 위한 교사의 역할을 좀 더 구체적으로 살펴보면, 교사는 관찰자, 환경 제공자, 촉진자, 보호자로서의 역할을 수행한다(이기숙 외, 2015).

- 관찰자: 유아가 활동에 참여하는 동안 선택한 교구의 유형과 빈도, 집중 정도, 교구 사용방법, 발달단계 등을 잘 관찰해야 한다.
- 환경 제공자: 유아를 관찰한 결과에 기초하여 가장 적절한 시기에 발달에 적합한 교구와 활동을 제공해야 한다.
- 촉진자: 유아가 교구를 선택하면, 교구에 대한 정확한 시범을 보여 줌으로써 유아와 교구 간의 적절한 상호작용을 촉진해야 한다. 시범 후 유아가 교구와의 상호작용을 시작하면 유아의 몰입을 최대화시키기 위해 개입을 줄인다.
- 보호자: 유아에게 잘 정리된 교구와 활동을 제공하여 유아가 편안함과 즐거움을 느끼며 활동에 참여할 수 있도록 한다.

2. 하이스코프 프로그램

하이스코프 프로그램(High Scope Program)은 Weikart가 1960년대 Piaget와 Vygotsky가 주장한 구성주의적 인지발달이론에 기초하여 개발한 교육과정이다. 하이스코프 교육과정은 유아의 발달단계에 맞추어 구성되었고, 발현적으로 나타나는 유아의 인지적 · 사회적 기술을 향상시킬 수 있는 구성주의적 학습과정을 촉진하고자 한다. 하이스코프 프로그램의 효과는 미국과 그 외의 많은 나라에서 광범위하게 연구 · 평가되고 있다. 인지이론에 기초한 구성주의적 관점의 프로그램을 실행할 수 있는 다양한 교수방법을 제공하고 있으며, 교사교육과 지원을 위한 광범위한 네트워크도 제공한다. 하이스코프 웹사이트를 통해 하이스코프 프로그램의 특징들을 이해할 수 있고 교실에 적용할 수 있는 다양한 활동을 제공받을 수 있다. 하이스코프 프로그램의 목표와 기본원리, 구성요소, 교사의 역할을 제시하면 다음과 같다(Morrison, 2014; Roopnarine, & Johnson, 2008)

1) 하이스코프 프로그램의 목표

하이스코프 프로그램은 유아들이 급변하는 사회를 살아가는 데 필요한 문제해결력, 대인관계 기술, 의사소통 기술과 같은 다양한 기술을 습득하는 데 목표를 둔다. 이를 위해 충분한 교재 · 교구 · 시간을 제공함으로써 유아들이 계획한 활동을 지속적으로 해 나갈 수 있도록 격려한다. 교사는 유아 개개인의 활동을 체계적인 학습목표를 달성을 위한 방향으로 안내하는 방안들을 제시한다.

2) 하이스코프 프로그램의 특징

하이스코프 프로그램은 유아들이 적극적으로 학습하고 스스로 지식을 형성해 갈 수 있는 상황을 형성하기 위해 능동적인 참여와 학습, 교실환경, 핵심발달지침, 평가, 일과계획하기 등과 같은 특징에 따라 교육과정을 실행해 나간다(Morrison, 2014; Roopnarine, & Johnson, 2008).

(1) 유아의 능동적인 참여와 학습

하이스코프 프로그램의 유아들은 교실의 다양한 학습영역과 다양한 교구로 구성된 환경 속에서 능동적 · 적극적으로 활동을 선택하고, 구성하며, 평가하는 과정에 참여한다. 이러한 유아들의 능동적이고 적극적인 참여와 학습은 교사의 주의 깊은 관찰과 관리하에 이루어진다. 교사들은 유아에게 다양한 교구를 제공하고, 유아들과 활동을 계획하고 검토하며, 유아를 관찰한다. 또한, 유아의 학습을 향상시킬 수 있는 비계를 설정하고, 유아가 대 · 소그룹 활동을 능동적으로 주도할 수 있도록 격려함으로써 능동적인 학습을 촉진한다.

(2) 교실 환경

하이스코프 프로그램의 교실은 명확하게 구별된 흥미영역으로 구성된다. 흥미영역은 주로 미술, 독서, 블록, 컴퓨터, 바깥놀이영역 등을 포함하는데, 흥미영역과 교구에는 그림이나 글자 등을 붙여 유아들이 쉽게 선택하고 사용한 후 정리할 수 있도록 구성한다. 흥미영역을 구성하고 교구를 준비할 때 교사들은 다음과 같은 점을 고려해야 한다.

- 유아들이 흥미를 갖는 분야를 고려하여 구성한다.
- 학문적, 사회 · 정서적, 신체적, 예술적 발달 등 다양한 영역의 발달과 지식 습득의 기회를 제공할 수 있도록 구성한다.
- 문화, 언어, 발달적 단계 등에 있어서 유아들이 보이는 다양성을 고려하여 구성한다.

(3) 핵심발달지침

하이스코프의 교사들은 교육과정을 실시할 때 핵심발달지침(KDIs: Key Developmental Indicators)에 따라 학습을 계획 · 평가하며 유아와 상호작용한다. 핵심발달지침에는 사회 · 정서, 신체, 건강, 수학, 미술, 과학, 기술 등과 같은 교육과정 영역별로 교수방법과 교수내용이 제시되어 있다. 하이스코프 프로그램의 목표와 제공되는 교구 역시 핵심발달지침에 기초하여 발달적으로 순차적인 방식으로 제시된다.

(4) 평가

하이스코프 교육과정의 교사들은 유아관찰기록(COR: Child Observation Record)을 사용하여 각각의 발달영역에서 나타나는 유아의 행동에 관한 객관적인 일화들을 기록한다. 교사들은 유아 개개인의 학습에 있어서 비계를 설정하고, 활동과 교구들을 제공하고자 할 때 유아관찰기록을 사용한다. 또한, 교사들은 유아관찰기록을 부모와 공유하면서 가정 연계방안을 함께 토의하기도 한다.

(5) 일과계획하기

하이스코프 프로그램의 교사진들은 교사의 주의 깊은 관찰과 발달에 기초하여 매일 일과를 계획한다. 일과는 유아의 안정성과 독립성을 촉진하기 위해 예측 가능하도록 매일 구성한다. 하루 일과는 작업시간, 대 · 소그룹 활동시간, 바깥놀이 시간, 전이시간, 식사와 휴식시간, 교사진 계획시간 등으로 구성된다.

- 작업시간: 유아들은 계획–실행–평가(plan–do–review)의 순서에 따라 작업시간에 참여한다. 10~15분 동안 참여할 영역, 사용할 교구, 함께 작업할 친구들을 선택하고 계획한다. 45~60분 동안 작업에 참여한 후 다시 10~15분 정도 그날의 작업과 활동에 대해 평가하는 시간을 갖게 된다.
- 대 · 소그룹 활동시간: 유아들은 소그룹 시간에 교구를 가지고 하는 활동에 참여한다. 대그룹 시간에는 신체, 음악, 스토리텔링 등과 같은 활동에 참여한다.
- 바깥놀이 시간: 유아와 교사들은 하루에 최소 30분 이상 바깥놀이 시간을 갖고 활발한 활동을 하거나 자연물을 탐색한다.
- 전이시간: 교육과정 중에 참여하는 활동과 활동의 중간에 전이시간을 가져 활동에 적절하고 차분하게 참여할 수 있도록 한다. 또한, 등 · 하교시간에 전이시간을 가져 다양한 사람과 의사소통 시간을 갖는다.
- 식사와 간식시간: 유아들은 식사와 간식시간을 통해 건강에 좋은 음식을 접하고 즐긴다. 또한, 짧고 조용한 휴식시간을 갖기도 한다.
- 교사진 계획시간: 교사진 계획시간은 유아들의 낮잠시간, 등교 전, 하교 후와 같은 시간에 이루어진다. 교사들은 자신들이 관찰한 유아들의 발달과 흥미에 대해 공유하고, 개별 또는 그룹 학습의 비계를 설정하기 위해 계획을 세우기도 한다.

3. 발도르프 프로그램

Rudolf Steiner는 제1차 세계대전 이후 갈등을 해결하고 도덕성을 향상시키기 위해 상실된 인간성을 회복시킬 필요가 있다고 보았다. 1919년 전후에 황폐한 공장 노동자의 자녀들을 교육하기 위해 슈투트가르트에 최초로 발도르프 학교를 시작하였다. 발도르프 프로그램(Waldorf Program)은 예술적 감각을 통한 교육을 실시함으로써 의지 · 감정 · 사고가 조화로운 인간을 길러 내기 위한 교육을 실시한다(강인구, 최경, 2006; 이기숙 외, 2015).

1) 발도르프 프로그램의 교육목적

발도르프 교육에서는 유아를 신체 · 영혼 · 정신이 통합된 존재로 보고, 손 · 심장 · 머리의 균형 있는 발달을 통해 전인적 유아(whole child)를 키워 내는 것을 교육목적으로 삼고 있다. 발도르프 교육의 기초가 되고 있는 Steiner의 인지학에서는 인간의 의지(wiling), 감정(feeling), 사고(thinking)의 발달을 유아기, 아동기, 청년기로 나누어 설명한다. 유아기(0~7세)에는 의지, 아동기(8~14세)에는 감정, 청년기(14~21세)에는 사고를 발달시키는데 의지 · 감정 · 사고는 각각의 단계에서 이루어지는 배움에 가장 큰 영향을 미치는 지배적인 힘이 된다. 특히, 3~7세의 유아들은 심장과 허파, 신진대사와 사지가 발달하는 시기이므로 외부자극, 놀이, 모방을 통해 세상을 배워야 한다고 보았다.

2) 발도르프 프로그램의 교육과정

발도르프 프로그램의 교육과정은 모방과 본보기, 리듬과 반복, 질서와 같은 교육원리, 예술교육과 스토리텔링에 중점을 둔 교육내용과 교수방법들에 기반을 두고 있다. 발도르프 교육과정의 교육원리, 교육내용, 교수방법을 구체적으로 살펴보면 다음과 같다(문미옥, 2012; 이기숙, 2011; 전남련 외, 2010; Roopnarine, & Johnson, 2008).

(1) 발도르프 교육과정의 원리

발도르프 교육과정은 유대감에 기초한 모방, 규칙적인 리듬 반복, 공간과 시간, 영혼의 질서와 같은 원리에 기초하여 구성된다.

① 유대감에 기초한 모방과 본보기에 기초한다

0~7세 유아들은 직접적인 감각체험을 통해 세상을 경험하고 모방하면서 세상을 배워 나간다. 유아들은 교사가 간식을 준비하고 식물을 돌보며 교실의 물건을 고치는 등 생활 속에서 작업하는 모습을 보고 모방하면서 많은 것을 배워 나간다. 이러한 모방을 통해 유아들은 자신의 신체를 발달시키고, 자신의 일들을 스스로 해나갈 수 있으며, 서로를 의지해서 문제를 해결해 나가는 법을 배우기도 한다. 단순히 행동을 따라하는 것을 넘어 서로에게 영향을 주고받는 상호 교류를 하며 유대감을 형성하기도 한다.

② 규칙적인 리듬과 반복에 기초한다

유아들은 규칙적인 리듬이 반복되는 생활 속에서 안정감을 느끼고, 두려움 없이 잘 적응하며, 조화를 이루며 살아갈 수 있는 힘을 얻는다. 유아는 아직 리듬 있는 생활을 스스로 형성하기 어렵기 때문에 교사나 부모와 같은 성인이 정리된 환경과 규칙적인 일상생활 스케줄을 반복적으로 제공해 주어야 한다. 규칙적인 리듬이 있는 교육과정을 제공하기 위해 발도르프 교육에서는 계절과 절기에 따라 연중 행사를 계획하고, 반복적이고 예측 가능한 일과를 구성 · 운영한다. 또한, 하루 일과에 들숨과 날숨의 활동을 조화롭게 구성한다. 들숨은 집단으로 모여서 이루어지는 수용의 시간으로 이야기 듣기, 식사시간, 낮잠 자기, 대집단활동 등이며, 날숨은 개별적으로 이루어지는 표현의 시간으로 정리하기, 바깥놀이, 자유놀이 등의 활동이다.

③ 공간 · 시간 · 영혼의 질서에 기초한다

유아는 공간과 시간에 존재하는 질서, 자신의 내면에 있는 질서를 통해 주변 사물과 인간관계에 대해 알아 가고 안정감과 신뢰를 쌓는다. 유아들은 정리가 잘되어 있는 공간 속에서 창의적인 활동에 더 잘 참여하고 집중할 수 있기 때문에 질서를 갖춘 환경은 중요한 의미를 갖는다. 유아는 하루, 일주일, 한 달, 일 년을 주기로 규칙적으로 운영되는 시간 속에서 질서를 느끼고 안정감을 형성하여 삶의 뿌리를 내린다. 마지막으로 유아는 내적으로 자기만의 세상을 만들어 가려 하고 동시에 타인과의 평온함 만남을 통해 세상에 대한 신뢰감을 형성한다. 유아들은 이러한 내적 영혼의 질서를 통해 외부세계를 긍정적으로 받아들인다.

(2) 발도르프 교육과정의 내용

발도르프 교육과정의 내용은 음악교육, 미술교육, 오이리트미를 통한 예술교육과 스토리텔링으로 나눌 수 있다(이기숙 외, 2015; Roopnarine, & Johnson, 2008).

① 예술교육

발도르프 프로그램은 예술을 신체와 영혼의 조화를 이루기 위한 중요한 분야로 보고 음악교육, 미술교육, 오이리트미와 같은 활동을 통해 교육한다. 전문적인 예술가를 키우기 위한 교육이라기보다는 예술활동을 통해 빛 · 색 · 음 · 리듬 · 울림 등을 경험하며 신체와 영혼이 좀 더 건강하게 자라는 데 중점을 두고 있다. 발도르프 교육과정에서 예술교육으로 실시하고 있는 음악교육, 미술교육, 오이리트미를 구체적으로 살펴보면 다음과 같다.

- **미술교육**

점토 만들기, 수공예품 만들기, 조각, 수채화 그리기와 같은 활동을 한다. 자신의 생각을 감각적으로 표현할 뿐만 아니라 다양한 색의 경험을 통해 풍부한 감정을 느낄 수 있게 해 준다. 특히, 젖은 종이에 3가지 색으로 불분명한 수채화 그리기는 유아들의 상상력을 풍부하게 해 준다.

- **음악교육**

아름답고 다양한 악기소리를 듣는 경험은 유아들의 심리적 안정감을 향상시켜 주고 치유를 경험하게 한다.

- **오이리트미**

Steiner가 만든 오이리트미는 발도르프 교육과정의 가장 대표적인 예술교육 활동이다. 오이리트미는 유아가 느끼는 정서와 감정뿐만 아니라 의미까지도 몸으로 보여 주는 동작예술로, 유아교육기관에서 이루어지는 신체표현과는 다르다. 처음에는 간단한 리듬에 맞추어 움직이거나 막대 등을 이용해 간단한 표현을 하다가 점차 동화 · 시 · 음악의 내용을 몸으로 보여 주는 오이리트미로 발전시켜 나간다.

② 스토리텔링

스토리텔링은 이야기를 반복적으로 들려주는 활동으로, 책이나 그림을 보여 주지 않고 일정 기간 동안 하나의 동화를 반복적으로 들려준다. 유아들은 이야기를 들으며 질문을 하고, 상상을 하며, 그림 · 글 · 인형극 등으로 표현해 보기도 한다.

3) 발도르프 프로그램의 교사

발도르프 프로그램의 교사는 발도르프 교육과정의 교육목적과 원리에 적합한 프로그램을 실행하기 위해 다음과 같은 역할을 한다(이기숙, 강숙현, 2012; 문미옥, 2012; Roopnarine, & Johnson, 2008).

첫째, 0~7세의 유아기를 모든 배움의 결정적 시기로 보고 그 중요성을 인식하지만, 유아 개개인의 속도에 맞추어 발달할 수 있도록 배려한다.

둘째, 교사는 유아 개개인의 기질이 다혈질인, 담즙질인, 우울질인, 점액질인과 같이 4가지로 분류되는 것을 알고 기질에 따라 교수하려고 노력한다.

셋째, 교사는 유아들을 감각적으로 과도하게 자극하는 전자제품, 미디어, 소음, 유해한 음식과 같은 유해한 환경으로부터 유아들을 보호한다.

넷째, 상품화된 놀잇감의 유해성을 인식하고 자연물을 활용하여 교사가 직접 제작한 수공예 놀잇감을 제공한다.

다섯째, 교사는 유아가 스스로 활동을 선택할 수 있도록 함으로써 책임감과 조절 능력을 향상시킨다.

4. 프로젝트 접근법

프로젝트 접근법(Project Approach)은 1920년대 Dewey의 프로젝트 교수법과 Kilpatrick이 『Foundation of methods: Informal talks on teaching』이라는 저서에서 제시한 프로젝트 접근법에 기초한 것이다(Katz & Chard, 1989). 1990년대 Katz와 Chard는 20년간의 연구를 통해 프로젝트 접근법을 현장에 적용하고 긍정적인 결과들을 밝혀냄으로써 '프로젝트 접근법'이라는 용어를 재조직하였다. Katz와 Chard는 『Engaging Children's Mind: The Project Approach』이라는 책을 통해 프로젝트 접근법의 방향과 교수-학습방법을 전 세계로 소개하였다. 프로젝트 접근법은 소집단의 유아들이 특정주제를 공동으로 조사 · 연구하고, 전시하는 교수-학습방법으로, 심층적인 연구활동이다(Katz & Chard, 1989). 유아들은 자신들이 정한 주제와 관련된 문제를 해결하고 궁금한 것들을 알아가는 과정에서 주제에 대한 내용들을 깊이 있게 학습해 나간다(Katz, 1994).

1) 프로젝트 접근법의 목표

프로젝트 접근법의 교육목적과 목표는 지식(knowledge) 형성, 기술(skill) 형성, 성향(disposition)발달, 정서(feeling)발달 4가지이다. 즉, 주변세상에 대한 지식을 증진시키고 알고자 하는 성향을 키워 주는 것이다(Katz & Chard, 2005). 정해진 주제에 따라 강조되는 목표의 영역은 다르지만 프로젝트 접근법에 지속적으로 참여한 유아들은 다음의 4가지 목표를 획득해 나간다.

- 지식의 형성: 사회적 지식, 물리적 지식, 논리 · 수학적 지식, 행동적 지식, 표상적 지식, 특정 사건과 관련된 지식, 사건 전개에 관한 지식 등 다양한 지식을 형성한다.
- 기술의 형성: 사회적 기술, 학문적 기술, 의사소통 기술, 구성하기 기술 등 다양한 발달에 필요한 기술들을 형성한다.

- 성향의 발달: 스스로 활동에 몰입하는 자발성, 지속적인 흥미와 호기심, 탐구의 성향, 사회적 성향, 문제해결 성향 등 개인이 처하게 되는 상황에 반응하는 행동 · 습관 · 태도를 발달시킨다.
- 정서의 발달: 소속감, 자아존중감, 능력 인식과 같은 주관적인 정서나 감정, 자신감, 수용감, 만족감과 같은 긍정적인 감정 또는 정서적 상태를 향상시킨다.

2) 프로젝트 단계와 실행하기

프로젝트 접근법은 계획 및 시작, 탐색과 표상, 마무리와 평가의 3단계를 거쳐 실행된다. 하나의 주제에 대한 프로젝트 접근법의 진행기간은 주제에 따라 다르고, 단계별 기간도 다르게 진행된다. 일반적으로 탐색과 표상단계가 계획 및 시작단계, 마무리와 평가단계보다 더 오래 걸린다. 유아들의 흥미와 집중도에 따라 하나의 주제에 대한 프로젝트의 모든 단계를 실시하는데 며칠에서 몇 주가 걸리기도 한다(Katz & Chard, 2005).

(1) 계획 및 시작단계

프로젝트 접근법의 계획 및 시작단계에서는 주제를 선정하고, 예비 프로젝트망과 개념지도를 작성하고, 프로젝트망과 질문을 작성한다.

① 주제 선정

프로젝트 활동이 시작되면 가장 먼저 주제를 정해야 한다. 주제는 최종적으로 교사가 선정하는 경우가 많지만 선정할 때 유아들의 흥미와 관심사, 지역적 적합성 등 프로젝트의 실행이 가능한지 고려해야 한다(Katz & Chard, 1989). 유아들이 프로젝트에 지속적 · 집중적 · 적극적으로 참여하도록 하기 위해서는 주제 선정 시 다음의 기준들을 고려해야 한다(Katz & Chard, 2000).

- 유아들의 생활과 주변에서 직접 관찰할 수 있는 것이어야 한다.
- 유아들의 경험과 관련이 있는 것이어야 한다.

- 위험하지 않은 한도 내에서 직접적으로 조사가 가능한 것이어야 한다.
- 지역사회에서 활용 가능한 자원이 있는 것이어야 한다.
- 다양한 활동으로 표상할 수 있는 것이어야 한다.
- 부모참여가 가능한 것이어야 한다.
- 지역적 · 보편적 문화에 적절한 것이어야 한다.
- 유아교육기관 또는 지역의 교육과정과 연관이 있는 것이어야 한다.
- 유아의 발달에 적합한 기술들을 적용해 보는 기회를 제공할 수 있는 것이어야 한다.
- 주제가 너무 일반적이거나 편협하지 않은 것이어야 한다.

프로젝트 접근법의 주제로는 주로 어린이 자신(집, 아기, 가족, 음식 등), 지역사회(사람, 병원, 상점, 공사장 등), 지역 행사와 사건(축제, 박람회, 국경일 등), 장소(길, 방향, 언덕, 나무 등), 시간(시계, 계절, 달력, 공휴일 등), 자연현상(기후, 물, 바람, 동물 등) 등에 관한 것들을 선택한다(Katz & Chard, 1989). 이러한 주제 외에도 위에서 언급한 사항들을 고려한 실행 가능한 것이라면 다양한 주제를 선정하여 프로젝트를 진행할 수 있다.

② 예비 프로젝트망, 개념 지도 작성

교사는 주제를 선정한 후 유아들의 사전 경험과 흥미, 자료와 현장경험 제공의 가능성 등을 고려하면서 예비 프로젝트망(web)과 개념 지도(concept map)를 만들어 본다.

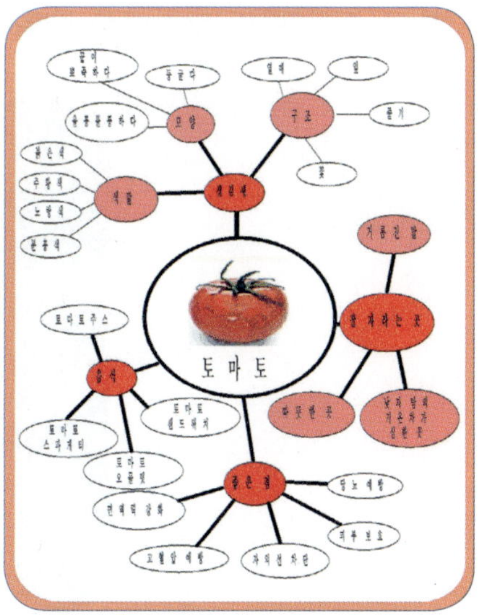

| 그림 9-6 | 예비 프로젝트망

③ 프로젝트망 구축

유아와 교사는 알고 있는 것, 알고 싶은 것, 할 수 있는 것, 해 보고 싶은 것들에 대해 이야기 나누고 이를 수렴하여 프로젝트망을 확장하고 발전시켜 나간다.

| 그림 9-7 | 브레인스토밍

④ 질문 작성

유아들은 프로젝트망을 작성하면서 생각한 주제에 대해 조사해 보고 싶은 것, 조사할 수 있는 방법들에 대한 질문을 작성한다.

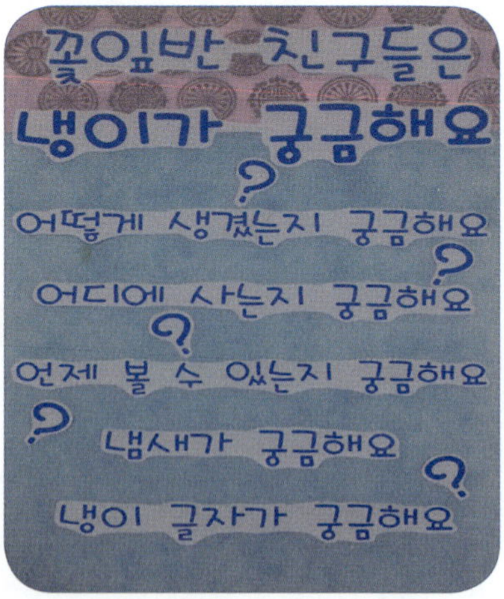

| 그림 9-8 | 질문 만들기

(2) 탐색과 표상단계

유아들은 계획과 시작단계에서 만들었던 질문 중에서 탐색할 내용과 방법을 선택하여 정보들을 탐색과 표상단계에서 알아본다. 탐색할 때는 책 찾아보기, 견학 가기, 체험활동하기, 전문가 초청하여 설명을 듣거나 인터뷰하기, 사진 찾아보기 등에서 탐색할 내용을 조사하기에 가장 적합한 방법들을 선택한다. 견학을 계획할 때는 공원, 공장, 공사현장, 슈퍼, 우체국 등 지역사회에서 쉽게 접할 수 있고 구성원들이 협조적인 장소로 선택하는 것이 좋다. 견학이나 체험활동을 다녀와서 보고 들은 것들에 대해 이야기 나누어 보면서 더 궁금한 사항들이 있는지 질문을 만들어 본다. 견학이나 체험활동 갔던 곳을 다시 방문하여 추가 질문들에 대해 알아보는 것도 좋다. 탐색활동 후에는 저널 쓰기, 그림 그리기, 그래프나 차트 만들기, 극놀이하기 등과 같은 다양한 표상활동을 통해 자신들이 새롭게 알게 된 정보나 관찰한 내용들을 표상해 본다.

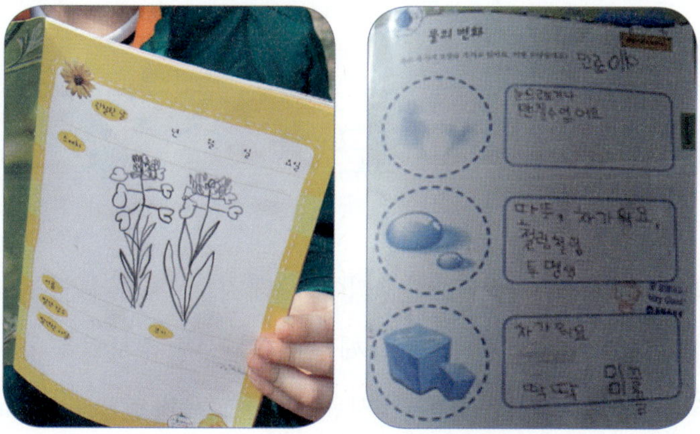

| 그림 9-9 | 탐색과 표상활동

(3) 마무리와 평가단계

마무리와 평가단계에서는 프로젝트를 진행하는 동안 제작한 다양한 결과물을 전시 · 평가하면서 프로젝트를 마무리한다. 주제망, 질문목록들, 그래프, 그림, 저널, 도표, 관찰보고서, 사진 등과 같은 형태의 결과물들은 전시하고, 극놀이 · 음악 · 춤

등으로 표상활동을 한 것은 공연을 한다. 마무리와 평가를 위한 전시와 공연 시 원장, 학부모, 지역사회 인사들, 다른 학급의 유아와 교사 등을 초대한다.

| 그림 9-10 | 습득한 지식 표현하기

5. 레지오 에밀리아 접근법

제2차 세계대전 이후인 1963년, 이탈리아의 레지오 에밀리아 시에서 부모, 학교 관련자, 지역사회, 다양한 단체 등이 함께 최초의 시립유치원을 설립 · 운영하였다 (이기숙 외, 2015). 레지오 에밀리아 시에서 지원하고, 교육자인 Loris Malaguzzi가 동참하면서 시립 유아교육의 체제를 구성하고 발전시켜 나갔다. 레지오 에밀리아의 시립 유아교육의 철학, 환경, 교육과정 등을 레지오 에밀리아 접근법이라고 한다. 레지오 에밀리아 유아교육접근법은 1991년 『뉴스위크지』에 세계에서 가장 뛰어난 교육체계 중의 하나로 선정되었고, '유아들의 수많은 언어'라는 전시회를 유럽 순회와 북미에서 개최하면서 널리 알려지고 있다.

1) 유아관과 교육목적

레지오 에밀리아 접근법(Reggio Emilia Approach)에서는 유아를 성인뿐만 아니라 또래와의 상호작용을 통해 자신의 이론과 생각을 교환하면서 더욱 성장·발달해 나가는 유능하고 행복하며 주체적인 존재로 보았다. 이에 교육적이면서도 보호적인 환경과 상호작용의 기회를 제공하여, 행복하고 즐겁고 능동적으로 학습에 참여하고, 풍부한 탐구심과 호기심을 가진 유아로 성장할 수 있도록 하는 데 교육목적을 둔다(Municipality of Reggio Emilia, 1996).

2) 레지오 에밀리아 교육과정의 특징

레지오 에밀리아의 교육과정에서는 프로젝트를 실행하고, 발현적 교육과정으로 이루어 나가며, 상징적 표상을 한다. 소집단활동을 통한 사회적 상호작용을 중요하게 여긴다.

(1) 프로젝트

레지오 에밀리아 접근법에서는 3~4명의 유아들이 소집단으로 한 가지 주제나 개념에 대해 일정 기간 동안 프로젝트를 해 나간다(문미옥, 2012). 프로젝트는 기본적으로 유아의 흥미와 관심에 기초하지만, 유아와 교사가 프로젝트의 교육적 가치와 사회문화적 의미를 지속적으로 평가하여 새로운 프로젝트를 계획하고 수행해 나간다.

레지오 에밀리아 접근법과 프로젝트 접근법의 프로젝트는 유아들의 흥미에 따라 주제를 선정하고, 소집단으로 활동하며, 하나의 주제를 다양한 방법으로 탐색하고 연구한다는 점이 매우 유사하다. 그러나 프로젝트 접근법과 비교했을 때 레지오 에밀리아 접근법에서는 주제 선정 시 좀 더 철학적이고 추상적인 내용까지 포함시킨다. 또한, 교사의 관심이나 교육적 가치, 사회문화적 상황에 대한 판단을 중요하게 생각하고, 프로젝트 접근법에 비해 프로젝트를 전개하는 동안 단계나 절차에 융통성이 더 많다.

(2) 발현적 교육과정

레지오 에밀리아 교육과정은 소집단활동을 통한 프로젝트 활동을 하는 동안 유아의 관심과 진행과정에 따라 주제와 교육과정이 수립되고 실행되는 발현적 교육과정이라고 한다. 교사가 미리 계획해 놓은 교육과정에 의해 체계적으로 학습이 이루어지는 것이 아니다. 교사가 가설적으로 교육내용이나 활동목표를 정하기는 하지만 유아의 흥미와 교육적 가치를 고려하여 교사와 유아가 학습할 내용과 방법을 함께 계획 · 수정 · 실행해 나간다(이기숙, 강숙현, 2012; Nimmo, 1995). 레지오 에밀리아에서 교육적으로 가치 있고 유아들과 할 수 있는 지식의 영역과 내용에는 몸과 움직임, 메시지 · 형태 · 매체, 자신과 타인들, 표현된 말, 심상적 언어, 공간 · 서열 · 측정이 있다(Municipality of Reggio Emilia, 1996).

(3) 상징적 표상

유아들은 자신들이 선정한 주제에 대해 조사하고 탐구해 가는 동안 자신들이 이해하고 생각하는 것들을 보여 주기 위해 상징적 표상을 사용한다. Malaguzzi는 이를 '수많은 언어(The Hundred Languages of Children)'라고 묘사하였다. 교사는 유아들이 선 그림, 말, 페인팅, 상상놀이, 그림자 놀이, 움직임, 음악, 콜라주, 쓰기 등과 같이 다양한 상징적 언어를 사용하여 자신의 생각을 표현하도록 격려한다(문미옥, 2012). 교사는 유아들이 생각하는 것을 충분히 표현했는지에 대해 토의하고, 서로의 작품을 수정하도록 격려한다.

(4) 사회적 상호작용

레지오 에밀리아에서는 2~5명의 유아들로 이루어진 소집단활동을 많이 한다. 이는 유아-유아, 유아-성인, 발달적 차이를 보이는 유아들 간의 인지적 갈등과 토론을 통해 주의집중, 호기심, 흥미가 향상되고 궁금한 것들에 대해 질문하고 반응하는 방법들을 배워 나갈 수 있는 기회를 제공한다고 믿기 때문이다(문미옥, 2012; 이기숙, 2011). 자신과 다른 생각을 제시하는 것을 공격이 아닌 성장의 기회로 본다.

3) 레지오 에밀리아의 교사

레지오 에밀리아 유아교육기관에는 페다고지스타, 교사, 아뜰리에리스타와 같은 교사들이 있다. 각 유형의 교사들은 유아교육기관별 구성 인원과 역할이 다르다(이기숙, 강숙현, 2012: Municipality of Reggio Emilia, 1996).

(1) 페다고지스타

한 명의 페다고지스타(pedagogista)가 3개의 유치원을 담당하고 있으며 교육조정자라고도 한다. 유아교육 전반에 걸쳐 다음과 같은 역할을 시행한다.

- 유아교육 관련 정책을 결정하고 문제점들을 토론한다.
- 유아교육기관에 근무 중인 현직 교사의 교육을 계획하고 실행한다.
- 해당 유치원의 운영을 담당한다.
- 유아교육기관의 학부모나 지역사회 사람들과 협력을 유지한다.
- 유아교육 관련 장기 프로젝트에 참여하거나 자문을 한다.

(2) 담임교사

2명의 교사가 25명 정도의 동일집단의 유아를 3년 동안 담당한다. 교사는 프로젝트 과정, 유아의 상호작용, 표상활동 등 모든 과정에 대한 것을 기록화(documentation)한다(Project Zero & Reggio Children, 2005). 이는 교사의 가장 중요한 역할로 자신이 기록한 것에 기반을 두어 유아를 평가하고, 프로젝트 계획을 세운다. 또한, 부모와 외부 인사들에게 알리는 자료를 제공하고, 자신의 교수를 반성적으로 돌아보는 기초자료로 삼는다.

(3) 아뜰리에리스타

아뜰리에리스타(atelierista)는 예술을 전공한 교사로 미술전담교사라고도 한다. 유아들의 예술활동을 계획하고 운영하지만 담임교사들의 역할과 업무를 돕고 조언하는 역할도 한다.

4) 레지오 에밀리아의 물리적 환경

레지오 에밀리아에서는 물리적 환경을 매우 중요하게 여기는데, 순환성과 투명성 개념에 기초하여 구성한다(문미옥, 2012). 순환성은 모든 공간이 연결되어 있어야 한다는 개념으로 중앙에 피아자(piazza)라는 중심 공간을 두어 교실이 서로 통할 수 있도록 구성한다. 투명성은 실내에서도 서로 보고 느낄 수 있도록 투명하게 구성되어 있어야 한다는 개념으로, 모든 문과 창문에 유리를 사용하여 투명성 개념을 살린 환경을 제공한다(이기숙, 2011). 교실과 복도에는 유아들의 호기심을 자극할 수 있도록 유아들이 만든 작품들, 자료, 유아교육기관의 역사와 관련된 자료들을 전시한다.

토론

1. 연령별 누리과정과 제9장에서 설명한 프로그램들의 차이점은 무엇인지 의견을 나누어 보세요.
2. 현재 우리나라에서 이러한 교육 프로그램을 실시하고 있는 유아교육기관에 대해 들어보거나 경험해 본 것에 대해 의견을 나누어 보세요.
3. 프로젝트 접근법과 레지오 에밀리아 접근법의 유사점과 차이점은 무엇인지 의견을 나누어 보세요.

참고문헌

강인구, 최경(2006). **발도르프 유아교육의 이론과 실제.** 아이나무.

문미옥(2012). **영유아 교육과정.** 창지사.

신화식, 이영미, 이인용, 진성애, 김민석(2015). **영유아 교육과정.** 양서원.

이기숙(2011). **유아 교육과정.** 교문사.

이기숙, 강숙현(2012). **영유아 프로그램 개발과 평가.** 정민사.

이기숙, 김정원, 이현숙, 전선옥(2015). **영유아 교육과정.** 공동체.

이선옥(2004). **몬테소리 수교육.** 교육아카데미.

______(2006). **몬테소리 일상생활연습.** 교육아카데미.

______(2013). **몬테소리 문화교육.** 교육아카데미.

이영숙(2005). **유아를 위한 몬테소리 감각교육.** 창지사.

전남련, 김재환, 이애련, 황연옥, 이혜배, 강은숙, 김기선, 권경미, 심순애, 엄은옥, 이경선(2010). **영유아 프로그램 개발과 평가.** 학현사.

Katz, L. G.(1994). *The project approach.* Urbana, Il: Eric Clearinghouse on Elementary and Early Childhood Education. EDO-PS-94-6.

Katz , L. G., & Chard, S. C.(1989). **유아들의 마음 사로잡기**(이윤경, 석춘희 역). 이화여자대학교 출판부.

Katz , L. G., & Chard, S. C.(2000). *Engaging children's minds: The project approach* (2nd ed.) Stanford, CT: Ablex.

Katz , L. G., & Chard, S. C.(2005). The project approach. In Roopnaine, J. L. & Johnson, J. E.(Eds.). *Approaches to early childhood education*(4th ed.). NJ: Pearson.

Montessori, M.(1996). **몬테소리의 어린이의 정신**(조성자 역). 창지사.

Morrison, G. S.(2014). *Early childhood education today*. USA: Pearson.

Municipality of Reggio Emilia(1996). *Infant-Toddler center and preschools: Historical notes and general information*. Reggio Emilia, Italy: Reggio Children.

Nimmo, J.(1995). *Emergent curriculum. Proceedings at the challenge of Reggio Emilia: Realizing the potential of children*. Melbourne.

Project Zero & Reggio Children(2005). **기록작업을 통한 학습의 가시화: 개인과 집단 학습자로서의 어린이**(오문자, 박병희, 박선희 공역). 양서원.

Roopnarine, J. L., & Johnson, J. E.(2008). *Approaches to early childhood education*. Columbus, Ohio: Merrill Prentice Hall.

CHAPTER 10

유아교육과 놀이

제10장 유아교육과 놀이에서는 놀이의 정의 및 특성을 살펴본다. 유아는 놀이를 통해 주변환경과 다른 사람에 대해 이해하고, 성장한 이후에 사용하게 될 주요한 기술을 연습하고, 자신의 문제를 조절한다는 것에 대해 알아본다. 또한, 놀이하는 유아의 성향을 바탕으로 놀이상황에서 생동하는 놀이성의 구성요소를 살펴봄으로써 유아의 놀이를 좀 더 질적으로 이해해 본다.

놀이이론을 통해 유아가 놀이를 하는 이유와 놀이의 교육적인 가치에 관해 고찰해 보며, 유아의 놀이형태 관찰을 기반으로 유아의 사회적 참여도에 따라 6가지 유형의 사회적 놀이형태를 제시한 Parten의 사회적 놀이와 인지발달이론의 기초한 Piaget의 인지적 놀이를 통해 유아의 놀이를 이해하고, 유아기에 나타나는 놀이의 역할에 대해 알아본다.

마지막으로, 최근 유아의 과체중과 비만으로 인해 그 중요성이 더욱 강조되고 있는 유아의 실외놀이에 대해 알아본다.

1. 놀이의 정의 및 특성

놀이는 유아가 주변환경과 다른 사람에 대해 이해하고 탐험하고, 알아 가는 데 있어 중요한 도구가 될 뿐만 아니라, 유아가 조금 더 성장한 이후에 사용하게 될 주요한 기술을 연습하고, 자신의 문제를 조절하는 데 있어서 매우 중요하다(Harley, 1971). 놀이는 유아가 열정과 정열을 가지고 참여할 수 있는 매력적인 활동이다(Bergen, 2002). 유아들은 놀이를 통해 주변세계를 이해하고, 주변세계를 통해 자신만의 방법으로 협상하기도 한다(Klein, Wirth & Linas, 2003). 잘 노는 유아들은 다른 사람과 잘 지내고, 다른 사람과 함께 놀이를 하면서 자기를 조절하고 다른 사람을 배려하기도 한다. 이처럼 놀이는 유아에게 생활 그 자체이며, 배움의 수단이며, 삶의 일부로 유아는 어느 곳에 있든지 깨어 있는 모든 시간을 놀이와 함께한다.

1) 놀이의 특성

유아놀이는 무엇인가? 한자카드를 가지고 아빠와 함께 한자로 게임을 하고 있는 아이에게 이것은 놀이인가? 일인가? 놀이란 무엇인가? 놀이의 특성을 이해하기 위해서 학자들은 일의 특성과 대비하여 놀이의 정의를 내린다. Frost와 Klein(1979)는 놀이-일의 연속체를 제안함으로써 놀이와 일의 특성을 구분 지었다(이경화 외, 2011에서 재인용).

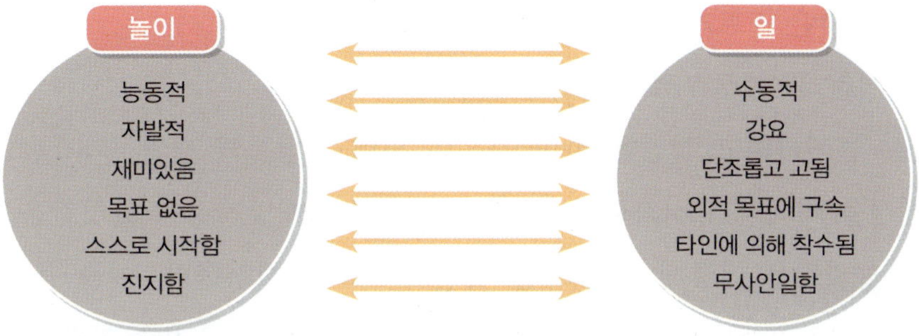

출처: Frost & Klein(1979).

| 그림 10-1 | 놀이-일 연속체

놀이-일의 특성에 비추어 그동안 학자들은 놀이를 정의하는 데 있어 많은 노력을 해 왔다. 놀이가 갖는 본질적인 특성은 다음과 같다.

첫째, 놀이는 몰입되는 활동이다.

유아들은 놀이하는 동안 너무 몰입하여 그들이 어디에 있는지, 지금 몇 시인지에 대한 감각을 잊을 수 있다. 위험이 없는 환경에서 유아들은 자신이 실험할 필요가 있는 것에 안정감과 소속감을 가지고, 새로운 아이디어를 실험해 보고, 자연의 법칙을 조사해 본다. 유아들은 자신의 놀이에 몰입해 있어도 여전히 현실과 환상을 인식할 수 있다.

둘째, 놀이는 내적으로 동기유발된다.

놀이하려는 욕구는 주변세상을 이해하기 위한 자연적인 욕망으로부터 형성되므로, 다른 사람에 의한 칭찬 · 강요 · 경쟁 · 보상과는 무관하다. 이러한 놀이의 내적 동기유발이라는 놀이 욕구는 유아가 음식이나 잠자는 것만큼이나 강력한 동기가 된다.

셋째, 놀이는 과정지향적이다.

유아들은 블록으로 성을 쌓는 것을 좋아하지만, 성을 완성하면 곧바로 무너뜨리고 다른 것을 만들기 시작한다. 유아들은 놀이활동 자체를 즐긴다. 즉, 놀이는 목표지향적이지 않다. 이렇게 결과물을 강조하지 않는 놀이의 특징은 유아들이 스스로 즐길 수 있는 낮은 스트레스 상황을 제공해 준다.

넷째, 놀이는 유아 스스로 결정하는 활동이다.

유아들은 놀이하려고 결심을 하면 자신의 선택과 행동의 결과, 의사선택의 결과 간의 연계성을 이해하기 시작한다. 교사가 유아에게 개방지향적 놀잇감을 제공하면 유아는 그 놀잇감을 어떻게 가지고 놀 것인지 스스로 결정한다. 예를 들어, 유아들은 블록이 소방차가 되는 것은 상상할 수 있지만, 상업적으로 만들어진 소방차는 이미 소방차인 것이다.

다섯째, 놀이는 긍정적인 정서에 기반을 둔다.

유아들은 놀이를 즐긴다. 이것은 유아들의 끊임없는 선택에 의해 설명할 수 있으며, 언제든지 가능하다. 놀이하고 있는 유아들은 종종 표정에서 즐거움이 나타난다.

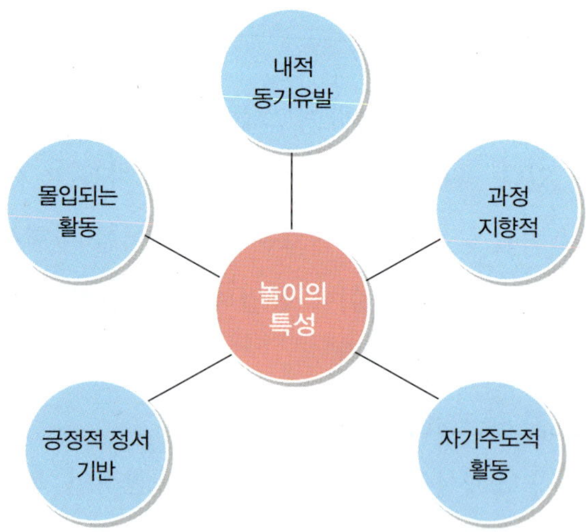

| 그림 10-2 | 놀이의 특성

2) 놀이와 발달 그리고 놀이의 중요성

첫째, 놀이는 인지발달을 도모한다.

유아들은 놀이 속에서 이야기를 만들고, 놀잇감을 가지고 놀이를 함으로써 융통성과 창의력을 발달시킨다. 현실에서 블록은 자동차가 되기도 하고, 팽이가 되기도 하며, 놀이공원의 티켓이 되기도 한다. 이러한 사물을 통해 융통성을 배우고, 추상적 사고력을 확장시켜 나아간다.

둘째, 놀이는 신체발달과 운동기능을 강화한다.

유아들은 다양한 놀이를 하며 자신의 신체 부분을 이해하고, 신체기능을 연습해 보며, 신체기능들을 점차 정교화시키고 확장시켜 나아간다. 어린 연령의 유아들은 단순히 복합식 놀이터에서 미끄럼틀을 활용하지만, 시간이 지나갈수록 대 · 소근육 협응력, 민첩성 등의 운동기능을 강화시킨다. 활동적인 신체놀이나 실외 놀이는 유아가 위험에 대처할 수 있는 기회를 제공해 줌으로써 위기대처능력까지도 발달시킨다.

셋째, 놀이는 유아의 사회적 과정화를 도모하고, 사회적 기술을 습득하게 한다.

유아들은 놀이 속에서 또래에 대해 이해하고, 또래와 사회적 관계를 형성하며, 갈등을 조절한다. 유아들은 놀이를 하기 이전에는 자신의 바람 · 욕구만 충족시켜 왔으나 다른 또래들과 함께하는 과정을 통해 자신의 욕구를 조절하고 타인의 욕구와 이해를 감정이입하는 과정을 통해 사회화되어 간다. 또한, 다른 사람의 관점과 태도를 이해함으로써 더불어 살아가는 태도를 배우고 나아가 갈등해결 기술과 도덕적 규칙과 기술까지 학습한다.

넷째, 놀이는 유아의 언어발달의 기회를 제공한다.

유아들은 주변세계에서 배웠던 말이나 기술들을 놀이 속에서 연습하고, 좀 더 세련된 의사소통 기술을 학습하며, 단어나 어휘력도 늘어 간다. 유아기에는 언어를 기계적으로 배우기보다는 놀이 속 의미 있는 상황 · 맥락 안에서 적용 · 연습해 감으로써 유아기에 배우는 언어능력이 점차 내면화된다. 또한, 자기중심적인 시각에서 벗어나 사회화된 기술을 통해 활발한 의사소통 기술을 습득한다.

다섯째, 놀이는 부정적인 정서를 정화시키고, 유아가 환경을 통제하도록 한다.

유아들은 일상생활 속에서 자신의 감정을 억압당하고, 부정적인 정서를 경험하기도 한다. 이와 같은 억압되고 부정적인 정서는 유아의 놀이를 통해 자연스럽게 표출된다. 대표적인 사례로 놀이치료나 모래놀이치료는 유아가 병원에 왔다는 강압적인 느낌 없이 자연스럽게 자신의 문제를 표현한다. 이와 같은 부정적인 정서표현이 반복됨에 따라 자신의 문제를 바라보고, 자신의 문제를 부정적이고 극단적으로 해결하기보다는 긍정적이고 사회적으로 수용 가능한 방향으로 해결해 나아가게 된다. 이와 같이 유아는 놀이를 통해 부정적인 정서를 정화시킨다.

2. 놀이성

유아의 놀이를 좀 더 질적으로 이해하기 위해서는 놀이성에 대해 살펴볼 필요가 있다. 어떤 유아는 쌓기놀이영역에서 놀이를 하며, 어떤 유아는 미술영역에서 놀이를 하듯이 유아들은 자신이 선호하는 형태에 따라 다양한 방식으로 놀이를 한다. 이러한 놀이에서의 개인차는 놀이성, 즉 놀이에 대한 성향에서 그 원인을 찾아볼 수 있다(Rogers, 1988).

놀이성은 유아 놀이장면에서 발견할 수 있는 내적 성향으로 놀이를 통해 내적으로 동기화되고 자연스럽게 즐거움을 추구하는 태도로 나타난다(최석란, 2005). 놀이의 상호작용 속에서 유아의 성향을 연구한 Liberman(1977)은 놀이성을 놀이자의 성향으로 놀이상황에서 행동하는 것, 놀이의 질과 양식이라고 정의했으며, 신체적 자발성, 사회적 자발성, 인지적 자발성, 즐거움의 표현, 유머감각 등이 특징적인 용어라고 설명하였다.

1) 놀이성의 구성요소

(1) 신체적 자발성

신체적 자발성이란 유아가 놀이를 하면서 보여 주는 신체적인 움직임, 유연성, 민첩성 등 운동기능의 정도를 의미한다(김미숙, 2001). 신체적 자발성이 잘 발달한 유아는 신체적 움직임이 잘 조화되어 신체 움직임이 활발하고, 정적 활동보다는 동적 활동을 더 선호하며 달리기, 뛰기와 같은 이동동작을 활발하게 보인다. 유아들은 신체의 자발적 움직임을 통해 자기효능감을 가지고, 사회적으로 소통하며, 좀 더 정교한 기술을 사용하여 자신의 신체적 기술을 사용하여 창의적 사고와 상징적 사고력을 기를 수 있다.

신체적 자발성	• 놀이 중에 유아의 움직임이 대체로 협응이 잘된다. • 놀이 중에 신체적으로 활발하게 움직인다. • 놀이 중에 조용한 것보다 활동적인 것을 선호한다. • 놀이 중에 많이 뛴다(달리기, 스키핑, 홉핑, 점프).

(2) 사회적 자발성

사회적 자발성은 유아가 놀이하는 과정에서 또래들과 협력 · 협상하며, 놀이에서 주도적으로 역할하고 반응해 주는 등 다른 유아들과 협동적으로 놀이하는 정도를 의미한다. 유아들은 놀이 속에서 다른 유아들과 상호작용하는 기술을 발달하고 협동하기, 돕기, 협상하기 등의 사회적 기술과 규칙을 배우며 사이좋게 지내는 법, 갈등 발생 시 협상하는 방법 등 다양한 사회적 기술을 발달시킨다.

사회적 자발성	• 놀이 도중 다른 유아의 접근에 쉽게 반응한다. • 다른 유아와 함께 놀이를 시작한다. • 다른 유아와 협동하여 놀이한다. • 놀잇감을 나누어 가지려고 한다.

(3) 인지적 자발성

인지적 자발성은 유아가 놀이하는 과정 중에 나타나는 여러 가지 문제를 해결하는 방법으로 놀이를 하며, 다양하고 융통성 있게 놀잇감을 사용하는 정도를 의미한다. 놀이는 유아의 인지 발달수준을 가늠하게 하고, 유아들은 인지적 수준에 따라 기능놀이에서 구성놀이 또는 상징놀이, 규칙 있는 게임으로 전환한다. 인지적 자발성이 발달한 유아는 자신만의 방법으로 규칙 있는 게임을 개발하거나 다양한 방법으로 놀이교구를 활용하고, 다른 사물이나 사람이 되어 '마치~ 인 것처럼'의 역할을 가장하여 놀이한다.

인지적 자발성	• 놀이 도중 자기 나름대로의 놀이방법을 찾아낸다. • 놀잇감을 색다르게 가지고 논다. • 놀이 도중 색다른 역할을 취한다. • 놀이하는 동안 활동을 변화시키기보다 한 가지 활동을 지속한다.

(4) 즐거움의 표현

즐거움의 표현은 유아들이 놀이하는 동안 나타나는 다양한 감정인 기쁨, 슬픔, 즐거움, 해냄 등의 정도를 의미한다. 놀이의 특징 중의 하나는 긍정적인 정서표현이다. 유아들은 다른 친구들과 놀이했을 때 기쁨, 성취감, 만족감을 느끼고, 이러한 감정은 내적으로 동기화되어 유아들이 놀이를 지속하게 한다. 유아가 놀이하는 과정에서 나타나는 정서표현, 즉 기쁨의 표현은 혼자놀이, 병행놀이가 아닌 협동놀이와 같은 사회적으로 높은 수준의 놀이범주와 밀접한 관련이 있다.

즐거움의 표현	• 놀이하는 동안 즐거움을 표현한다. • 놀이 도중 만족감을 보여 준다. • 놀이에 열성적임을 보여 준다. • 놀이 도중 정서적 표현을 억제한다.

(5) 유머감각

유머감각은 유아가 놀이하면서 친구들과 웃기게 이야기하는 것을 즐기거나 재미있고 우스운 이야기를 하고 익살스러운 행동이나 말을 하는 것을 의미한다. 유머감각이 잘 발달한 유아들은 친구들이 기분 나쁘지 않게 웃기고, 재미있게 웃기며, 여러 사람 앞에서 익살부리기를 좋아하는 모습을 관찰할 수 있다(김미숙, 2001). 유머는 유아의 발달에 따라 놀이 속에서 확장 · 진행되어 나타난다.

유머감각	• 다른 유아와 농담한다. • 놀이하는 동안 가볍게 친구를 놀린다. • 재미있는 이야기를 듣고 웃는다. • 유아가 놀이 도중 어릿광대처럼 행동한다.

3. 유아놀이이론

학자들은 오랜 기간 동안 유아들이 왜 놀이를 하는지, 놀이를 통해 얻을 수 있는 교육적 이점은 무엇인지, 즉 놀이의 본질과 성격을 규명하고자 노력해 왔다. 유아놀이이론은 유아들이 놀이를 하는 이유에 초점을 둔 19세기 말부터 20세기 초까지의 이론인 고전놀이이론과 놀이의 교육적 가치에 초점을 둔 20세기 초 이후의 이론인 현대놀이이론으로 구분한다.

1) 고전놀이이론

고전놀이이론은 생물발생적인 중요성의 관점에서 놀이의 동기에 주목하여 놀이를 개념화한 이론으로, 놀이를 에너지 조절수단으로 보는 잉여에너지이론, 레크레이션 이론과 놀이를 본능과 연관 지어 설명하는 연습이론, 반복이론으로 구분 지을 수 있다.

(1) 잉여에너지이론

잉여에너지이론(surplus energy theory)은 독일 시인 Schiller와 영국 철학자 Spencer에 의해 제기된 놀이이론이다. 잉여에너지이론에서는 사람이나 동물은 생존하기 위해 에너지를 산출하고, 생존에 쓰고 남은 에너지, 잉여에너지는 즐거움을 지향하는 데 소모한다고 주장한다. 즉, 인간은 생존 욕구를 충족하기 위해 필요한 일정한 에너지를 생성한다. 이때 사용하고 남은 에너지는 어떻게든 소모해야 하는데, 이것이 놀이의 역할이라고 주장하는 것이 잉여에너지이론이다.

Schiller는 놀이를 목적 없이 에너지를 소비하는 것이라고 주장한다. 잉여에너지이론의 관점에서 보면, 사람들은 하루 종일 앉아 일하는 경우 격렬하게 운동하고 싶어 한다는 점, 하등 동물에 비해 고등 동물은 생존에 필요한 에너지를 효율적으로 사용하기 때문에 잉여에너지가 많아 놀이를 많이 참여하다는 점에서 지지를 얻는다. 유아들이 하루 종일 교실에 머무르는 동안 남아 있는 에너지를 실외 놀이터에서 발산해야 한다고 믿는 사람들은 잉여에너지이론을 지지한다. 그러나 잉여에너지이론은 피곤한 상태에서도 놀이에 열중하는 유아들을 설명하지 못한다는 한계점이 존재한다.

(2) 레크레이션 이론

레크레이션 이론(recreation theory)은 독일 시인 Moritz Lazarus와 Patrick 사상에 근거한다. 잉여에너지이론과 반대로 레크레이션 이론에서 놀이는 일에 지쳐 결핍된 에너지를 보충하기 위한 것이다. 따라서 일주일 내내 열심히 일한 사람들은 에너지를 재충전하기 위해 주말에 열심히 놀 필요가 있다. 에너지를 재충전하기 위한 놀이활동은 반드시 일과 다른 활동이어야 한다. 레크레이션 이론은 잉여에너지이론과 반대로 일(작업)에서 소진된 에너지를 재정비하는 역할을 놀이가 수행한다고 주장한다. 유아들에게 교사중심의 수업활동과 유아중심의 놀이 또는 휴식이 균형적으로 구성된 하루 일과가 필요하다고 주장하는 사람들은 레크레이션 이론을 지지한다.

(3) 반복이론

반복이론(recapitulation theory)은 미국의 심리학자 Hall에 의해 발전된 것으로, 유아의 놀이가 인간의 진화과정을 재현한다고 주장한다. 반복이론에서 놀이의 목적은 놀이활동을 통해서 현대생활에 더 이상 요구되지 않는 조상의 원시적 본능, 유전기제를 제거하기 위함이다.

예를 들어, 야구 경기에서 야구 장갑을 끼고 공을 던지는 것은 원시시대 조상이 이행했던 사냥의 본능이 현대생활에서는 더 이상 필요하지 않으므로 놀이활동을 반복함으로써 소거시키는 것이다(지성애, 2007).

(4) 연습이론

Groos는 놀이의 목적이 미래생활에 요구되는 생존기제를 강화하고 연습하기 위함이라는 연습이론(practice theory)을 주장한다. 연습이론에 의하면 놀이는 사람과 동물에게 생존에 필요한 기술과 행동을 연습할 기회를 제공한다. 예를 들어, 어린 동물의 놀이 싸움 참여는 효과적인 사냥꾼이 되기 위해 요구되는 신체적 · 사회적 기술을 연습하는 것이다. 유아들이 사회극 놀이를 하는 것은 의사, 부모, 교사 등이 되기 위해 연습하는 것이다.

2) 현대놀이이론

현대놀이이론은 놀이를 하는 목적, 놀이가 이루어지는 과정 및 놀이의 존재 이유 그 이상을 설명한다. 현대놀이이론은 유아의 심리와 행동에 대한 연구와 현대 발달이론에 기초하여 이루어졌다.

(1) 정신분석이론

정신분석의 창시자인 Freud는 유아에게 놀이는 자신의 억눌린 정서를 표현하도록 함으로써 유아기 정서발달에 중요한 역할을 수행한다고 주장한다. Freud는 인간의 성격은 원초아(id), 자아(ego), 초자아(superego)로 구성되어 있는데, 유아는 놀이를 통해 원초아와 초자아 간의 격차를 줄임으로써 갈등을 제거할 수 있으며 그 결과 유아의 자아가 성숙된다고 간주하였다. Freud는 놀이의 동기를 쾌락의 원리로 설명하였다. 유아들은 놀이 속에서 현실에서 실현하지 못한 자신의 욕망이나 바람을 가상으로 실현해 볼 수 있다.

반복놀이는 유아가 부정적인 정서를 다룰 수 있는 또 다른 정화기제의 역할을 한다. 영유아가 한꺼번에 정서적으로 감당하기 힘든 상처를 받으면 이를 갑자기 해소하기 어려우므로 영유아는 놀이를 통해 자신이 감당할 수 있는 정도로 소분하여 놀이를 지속적으로 반복한다. 이러한 반복놀이를 통해 영유아는 부정적인 정서나 감당하기 어려운 심리적 상황을 극복해 나간다. 따라서 정신분석이론에서는 실제 생활에서 겪은 유쾌하지 못한 경험이나 감당하기 어려운 외상적 사건은 유아기 놀이의 원인이 된다. Freud는 놀이치료나 미술치료를 통해 잠재의식에서 찾아낸 경험들이 치료를 통해 해결 가능하다고 믿었다.

Freud의 후계자인 Erikson은 놀이가 유아의 신체적 · 사회적 기술을 발달시킴으로써 자아를 강화한다고 강조한다. Erikson은 영유아기의 놀이를 3단계로 구분 지었다. 1단계는 출생부터 1세까지의 영아기로, 자신의 신체를 중심으로 놀이하는 자기세계놀이(autocosmic play) 단계, 2단계는 2세경에 주변에 보이는 장난감을 가지고 놀며 혼자놀이를 하는 미시세계놀이(microsphere play) 단계, 3단계는 3세 이후부터 주변의 장난감에서 벗어나 또래와 함께 놀이하고 상상놀이를 하면서 놀이영역을 확대해 나감으로써 자아를 강화하는 거시세계놀이(macrosphere play) 단계이다. Erikson은 유아들은 거시세계 놀이로 발달되어 가며, 유아들이 그들의 발달단계를 통해 진보하기 위해 놀이를 사용한다고 강조하였다.

(2) 인지발달이론

① Piaget 이론

Piaget는 놀이의 역할은 주변 사물에 숙달할 수 있는 기회를 제공함으로써 인지발달을 이루어 나가는 것이라고 하였다. 또한, 유아들은 자신의 인지적 수준에 따라 놀이함으로써 놀이를 통해 유아의 인지발달을 평가할 수 있는 있는 중요한 준거가

됨을 강조하였다.

Piaget는 발달단계를 감각운동기, 전조작기, 구체적 조작기, 형식적 조작기로 구분 지어 유아의 인지적 수준에 따라 각 단계에서 다른 놀이를 보인다고 강조한다. 감각운동기는 감각과 운동을 통해 주변세계에 대해 이해하는 시기로, 주로 단순한 기능과 반복적인 연습놀이를 한다. 전조작기에는 상징이 출현하여 이 시기의 유아들은 가작화 요소를 이용하여 상징놀이를 하게 된다. Piaget는 놀이는 인지구조가 적응해 가는 과정에서 필요한 것으로, 유아들이 놀이를 선호하는 이유 중의 하나는 인지발달 초기단계의 유아들은 인지구조가 아직 평형화를 이루지 못해, 놀이를 통해 조절이 가능해져 평행화를 이루어 나가기 때문이라고 하였다(유효순, 조정숙, 2004). 유아기에 자주 출현하는 상징놀이는 구체적 조작기에 들어서 점차 감소하며 대신 이 시기에는 규칙 있는 게임의 형태를 선호하게 된다.

② Vygotsky 이론

러시아 심리학자 Vygotsky는 인간발달은 자연적 · 생물학적으로 결정된 발달과 성장하는 개인과 다른 사람들과의 상호작용으로 만들어진 문화적 발달 사이의 복잡한 상호작용라고 주장한다. 이 결과 상호작용은 가치 · 기대의 단순한 획득과 특정 문화로 승격 이상의 것을 입증한다. Vygotsky는 고차원적 정신기능을 중재적 · 의도적 · 내면화된 것으로 정의했으며, 발달을 interindiviual(intermental)에서 individual(intramental)으로의 변화를 포함하는 점진적 과정이라고 설명하였다.

어린 유아의 경우 더 높은 정신기능은 성인이나 다른 어린이들과 함께 이러한 기능을 공유함으로써 여전히 개인 상호 간의 형태로만 존재한다. Vygotsky는 계통발생학과 개체발생론 모두에서 고등 정신기능의 기원과 발달에 초점을 맞추었다. 계통발생과정(종 발달)은 인류 진화의 다른 단계에서 생성된 문화적 유물을 근거로 추론할 수 있지만, 고등 정신기능의 개체 발생은 직접적 관찰뿐만 아니라 경험적 조사로도 접근이 가능하다.

Vygotsky에게 아동발달과 학습은 문화역사이론에 대한 실제적인 예들의 원천 이상을 의미한다. Vygotsky는 유아기는 정신기능이 초기단계를 겪는 단계라고 하였다. 초기단계란 유아가 처음으로 문화적 도구를 사용하여 인지 · 주의 · 기억 · 사고와 같은 과정을 하는 단계로, Vygotsky의 견해로 볼 때 이것은 유아기 성취 중 하나이다. 유아들은 자신의 충동적이고 반사적 행동을 극복한다. 유아기에는 의도적인 행동이 가능해지고, 고등 정신기능 발달에 중요한 성취가 이루어진다. 유아기의 또 다른 성취는 동작과 언어, 그림, 글자에 이르기까지 다양한 기호 및 상징을 사용할 준비를 한다는 점이다.

Vygotsky는 단지 한 종류의 놀이, 사회극 놀이 또는 가작화놀이(make-believe)를 강조하였다. 사회극 놀이는 유아들이 상상의 상황을 만들고, 역할을 수행하고, 그 역할에 부여된 규칙을 지키는 것을 포함한다. 이와 같이 유아들은 사회극 놀이를 통해 현실을 초월하는 방법을 배운다. 따라서 Vygotsky는 놀이는 사물의 숙달과 상징적 능력 발전에 중요한 역할을 한다고 강조한다. 영아기는 놀이소품에 임의대로 새로운 의미를 부여할 수 없는 시기이다. 이 시기의 놀이소품은 유아가 진짜 도구를 사용하는 방식과 비슷하게 사용하도록 허용하는 몇 가지 속성이 있어야 한다. 예를 들어, 굴러가는 연필은 아이들에게 마차나 기차를 대신하는 대체물이 될 수 있다(Elkonin, 1976). Vygotsky는 이 단계는 아동이 아직 상징을 사용할 수 없지만 오히려 상징적 사고의 전제조건을 숙달하고 있음을 강조한다.

유아에게 놀이는 이 시기에 만연한 즉각적인 만족감에 의한 것이 아니라, 즉각적인 충동을 억제할 필요성이 있는 첫 번째 활동이다. 놀이는 즉각적인 충동과 달리 행동할 것을 요구한다. 즉, 게임규칙에 따라 기다려야 할 것을 요구한다. 아이가 자신이 하고 싶은 것, 자발적인 것과 즉시에 하는 것을 하지 않는 이유는 놀이규칙을 지켜 게임에서 얻는 즐거움이 즉각적인 충동에서 얻는 만족감보다 더 크기 때문이다.

아동발달에서 놀이의 역할을 요약하자면, Vygotsky는 놀이는 유아기에 주요한 발달의 원천이라고 결론지었다.

> 놀이와 발달의 관계는 비교될 수 있지만, 놀이는 훨씬 넓은 자연의 필요와 의식 속에서 변화를 위한 기반을 제공한다. 놀이는 발달의 근원이며 근접발달지대를 만든다. 상상 속에서의 행동, 자발적 의도의 표현, 실제 계획과 의지의

동기 형성은 모두 놀이에 나타난다. 따라서 놀이는 유아발달이 최고로 이루어 지도록 한다(1967: 16).

(3) 각성-조절놀이이론

각성-조절놀이이론에서 놀이란 인간의 각성을 최적의 수준으로 유지하도록 하는 중추신경조직의 욕구를 만족시키기 위함이라고 강조한다. 대표적인 학자로는 Berlyne(1960)과 Ellis(1973)가 있다. Berlyne은 유아는 자극이 과도하면 혼란을 느끼고, 자극이 낮으면 싫증을 내고 지루해한다. 따라서 놀이 시 자극이 낮은 상황에서는 자극을 적정 수준으로 끌어올리고, 자극이 높은 상황에서는 자극을 일정 수준으로 낮추어야 한다. Ellis는 자극추구활동을 놀이로 간주하였다. 즉, 놀이는 낮은 각성 상태에서 발생하는 자극생산활동이다.

(4) 상위 의사소통이론

Bateson(1955)은 놀이란 역할-지배적 활동으로 유아들은 놀이를 하기 위해 반드시 지켜야 하는 놀이 속 규칙이 있으며, 놀이구조를 이해해야 한다고 강조한다. 유아들은 또래집단과 함께 놀이를 하며, 이 놀이는 실제가 아닌 가상임을 인지한다. 놀이 속에서 놀이자가 가상임을 잊고 있을 때, 일부 유아는 놀이 속에서 자신과 다른 유아에게 이는 현실이 아니라 가상임을 숙지시키고자 한다.

따라서 상위 의사소통이란 놀이의 여러 가지 상황, 행동, 사물 등을 놀이친구에게 이해시키고 설명해 주기 위한 의사소통이다. 예를 들면, 또래에게 "우리 지금 추운 눈 속이라고 가짜로 생각하고 도망가자."라고 말함으로써 자신의 가작화한 행동을 상대방에게 알린다(이숙재, 2004). 이처럼 Bateson은 유아가 놀이를 하면서 상위 의사소통을 경험함으로써 의미의 다각적 수준의 이해능력을 촉진받는다고 강조한다.

(5) 각본놀이이론

각본이란 기억에 의해 활성화되는 지식구조이다. Wolf와 Grollman은 유아의 극놀이를 각본으로 간주하고, 놀이 중에 표현되는 이야기의 조직 수준을 분석함으로써 유아의 인지발달과 언어발달의 지표를 알 수 있다고 강조한다(이경화 외, 2011).

4. 놀이유형

유아의 놀이는 연령별로 · 목적별로 사회적 놀이, 인지적 놀이, 사회극 놀이로 구분 지을 수 있다. 연구자들은 최근까지 이러한 놀이발달을 간단하고 1차원적인 것부터 더욱 복잡하고 다차원적인 것으로의 직선적 진보로 바라보았다(Johnson, Christie & Yawkey, 1999).

1) 사회적 놀이

유아들은 발달해 감에 따라 혼자놀이에서 상호작용, 차례 바꾸기, 다른 사람과 놀이를 시작하고 끝내기 그리고 놀이활동을 안내하기 위해 언어를 사용하는 놀이까지 나아가게 된다. Parten의 고전적 관찰연구(1932, 1933)에서는 놀이의 사회적 발달단계를 제안한다. Parten은 유아의 놀이형태를 관찰하여 사회적 참여도에 따라 6가지 유형의 사회적 놀이형태를 제시하였다.

(1) 비참여행동

비참여행동은 놀이라고 간주하기 어려우며, 일시적이고 순간적인 관심에 따라 어떤 것을 바라보며 자기 자신에 전념하는 행동을 의미한다. 유아가 관심 끌만한 것이 없을 때 교사를 따라다니거나, 그냥 가만히 있거나, 무의미한 행동을 반복하는 행동이다.

(2) 방관자적 행동

방관자적 행동은 또래의 다른 유아들이 자유선택활동 시간에 노는 것을 지켜보거나 바라보는 행동이다. 유아는 가끔 다른 또래에게 말을 걸거나 놀이 밖에서 지켜보며 놀이를 제안하기도 하지만 놀이에 직접 참여하지는 않는다. 다른 유아들과 이야기할 수 있는 거리 내에 있어도 상호작용이 없으며 바라보고만 있을 뿐이다.

(3) 혼자놀이(단독놀이)

유아는 다른 유아들이 있는 공간 내에서 혼자 단독으로 놀이한다. 혼자놀이는 같은 공간 내에 있지만 유아는 다른 놀잇감을 가지고 독립적으로 놀이하는 형태이다. 다른 유아와 함께하려고 노력하지 않으며, 곁에 있는 친구와 친하게 지내려는 노력이나 시도를 하지 않으며, 근본적으로 다른 유아들의 놀이를 무시한다.

(4) 병행놀이(평행놀이)

병행놀이는 또래들의 놀이 속에서 동일한 놀이를 하지만, 다른 유아들과 서로 공유하거나 접촉하거나 간섭하지 않고, 자신의 놀이에만 몰두하는 상황이다. 병행놀이에서 유념해야 할 점은 유아는 자신의 놀이에 여전히 몰두하고 있지만 주변 유아들과 같은 주제로 놀이하는 형태이다. 다른 유아들과 함께 또는 같이 놀이한다기보다 다른 유아들 옆에서 놀이하는 것이다. 따라서 남의 행동에 영향을 미치지 않고 놀고 싶은 놀이를 하는 것이다.

(5) 연합놀이

연합놀이에서는 개별 유아의 관심과 흥미들이 여전히 우선시되는 경향이 있지만, 다른 유아들과 함께 놀이하는 형태이다. 2명 이상의 유아들은 놀잇감을 서로 공유하기도 하고, 이야기를 주고받기도 한다. 그러나 역할을 분담하거나 공통의 목적을 위해 놀이내용을 체계적으로 구분 지어 행하지 못한다.

(6) 협동놀이

협동놀이도 연합놀이처럼 유아들이 다른 유아들과 함께 놀이하는 형태이다. 그러나 연합놀이와 달리 협동놀이는 역할을 분담하고 공동의 목표를 정해 함께 놀이하는 조직적인 형태의 놀이이다. 예를 들어, 협동놀이는 동물원을 함께 구성하기 위해 각자의 유아들이 정문 만들기, 여우 우리, 사자 우리 등을 구분 지어 만들어 내고 합체하여 동물원을 함께 구성하는 형태의 놀이이다. 공동의 목적을 위해 개별 유아의 욕구와 요구를 조절하는 능력이 협동놀이의 특징이다. 주로 가게놀이, 학교놀이, 병원놀이 등에서 협동놀이가 나타난다.

Parten의 사회적 놀이의 발달단계는 방관자적 놀이에서 혼자놀이 그리고 협동놀이까지 유아의 사회적 놀이발달을 이해할 수 있는 유용한 방법이다. 그러나 Piaget의 인지발달단계와는 다르게 사회적 행동이나 언어기술과 같은 특정기술의 학습에 의존한다(Johnson, Christie, & Yawkey, 1999).

2) 인지적 놀이

유아들은 놀이 속에서 주변세계의 사물들을 활용한다. 유아들이 사물, 놀잇감 그리고 자기 신체를 이용하여 점점 정교화된 방법을 통해 자신의 인지를 발달시킨다. Piaget는 인지발달단계를 감각운동기, 전조작기, 구체적 조작기, 형식적 조작기로 구분 지으며, 이 단계에 따라 유아들의 인지적 놀이도 기능놀이, 구성놀이, 상징놀이, 규칙 있는 게임으로 발전해 나간다고 주장한다.

(1) 기능놀이

기능놀이는 영유아가 기능적인 즐거움을 위해 반복적으로 하는 가장 단순한 놀이 형태이다. 예를 들어 각티슈의 화장지를 반복적으로 뽑거나, 공을 굴려 보거나, 모래를 파거나, 블록을 끼웠다 빼었다 하는 행동을 반복하는 것이다. 기능놀이에는 특별한 기술이나 상상력, 창의력이 필요없다. 기능놀이는 연령이 높아짐에 따라 빈도는 감소한다.

(2) 구성놀이

구성놀이는 단순하고 반복적인 기능놀이에서 벗어나 다양한 상징놀이로 가기 위한 중간단계로서 조직화되고, 목표지향적인 놀이이다. 구성놀이는 무언가를 새롭게 만들어 내는 놀이로서 모래를 이용해서 성을 만들거나, 물감으로 그림을 그리거나, 재활용품을 활용하여 로봇을 만드는 등의 행위로 놀잇감과 사물을 이용하여 무엇인가를 만드는 놀이이다. 이 시기의 유아는 사물이나 놀잇감으로 다른 무언가를 만들어 봄으로써 즐거움을 느끼기 시작한다.

(3) 상징놀이

상징이란 추상적인 개념이나 사물을 구체적인 사물로 나타내는 것으로, 상징놀이는 추상적인 사물이나 개념을 유아가 사물이나 행위를 이용하여 표상화하는 놀이이다. 예를 들어, 유아는 나무젓가락으로 지휘봉을 표현하거나 엄마 또는 아빠가 되어 보거나 운동장에서 발로 공을 차고 공이 들어간 것처럼 행동하는 것 등이 상징놀이이다.

상징놀이는 유아들이 사물을 실제 의미와 다르게 추상적으로, 즉 비실제적인 방법으로 활용하는 것이다. 따라서 유아의 인지적 수준이 높아짐에 따라 발달하며, 초기에 가작화가 나타난다. 시간이 지남에 따라 가작화의 범위가 넓어지고 가장적 행동이 나타난다.

(4) 규칙 있는 게임

유아들이 가위바위보를 하고 졌다며 아쉬워하는 표정을 종종 볼 수 있다. 이는 유아들이 게임의 규칙을 이해하고 자신의 욕구를 조절하는 것이다. 규칙 있는 게임은 구체적 조작기에 나타나는 놀이유형으로, 미리 정해진 규칙에 따라 놀이를 하므로 가장 발전된 형태의 인지적 놀이라고 할 수 있다. 유아는 규칙 있는 게임을 하기 위해서 규칙을 이해하고, 준수해야 하며 주어진 범위 내에서 행동을 통제할 수 있어야 한다. 대표적인 놀이로는 축구, 야구, 주사위 놀이, 가위바위보 등이 있다.

3) 사회극 놀이

사회극 놀이는 자발적인 사회적 놀이형태의 하나로, 유아들은 사회극 놀이 속에서 자신의 상상력과 창의력을 활용하며 다양한 역할을 해 보고, 대화에 참여하고, 사물을 다루고, 풍부한 문해적 환경에 노출된다. 사회극 놀이는 둘 이상의 유아들이 함께 역할을 가장하여 상황이나 이야기를 구성하는 것이다(Johnson, Christie & Yawkey, 1999: 230). 따라서 사회극 놀이는 사회놀이적 측면에서는 협력적이며 동시에 인지적 놀이 측면에서는 상징적 놀이이다. Smilansky와 Shefatya(1990)는 사회극 놀이가 다음과 같은 요소에 의해 이루어진다고 강조한다.

- 유아들은 시간, 공간 그리고 호기심 있는 사물을 지닌다.
- 사회극 놀이는 상호 협력적인 활동이다.
- 사회극 놀이는 개인적 자유에 의해 특징지어진다.
- 사회극 놀이는 사전에 정해지지 않는 주제에 따라 구성되어 나아간다.
- 사회극 놀이는 가상적인 세계의 표현이지만, 현실에 기반을 둔다.
- 유아들은 놀이의 연속성을 위해 다른 사람을 이해해야 한다.

유아를 위한 적절한 사회극 놀이를 지도하는 과정에는 아동중심적 전략과 교사주도적 전략 간 조합이 요구된다. 사회극 놀이는 유아가 사회극 놀이를 활용하여 사용할 수 있는 교실의 적절한 물리적 공간이 필요하다. 이때 교사의 역할은 흥미영역을 만들어 주고, 스토리라인을 촉진하고, 놀이를 평가하는 것이다. 교사가 사회극 놀이를 지도하기 위한 지침은 다음과 같다.

첫째, 유아들에게 익숙하고 흥미 있는 주제를 선택한다.

둘째, 유아들이 사회극 놀이에 참여하는 동안 할 수 있는 구체적인 역할이 다양하게 있음을 알려 준다.

셋째, 문해가 풍부한 환경을 구성한다. 모든 사물과 공간을 라벨링한다. 유아가 읽고, 쓰고, 듣고, 말할 수 있도록 기회를 주고 자료를 제공한다.

넷째, 안전하고 매력적이고 흥미로운 교실의 특정영역에 흥미영역을 구성한다.

다섯째, 사실적이지만, 상상할 여지가 있는 다양한 조작적 교구를 제공한다. 그리고 모든 교구의 내구성을 유념해야 한다.

여섯째, 교구를 순환시켜 배치한다. 유아가 모든 교구를 동시에 가지고 놀도록 하지 않는다. 규칙적으로 나오는 역할과 더불어 새로운 교구를 포함시킨다.

일곱째, 유아의 안전에 방해되지 않는 한 유아들 간의 스토리라인을 방해하지 않는다.

여덟째, 다양한 방법으로 영역에 참여하도록 어휘를 소개한다. 우리는 유아들이 자신의 레파토리에 다양한 단어와 어휘를 활용하기 원한다. 이것은 이야기책 읽기, 같은 주제로 노래하기 등과 같은 다양한 방법을 통해 이루어진다.

아홉째, 유아들이 집단활동을 하는 동안 필요한 규칙을 고려한다. 사회극 놀이는 유아들에게 인기가 많아서 교실규칙이 필요하다.

극놀이 활동이라고 정의할 수 있는 사회극 놀이의 목록을 제안하면 다음과 같다.

① 역할모방(role playing)

유아들은 놀이에서 역할(엄마, 교사, 의사 등)을 수용하고, 다른 유아들과 이러한 역할로 의사소통한다("나는 의사야."). 그리고 역할에 알맞은 행동을 수행한다.

② 가상전환(make-believe transformation)

상징은 실제 사물이나 행동으로 활용된다. 예를 들어 나무블록을 전화기로, 손을 모아 위아래로 움직이는 것을 망치질로 상징화하고, 상황을 정의한다.("여기는 의사의 진료실이야.").

③ 사회적 상호작용(social interaction)

적어도 둘 이상의 유아들이 놀이에 참여하고, 그들은 역할과 변환(transformation)에 모두 합의한다.

④ **언어적 의사소통**(verbal communication)

유아들은 사회극 놀이에 참여하는 동안 언어를 사용한다. 그들은 놀이를 설정하고, 역할과 환경을 정의하고, 스토리나 극상황을 설정한다. 또한, 다른 유아의 영역을 지정하고(예를 들어 "의사는 그렇게 하면 안 돼."), 그들의 할당된 역할에 알맞은 언어를 사용한다.

⑤ **지속성**(persistence)

유아들은 나이에 비해 꽤 오랫동안 5~10분 정도 활동에 참여한다. 지속성은 유아들에게 자신의 사회극 놀이를 설정할 충분한 시간이 주어졌는가에 따라 달라진다(Smliansky, 1968). 몇몇 연구들은 저소득층 유아들이 중산층 유아들보다 사회극 놀이에 덜 참여한다고 보고한 바 있다(Feitelson & Ross, 1973; Rubin, Maioni, & Hornung, 1976). 이러한 연구들은 사회극 놀이 경험의 결핍이 종종 유아의 인지발달과 교육의 지체로 이어지며, 유아문화의 중요한 상징체제(수, 언어, 알파벳 등)를 학습하는 것이 결정적이라고 가정한다.

최근의 연구들은 놀이가 유아의 사회적 · 정서적 · 신체적 · 인지적 발달을 이끌어 나가는 견인차의 역할을 수행한다고 강조한다(Bredekamp & Copple, 1997). 특히, 사회극 놀이는 이러한 기술을 촉진하는 데 효과적이다(Levy, Wolfgang, & Koorland, 1992). 대부분에 의해 선호되는 유아중심적인 놀이는 학습적 요소가 강화된 교사중심적 활동보다 동기유발이 되기 쉽다. 따라서 사회극 놀이는 사회적 · 정서적 · 신체적 · 인지적 발달과 밀접한 상관이 있고, 유아교육 프로그램 교육과정과 연계하기 쉽다.

5. 실외 놀이

1) 실외 놀이터의 역사적 접근

(1) 놀이터 이전 시대

미국의 어린아이들을 위한 최초 학교에서는 놀이터가 포함되지 않았다(Vinovskis, 1996). 왜냐하면 학교가 놀이터라는 개념 이전에 설립되었기 때문이다. 영아학교는 도시 개발이 집에서 일하는 것에서 밖에서 일하는 것으로 변화되어 젊은이들의 보살핌과 필요에 따라 만들어졌다.(Vinovskis 1996: 103). 가장 빈곤한 사람들을 대상으로 한 이 학교들은 직업에 종사하도록 학생들을 준비시키기 위해 직업중심으로 설계되었다. 초기 미국학교에서는 야외놀이가 고려되지 않았다.

1800년대 중반까지 Locke와 Rousseau는 서양 세계에서 어른들의 생각과 그들이 이끌어 가는 삶의 잠재력에 심오한 영향을 받았다. 유아기는 순진무구하고, 어떤 시대와도 바꿀 수 없는 소중한 시간으로 간주되기 시작하였다(Cunningham, 1996). Rousseau는 유아기에 자연스러운 환경에 적합한 발달적인 개화라는 개념을 도입하였다(Kinard, 2012). 유아학교에 야외활동을 위한 특별한 장소가 없다는 점을 상기시켰으며, 도시에 살고 있는 유아의 삶의 질에 관심 있는 교육자에게 새로운 도전과제를 제시하였다.

(2) 정원(The garden)

유럽에서는 놀이터가 19세기 후반에 나타났고, '뚜렷한 도시 특징'으로서 미국 전역으로 확대되었다(Solomon, 2005). 이 공간은 도시 어린이의 발달과 건강 및 위험한 거리로부터 도시 어린이를 보호하기 위한 것뿐만 아니라 이민가정의 문화 변화에도 기여하였다(Solomon, 2005). 놀이터를 소개하는 이러한 미국의 목표는 Rousseau와 Froebel의 영향을 받은 '어린이를 위한 정원'에 관한 유럽의 아이디어와도 관련된다. Rousseau와 Froebel의 정원이라고 지칭하는 놀이는 탐구와 놀이를 위해 외부 공간을 창조하고 자연스러운 세계에 중점을 두어 자연에 대한 열망을 불러 일으켰다(Brosterman, 1997). 그러나 이러한 정원이 오늘날의 놀이터에 대한 필연적 결과라고는 확신하기 어렵다.

정원중심 놀이터와 달리 실외 체육관은 독일의 체력, 건강 및 민족주의 동기(Frost, 2012)에 대한 관심에 대한 반응으로 1880년 초에 나타났다. 체조를 위한 장비는 포장된 마루 위 운동장에 설치되었다(Frost, 2012). 오늘날 놀이터의 구성은 그네, 시소, 정글짐, 미끄럼틀과 같은 친숙한 것을 포함하고 공공장소에 세워진 초기 금속성 재료에 확실한 영향을 받았다(Norman, 2010). 그러나 이 포장된 놀이터는 단단한 표면으로 이루어져 부드러운 요소가 필요하였다.

(3) 모래놀이상자(sandboxes)

19세기 후반에 독일의 시민 Von schenckndorff는 공공장소에 모래를 쌓아 놀이 공간을 만들었다. 이는 미국으로 확장되었다(Frost, 2012). 유아교육자들은 여전히 모래로 놀고, 건설하고, 탐구하는 덕목을 예찬한다(Ashbrook, 2010). 놀이터에 모래를 추가하는 혁신은 다시 놀이터 풍경을 바꿔 사고의 전환을 가져왔다. 놀이터 설계자는 유아발달에 있어 '이전에 본 적 없는 것을 만들고 구축하는 것을 포함하는' 구성놀이의 장점에 대해 고려하기 시작하였다(Drew et al. 2008).

(4) 모험식 놀이터

모험식 놀이터는 재활용 목재, 로프, 파이프 또는 타이어로 구성된다. 교사들은 모험식 놀이터에서 유아들이 구성놀이를 하고, 사회극 놀이하는 것을 촉진한다(Norman, 2010). 모험식 놀이 공간의 개척자인 Marjory Allen은 유아들이 제작하고 놀뿐만 아니라 '자유의 책임을 합의를 하는' 장소로서 형태가 없는 허술한 창조성을 지지한다(Solomon, 2005). 미국에는 한때 여러 모험놀이시설이 있었으나 추락의 위험성 때문에 규제되고 안전지향적인 놀이 공간을 지향하는 사회의 압력으로 인해 미국 모험식 놀이터는 차차 사라지게 되었다(Frost, 2012). 그러나 Frost(2001)는 모험식 놀이터가 고정식 놀이터보다 부상의 위험이 더 적음을 강조한 바 있다.

(5) 자연식 놀이터(natural playscapes)

놀이터는 지금까지 포장도로와 금속으로 이루어져 왔으나 Rousseau에서 시작하여 수많은 학자가 놀이에서 자연성을 접목시켰다. 건축가이자 도시계획가인 Robin Moore와 같은 현대 옹호자는 실외 교육이 자연자원과 환경을 탐구하는 데 사용할 수 있는 기초 및 학제 간 학습을 통해 성취의 차이를 줄이는 데 효과적이라고 주장한다(Moore, 2003). 오늘날 유아들이 의자에서, 교실 밖에서 그리고 실외로 나아가기 위한 움직임이 커지고 있다(Danks, 2010; Louv, 2005). 실외 학습을 지지하는 사람들은 자연경관이 자연사회의 탐구를 통해 수학개념, 과학적 과정, 미술 및 언어 예술의 학습을 용이하게 하면서 사회극, 건설적 놀이뿐만 아니라 교과과정 자료를 위한 공간으로 사용될 수 있다고 믿는다(Danks, 2010).

2) 실외 놀이의 목적

실외 놀이는 여러 가지 이유로 어린이를 위한 건강 및 웰빙에 관한 중요한 주제이다. 실외 놀이는 유아의 신체활동량과 관련되며, 전신운동은 유아기부터 생애 전반까지 지속적으로 영향을 미친다(Baranowski et al., 1993; Brown et al., 2009). 실외 놀이를 정기적으로 하는 유아들은 유연하고 면역력이 강한 시스템을 갖추고 창의력을 발휘하며, 좀 더 적극적으로 상상력을 발휘하고 스트레스 수준을 낮추며, 자신과 타인에게 더 큰 존경심을 선사하는 경향이 있다(Fjørtoft, 2004; Burdette & Whitaker, 2005). 유아가 의도적으로 고안된 공간을 이용할 수 있으면 신체활동을 증가시킬 수 있다(Bower et al., 2008; Brown et al., 2009).

실외 놀이의 장점은 현대사회에서 더 중요하다. 만 2세부터 만 5세 사이의 유아들 사이에서 비만이 지난 30년간 3배 이상 증가하여 전국 대표 표본에서 18.4% 이상을 차지하는 것으로 나타났다(Anderson & Whitaker, 2009). 또한, 과체중의 유병률은 25% 이상으로 치솟았다(Ogden et al., 2010). 이외에도 우려되는 점은 유아기의 과체중 또는 비만이 아동기까지 약 60% 정도가 계속 비만으로 남아 있다는 것이다(Johannsson et al., 2006). 질병통제센터(CDC, 2009, 2014)의 보고서에 따르면, 이러한 통계가 점점 줄어들기는 하지만 교사는 유아기의 이러한 특성에 대해 유념해야 할 필요가 있다. 과체중과 비만이 성인기까지 지속됨에 따라 고혈압, 당뇨병 등이 발병하고 자아존중감이 낮아지며 삶의 질이 떨어지는 것과 같은 문제가 다양하게 발생한다. American Academy of Pediatrics(2014)는 과체중과 비만이 국가적 비상사태라고 선언했으며 예방이 중요하다는 것을 나타내었다. 우리나라도 누리과정에 실외 놀이시간을 하루 1시간 이상 고시하고 있어 유아기의 실외 놀이의 중요성을 살펴볼 수 있다.

유아에게 놀이는 학습이다. 실외보다 더 좋은 공간을 찾기 어려우며 자연보다 더 유용한 자원은 없다. 유아기에 학습할 수 있는 가장 좋은 교훈 중의 하나는 실외에서 노는 것이다. 유아들은 자연환경으로부터 본성적으로 좋은 기운을 거두어 들인다. 구조화되고, 바쁘게 돌아가고, 기술적으로 진보된 세계 속에서 실외 놀이의 기능은 우리들에게 잊혀지기도 한다.

자연놀이는 유아가 적극적으로 행동하고, 사고하고, 부모나 성인의 통제가 필요 없이 기술이나 능력을 형성할 수 있는 놀이이다. 교사는 유아가 주도하는 놀이 속에 적극적으로 참여할 수 있다. 실외에서 놀면 회복탄력성이 증진되고, 자기신뢰감과 창의성이 증진된다. 자연놀이는 움직임의 즐거움을 격려하고, 상상력을 자극하며, 우정을 형성하도록 하고 사회적 관계망을 형성시킨다.

Coyle(2000)는 실외 놀이는 교실의 문제행동을 개선하고, 유아들의 동기유발을 자극하고, 학습에 대한 열정을 불러일으키며 주의력결핍과잉행동장애(ADHD)를 줄인다고 보고하고 있다. 자연결핍장애의 증상은 우울, 과잉행동, 지루함 그리고 외로움을 포함한다(Louv, 2005). 자연결핍장애 증상은 신체발달을 줄이고, 저하된 정신발달과 심리발달이 일어나며, 주의력 결핍과 학업능력과 창의성까지도 저해한다. 오늘날의 유아들은 디지털 세대로, 컴퓨터나 인터넷 없이는 생활이 불가능하다. Einstein Medical Center Philadelphia는 14%의 유아들이 이미 하루에 1시간 정도 전자기기를 사용하고 있고, 2세가 되면 26%, 4세경에는 38%까지 늘어나 연령이 높아짐에 따라 컴퓨터 기기 사용 역시 증가됨을 보고하고 있다(NY Daily News, 2015).

Louv(2005)는 유아들이 전자기기에 중독되고 몰입할수록, 자연과의 연결고리를 잊어버리고 유아들이 사람 간 연결고리를 찾지 못하게 된다고 강조한다. 유아들이 현대생활에서 전자기기와 통신에 익숙해지면 익숙해질수록, 유아들은 컴퓨터를 목적적이고 주의깊게 사용하며, 자연놀이와 균형감을 가지도록 배려해야 할 필요가 있다. 자연놀이를 교육환경과 통합할 수 있는 지침은 다음과 같다.

첫째, '왜 실외 놀이가 우리의 몸과 마음에 소중한 것인지' 인식하도록 교실에서 토의한다. 실외 놀이 역량 속에서 유아들이 자신감을 가지도록 촉진한다.

둘째, '왜 내가 실외 놀이를 좋아하는지' 유아들이 보드판에 작성해 보도록 한다.

셋째, 자연놀이 자료를 교실 안으로 가져온다.

넷째, 유아들과 함께 학교 근처 자연놀이영역을 탐색한다. 실외로 나가서 학교 주변 지형과 자연환경에 관한 지도를 작성한다.

3) 실외 놀이 공간척도

Head Start Body Start(HSBS)는 Play Space Assessment(HSBS, 2010)를 개발하여 유아교육기관의 실외 놀이 공간을 평가하고 유아교육 프로그램을 안내하였다. 실외 놀이 공간의 평가척도는 열린 공간, 이동 기회, 휴식처 및 그늘, 자연적 특징, 친숙한 분위기, 감각적 요소, 접근성 및 포괄적인 놀이, 위험 및 도전, 안전에 관한 측면으로 이루어져 있다. 이에 관한 개략적인 내용은 다음과 같다.

(1) 다양한 열린 공간

유아들은 개방된 놀이 공간에서 달리기, 뛰기, 구르기와 같은 광범위한 운동활동과 기술에 참여한다. 공, 공기놀이, 훌라후프와 같은 조작장비는 열린 공간에서 유아들이 실외 놀이에 더 많은 유연성을 경험하게 한다. 단순한 장난감과 건축 자재를 추가하면 유아들은 다양한 운동기회와 건설놀이에 참여하고 훌륭한 운동기술을 개발할 수 있다. 또한, 간단한 소품이나 의상은 역할놀이와 상상놀이를 장려한다.

(2) 고정된 놀이기구

대부분의 놀이터에서 흔히 볼 수 있는 놀이기구에는 오르기 구조물, 그네, 슬라이드 및 스프링라이더(흔들리는 장난감)가 포함된다. 유아들은 미끄럼틀 아래로 미끄러지거나, 사다리를 오르거나, 평균대를 따라 걷는다.

(3) 자연요소

질적인 높은 놀이 공간은 나무, 그루터기, 바위, 긴 풀, 물, 자갈과 같은 다양한 자연을 통합한다. 실외 공간의 경치에는 다양한 종류의 자연요소가 포함되어 있다. 포도나무, 경사로 및 안전한 땅 표면 등을 포함하는 다양한 형태의 식물이 포함된다. 자연적 요소는 위험과 모험의 요소, 흥미와 다양성을 제공하며 따뜻하고 아름다운 환경을 조성하는 데 도움이 된다.

(4) 위험과 도전

유아에게는 흥미롭고 모험적인 놀이를 할 수 있는 기회가 필요하다. 유아들은 안전한 환경에서 위험에 대한 인지능력과 도전정신까지 충족할 수 있다. 통나무, 대들보, 그루터기 또는 돌길과 같은 개방적인 실외 놀이의 구성요소는 유아가 자신의 도전이나 장애물 코스를 만들고 활동적인 활동에 참여함으로써 신체적 · 사회적 및 인지능력을 발달시킨다.

(5) 바퀴 달린 장난감

세발자전거, 장남감 모형 자동차를 타 봄으로써 유아들은 속도감을 느끼고 도로 위에서 협상을 통해 다른 사람들과 협력하고 역할놀이에 참여하며 대근육을 발달시킨다. 다양한 바퀴 달린 장난감을 제공하면 다양한 능력 수준의 유아들은 도전감을 경험한다. 마찬가지로 경미하게 경사형태로 설계된 도로는 유아들에게 추가적인 도전감을 안겨 준다. 유념해야 할 점은 영유아기에 바퀴 달린 장남감을 실외 놀이에 제공할 때 헬멧과 무릎보호대는 필수적이다.

(6) 조작 가능한 장비

공, 점프 로프, 리본 및 훌라후프와 같은 물체는 던지기, 잡기, 되감기, 굴리기,

볼링, 걷어차기와 같은 사물의 조작기술을 연습하게 한다. 놀이 공간에 휴대용 장비를 추가하면 전통적인 고정된 장비만 사용하는 것보다 유아의 운동능력 향상에 기여할 수 있다(Brown et al., 2009).

4) 실외 놀이터의 접근성과 포괄성

모든 유아에게는 실외 놀이 공간에 접근하여 놀이할 수 있는 기회가 제공되어야 한다. 그러므로 실외 놀이터 표면이 접근 가능한지 확인할 필요가 있다. 보행 보조기 및 휠체어가 모든 실외 영역 구간을 지나갈 수 있도록 경로 너비 및 표면 질감이 고려되어야 한다. 실외 놀이터는 유아들에게 다양한 수준의 신체능력에 대한 기회와 도전감을 제공해야 한다. 예를 들어, 놀이 공간에는 낮은 오르기 영역과 더 높은 오르기 영역이 있어야 한다. 현대사회에서 실외 놀이에 인공적인 요소만을 가미하기보다는 관목, 식물 및 나무와 같은 자연적인 특징을 추가하여 좀 더 보호되고 친밀한 공간을 제공할 필요가 있다. 또한, 살아 있는 버드나무 오두막집이나 나뭇가지로 만든 둥지 같은 구조물을 건설하는 것도 유아들의 접근성을 높일 수 있는 기회가 된다(Casey, 2007).

이처럼 실외 놀이터의 접근과 기능을 높이기 위해 고려할 사항은 다음과 같다.

첫째, 평균대과 디딤돌을 제공한다. 유아들은 평균대와 디딤돌을 사용하여 균형잡기, 선회하기, 멈추기, 굽히기, 체중 이동하기와 같은 안정성 기술을 연습한다. 상업화된 평균대가 제공될 수 있고, 나무 밑동을 평균대로 사용할 수 있다. 크고 부드러운 돌 또는 여러 개의 작은 나무 그루터기는 안정성 기술을 연습하고 자연요소를 게임 공간에 통합할 수 있는 기회를 제공한다. 그리고 디딤돌은 다른 놀이 공간으로 이동할 수 있는 통로가 된다.

둘째, 집 모형 및 기타 구조물을 배치한다. 집과 오두막에서의 놀이는 사회화와 언어발달을 위한 기회를 제공한다. 유아들은 상상력에 따라 대·소근육을 사용할 기회를 가질 수 있다. 상상력을 자극하려면, 같은 구조물이 우주선으로 향하는 보트, 기차 또는 마법의 배가 되도록 소품을 바꾸어 주는 것도 고려할 수 있다.

셋째, 꽃이나 채소 정원을 활용한다. 아이들은 식물, 허브 및 꽃을 재배할 수 있으므로 정원에서 식물의 생활주기를 경험하도록 한다. 식물은 실외 공간에 심미적인 특징 및 유아들이 탐구하고 발견할 다양한 질감과 향기를 제공한다. 이를 위해 부모와 지역사회 자원봉사자를 방문하여 정원에 꽃이나 채소를 심는 것을 돕고 가족과 지역사회의 참여를 촉진할 필요가 있다.

넷째, 숲 체험용 나무를 제공한다. 적절한 오르기용 나무는 아이들에게 등산, 균형, 체중 이동의 기회를 준다. 오르기는 유아들에게 계산된 위험을 감수하고 대근육을 제어할 수 있는 기회를 제공한다. 야외놀이 공간에 오르기용 나무가 없는 경우에는 나무에서 큰 나무줄기를 가져와서 떨어뜨리거나 잘라내 아이들에게 비슷한 경험과 모험심을 제공한다.

토론

1. 유아의 사회적 놀이 중 혼자놀이, 병행놀이, 연합놀이, 협동놀이 가운데 가장 이상적인 형태의 놀이는 어떤 것인지 의견을 나누어 보세요.
2. 현재 우리 사회의 사회적 현상에 비추었을 때 유치원과 어린이집에서 실외 놀이가 중시되는 이유를 생각해 보세요.
3. 실외 놀이가 유아들의 발달에 미치는 영향을 다각도에서 정리해 보세요.
4. 어릴 적 놀이 중 가장 기억에 남는 놀이는 무엇인지, 지금까지 해 보고 싶은 놀이는 무엇인지 그리고 그 놀이의 특성은 무엇인지 정리해 보세요.

참고문헌

박찬옥, 정남미, 임경애(2005). **유아놀이지도.** 학문사.

이경화 외(2011). **유아교육개론.** 양서원.

이숙재(2004). **유아를 위한 놀이의 이론과 실제.** 창지사.

오경희(2012). 유아들의 우정에 관한 사회적 및 공동체적 특성: 해석적 재생산론적 접근에서. **미래유아교육학회지, 19**(4), 249-267.

유호순, 조정숙(2004). **놀이이론과 실제.** 한국방송통신대학교 출판부.

윤애희(2004). **교사를 위한 유아놀이지도.** 창지사.

정진, 성원경(2004). **유아놀이와 게임.** 학지사.

지성애, 채영란, 신금호, 박희숙, 박유영(2012). **놀이지도.** 정민사.

Johnson, E. J., Christie, J. F., & Yawkey, T. D.(1999). *Play and early childhood development*. Addison Welsey Longman, Inc.

Smilansky, S.(1968). *The effects of sociodramatic play on disadvantaged preschool children*. New York: Wiley.

Vygotsky, L. S.(1978, 1986). *Thought and language*. Cambridge, MA: MIT Press.

Bredekamp, S., & Copple, C.(Eds.).(1997). Developmentally Appropriate Practice in Early Childhood Programs. Washingtion, D. C.: National Association for the Education of Young Children.

Levy, A., Wolfgang, C., & Koorland, M.(1992). Socio-dramatic play as a method for enhancing the Language Performance of Kindergarten Age Students. *Early Childhood Research Quarterly, 7*(2), 245-262.

Coyl, K.(2010). Back to school: back outside. National Wildlife Federation, veiwed 9 March 2016.

Louv, R.(2005). Last child in the woods: saving our children from nature-deficit disorder. Algonguin Books of Chapel Hill, New York.

CHAPTER 11

유아교육사상과 철학

교육의 사상과 철학은 그 시대의 신념과 필요 가치에 따라 유기적인 변화과정을 거듭하며 현행의 교육전략을 구현하는 이론적 근거를 제공한다. 제11장 유아교육사상과 철학에서는 사조의 변화를 기준으로 고대~16세기, 중세기, 17세기, 18세기, 19세기, 20세기로 구분하여 제시하였다.

유아교육사상과 철학의 중심인 고대~16세기는 스파르타(Sparta) 교육과 아테네(Athens) 교육을 중심으로 이루어졌으며, 대표적인 학자로 Platon과 Aristoteles가 있다. 중세기는 인문주의와 종교개혁을 배경으로 이 시대의 대표적인 학자인 Erasmus와 Luther를 중심으로 그들의 생애 및 교육목적과 교육내용에 대해 설명하였다.

17세기는 문예부흥운동으로 실학주의가 주된 사상적 배경으로 대표적인 학자로 Comenius가 있으며, 18세는 계몽주의와 자연주의 사상이 대두되는 시기로 대표적인 학자로는 Locke와 Rousseau가 있다. 19세기는 신인문주의 출현과 함께 대표적인 학자로 Pestalozzi와 Owen, Froebel이 있다. 20세기 유아교육사상과 철학은 실용주의 경향을 보이며 진보주의 교육이 시작되었으며, 대표적인 학자로는 Montessori와 Dewey를 중심으로 그들의 생애 및 교육목적과 교육내용에 대해 설명하였다.

1. 고대~16세기의 유아교육사상과 철학

서양문화의 원형인 고대 그리스는 수백 개의 독립도시국가로 구성되어 있었으나 알렉산더 3세(Alexander Ⅲ) 시대에 통일국가의 형태를 갖추게 되었다. 고대 그리스는 서구문명의 산실로 자유주의, 주지주의, 인간주의 등의 근본이념을 중심으로 한 스파르타 교육과 아테네 교육을 중심으로 교육이 이루어졌다. 고대 그리스의 학자로는 Socrates, Platon, Aristoteles 등이 있으나 유아교육에 영향을 미친 대표적인 학자인 Platon과 Aristoteles의 생애와 사상, 교육목적 및 교육내용에 대해 구체적으로 살펴보고자 한다.

1) Platon

(1) 생애와 사상

Socrates의 수제자인 Platon(B.C. 428~348)은 펠로폰네소스 전쟁(Peloponnesian War)이 끝난 약 4년 후 아테네 귀족의 자녀로 태어났다. 장기간 개전과 휴전을 반복한 펠로폰네소스 전쟁은 사회적 혼란을 격화시키며 도시국가의 쇠퇴에 이어 아테네 패망의 원인이 되었다. 장기간의 전쟁으로 시민들은 도덕적 혼란을 겪기 시작했으며, 도시국가들의 분쟁은 늘어나고, 소피스트들의 궤변은 심화되어 갔다(박수진, 2004). 대부분의 소피스트는 변증술을 내세워 정치에서 실제적으로 성공하는 방법을 가르치면서 젊은이들에게는 권력욕을 부추기고 보수를 요구하며, 대중의 인기에 영합하는 교육을 사사롭게 주도하였다. 이러한 상황에서도 도덕성의 본질적 인식을 통해 인간다운 인격 형성을 역설한 Socrates가 오히려 신의 존재를 부정하고 젊은이들을 타락시킨다는 죄목으로 사형을 당하였다. Platon은 이 사건을 계기로 정치가의 길을 포기하고 철학자의 길을 선택하였다(연민이, 1995).

이후 Platon은 40세인 B.C. 386년에 아테네 근교 아카데모스(Academos) 체육장에 아카데미아(Academia)라는 학교를 세워 82세까지 오로지 교육사업에 전념하였다. 그는 저서 『국가론』에 도덕적인 인간이 함양하는 것으로 '좋은 것의 형식'을 제시했는데, 이는 인간은 교육을 통해서 자신의 마음이 '좋은 것의 형식'으로 한 단계 더 나아가게 되는 것이고 궁극적으로는 도덕적인 인간이 될 수 있다는 논리이다. 즉, Platon의 주장은 도덕적 지식을 아는 것은 도덕적 행동으로 연결되어 나타나기 때문에 지식과 행함은 일련의 과정으로, 지식을 배운다면 자연스럽게 도덕적 행동을 할 수 있다는 것이다.

(2) 교육목적

Platon은 교육의 목적을 이데아(idea)의 실현, 즉 진선미(眞善美)의 가치 추구에 두고 있는데 이는 동굴의 비유에 잘 나타나 있다. 인간은 동굴 속에 갇혀 죄수처럼 어둠의 세계, 혼돈의 세계, 가상의 세계로 인도되는데 그들로 하여금 밝은 세계, 질서의 세계, 현실의 세계로 들어가도록 이끌어 주어야 하는 것이 교육의 역할이라고 생각한 것이다. Platon이 주장하는 이데아의 실현이란 인간을 도덕적으로 인도하는 것이다. 즉, '유능한 시민'으로의 육성은 그가 생각하는 도덕적 인간으로의 인도인 것이다. Platon은 국가란 인간을 공동체의 행복에 기여하는 시민으로 만들어 모든 구성원이 공동체 안에서 행복을 누릴 수 있도록 해야 한다는 이상향의 국가목표를 제시하였다. 그는 이상국가 건설에 필요한 합리적인 지식 획득은 이성을 기를 수 있는 교육에 의해 가능하기 때문에 계급에 적절한 직분을 충실히 수행할 수 있는 교육이 필요하다고 전제하며, 저서 『국가론』을 통해 수호자, 전사자, 생산자 등과 같은 3가지 유형의 계급으로 이루어진 이상적인 사회를 구상하였다. 인간은 저마다 다른 인격 · 흥미 · 능력을 가지고 있기 때문에 자신의 능력을 발견하여 각각의 본성에 맞는 역할을 충실히 수행함으로써 조화로운 시민으로서 공동체 생활을 누릴 수 있도록 하는 것이 교육의 목적이다.

(3) 교육내용 및 교육방법

Platon은 '유능한 시민' 육성이라는 교육목적에 맞추어 탄생 이후부터 교육을 5기로 구분하여 다음과 같은 내용을 중심으로 계획하였다. Platon의 5단계 교육계획은 다음과 같다.

- 제1기(도야기): 제1기는 교육의 첫 단계인 기초적인 훈련의 시기로서 출생부터 17세까지의 교육기다. 이 시기의 교육은 체육과 음악을 통해서 육체와 정신을 훈련하는 데 주력한다.
- 제2기(체육전수단계): 제2기는 제1기의 교육을 마친 사람에게 주로 체육을 통해 신체의 단련과 군사훈련을 주력하게 하는 시기로서 17~20세까지의 교육을 담당한다. 여기에서 성적이 낮으면 제2기 교육을 받지 못하고 생산에 종사하게 된다.
- 제3기(과학적 도야단계): 제3기는 체육과 군사훈련을 마친 사람 중 우수자를 선취하여 집중적으로 철학의 예비교과를 시작하여 20~30세까지의 교육을 담당하는 시기이다. 이 시기에는 산수, 기하학, 천문학 그리고 음악이론을 체계적으로 연구하도록 하여 각 교과의 본질과 상호관계를 파악하고 종합할 수 있는 능력을 기르도록 하는 종합적 · 변증법적인 훈련에 주력한다. 여기에서 성적이 나쁘면 군인계급에 머무르게 된다.
- 제4기(철학적 도야단계): 제4기는 좁은 의미의 철학교육을 하는 시기로서 30~35세까지의 교육을 담당한다. 제3기에서 우수하게 평가된 자에게 부여되는 교육과정으로 교육은 감각적인 것에서 벗어난 변증법의 연구로 순전히 개념적으로 사

물의 본질을 탐구하는 시기이다.

- 제5기(실천과 실험의 연구가 단계): Platon의 비유에 의하면 제5기는 다시 동굴로 들어가는 시기로 35~50세까지의 교육을 담당한다. 군사와 정치에 참여하여 풍부한 실제 경험을 쌓은 후 후진의 교육에 종사하는 시기이다. 50세 이후에는 여생을 변증법의 최고 대상인 선의 이데아를 탐구하거나 순번이 돌아오면 정치 일선으로 나와서 수고하며 고도의 선을 위해 통치하게 된다.

이와 같이 Platon은 교육목적을 달성하기 위해서 계획에 따른 단계적인 교육을 강조하였다. 특히, 7세까지는 교육 이전의 단계로서 놀이와 동화가 중심이 되어야 하며 동화는 아동의 태도발달과 습관 형성에 중요한 영향을 미친다는 것이다. 유아들은 놀이를 통해 선천적인 잠재력 개발 및 필요한 규칙과 준법정신을 기를 수 있다. 다양한 서사와 놀이를 통해 삶의 다양한 모습을 간접경험하고, 바람직한 모델을 지적해 주는 활동을 경험하면 유아의 바람직한 이데아의 발현 가능성이 높아진다. 따라서 Platon은 다양한 서사 속에서 등장하는 다양한 인물의 사고나 행동, 삶을 대하는 태도, 가치, 성향 등은 발달 초기단계에 있는 유아에게 삶의 모델로 제공되기 때문에 인간의 도덕적 성격 형성을 위해 유아들에게 가능한 한 일찍 교육을 실시해야 한다는 신념을 밝히고 있다.

즉, 인간들의 모방행동은 자연적인 심성이고 유아기의 조기교육을 통해서 영혼의 조화와 인격의 함양을 갖추어야 한다. Platon은 어린 시절 교육의 1차적인 책임은 부모에게 있다고 역설하며, 부모는 적당한 환경의 제공과 자녀의 전인적 발달에 적당한 환경 제공을 비롯하여 신체발달을 육성하기 위한 적절한 체조교육과 음악교육 제공의 필요성을 강조하였다.

2) Aristoteles

(1) 생애와 사상

위대한 고대 그리스의 철학자 중 한 명으로 꼽히는 Aristoteles(B.C. 384~322)는 마케

도니아(Macedonia) 궁정의사인 아버지의 영향으로 어릴 때부터 자연과학에 관심을 갖게 되면서 후일 자연과학의 아버지가 되었다. 그는 Platon이 세운 세계 최초의 대학인 아카데메이아에서 18세부터 20년 동안 제자들을 가르쳤으며, Platon의 가장 뛰어난 제자로 알려졌다(이상인, 2008). 뿐만 아니라 세계의 대부분을 정복한 그리스 왕 알렉산더 3세 대제의 가정교사로 4년간 교육을 전담하였다. 그러나 그것보다 더 중요한 것은 Aristoteles가 B.C. 334년에 철학학교(Lyceum)을 설립했으며, 철학적 학문, 형이상학, 논리학, 윤리학과 자연과학인 천문학, 동물학, 식물학에 관련된 저서를 저술했다는 점이다.

Aristoteles의 사상은 그의 저서인『정치학』,『윤리학』에 잘 나타나 있다. 그는 스승인 Platon이 주장하는 이상주의, 관념론과는 달리 물리적 · 자연적 사물과 현상은 사람의 정신과 독립하여 존재한다는 실재론의 입장을 취하고 있다. 즉, 실재하는 것을 현실의 사실세계라고 보았다. Platon이 이상주의적이고 이루기 어려운 국가 건설을 그렸다면, Aristoteles는 실제적이고 경험적이며, 현실적으로 가능한 최선의 국가를 실현하고자 하였다.

(2) 교육목적

Aristoteles는 저서『정치학』제7권과 제8권에서 인간이 지향해야 할 궁극적인 목적과 교육의 목적을 시민의 행복을 증진시키는 것이라 하였다. 행복은 인간이 가진 도덕적 덕을 획득함으로써 달성되고, 이 도덕적 덕은 선천적인 것도 있지만 대부분 교육에 의해 달성된다고 하였다. 또한, 인간이 행복한 삶을 이루기 위해서는 지적 탁월성과 도덕적 탁월성을 통해 중용의 덕을 길러야 한다고 하였다. 어느 한쪽으로도 치우치지 않는 중용의 덕은 용기와 절제로 이루어진다. 그는 행복이 덕에 따른 활동이라고 하면서 인간의 덕을 윤리적 덕과 지적인 덕으로 구분하였다. 윤리적인 덕은 실천의 탁월함을 의미하며, 지적인 덕은 이성의 탁월함을 의미한다. 또한, 그는 실천을 통한 도덕교육을 강조하였다. 도덕을 지성의 덕과 성품의 덕으로 나누고 지성의 덕은 가르침이 필요하며 성품의 덕은 습관이 중요하다고 설명한다. 그는 지성의 덕으로는 도덕적인 사람이 될 수 없다고 생각하며, 성품의 덕을 통한 도덕교육을 강조한다. 성격에 이르는 에토스(ethos)도 습관의 의미를 담고 있는 것으로, 도덕적인 인간이 되기 위해서는 도덕적 규범을 실천하는 것이 중요하기 때문에 모자람과 지나침이 없는 도를 실천하는 사람이 되기 위해서는 끊임없이 도를 연습해야 한다.

Aristoteles는 교육을 한 개인의 완성을 위해 성장 · 발달하는 모든 과정으로 보았기 때문에 한 개인을 올바른 지성과 인격을 가진 사람으로 만드는 것이 교육의 목적이라고 하였다. 따라서 올바른 지성과 인격을 가진 사람이 되었을 때 비로소 그 개인은 행복한 인간이 된다. Aristoteles는 도덕적인 덕을 함양하고 인간의 비이성적인 부분을 통제할 수 있도록 이성에 따라 행동하는 습관을 기르기 위해 교육이 필요하며(김희중, 2010) 교육은 국가행정의 일부로 이루어져야 한다고 하였다.

즉, Aristoteles가 제시한 유아교육의 목적은 유아기에 정신적 · 육체적인 훈련을 이성적 · 합리적으로 발달시켜 개인의 욕구를 절제하고 용기와 덕을 갖춘 정의로운 사람으로 교육하여 이성적인 사유능력을 개발하는 것이다.

(3) 교육내용 및 교육방법

Aristoteles는 저서 『정치학』에서 자신의 교육론을 논의하였다. 그는 『정치학』의 제7권에서 국가의 공공적인 사업으로 교육을 논하며 적극적인 교육정책을 수립해야 함을 강조하였다. 제8권에서는 7세를 기준으로 교육을 3단계로 구분하여 1단계에서는 신체적 발육에 주의하고, 2단계는 습관 형성의 단계, 3단계는 이성의 도야단계로 진행한다고 하였다(박준영, 2009). 유아기와 아동기 단계에 속하는 1단계와 2단계를 구체적으로 살펴보면 다음과 같다.

- 1단계(0~6세): 1단계에서는 충분한 영양을 섭취하고 추위에 견딜 수 있는 강한 신체를 단련하고 5세 때부터는 이야기나 동화 통해 선한 감각을 일깨워 주어야 한다. 특히, 올바른 언어습관을 형성하도록 도움을 주어야 하며, 아이가 나쁜 언어를 사용하면 수치심 주거나 매질을 해서라도 엄격하게 교육해야 한다. 즉, 7세가 될 때까지 어머니나 유모의 양육을 받는 가정교육을 받으면서 충분한 영양 섭취와 적절한 운동, 좋은 습관 등 실제 생활에서의 경험의 중요성을 언급하

였다. 유아기에는 놀이와 육체적인 활동, 학습을 준비하기 위한 기회 제공, 가치관과 도덕적 성향 계발을 강조하였다.

- 2단계(7~14세): 2단계는 공교육의 시기로 건전한 사회단계와 습관 및 정서의 훈련을 강조한다. 교육내용으로는 읽기와 쓰기, 체육, 음악, 미술 등으로 구성했으며, 일상생활과 관련된 유용한 것으로 읽기, 쓰기, 미술을 제시함과 동시에 체육은 용기를 고취시켜 주었다. 특히, 음악은 인간의 영혼을 감동시키고 성격 형성에 큰 힘을 발휘하기 때문에 음악교육을 강조하였다.

이를 종합하면 Aristoteles는 교육철학의 지향점을 인간성에 대한 탁월한 이해를 바탕으로 좋은 습관의 형성과 이성의 훈련을 통한 이상적인 인간상 실현에 두고 바람직한 습관의 습득을 강조하며 조기교육의 중요성을 주장하였다.

Aristoteles가 제시한 교육방법은 직접적인 관찰과 경험을 중시하는 한편, 실제적인 지식과 원리에 도달하는 데는 변증법과 귀납법을 강조했고, 집단교육보다는 개별교육의 필요성을 강조하였다. 이러한 Aristoteles의 교육사상은 중세 후반의 스콜라(Schola)학파를 거쳐 르네상스 이후의 서양철학에 폭넓은 영향을 미쳤을 뿐만 아니라, 그의 현실세계 및 자연과학에 대한 관심은 Comenius와 Rousseau를 거쳐 현대교육학의 자연주의적 경향에 큰 영향을 주었다.

2. 중세기의 유아교육사상과 철학: 인문주의와 종교개혁

중세는 문예부흥운동 발발 이전 서로마제국이 멸망한 476년부터 동로마제국이 멸망한 1453년까지의 시기로, 기독교가 정치 · 사회 · 문화 · 사상 등의 모든 측면에 결정적인 영향을 미치며 인간의 개성이 무시된 문화의 암흑기였다.

로마제국의 해체는 사회의 혼란을 야기하였다. 민중은 폭정과 억압, 무질서 속에서 살아가게 되자 새로운 변화를 모색하게 되면서 인간의 해방과 자유를 위한 강력한 지도자의 필요성이 대두되었다. 이때 평등 · 사랑 · 구원을 약속하는 기독교가 등장하여 교육이 급속히 확산되었으나 유아교육마저 수도원에서 종교교육의 일부분으로 다루면서 교육내용과 교육방법은 신중심에서 벗어나지 못하였다. 이는 중세교육의 목적이 세계복음화에 있었기 때문이다.

이러한 사회적 배경에도 불구하고 인문주의는 인간 완성을, 종교개혁은 교육의 민주화를 추구하며, 교육을 통한 이성 계발과 비판적 이성의 활동을 중시한 르네상스의 상호 보완적인 관계 속에서 중세시대의 어둠을 뚫은 교육의 변화가 현대교육에 미친 영향은 크다.

이 시대의 대표적인 인문주의 학자는 Rabelais와 Erasmus이며, 종교개혁학자는 Luther와 Calvin이다. 이 중 유아교육 철학에 영향을 미친 Erasmus와 Luther의 생애와 사상, 교육목적 및 교육내용에 대해 구체적으로 살펴보고자 한다.

1) Erasmus

(1) 생애와 사상

Erasmus(1467~1536)는 1467년 네델란드의 로테르담에서 태어난 북구 최대의 인문학자로서 르네상스 시대 교육사상계의 제1인자로 꼽힌다. 이 시기 종교교육은 인격 도야라는 포괄적인 개념으로 일반교육과 크게 구별이 없었다. 인간은 필연적이고, 교육 가능한 존재임을 전제로 한 후 교육문제는 본질적인 인간문제와 내적으로 연결되어 있다는 Erasmus의 주장은 교육이 인간주의적으로 전환한 계기가 되어 인문주의 교육의 발전에 기여하였다.

Erasmus는 태아교육과 조기교육의 가치를 높이 평가하여 가정교육과 같은 유아교육의 중요성을 역설하였다. 이는 어린이는 성인과 다른 특별한 존재라는 사실을 간파하고 어린이를 종교나 도덕적 이데올로기를 벗어나 어린이 자체로 인정한 그의 이해에서 비롯된 것이다. Erasmus는 민중계몽을 위해 진보적이고 근대적인 견해를 바탕으로 저작활동 및 직접적인 교육활동을 하였고, 이러한 그의 끊임없는 노력은 전 유럽에 많은 영향을 미쳤다.

(2) 교육목적

Erasmus의 저서 중 『학습방법론』과 『아동자유교육론』에서 제시된 4가지의 교육목적은 다음과 같다(선봉기, 2000).

첫째, 경건한 신앙인이 되게 하는 것이다. 그는 당시 교회와 종교계의 움직임에 대한 신랄한 비판과 함께 원시 기독교로의 회향으로 교회의 재건을 주장하며 인문주의 신앙을 추구하였다.

둘째, 인문주의적 교양이다. 그는 Cicero의 언어형식을 차용한 고전학자로 신앙은 학문이나 교양보다 중요하므로 인간의 탐욕, 이기주의, 위선을 제거하는 내용의 고전교육을 강조하였다. 이는 철저하게 학습습관을 기르는 것을 의미한다.

셋째, 인간의 양심으로 생의 의무를 다할 수 있는 도덕교육이다. 그는 예의, 학식, 복음주의적 기독교 신앙이라는 3요소를 모두 갖춘 성숙한 인간으로의 지향을 인본주의교육의 목표라고 하였다.

넷째, 선량한 행위양식의 습득이다. 그는 빈부나 남녀의 차별 없이 균등한 교육의 기회가 제공되어야 한다고 하였다.

(3) 교육내용 및 교육방법

Erasmus는 어린이의 특성을 인지하여 어린이의 단계적인 특성에 맞지 않은 교육의 강요에 부정적인 견해를 밝히며, 연령에 따른 단계적인 교육을 강조하였다. 그는 저서 『아동자유교육론』에서 이는 신체 · 언어 · 인지 등 모든 교육영역에 적용되는 원칙이라고 다음과 같이 주장하였다.

첫째, 애정의 교육을 실시해야 한다. 체벌과 지나친 엄격함을 비롯한 비인권적 태도는 지양하고, 어린이 스스로 배울 수 있도록 온화함, 사랑, 존중, 칭찬을 지향하여야 한다.

둘째, 개인의 능력에 맞는 개별화된 교육이 이루어져야 한다. 모든 어린이의 개인차를 무시하고 외부에 의한 강요된 학습을 비판하였다.

셋째, 발달수준에 적절한 단계적 교육방법의 개입이다. 언어교육의 경우 일상용어에서 문학내용으로 점증적인 접근을 강조하며, 놀이도 어린이의 발달특성에 적절한 흥미가 동반될 때 교육효과가 높다고 하였다.

2) Luther

(1) 생애와 사상

1483년 독일의 아이슬레벤에서 광부인 Hans Luther의 아들로 태어난 Luther (1483~1546)는 1501년 인문주의 교육으로 명성 높은 에어푸르트대학에서 법학을 시작했으나 종교적 회심을 경험한 후 영혼 구원을 위해 1505년에 아우구스티누스파의 수도원에서 충실한 성직자가 될 것을 서약하였다.

Luther는 1517년 10월, 교황청의 면죄부 판매에 대한 공개 반박문 발표를 시작으로 가톨릭의 타락을 배격하고 개인 신앙에 의한 구원을 주장하며 종교개혁의 횃불을 올렸다. 그의 주장은 사람들이 성경을 읽을 수 있어야 함을 전제로 하기 때문에 어린이들을 위한 학교 설립의 필요성이 대두되었고, 교회의 공식언어인 라틴어가 아닌 모국어 또는 토착어 교육이 시작된 계기가 되었다. Luther가 성경을 독일어로 번역한 후 다른 언어로 번역이 이어지면서 사람들은 그들의 언어로 된 성경을 제공받게 되었다. 이처럼 Luther에 의한 종교개혁은 대중을 대상으로 읽는 법을 격려하는 보편적 교육을 지지하면서 종교운동인 동시에 교육운동이기도 하여 Luther는 종교개혁자이며 위대한 교육선각자로 평가되고 있다.

Luther는 많은 저서에서 교육사상을 밝혔는데 그중 『독일 각 도시의 시장 및 시의회 의원에게 기독교 학교를 설립하고 유지해야 할 것을 논하는 회장』에서 국가 번영의 기초는 국민교육에 있기 때문에 정부는 의무교육에 필요한 지원을 해야 한다는 교육의 국가책임론을 주장하였다. 또한, 부모의 자녀 취학의무와 같은 교육적 책임에도 불구하고 가정의 책임의식 부재나 교육기회의 결여를 예로 들며 학교 설치 등 학교교육의 국가 책임을 강조하였다.

(2) 교육목적

Luther의 교육목적은 현재 경건하고 가치 있는 생활을 영위함으로써 훗날의 영광에 빛나는 내세의 생활을 보증하는 것이다(최미리, 강봉규, 2013). 이는 가정 · 교회 · 국가는 사람들의 위치를 정하고 자기의 사명을 다할 수 있는 인간으로 부양하고 훈련시키고, 사람들은 성품을 도야하고 공동체를 위해 각자가 지닌 기능을 활용할 수 있다고 하여 그의 교육목적은 도덕적 인격을 갖춘 그리스도인이 되는 것임을 알 수 있다.

(3) 교육내용 및 교육방법

Luther는 성직과 교직을 동일한 차원으로 보고 교육의 중요성과 고귀성을 제창하는 등 교직에 대한 뚜렷한 소신을 가지고 교수와 훈련에 대한 원칙을 다음과 같이 제시하여 현대 교육원리의 선구자로 불리고 있다.

첫째, 언어는 문법이 아닌 실용과 연습으로 익혀야 한다.

둘째, 사물 자체를 인식하도록 지도해야 한다. 사물은 말이나 사물 자체에 의해 인식하는데 사물 자체를 인식하지 못한다면 말에 의한 인식은 도움이 되지 않는다.

셋째, 어린이 지도자는 먼저 그들과 같은 어린이가 되어야 한다.

넷째, 억압적이고 지시적인 교육은 좋은 결과를 기대할 수 없다.

다섯째, 어린이는 좋지 못한 말에 쉽게 치유되지 못한 상처를 받는다.

3. 17세기의 유아교육사상과 철학: 실학주의

17세기는 문예부흥운동을 거치면서 종교 권력으로부터 벗어나면서 새로운 변화를 겪는 시기이다. 인문주의에 대한 비판, 현실에 대한 강조, 민족국가의 등장은 라틴어 대신 모국어를 강조하고 교육을 통한 인간의 이성적 각성을 지향하였다. 사회를 개선하고자 하는 실학주의적인 경향은 국민교육운동으로 발전하였다.

영국을 중심으로 한 경험론과 유럽 대륙을 중심으로 한 합리론을 배경으로 한 실학주의는 경험적인 교육을 중요시했고, 실학주의자는 실제 생활, 실용성, 자연과학, 경험세계 등을 통해 합리적인 인간을 길러 내고자 하였다. 실학주의 학자로는 Milton, Ratke, Comenius가 있는데 이들 중 유아교육철학에 영향을 미친 Comenius의 생애와 사상, 교육목적 및 교육내용에 대해 구체적으로 살펴보고자 한다.

1) 생애와 사상

Comenius(1592~1670)는 1592년 체코슬로바키아에서 태어나 16세에 라틴어 학교에 입학하고 헬보른대학에서 수학하였다. 졸업 후 라틴어 교사에 이어 목사로 활동하던 중 스페인전쟁과 종교적 박해로 폴란드의 리사로 망명하여 교육학을 연구하기 시작하였다. 그는 많은 저서를 남겼으며 그중『어머니 학교의 소식』에서 유아교육의 내용을 구체화 하였다.

Comenius가 활동하던 17세기는 산업혁명 이후 근대 과학시대로의 전환기였다. 종교개혁으로 인한 종교적 갈등이 빚어낸 프랑스의 위그노전쟁, 독일의 30년전쟁, 영국의 신민전쟁으로 아수라장이 되면서 인간성의 회복과 지성을 강조하는 인문주의와 종교개혁의 정신이 혼합되어 나타난 실학주의의 영향을 받고 있었다. 이 시기에 새로운 과학정신과 함께 인간생활의 전 영역을 변화 · 개혁시키고, 현대교육의 발전을 가능하게 한 감각적 실학주의의 태동이 시작되었다. Comenius는 아동을 어른의 축소판으로 이해했던 중세의 아동관에서 그리스도교에 입각한 인격체로 인정하여 아동을 '신의 귀중한 선물이며, 지상의 보물'로 표현하였다.

2) 교육목적

Comenius는 인간이 추구해야 할 덕목은 지식 · 덕성 · 신앙심으로 이는 교육을 통해 실현되어야 한다고 하였다. 즉, 사람이 인간답게 되기 위해서는 보편적인 지혜습득이 필수적이기 때문에 반드시 필요한 교육의 목적은 다음과 같다(육영미, 2006).

첫째, 지혜로운 인간이 되는 것이다. 지혜는 자신의 삶과 각 사물의 목적 및 그 목적에 이르는 방법을 알게 하고, 이를 가치 있게 활용하기 때문에 실제의 삶을 풍요롭게 한다.

둘째, 도덕적 인간이 되는 것이다. 인간은 참된 도덕성을 내재하고 있기 때문에 이를 실현할 수 있어야 한다.

셋째, 경건한 인간이 되는 것이다. 인간은 신의 탁월성을 모방하여 자신의 영혼 안에서 꽃피울 수 있는 존재이기 때문에 경건을 바탕으로 해야 한다(육경미, 2006).

즉, Comenius가 주장하는 유아교육의 목적은 유아가 올바른 지혜와 정신을 갖도록 교육하여 하나님의 형상을 닮은 지성, 도덕성, 경건함을 갖춘 인격체로 성장할 수 있도록 돕는 것이다.

3) 교육내용 및 교육방법

Comenius는 범교육학(pammaedia)적 신념을 갖고 인간의 지성, 도덕성, 경건성은 감각적이고 실재적인 방법을 통해 교육할 수 있다고 주장하였다. 그의 범교육학적 원리에 따라 기독교적 유아관을 중심으로 한 건강교육, 신앙교육, 도덕성 교육, 지식교육의 영역내용을 살펴보면 다음과 같다.

- 건강교육: 유아의 건강과 체력에 관한 교수내용과 방법을 소개하면서 병약하고 허약한 부모는 유아를 성공적으로 양육하지 못하기 때문에 부모 자신들의 건강하고 활기찬 삶을 강조하였다.
- 신앙교육: 유아는 신앙 · 예절 · 학문의 가르침을 받아야 하는데 그중 신앙은 가장 중요하게 다루어져야 하며 이는 묵상과 기도와 연단을 통해 길러진다(김윤지, 2006).
- 도덕성 교육: 인간은 다른 피조물보다 고귀하기 때문에 도덕성 교육을 체계화시켜 학교는 합당한 단련장이 되어야 한다. 유아는 무엇이든지 모방하는 특성을 가지고 있어 가정에서는 절제, 청결함, 어른 공경, 상호 신뢰, 진실함을 보여야 한다.

- 지식교육: Comenius는 유아의 지식교육을 어떤 사물에 대해 아는 것(to know), 행하는 것(to do), 말하는 것(to say)으로 구분하였다. 즉, 지식교육은 감각을 매개하여 자연과 사회의 모든 사물 및 현상을 학습하는 것이다.

Comenius는 유아가 경건성 · 도덕성 · 지성을 갖춘 인격체로 성장하기 위한 원리로 자연의 원리, 감각과 직관의 원리, 모방과 훈육의 원리를 제시하였다. 특히, 유아교육 시기에 해당하는 영유아기의 학교를 어머니의 무릎학교, 태아학교라고 명명하고 신체건강, 일상언어, 도덕과 신앙교육을 중요하게 다루었다. 이는 Comenius가 학교교육에서 감각기관을 통한 실물교육방법을 추구하고자 했다는 것을 알 수 있다.

4. 18세기의 유아교육사상과 철학 : 계몽주의와 자연주의

유럽의 18세기는 '빛을 비추다', '깨우다', '가르침을 베풀다' 등의 의미를 담은 '계몽주의 시대'이다. 개인주의와 합리주의를 핵심이념으로 한 계몽주의는 절대군주의 지배에 있는 인간을 해방하고 교회와 사회로부터 억압받지 않는 자유를 추구하며, 사회계약설에 의거한 개인인권 신장, 부자유와 불평등 해소, 합리적 정치개혁을 통해 사회는 계속 진보되어야 한다고 주장한다. 계몽사상은 유럽 전역으로 퍼지면서 사회개혁운동으로까지 확대되어 프랑스혁명, 산업혁명, 명예혁명을 일으키는 원동력이 되었다.

이러한 계몽주의를 우려하며 인간의 감성과 전인교육을 강조한 자연주의가 출연하였다. 인간의 본성발달에 주목하여 개인을 '시민'이 아닌 '인간'으로 기르고자 인간의 자연성을 존중한 교육을 추구한 자연주의의 핵심은 '자연에 따라서 교육한다'이다.

계몽주의의 대표적인 학자로는 Locke, Kant가 있으며, 자연주의의 대표적인 학자로는 Rousseau가 있다. 이들 중 Locke와 Rousseau의 생애와 사상, 교육목적, 교육내용 및 교육방법에 대해 구체적으로 살펴보고자 한다.

1) Locke

(1) 생애와 사상

철학자이자 교육학자인 Locke(1632~1704)는 1632년, 영국의 서머셋셔에서 엄격한 청교도 변호사 집안의 장남으로 태어났다. 그는 허약하여 친구들과 어울리기보다는 독서로 유년기를 보냈으며, 아동기에는 사회가 혼란했으나 아버지의 배려로 가정에서 교육을 받을 수 있었다. Locke가 10살이 되던 1642년에 일어난 청교도 혁명으로 반왕당파인 의회군의 대표로 활약하던 아버지가 재산을 잃자 그는 15세라는 늦은 나이에 웨스트민스터 학교에 입학한 후 고전과 종교교육을 받았음에도 불구하고 국교주의의 영향으로 청교도에서 이탈하였다. 1962년 옥스퍼드대학의 크라이스트처치에 입학해서 철학 · 정치 · 종교를 배웠다. 졸업 후 외교관 비서, 가정교사, 의사, 정치인, 저술가 등 다양한 활동하였다. 그의 대표적인 저서로는『교육에 관한 고찰』,『인간 오성론』이 있다.

(2) 교육목적

Locke는 인간의 타고난 마음은 흰 종이처럼 텅 비어 있으며, 감각을 통해 외부세계를 경험한다면서, 저서『인간 오성론』에서 인간의 타고난 마음이 백지 상태와 같다고 주장하며 후천적으로 학습되는 교육의 중요함을 강조한 환경결정론을 토대로 이론으로 발전시켰다. 환경결정론은 아이들이 어떤 인간이 될 것인가를 결정하는 것은 선천적 특성이 아닌 환경이기 때문에, 부모가 지속적인 보살핌과 일관성 있는 훈련으로 유아의 신체적 · 도덕적 · 지적 발달을 통한 좋은 습관을 형성하도록 돕는다면 시민사회 질서에 적합한 유능한 사람이 된다고 보았다.

(3) 교육내용 및 교육방법

Locke는 저서『교육론』에서 이상적인 교육실현에는 건강한 신체가 전제되어야 하며 신체교육, 덕성교육, 지적 교육은 연습과 습관에 의해 가능하기 때문에 놀이와 같은 자기활동을 강조하였다(윤진영, 2000). 또한, 유아기는 올바른 습관 형성의 적기로 바람직한 가정교육을 위한 부모와 환경을 비롯하여 가정교사의 역할과 자질의 중요성을 역설하였다. 그가 주장하는 신체교육, 덕성교육, 지적 교육 영역의 교육내용 및 교육방법은 다음과 같다.

① 신체교육

Locke는 어린 시절부터 계속적인 단련을 통해 불편하고 싫은 것도 감당할 수 있는 힘을 길러 억제 · 절제 · 규칙 등의 신체적인 습관을 가져야 한다고 하였다. 그는 쾌적한 자연환경 속에서 인간관계나 생활양식이 바람직하다는 것에 주목하여 대자연 속 농촌을 이상적인 교육의 환경으로 보고, 대도시 귀족생활의 과보호를 비판하였다.

② 덕성교육

Locke는 덕성교육은 자신의 과도한 욕망을 억제하고 이성을 최우선으로 한 정신적인 습관 형성에 목적이 있기 때문에, 정욕을 억제하고 도리에 합치되는 행동을 익힐 수 있는 훈련이 필요하다고 하였다.

③ 지적 교육

Locke는 학습 이전에 유아의 머릿속을 깨끗이 정리한 후 사물을 채워야 한다면서 신체–덕성–지식의 순서로 교육의 비중을 두고 유아가 서서히 집중력을 발휘하도록 부모의 자연적인 발달경향을 충분히 고려한 느긋하고 여유로운 마음이 필요하다고 하였다. 또한, 유아의 지적 교육은 처음이 중요하기 때문에 유아의 좋은 습관은 칭찬하고, 나쁜 습관은 좋은 습관으로 수정한 후 학습을 시작하되 학습에 흥미를 느낄 수 있도록 기질에 맞는 놀이를 제공하여 스스로 학습하게 할 것을 권유한다.

2) Rousseau

(1) 생애와 사상

Rousseau(1712~1778)는 1712년, 스위스 제네바에서 태어났다. 그의 어머니는 부드러운 감정의 교양 있는 여성이었으나 그의 출생 후 곧 세상을 떠났다. 아버지는 우매하고 방탕하여 어린 Rousseau의 양육에는 냉담하고 무관심했으나 일찍이 Rousseau에게 독서를 가르쳤다. 그래서 어머니가 남겨 준 소설책 읽는 것이 Rousseau가 받은 최초의 교육이었다.

Rousseau는 18세기를 대표하는 위대한 교육사상가로 주요 저서로는 정치사상을 담고 있는『사회계약론』과 교육개혁을 통한 사회개혁의 의지를 강하게 주장한『에밀』이 있다.

(2) 교육목적

Rousseau는 선한 모습으로 태어나는 어린이를 사회의 악으로부터 보호하기 위해서는 그들을 자연 속에서 키워야 한다며(설연남, 2010), 교육의 목적을 사회 속에 살아가는 인간을 참된 자연인으로 형성하는 것에 두었다. 즉, 신성을 바탕으로 한 인간성을 가지고 조화롭게 다듬어진 자연인으로 살아가도록 자연에 따른 교육이 이루어져야 한다.

Rousseau가 주장하는 유아교육의 근본적인 목적은 유아가 지닌 선한 자연적인 본성이 파괴되지 않도록 보존하는 것이기 때문에 유아교육의 목적 · 내용 · 방법은 자연성, 즉 자연의 원리에 따라 전개되어야 한다.

(3) 교육내용 및 교육방법

Rousseau는 자연은 본질적으로 선하다는 사실을 강조하며 자연과 신을 동일시하고 인간 역시 신과 일치한 존재로 보는데 이는 신이 제공한 자연은 선하고, 선한 것은 도덕적이라는 논리로 설명하였다. 여기에서 자연이란 선한 본래의 마음 상태, 즉 타락하기 이전의 선한 상태를 의미한다.

Rousseau는 교육을 신체, 감각훈련, 도덕, 지식과 언어, 독서로 분류하여 다음과 같이 각각의 교육내용을 제시한다.

① 신체교육

어린이의 신체 단련은 그를 현명하고 이성적으로 자라도록 돕는다. 어린이는 언제나 신체를 움직이는 활동의 상태에 있는 것이 좋지만 활동은 스스로 선택해야 한다.

② 감각훈련

감각훈련의 경험을 통해 잘못을 수정하는 습관을 가지면, 어린이는 더욱 분명하고 정확한 판단을 할 수 있는 능력을 갖출 수 있게 된다. 따라서 어릴 적부터 올바른 감각훈련이 필요하다(김춘주, 2009).

③ 도덕교육

도덕교육은 이성이 발달된 후로 미루고 신체활동이 잘 이루어지도록 해야 한다. 왜냐하면 이성이 발달하지 않은 유아에게 선악의 개념이나 상벌을 가르치는 것은 무리이기 때문이다.

④ 지식교육과 언어교육

아동기에는 지식교육이 불필요하다. 언어교육은 이성을 가지기 이전까지는 한 가지 언어를 사용하도록 한다.

⑤ 독서교육

독서는 어린이가 흥미를 느끼지 못하면 불필요하기 때문에 흥미를 우선시해야 한다. Rousseau는 유아에게는 지식교육, 언어교육, 독서교육은 불필요하므로(심성경 외, 2012) 자연에 따라 교육하고 신체 단련과 같은 감각경험을 중요시할 것을 주장하고 있어, 유아교육의 관점이 자연에 기초하고 있는 그의 자연주의 교육관을 알 수 있다. 이에 따라 Rousseau는 자연의 발달단계에 순응한 자연주의 교육관에 입각하여 합자연교육의 원리, 소극적 교육과 자연활동 교육의 원리, 생활중심 교육의 원리, 직관교육의 원리, 사회생활 교육의 원리, 아동중심 교육의 원리 등 6가지 교육원리를 제시하였다(이인옥, 2013).

5. 19세기의 유아교육사상과 철학 : 신인문주의

유럽의 19세기 근대사회는 프랑스혁명과 영국의 산업혁명을 시작으로 정치 · 경제 · 사회 · 문화 등 모든 영역에서 혼란과 갈등을 겪으며 18세기의 계몽사상의 반동으로 인간의 조화로운 발달을 추구하는 새로운 신인민주의가 등장한 시기이다. 신인문주의는 고전을 문화 발전의 수단으로 여기며, 인간의 내면을 강조한 점에서 로마의 고전 자체를 중시하고 형식적인 면만 강조한 15세기의 인문주의와 차별된다. 계몽주의는 어린이를 이성적으로 성숙하지 못한 미완성된 존재로 보고 이성중심 교육을 추구했으나, 신인문주의는 자연원리에 따른 발달과정에 있는 존재로 보고 보편적인 교육을 실시하며 아동중심의 교육이념을 실현하였다.

신인문주의 학자로는 Pestalozzi, Owen, Herbart, Froebel, Condorcet 등이 있다. 이들 중 Pestalozzi, Owen, Froebel의 생애와 사상, 교육목적, 교육내용 및 교육방법에 대해 구체적으로 살펴보고자 한다.

1) Pestalozzi

(1) 생애와 사상

Pestalozzi(1746~1827)는 1746년, 스위스의 취리히에서 의사의 아들로 태어났으나 5세 때 아버지가 돌아가시자 깊은 신앙을 가진 어머니는 빈곤한 생활 속에서도 자녀교육에 열중하며 자선사업에도 적극적이었다. Pestalozzi는 활동시기에 자유 · 평등 · 박애의 정신으로 인간의 본지를 회복하려는 프랑스 대혁명과 스위스 대혁명을 겪었다. 시민혁명의 영향이 빈곤에 처해 있는 농촌의 하층계급까지 미치지 못하자 인간의 정신혁명으로 생활을 바꿀 수 있다는 확신으로, 농촌계몽사업을 결심하고 노이호프(Neuhof)에서 빈민자녀들을 모아 자신의 공장에서 일을 시키면서 빈민학교를 창설하여 공부를 가르쳤다. 그가 고아들에게 일을 시킨 이유는 그들의 존엄한 인간성을 인정하여 스스로 돈을 벌 수 있게 하고자 함이며, 공부를 가르친 이유는 참된 사람을 만들고자 함이었다. 1799년, 정부는 프랑스 대혁명으로 발생한 전쟁고아를 위한 고아원을 설립하여 Pestalozzi에게 그들을 위한 교육을 위탁하자 고아원을 경영하며 노작교육을 통한 교육과 양육에 몰두하였다.

Pestalozzi는 합자연(合自然)정신을 바탕으로 한 인간중심 교육, 유아중심 교육을 실천하며 인류의 구원을 이루려고 했던 위대한 교육사상가인 동시에 교육실천가이다.

(2) 교육목적

Pestalozzi는 인간을 도야하고 도야된 인간을 통해 인간을 개혁하면 사회개혁이 가능하다는 신념이 있었기 때문에 인간개혁과 사회개혁을 교육의 본질적인 목적이라고 하였다. 즉, 교육목적은 인간 행복의 추구이며 유용한 사회구성원 양성이라며 삼육론을 주장하였다.

삼육론(三育論)은 인간은 머리(지능), 가슴(감성), 손(기술)이 조화롭게 발달한 전인적 인격을 갖춘 '총체적 인간'으로 양육해야 하는데, 이 3가지 능력은 이미 내재되어 순차적으로 발달하기 때문에(박미혜, 2015) 어린이가 생활 속 직관을 통해 자연스럽게 발달될 수 있도록 교육이 도와야 한다는 이론이다.

(3) 교육내용 및 교육방법

Pestalozzi는 삼육론의 3요소인 지성교육, 덕성교육, 신체교육의 내용을 다음과 같이 제시하였다.

첫째, 지식교육은 읽기, 쓰기, 셈하기와 수, 기하, 언어 등의 내용을 중심으로 한 직관교수를 중시하였다. 농작물 경작과 방직을 통한 노작교육을 모든 지식의 본질을 구체화할 수 있는 활동으로 보았다.

둘째, 덕성교육은 유희 · 음악 · 미술 등의 내용을 강조하였다. 그중 그림은 유아의 모방 욕구 충족과 관찰력 발달에 도움을 주는 활동으로, 유능함 · 인내 · 노력을 기를 수 있다고 보았다.

셋째, 신체교육의 체조는 체력이나 연령과 같은 개인의 발달단계에 따라 이루어져야 하며, 이를 통해 유아의 건강, 쾌활함, 협동정신, 근면성, 공명성, 솔직함, 용기를 기를 수 있다고 보았다.

유아의 발달단계에 적합한 교육방법의 중요성을 강조한 Pestalozzi의 교육방법론은 그의 저서 『겔트루드는 어떻게 그녀의 자녀를 가르치나』에 잘 제시되어 있다. 그의 교육방법의 원리는 다음과 같다.

① 자발성의 원리

자발성의 원리는 인간의 잠재력인 능력을 자발적으로 발전시켜 나가는 과정이다. 어린이가 스스로 자신을 발전시켜 인간의 내적인 소질을 발휘할 수 있도록 흥미를 고려하여 교육해야 한다. 뿐만 아니라 자연의 길을 모방하고 타고난 선한 자연의 힘을 발전시켜 인격을 완성하고 개인적으로 행복하고 사회적으로 유용한 인간이 되게 하는 것이다. 따라서 교육을 통해 어린이 스스로 내적 소질을 발휘할 수 있도록 흥미를 고려해야 한다.

② 단계의 원리

단계의 원리는 인간성의 전개, 즉 자기발전은 질서 있는 일정한 단계를 거쳐서 이루어지므로 교육은 발달단계에 따라 행해져야 한다는 원리이다. 예를 들어, 도덕성 발달에 이 원리를 적용하면 무율(無律, anomie)의 단계에서 타율(他律, heteronomie)의 단계를 거쳐 자율(自律, autonomic)의 단계에 이르도록 돕는 것이다.

③ 직관의 원리

직관의 원리는 유아에게 지식을 주입하기보다는 사물을 경험하는 학습해야 한다는 원리이다. 직관이란 간접적으로 사물의 개념을 인지하거나 추상적으로 사물을 인식하는 것이 아니라 사물을 직접 신체의 감각을 통해 경험하는 것이다.

④ 여러 힘의 조화 · 균형의 원리

인간에게는 선천적으로 머리(지능), 가슴(감성), 손(기술)의 싹이 내재되어 있다. 교육은 이 3가지 힘을 조화롭게 발전시키도록 도와야 한다. 즉, 삼육을 통한 전인적 발달이 이루어져야 한다.

⑤ 개성과 사회성의 조화의 원리

개인의 도덕적 완성은 올바른 사회의 기초가 되고, 개인의 창의적 참여는 사회의 발전을 도모한다. 따라서 개인과 사회는 수직적 관계가 아닌 순환적 관계가 유지되어야 하며, 인간은 존엄한 존재로서 그 어떤 목적을 위한 수단이어서는 안 된다. 또한, 개인과 사회의 조화를 위해 '일하면서 배우고, 배우면서 일한다.' 라는 원리를 생활노동의 기초로 삼았다.

2) Owen

(1) 생애와 사상

1771년 영국 웨일스의 북부 신도시에서 태어난 Owen(1771~1858)은 지방에서 학교를 다니다가, 10세 때 도제로 들어간 직조공장의 고용주가 훌륭한 도서관을 가지고 있어 그는 젊은 시절 독서로 많은 시간을 보냈다. 그는 19세경 맨체스터에 있는 대규모 면직공장의 지배인이 된 지 얼마 안 되어 이 공장을 영국에서 동종업계 내 최고의 시설로 만들어 능력을 인정받기도 하였다.

Owen은 아이들의 양육환경이 그들의 신념 · 행동 · 성취에 기여하는 주된 요인이라고 믿는 환경운동가이며, 아이를 양육하는 상황과 그에 따른 결과를 통제함으로써 새롭고 더 완전한 사회를 건설할 수 있다고 믿는 이상주의자였다. 그는 1816년 뉴 래너크에 유아학교를 열어 자신의 신념을 실현하고자 하였다. 이어 1818년에는 교육을 받지 않은 부모로부터 자녀를 멀리하기 위해 런던에 최초의 유아학교를 열었는데, 이는 빈곤가정의 아동을 위해 1965년에 시행한 헤드스타트보다 무려 100년보다 더 일찍 시작된 학교이다. 이후 노동자들에게 교육을 제공하여 그들을 '합리적 존재'로 변형시키기 위해 야간학교를 열고, 제2차 세계대전 동안에는 미국에 일하는 어머니를 위한 조선소 보육센터를 지어 4,000명의 아이를 24시간 돌보았다. 한편 아동들의 노동 시작 연령을 6세에서 12세로 올리고 10시간 이상 노동을 금지하고, 12세

이하는 유아원으로, 12세 이상은 일과 후 학교로 보내 교육을 받게 하는 등 아동복지를 위한 노력을 기울였다.

(2) 교육목적

Owen은 엄격주의를 배제한 개방적인 아동집단 속에서 개성을 발달시켜 좋은 인격을 형성하게 하는 자유주의적 교육, 주입식이 아닌 자율성 개발교육, 실내 교육을 배제한 야외교육, 처벌교육을 배제한 획기적인 신교육, 서로 협력하여 행복을 지향하는 협동교육, 타인을 존중하고 배려하는 도덕교육(김희태, 2004)을 교육목적으로 제시한 유아학교를 설립하여 자신만의 교육이념을 실천하고자 하였다.

(3) 교육내용 및 교육방법

Owen은 유아기의 특성을 무시하고 읽고, 쓰는 교육을 비판하며 연령을 2~4세, 4~6세, 6세 이상으로 분류하여 무용, 노래, 악기연주 등의 교육내용을 각 단계 따라 점증적으로 발전시켰다. Owen은 Locke의 백지설에 영향을 받아 4세 이상의 교육과정에 음악, 군사훈련, 지도 읽기, 자연 기초를 포함하였다. 특히 2~3세 시기의 좋은 생활습관, 상호 협동, 친절, 인내 등 인격 형성의 기본 마련을 중요시하여 이 시기의 인격 함양, 건강, 행복감의 경험이 10세까지 지속될 수 있도록 부모의 지도를 강조하였다. 5~6세에는 노래를 포함하여 읽기, 쓰기, 셈하기, 군사훈련, 박물, 고대사, 현대사를 쉽고 정확하게 교육했고, 상급 여학생에게는 재봉, 뜨개질, 요리 등의 가정과목을 배우도록 하였다. 5~7세에는 생산노동을 추가하여 순차적으로 난이도를 높이며 협동하는 사회구성원으로 육성하고자 노력했고, 5~10세에는 학습성취의 즐거움과 기쁨을 줄 수 있는 교수방법을 강조하며 읽고, 쓰고, 셈하기 교육을 무료로 실시하였다.

Owen은 자신이 추구하는 교육목적을 실현하기 위해 아동의 개성을 존중하여 습관 형성이나 태도, 성향들에 대해 언제나 자유를 주어야 한다는 자유주의적 교육의 원리, 아동의 호기심을 유발하고 아동의 질문에 최선을 다하는 교사의 명확한 설명을 강조한 자율성 개발교육의 원리, 감각적 경험을 통해 자연법칙을 발견하고 이를 실물 제작에 활용 가능하도록 인식과정을 제공해야 한다는 직관교육의 원리, 처벌교육을 배제한 친절과 애정을 강조한 사랑의 교육원리, 자연과학에 대한 관심을 유발할 수 있는 야외교육의 원리 등 5가지 원리(윤기영 외, 2010)를 교육의 기본원리로 제시하였다.

3) Froebel

(1) 생애와 사상

Froebel(1782~1852)은 1782년, 독일 오버바이스바흐에서 정통 성직자 가정의 다섯째 아이로 태어났으나 생후 9개월 만에 어머니가 사망했고, 계모의 무관심 속에서 형과 누나의 돌봄을 받았다. 그는 우울하고 내성적인 성격으로 학교교육을 받지 못했을 뿐만 아니라 지적 관심도 보이지 않았고, 또래와의 관계에도 어려움을 겪었다. 이러한 이유로 그는 자연의 세계에 집착하며 예리한 관찰법과 연역법을 체득하였다. 또한, 어머니에 대한 그리움과 형제의 우애는 훗날 그의 교육사상의 밑거름이 되어 어머니의 자녀양육에 대한 결정적인 영향을 강조하였다.

Froebel은 예나대학에서 자연과학과 공학을 전공한 후 23세에 건축을 공부하던 중, 우연한 기회에 Pestalozzi를 만나 2년간 그의 교육사상을 배우며 높은 인격과 교육정신에 감명받아 그를 정신적인 아버지로 여기며 그의 정신에 따른 교육자로서의 생애를 살기로 결심하였다.

Froebel은 1831년에 스위스 바르텐져에 교육소를 개설한데 이어 1835년에는 루돌슈타트에 베른의 고아들을 위한 학교와 고아원을 개설했으며, 1837년에는 신이 어린이들에게 베풀어 준 장난감이라는 뜻을 지닌 최초의 놀잇감 은물을 제작하였다. 독일에서 가베(Gabe)라고 불리는 은물은 잠시도 가만히 있지 않는 어린이들의 모습에서 교육적 의미와 가치를 발견하고, 이들에게 교육적으로 가치 있는 장난감을 제공하는 것이 교육의 출발점이어야 한다는 확신으로 놀이를 통해 정신과 신체를 단련하고 학습할 수 있도록 고안된 교구이다.

1839년, 기존의 시설에 남녀 유아교사의 양성을 위해 '유아교육 지도자 양성시설'을 설치하고, '놀이와 작업 시설'이라는 실습기관을 병설하여 6세 이하의 유아 40명을 모아서 매일 2시간씩 놀이를 통한 교육을 실시하는 등 유아교육 지도자 양성에도 노력을 아끼지 않았다. 1840년 어느 날, 산책 중에 영감을 얻어 어린이 정원(Kindergarten)이라는 말을 떠올리며 '아동의 양육활동 강습소(Child Nurture and Activity Institute)'라 불렸던 교육소를 '유치원'이라 명명하면서 유치원의 창시자가 되었다. Froebel은 1844년, 가정의 어머니들을 교육하기 위해『어머니 노래와 사랑의 노래』를 발표했으며 주요 저서로는『발달에 의한 교육』,『유치원 교수법』 등이 있다.

(2) 교육목적

Froebel은 인간을 신의 본성을 지닌 독자적인 능력의 존재로 보았다. 따라서 교육은 인간에게 내재된 신성을 개발함으로써 자유롭게 사고하고 독립적인 인간을 키우는 수장이라고 하였다. 즉, 아동의 본질이 왜곡되지 않도록 조화와 통일을 통해 그들의 선천적 능력과 잠재력을 계발시키는 것이 Froebel 주장하는 교육목적이다.

또한, Froebel은 아동이란 자발성을 존중해 주면 내면에 있는 신의 정신이 자신의 활동을 통해 스스로 모습을 드러내며, 정신이 성장해 가는 존재이기 때문에 아동의 내면에 있는 정신을 스스로 드러내게 하는 자기활동과 자발성을 교육원리의 핵심으로 제시하였다.

(3) 교육내용 및 교육방법

Froebel은 자신의 교육목적에 기초한 자발적인 자기활동을 교육의 내용으로 중요하게 다루었다. 그는 종교, 자연과학과 수학, 언어와 예술의 내용은 아동의 창조적인 표현활동을 가능하게 하는 매체이며, 특히 수공놀이와 유희를 자기표현활동의 가장 가치 있는 교육내용으로 보았다. 그는 놀이를 단순히 유희적인 활동으로 보지 않고 '인내심 있게 타인의 행복과 자신의 행복을 위해 헌신적으로 노력하는 인간'으로 성장할 수 있는 활동으로 생각하였다(조영아, 2003). 놀이는 일련의 과정을 거치면서 감각발달, 자기표현, 외부세계의 파악, 힘의 연마와 같은 전인적 발달로(김상연, 2008) 나타나게 된다고 하였다.

Froebel의 교육방법의 기본원리를 통일의 원리, 자기활동의 원리, 노작의 원리, 연속적 발달의 원리로 구분하여 설명하면 다음과 같다.

첫째, 통일의 원리이다. Froebel은 인간이 신에게 받은 무한한 가능성 곧 '신성'을 믿고 신 · 인간 · 자연이 삼위일체(三位一體)가 되어 신성을 잘 발현시켜야 한다고 하였다. 신 · 인간 · 자연의 통일원리는 유아의 잠재적 자율성 인정과 인격 존중이 뒷받침된 것이다.

둘째, 자기주도적 학습의 원리이다. Froebel은 인간의 모든 활동은 신의 활동을 상징한 것으로 보고, 정원사가 땅 속에 숨은 식물의 배아를 방해하지 않는 것처럼 교육자는 아동의 내재된 정신적 능력을 믿고 자유롭게 발달할 수 있도록 해야 한다고 하였다. 그는 아동의 잠재된 활동, 창조, 표현, 충동 등은 자신의 욕구에 의해 자발적인 놀이활동으로 나타난다는 신념을 가지고 제작한 놀잇감 은물을 놀이활동에 활용한 것은 본 원리에 근거한 것이다.

셋째, 노작의 원리이다. Froebel은 인간의 정신과 육체의 조화를 강조하면서 유아는 신체놀이를 통해서 학습하기 때문에 자신이 고안한 '은물'과 '작업'을 결합시켰다. Froebel은 정신적으로 아름답고 원만한 인격 형성, 자발적인 활동 촉진, 신체기관의 발달 증진, 사물에 대한 깊은 인식, 미적 감각 향상 등을 노작의 효과로 제시하였다(서석남, 2001).

넷째, 사회화의 원리이다. 모든 인간은 타인과의 상호관계 속에 있기 때문에 다양한 관계를 원만하게 유지하고 사회공동체의 일원으로 살아가려면 규범 · 규칙 · 관습 등 사회적 약속을 학습해야 한다. 따라서 유아는 생활환경 속에서 타인과의 끊임없는 상호작용을 통해 자신과 타인의 감정과 욕구를 이해하고 이를 존중하면서 성장할 수 있어야 한다.

6. 20세기의 유아교육사상과 철학 : 진보주의

20세기는 수많은 지역과 국가들이 제국주의 국가들의 식민지로 전락하여 식민화 교육과 이에 저항하는 교육적 대응관계, 자본주의와 공산주의의 이데올로기 갈등 속에서도 과학기술은 빠른 속도로 발달하였다. 20세기 후반 공산사회가 붕괴되면서 이데올로기의 갈등은 해소되었으나 경의로운 과학기술의 발전은 인간의 풍요로운 생활을 보장함과 동시에 비인간화 현상을 야기하며 자연적 · 사회적 생활양식에 급격한 변화를 가져왔다. 이러한 사회적 배경은 19세기 말에 이어 1930년 즈음 유럽 및 북미를 중심으로 교육개혁운동이 광범위하게 시도되었다. 독일에서는 개혁교육운동, 프랑스에서는 신교육운동이 일어났으며, 영미 지역에서는 신학교를 창설하여 진보주의 교육이라는 새로운 교육을 실천하고자 하였다.

신보주의 교육의 핵심사상은 아동존중사상으로 아동관은 자연주의와 자유주의를 따르며 실용주의, 경험주의, 과학주의 철학을 배경으로 한 생활중심 교육, 경험중심 교육, 아동중심 교육을 추구하였다. 진보주의 학자는 Montessori, Dewey, Ellen Key, Neil 등이 있다. 이들 중 유아교육철학에 영향을 미친 Montessori, Dewey의 생애와 사상, 교육목적, 교육내용 및 방법에 대해 구체적으로 살펴보고자 한다.

1) Montessori

(1) 생애와 사상

Montessori(1870~1952)는 1870년, 이탈리아 안코나 지방의 기독교 집안에서 태어났다. 이탈리아 최초의 여의사이자 교육실천가이다. 그녀가 교육에 관심을 가지게 된 계기는 로마대학 부속병원의 정신과 조교로 근무하면서 실감한 일반인의 정신지체아에 대한 잘못된 인식에서 비롯되었다. 그녀는 당시 특수교육으로 유명한 Itard와 Seguin의 영향을 받았으며, 정신지체아 관련한 연구와 실천을 이어 가면서 이 분야에서 폭넓게 인정을 받았다.

Montessori는 정신지체아에게 적용한 교육원리와 방법들이 정상아에게도 적용 가능하다는 확신을 갖고 1901년, 로마대학에 재입학하여 교육학과 심리학을 공부하며 소학교에서 교육적 인간학 실천을 병행하였다. 또한, 1907년 우연한 기회로 로마의 슬럼가 아파트의 어린이집을 관리하면서 아동에 대한 관찰과 실험을 지속한 결과, 아동은 무한한 잠재능력을 가진 존재임을 파악하고 '몬테소리 교육법'라는 그녀만의 독창적인 수업자료와 학습활동을 고안하였다. 그녀의 저서로는 『유아의 비밀』, 『어린이집의 교육에 적용된 과학적 교육법』 등이 있다.

(2) 교육목적 및 교육방법

Montessori는 교육목적을 유아가 자신의 주변환경에 적응하며 사회적 요구를 받아들이는 인간관계를 유지 · 발전해 나아가는 등 전인적인 성장을 돕는 것이라고 하였다(Morrison, 2015). 유아가 전인적으로 성장하도록 도와준다는 의미는 유아의 선천적인 내적 잠재력을 적합한 방법으로 표현함으로써 자발적인 능력을 발휘시킬 수 있도록 한다는 것이다. 그녀의 교육목적은 원만한 인성 도야와 오감을 이용하여 사물의 차이를 인식발달, 자유로운 대화와 적절한 자기표현, 사물을 논리적으로 생각하는 능력발달, 추상적 지식 습득으로 정리할 수 있다.

Montessori가 교육 프로그램으로 제시한 영역별 교육내용은 다음과 같다.

첫째, 일상생활 영역은 질서감 훈련, 집중력, 근육 조절, 독립심, 사회성 발달 등 원만한 인성 도야를(김혜령, 2010) 위해 따르기, 옮기기, 바느질하기, 코 풀기, 예절 지키기 등 일상생활에서 다루어지는 거의 모든 활동을 포함하여 유아의 눈높이에 맞춘 매력적인 교구들로 준비한다.

둘째, 감각영역은 유아가 자신의 감각기관을 통해 사물의 차이를 인식할 수 있도록 돕는 자극의 대상물, 즉 감각교구를 제공한다.

셋째, 언어영역에서는 모국어를 정확하게 이해하고 표현하는 기초능력을 기르기 위해 모국어를 존중하는 태도 확립과 근육 조절 및 쓰기 능력을 발달에 필요한 도구들을 제공하고 연습해야 한다.

넷째, 수영역에서는 유아가 생활경험을 통해 이루어질 수 있도록 친숙한 도구들을 활용한다.

다섯째, 문화영역에서는 지리, 식물학, 동물학, 과학, 역사, 음악, 미술 등을 포함하여 유아의 연령에 적합한 내용과 도구를 선정하고 환경을 제공한다.

2) Dewey

(1) 생애와 사상

Dewey(1859~1952)는 1859년 미국 버몬트주 버링톤에거 태어났다. 1875년, 버몬트대학에 입학한 Dewey는 고전교육과 허슬러의 관념철학을 접하게 되었고, 1894년에 시카고대학교 철학 · 심리학 · 교육학의 학부장으로 취임하여 1904년까지 재직하였다. 1896년에는 미국 신교육의 요람인 시카고대학교 부속 실험학교를 개설하였다.

미국은 19세기 말부터 20세기 초, 산업화로 인해 도시가 확대되어 다양한 문화적 배경의 이민 인구가 대도시로 몰려들어 계층 간, 인종 간의 갈등이 야기되었으며 자본주의에 맞선 노동조합운동이 심화되었다. 또한, 남북전쟁과 제1차 세계대전을 겪으면서 Froebel의 교육관이 유아의 흥미를 강조하고 있으나 지나치게 상징주의라는 비판과 함께 Dewey의 진보주의 영향을 받았다. Dewey는 초자연적인 교리를 배제하고 실천에 의해 문제를 해결하며 그 문제해결이 인간생활에 공헌하는 결과에 관심을 가졌다. 그의 저서로는 『민주주의와 교육』, 『학교와 사회논리학적 이론의 연구』, 『사고하는 방법』, 『경험과 교육』, 『교육에 있어 흥미와 노력』 등이 있다. Dewey는 1916년 교육철학서 『민주주의와 교육』으로 미국을 대표하는 세계적인 철학자, 교육학자로 인정을 받게 되었다.

(2) 교육목적

Dewey는 교육을 경험을 통한 인간의 계속적인 성장의 과정이라고 하였다. 경험이란 인간과 사회의 상호작용이며, 성장이란 지적 · 정서적 · 도덕적 성향의 발전과정이며, 유아들은 지속적인 현실생활의 경험을 통해 성장한다는 개념이다(문미옥, 이혜상, 2003). Dewey에게 있어 교육은 학습자의 자기활동에 의해 이루어지기 때문에 교육활동은 신체 · 정서 · 인지 · 사회적 활동을 포함하는 전인적 활동이 포함되어야 하며, 아동중심적으로 계획하고 이행해야 흥미가 발생하고 가장 효과적인 교육이 이루어진다고 주장하였다.

즉, Dewey의 교육목적은 유아가 경험을 통해 지적 · 정서적 · 도덕적 성향이 발달하도록 돕는 것이다. 성향의 통합적인 발달은 유아가 교육적 경험을 함으로써 이루어지기 때문에 교육자는 지적 · 정서적 · 도덕적 성향의 바람직한 형성을 위해 유아의 내적 욕구, 흥미, 활동을 존중하고 충분한 상호작용을 해야 한다.

(3) 교육내용 및 교육방법

Dewey는 유아의 통합적인 지적 · 정서적 · 도덕적 성향의 발달을 돕기 위한 유아기의 구체적인 교육내용으로 자극반응과 감각운동, 역사, 예술, 모국어와 외국어, 통합과학 등의 영역 등을 제시하였다. 따라서 영역별 교육은 유아의 성장을 돕기 위한 내용으로 구성되어야 하며, 교육과정은 유아 자신이 문제를 직접 해결하는 데 중점을 두어야 한다. 교육내용은 다음과 같은 교육원리에 따라 실행되어야 한다.

첫째, 경험의 원리이다. Dewey는 경험의, 경험에 의한, 경험을 위한 교육을 주장하면서 경험의 시간적 측면인 계속성과 경험의 공간적 측면인 상호작용이 함께 연결되는 곳에서의 경험을 중요시하였다.

둘째, 성장의 원리이다. 현재의 경험이 미래의 성장을 왜곡시킨다면 그 경험은 비교육적인 경험이다. 따라서 교사는 미래의 성장을 가능하게 하는 경험을 제공해야 한다. 성장은 외부로부터 힘을 가하는 것이 아니라 내부로부터의 힘이 스스로 활동하게 하는 데 있기 때문에 어린이의 자유로운 활동을 강조한다.

셋째, 지성의 원리이다. 인간은 선천적으로 지성을 가지고 태어나는 존재이다. 지성은 경험을 개조하고 갱신하는 과정 속에서 작용한다. 가치판단에서 평가활동을 하고, 경험과 과정에 목적을 부여하고, 미숙한 어린이가 스스로 성장하도록 유도하는 기능을 발휘한다.

넷째, 탐구의 원리이다. Dewey는 탐구의 결론보다 그 결론에 이르게 되는 과정을 중시한다. 따라서 문제해결을 위한 가설 · 실험 · 관찰 등의 탐구과정은 그 자체가 중요한 교육의 장이다.

Dewey가 주장하는 유아교육의 관점은 유아 자신이 실현 가능한 목적 아래 흥미와 경험을 바탕으로, 현재 상황에서 가능한 활동을 자유롭게 선택하여 반성적 사고의 과정에 따라 이루어져야 한다는 것이다(나성식, 2004).

지금까지 우리는 유아교육사상과 철학을 고대~16세기, 중세기, 17세기, 18세기, 19세기, 20세기로 구분하여 유아교육의 대표적인 학자들을 살펴보았다. | 표 11-1 |은 서양의 유아교육사상을 고대부터 20세기까지 각 시대에 거쳐 유아교육의 사상과 철학에 영향을 미친 사상가들을 중심으로 현대 유아교육에 기여한 바를 정리한 것이다.

| 표 11-1 | 시대별 대표적인 유아교육 학자들의 주요 기여 및 영향

인물 및 연도	주요 기여	현대교육에 대한 영향
Platon	• 교육의 목적을 이데아의 실현에 둠으로써 인간을 도덕적으로 인도하는 것이 교육의 역할임을 제시함 • 계급에 적절한 직분을 충실히 수행할 수 있는 교육이 필요하다는 전제함을 주장함	• 탄생 이후부터의 교육의 단계 계획 • 7세까지 교육 이전의 단계로서 놀이와 동화를 중심으로 어린이들에게 교육할 것을 제시함 • 부모의 역할 강조
Aristoteles	• 직접적인 관찰과 경험을 중시함 • 변증법과 귀납법을 강조함	• 바람직한 습관 습득 • 조기교육 • 개별교육
Erasmus	• 태아교육과 조기교육의 가치를 높이 평가하여 가정교육과 같은 유아교육의 중요성을 역설함 • 빈부나 남녀의 차별 없이 균등한 교육의 기회가 제공되어야 함을 주장함	• 연령에 따른 단계적인 교육 • 애정의 교육 • 개인의 능력에 맞는 개별화된 교육 • 발달수준에 적절한 단계적 교육방법
Luther	• 성경을 라틴어에서 모국어로 번역하여 사람들이 자신의 언어로 교육받을 수 있도록 함 • 아이들에게 독서하는 법을 가르치는 학교 설립을 지지함	• 대학교육 • 교육에 대한 대중의 지지 • 모든 어린이에게 독서지도 • 성인 문맹 퇴치

인물 및 연도	주요 기여	현대교육에 대한 영향
Comenius	• 아동용 최초의 그림책인 『세계도회』 • 어린 시절의 경험이 아이들이 좋아하는 것을 형성한다고 생각함 • 교육은 감각을 통해 이루어져야 한다고 제시함	• 조기학습을 통해 학교와 삶의 성공을 결정하는 데 도움이 됨 • 감각경험은 학습을 지원하고 장려함 • 신뢰할 수 있는 교수와 학습은 쉬운 것부터 어려운 것으로 진행되어야 함
Locke	• 아이들은 빈 알약이나 백지 상태로 태어남 • 아이들의 경험담을 통해 자신이 누구인지 결정함 • 경험은 모든 학습의 기초가 됨	• 학습은 일찍 시작되어야 함 • 아이들은 가르쳐지는 것을 배움. 교사는 글자 그대로 아이들을 만듦 • 사회가 원하는 대로 아이들을 생각하고 행동하도록 기를 수 있음
Rousseau	• 육아에 대한 자연스러운 접근을 지지함 • 선천적 일정에 따라 성숙한 결과로 아이들의 본성이 형성된다는 느낌	• 교육에 대한 자연스러운 접근법(예 자연놀이, 진정한 평가 및 환경 연구)
Pestalozzi	• 교육은 자연의 과정을 따라야 함을 주장 • 모든 교육은 감각적인 느낌을 기반으로 한다고 믿음 • 아이들은 엄마가 가장 잘 가르칠 수 있다고 생각함	• 유아교육에 대한 가족중심의 접근법 • 가정교육 • 감각을 통한 교육 • 발견학습의 기초 마련 • 아이들이 그리기, 글쓰기 등을 통해 자신의 경험을 표현할 수 있을 때 학습이 실제로 일어난다는 생각을 믿음
Owen	• 환경이 아동의 신념, 행동 및 업적을 결정한다고 여김 • 사회는 어린이의 성격을 형성한다고 믿음 • 교육은 새로운 사회를 건설하는 데 도움이 될 수 있다고 가르침	• 유아 프로그램의 중요성 • 교육은 아동의 빈곤한 환경에 대처할 수 있음 • 유아교육은 사회를 개혁할 수 있음
Froebel	• 아이들은 '전개'를 통해 발달한다고 믿음 • 자라나는 식물과 어린이를 비교함 • 유치원 또는 '어린이 정원'이 조성된 곳 • 어린아이들의 학습을 돕는 '선물'과 '직종'을 개발함 • 아이들은 놀이를 통해 배울 수 있다고 믿음	• 교사의 역할은 정원사의 역할과 유사함 • 아이들은 개념과 기술을 배우기 위한 특정자료가 있어야 함 • 놀이를 통해 학습이 발생함

인물 및 연도	주요 기여	현대교육에 대한 영향
Montessori	• 어린 아이들을 교육하기 위한 몬테소리 방법을 고안 • 모든 지식은 본질적으로 감각적인 경험에서 온다고 봄 • 어린아이들의 필요를 충족시키기 위한 학습자료 제시 • 자기교정적인 감각 기반자료 제시 • 준비된 환경은 학습에 필수적임 • 어린이를 존중하는 것이 교육의 기초임	• 자신의 접근방식, 방법 및 자료를 강조하는 다수의 공립 및 사립 몬테소리 학교 • 아이들의 학습을 지원하고 촉진하기 위한 환경 준비에 대한 강조 • 몬테소리 교사를 양성하는 교사연수 프로그램
Dewey	• 진보적인 교육운동의 선두 역할 • 아이들의 관심사가 커리큘럼의 기초가 됨 • 내일이 아니라 오늘을 위해 아이들을 교육을 하도록 권함	• 아동중심 교육 • 아이들의 관심사에 기초한 커리큘럼 • 발견학습

토론

1. 과거의 유아교육의 사상과 철학적 기초에 대한 지식의 필요성에 대해 토론해 보세요.
2. 고대~16세기, 중세기부터 20세기에 이르기까지 유아교육사상과 철학에 영향을 준 철학자들의 주요 공헌점을 중심으로 현 21세기 유아교육사상에 어떠한 영향을 주었는지에 대해 토론해 보세요.
3. 각 세기를 대표하는 유아교육사상가들의 교육적 신념을 자신의 교육적 신념에 비추어 어떤 점이 다른지 논의해 보세요.

참고문헌

김상련(2008). 프뢰벨의 놀이교육 원리의 유아교육적 함의. 경상대학교 교육대학원 대학원 석사학위논문.

김윤지(2006). 코메니우스의 유아교육사상 연구. 연세대학교 대학원 석사학위논문.

김춘주(2009) Rousseau의 아동기 교육관과 그 현대적 의미. 경북대학교 교육대학원 석사학위논문.

김혜령(2010). 몬테소리 일상생활영역 활동이 유아의 사회성 증진에 미치는 효과. 아주대학교 교육대학원 석사학위논문.

김희중(2010). 체벌에 있어서 아리스토텔레스의 습관화로서의 도덕교육방법. **충남대학교 교육연구소, 31**(1), 1–15

김희태(2004). 로버트 오웬(Robert Owen)의 유아교육관에 관한 고찰. **과학논집, 30**, 81–98.

나성식(2004). John Dewey 교육론의 유아교육적 함의. 중앙대학교 대학원 박사학위논문.

문미옥, 이혜상(2003). **동서양이 만난 유아교육개론.** 교육아카데미.

박미혜(2015). 페스탈로치의 생애와 교육사상. 인하대학교 교육대학원 석사학위논문.

박수진(2004). 플라톤의 이상국가론에 나타난 교육사상. 영남대학교 교육대학원 석사학위논문.

박준영(2009). **교육의 철학적 이해.** 교육과학사.

선봉기(2000). 에라스무스의 교육사상. 연세대학교 대학원 석사학위논문.

설연남(2010). 루소의 소극적 교육의 유아교육적 함의. 경상대학교 교육대학원 석사학위논문.

심성경, 조순옥, 이정숙, 이춘자, 이선경, 이효숙(2012). **유아교육개론.** 창지사.

육경미(2006). 코메니우스의 教育論과 오늘의 教會教育. 한세대학교 영산신학대학원 석사학위논문.

연민이(1995). 플라톤의 교육사상. 동국대학교 교육대학원 석사학위논문.

윤기영, 손영빈, 김승환, 최희숙, 박상님, 김일태, 이미숙, 한애희, 박신용, 송응식, 안도연, 권종애, 류칠선, 정현숙, 서지영, 장정애, 박현진, 김영수, 손영빈 외(2010). **유아교육사상사.** 양서원.

윤중식(2014). 루소의 교육사상을 통한 아동교육의 방향 모색. 경북대학교 교육대학원 석사학위논문.

윤진영(2000). 존 로크의 유아교육론 연구. 동아대학교 교육대학원 석사학위논문.

이경화, 김동춘, 김정원, 조화연, 전선옥, 이연규, 이문정(2011). **유아교육개론.** 양서원.

이상인(2008). 플라톤의 상기론에 대한 아리스토텔레스의 해석과 수용. **대동철학, 42**, 173-198.

이인옥(2013). 루소와 페스탈로치의 자연주의 유아교육사상 비교연구. 서울교육대학교 대학원 석사학위논문.

최미리, 강봉규(2013). **새로운 교육철학 및 교육사.** 태영출판사.

최연선(2014). 플라톤과 아리스토텔레스의 도덕교육론 비교연구. 서울교육대학교 대학원 석사학위논문.

Morrison, G. S.(2015). *Early childhood education today*(13th ed.). NJ: Prentice-Hall, Inc.

CHAPTER 12

교육·보육과정

제12장 교육 · 보육과정에서는 교육과정의 어원과 유아 교육과정의 정의와 여러 연구자가 제시한 교육과정의 구성요소와 유아 교육과정 구성 시 고려해야 할 사항을 살펴보도록 한다. 또한, 우리나라 유치원 교육과정의 변천사를 비교 · 분석하여 자세히 설명하며 현재 3–5세 누리과정과 표준보육과정의 상세한 세부내용과 흐름에 대해 살펴보도록 한다.

1. 유아 교육과정의 개념과 정의

1) 교육과정의 어원

교육과정에 해당하는 영어의 '커리큘럼(curriculum)'은 라틴어의 '쿠레레(currere)'에서 온 용어로 '달린다'는 뜻이었고, 이것이 나중에 경마장의 경주로(race course)를 의미하는 용어가 되었다. 경마장에서 말이 경주를 하기 위해 출발점에서 종착점까지 달려가야 하는 일정한 코스가 커리큘럼이다(doopedia 두산백과). 교육의 장면에 적용할 경우에 달린다는 것은 '학생들이 공부한다'라는 의미이며, 달리는 코스는 특정한 목적을 가진 학생들이 일정한 기간 동안 공부하는 과정, 즉 교수요목을 뜻한다(노영희, 홍현진, 2011).

2) 유아 교육과정의 정의

Goffin과 Wilson(2001)은 교육과정을 유아를 위해 작업해야 할 교육목표 및 목적, 교육내용, 교수-학습방법을 조직화하기 위한 뼈대라고 하였다. 또한, 그들은 교육과정을 학습환경을 만들기 위한 틀이라고 설명하였다. 실제로 많은 교사는 자신의 교육과정에 목표와 목적, 교수-학습활동에 관한 설명, 재료, 자원목록, 일정 및 평가전략 등을 포함시킨다. Essa(2011)는 유아교육에 있어서 교육과정은 좀 더 전체론적으로 인식되는 경향이 있다고 설명하며, 교육 프로그램의 모든 측면은 통합되고 서로 관련이 있다고 하였다. 교육과정은 온전한 유아, 즉 유아의 신체, 사회, 인지 및 정서적인 발달을 포괄적으로 다루는 일과 완전하게 연결된 것으로 본다고 하였다. 유아의 전반적인 발달을 다루는 이와 같은 일은 기본적인 지식과 기술 교수를 강조하는 더 나이 많은 아동을 위한 대부분의 교육과 유아교육을 구분하는 중요한 특징이다(Moravcik & Feeney, 2009). 교육과정에 관한 몇 가지 중요한 접근법이나 틀로 교육과정의 정의를 조금 더 확장해 보면 다음과 같이 4가지로 분류해 볼 수 있다(Driscoll & Nagel, 2008)

(1) 교육과정 철학

개인적으로 가지고 있는 교육과정 철학은 교육과정과 관련된 개인의 신념과 가치로 구성된다. 유아에 관한 개인적인 신념 및 유아의 성장과 학습에 필요한 요소에 관한 개인적인 신념이 교육과정 철학에 영향을 미친다. 또한, 자신의 개인적인 어린 시절 경험(가족, 지역사회, 학교상황 및 또래로부터 학습)에도 영향을 미친다. 예비 교사과정은 물론 본서와 같이 여러분이 읽는 교재도 여러분의 철학에 영향을 미친다. 유아 프로그램을 방문하는 것도, 동료와 대화하는 것도 모두 개인의 철학에 영향을 미친다. 자녀를 둔 부모라면 양육역할도 교육과정 철학에 영향을 미칠 것이다.

(2) 발달에 적합한 교육과정

발달에 적합한 교육과정(또는 관행)은 유아의 발달, 성장 및 관심 수준을 수용하는 교육과정의 유형을 가리킨다. 발달에 적합한 교육과정은 유아의 신체, 감정, 사회 및 인지적 준비 상태를 수용하고, 유아의 타고난 호기심에 호소하고, 유아의 즉흥적인 사고와 행동을 양성하며, 유아의 창의성을 장려하기 때문에 유아의 참여를 도모한다. 발달적으로 적합한 프로그램들은 저마다 다른 형태를 띠지만, 3가지 공통원칙을 준수한다.

- 프로그램을 위해 계획한 활동과 결과유형에서 유아가 발달하고 학습하는 방식에 대한 교육자의 지식을 고려한다.
- 개별 아이들을 인식하고, 그에 따라 계획을 짠다.
- 존중과 이해를 바탕으로 유아들을 대한다. 아이들의 변화하는 역량에 민감하게 대응하고, '유아들의 역량이 계속 변화할 거라는 믿음'을 갖는다(Kostelnik, Soderman & Whiren, 1993).

유아발달과 학습에 관한 견고한 지식의 기초를 보유한 교사는 발달에 적합한 교육과정을 성공적으로 활용할 수 있다(Snider & Fu, 1990). 어떤 교육과정이나 접근법을 선택하든 간에 발달적으로 적합한 교육과정을 생각하는 것만으로도 무엇을 하고, 그것을 어떻게 해야 할지에 대한 틀을 제시할 수 있다. 1997년에 발달에 적합한 교육과정을 위한 지침으로 처음 나왔고, 이후 그 지침은 유아 프로그램에 가장 뚜렷한 영향을 미쳤다. 그러나 유아교육 분야의 학계 출판과 중요한 테스트를 고려할 때 발달적으로 부적합한 관행의 위험성을 상기할 필요가 있다. David Elkind(2005)는 우리가 '발달적으로 적합한 관행을 지지하는 수년 간의 인상적인 연구와 교수경험'을 무시할 때 '유아기 기억 상실'이나 심지어는 상식을 상기시킨다고 하였다. 그는 유아교육 프로그램에서 학문에 대한 압력에 민감해질 수 있도록 우리 스스로 어린 시절의 기억을 기억해야 한다고 주장하였다.

(3) 통합 교육과정

통합 교육과정은 학교와 삶 사이의 자연스러운 연계성을 반영하고, 의미 있고 관련된 학습 맥락을 도모한다(Nagel, 1996). 통합 교육과정은 과학, 수학, 언어, 미술 및 다른 교육과정 과목영역들 간의 관계에 기반을 둔다. 유아들이 동네를 담은 콜라주를 그리고, 건물과 거리에 있는 간판을 이용하여 수학개념을 탐색한다면 이는 기하학, 문해력 및 미술이 통합된 통합 교육과정이 된다. 유아들이 피자 간식을 만들 때 교사가 각 유아의 피자 조리법을 녹화하고, 나중에 유아들과 함께 조리법 카드를 읽는다면 이는 문해력에 조리활동을 통합한 교육과정이 된다. 조리활동은 재료의 양을 측정하고, 새로운 전체(즉, 피자)를 만들기 위해 재료를 혼합함으로써 수학과 과학을 통합한다.

(4) 주제중심 교육과정

주제중심 교육과정은 그 명칭에서도 알 수 있듯이 주제나 프로젝트를 중심으로 하는 교육과정이다. 주제중심 교육과정에서는 유아들이 하나의 프로젝트를 시행하는 과정에서 모든 교육과정 영역(수학, 과학, 문해력, 미술, 음악 등)이 하나의 주제로 연결되기 때문에, 특히 어린 학습자들에게 이상적인 교육과정 접근법이다. 최근 고리라는 주제에 초점을 맞춘 유치원생 및 초등학교 1학년생을 위한 여름 교육과정을 관찰한 바 있다. 활동이 진행되는 한 주 동안 유아들은 동네 곳곳에 있는 굵은 철사를 다이아몬드 모양으로 엮은 울타리의 패턴을 살펴보고, 종이 고리를 만들었다. 또한, 주변환경에서 볼 수 있는 자연의 고리를 찾고, 창의적인 움직임 활동에서 서로를 연결할 수 있는 방법을 모색하며, 후렴구에서 고리라는 단어를 반복적으로 사용하는 우정 노래를 만들었다. 교사와 유아들은 고리라는 주제를 통해 교육과정 전반에 걸쳐 과학, 수학, 미술, 음악, 사회적 기능 및 문해력을 연결할 수 있었다.

3) 교육과정의 구성요소

교육과정을 구성하는 기본요소가 무엇인지는 교육과정을 어떻게 정의하느냐에 따라 달라진다. 학생들의 학습경험을 중심으로 교육과정을 정의할 경우 다음의 기본요소들을 생각할 수 있다.

이 기본요소는 Tyler(1950)와 같이 ① 목표, ② 학습경험 선정, ③ 학습경험 조직, ④ 평가의 요소로 구분할 수 있고, Taba(1962)와 같이 ① 목적 및 목표, ② 내용 및 학습경험, ③ 평가의 3요소로도 제시할 수 있다. Tyler의 제시보다 훨씬 앞서 '미국의 8년 연구의 교육과정'에서 자문역할을 한 Giles와 그의 지지자들은(1942) ① 교육목표, ② 교과, ③ 방법과 조직, ④ 평가를 교육과정의 기본요소로 제시하였다.

여기에서는 목표, 학습경험, 평가의 기본과정을 그대로 인정하면서도 학습경험을 좀 더 조작적인 개념으로 파악하기 위해 그것을 다시 내용과 학습경험으로 양분시켰다. 그리고 내용 또는 내용영역은 내용 선정과 조직으로 세분화시켰고, 학습경험은 지도방법, 자료, 상호작용, 분위기 등을 포함하였다. 따라서 Giles와 그의 지지자들은 ① 교육목표, ② 내용(선정 및 조직), ③ 학습경험(지도방법, 자료, 상호작용, 분위기), ④ 학습결과(평가)를 교육과정의 4요소로 간주하였다(최진승 외, 2000).

4) 유아 교육과정 구성 시 고려해야 할 사항

견고한 프로그램 개발을 위한 초석은 유아가 학습하는 방법, 좋은 학습환경의 구성요소 및 유아에게 적합한 교육과정을 파악하는 데 도움이 되는 연구와 이론적인 지식에 기반을 둔다. 많은 전문가가 우려하고 있는 최근 유아 프로그램의 상황은 유아발달을 피상적으로 가속화하는 것이 목적인 교육과정과 교육재료들의 확산이다(Copple & Bredekamp, 2009; Elkind, 2009; Olfman, 2003).

특히, 교육과정은 놀이가 아동의 학습 및 발달에서 매우 중요하며, 그에 따라 유아 교육과정에서 중요한 요소가 되어야 한다는 합의에 기반을 둔다. 발달에 적합한 교육과정 역시 놀이의 중요성을 강조한다. 놀이는 언어 인지 및 사회적 유능성을 증진시키는 것은 물론 자기조절을 발달시키는 중요한 매개체이다(Copple & Bredekamp, 2009).

수많은 가속화된 미취학 교육과정들은 주로 교육과정의 하향식 확산을 기반으로, 유아들에게 초등학교 수준의 과제와 방법을 제시한다. Elkind(1987)는 어린 아이들에게 읽기, 수학, 발레 또는 체조를 가르치는 프로그램이 '잘못된 교육'이라고 경고하였다. 그 이유는 이들 프로그램으로 인해 아이가 단기 및 장기 스트레스와 기타 문제가 발생할 위험에 처하게 되기 때문이다. 이와 같은 프로그램을 지지하는 연구결과는 없는 반면, 이와 같은 프로그램의 유해한 효과를 보인다고 보고한 연구는 있다.

그렇다면 유아에게 적합한 교육과정을 고민하기 시작할 때 어디에서 도움을 구해야 할까? 다음과 같은 유아의 특징을 염두에 두면 도움이 될 것이다. 유아는 잘 흡수하고 열심히 배우며, 호기심이 많고, 가능한 한 세상에 대해 많은 것을 알고자 한다. 유아들에게는 탐험하고 발견하고자 하는 욕구가 있고, 직접 보고 느끼고 듣고자 하는 충동이 있으며, 물리적 세계와 사회적 세계에서 새로운 경험에 목말라 한다. 따라서 어른들이 생각하는 유아들이 배워야 하는 것들을 유아들에게 강제로 주입할 필요는 없다. 적절한 학습환경과 아는 것이 많은 어른의 안내만 있다면 세상에 대한 타고난 관심으로 적절한 학습을 하게 될 거라는 신념을 바탕으로 교육과정을 계획하면 된다.

(1) 유아발달

교육과정에 포함시키는 내용은 해당 프로그램에 속하는 유아들과 직접적인 연관이 있어야 한다. 해당 유아의 독해력, 능력, 수요 및 흥미에 적합하지 않은 교육과정은 아무 의미가 없다. 적절한 프로그램을 계획하기 위해서는 대상 유아의 연령집단, 가족의 특징과 배경 및 유아들의 개인적인 차이를 알아야 한다.

교육과정 기획에서 반드시 필요한 것은 유아발달에 관한 견고한 이해이다. 4세 반에 맞는 교육과정을 짜기 위해서는 먼저 4세 유아들을 전반적으로 파악해야 한다. 이와 같은 지식은 신체, 인지 및 사회적 능력 측면에서 이 연령집단에게 무엇을 기대해야 할지 알려 줄뿐만 아니라 4세 유아들이 종종 공유하는 관심사를 파악하는 데도 도움이 된다. 또한, 유아들의 배경에 대해 많이 알수록 해당 집단의 특징에 맞춘 교육과정을 더욱더 구체적으로 계획할 수 있다. 해당 집단의 고유한 민족, 문화, 종교, 언어 또는 지역적 인사들을 포함시켜 교육과정을 개선하고, 유아들이 자신의 고유한 특성에 대해 좋은 기분을 느끼도록 할 수 있다. 또한 유아들을 관찰하고, 관찰로 정보를 모으는 능력은 유아들에게 적합한 교육과정을 개발하는 데 도움이 된다. 하나의 집단으로서 유아들의 전반적인 능력에 신중하게 맞춘 주제와 활동을 선택해야 한다.

(2) 문화

유아들은 '가족의 생활방식, 가치나 신념, 언어, 사고 패턴, 외양 및 행동'을 반영하는 문화적 성향을 가진 채 프로그램에 참여한다(Jackman, 2009). 한 유아의 문화는 대부분 유아들의 문화나 교사의 문화와 다를 수 있다. 따라서 교육과정에 문화를 포함시킬 때는 신중해야 하고, 깊이 고심해야 한다. New와 Beneke(2009)는 유아들 사이에서 증가하는 다양성을 인정하고, 점점 국제화되고 있는 사회에 참여할 수 있도록 유아들을 준비시켜야 한다고 지적하였다.

(3) 유형

유아 교육과정은 장기는 물론 단기 계획의 산물이다. 많은 프로그램이 상당한 기간(예 1년)을 포괄하는 종합계획으로 시작한 후 짧은 기간에 대한 자세한 내용을 갖추어 나간다. 이와 같은 프로그램들은 일반적으로 일련의 주제를 기반으로 교육과정을 구축한다. 그에 반해 유아들의 관심사를 기반으로 구축되는 교육과정도 있다. 이 경우 교육과정은 더 즉흥적이고 유연하다. 이와 같은 전략을 발현적 교육과정(emergent curriculum)이라고 한다. 이 전략에는 레지오 에밀리아 접근법과 다른 프로젝트 기반 접근법(Helm & Katz, 2001)에서 사용된 프로그램 종류도 포함된다.

(4) 주제들

많은 유아 프로그램이 주제 접근법 또는 진통적인 유아 교육과정을 기반으로 한다(Moravcik & Feeney, 2009). 이와 같은 교육과정에서는 일반적으로 교사가 미리 유아들과 관련된 일련의 주제를 정한다. 교사는 이들 주제가 유아들의 관심을 끌 거로 추정한다. 이와 같은 주제는 가족, 애완동물 및 식료품점 같은 친숙한 주제부터 공룡과 밤하늘 같은 좀 더 요원한 주제까지 다양하다. 적절한 유아 교육과정의 내용은 구체적인 요소를 기반으로 아이들의 삶의 경험에서 비롯되어야 하고, 발달하기 시작한 아이들의 기술과 연관이 있어야 한다. 교사는 유아들이 자신이 현재 속한 물리 및 사회적 세계의 일원이 된 지는 얼마되지 않았음을 고려해야 한다. 그 환경에 존재하는 사람, 장소, 사물 및 경험에 대해 배울 것이 매우 많다. 유아들에게 의미 있고, 유아들이 이해할 수 있도록 환경요소를 제시하는 방식을 신중하게 고심할 경우, 난해하고 특별한 주제를 찾을 필요는 없다. 유아들의 삶은 주제 기반 교육과정을 구축하기에 충분한 주제들로 가득하기 때문이다. 여기에는 유아들 자신, 유아들의 가족, 유아들이 살고 있는 지역사회 등이 포함된다(Essa & Rogers, 1992).

2. 유치원 교육과정의 변천

우리나라의 유치원에 관한 법령은 1922년 「조선교육령」에서 시작되었고, 1945년 해방 이후 교육과정은 미국의 유치원 교육내용을 그대로 수용하였다(유승구, 2005). 1969년 2월 19일, 문교부령 제207호로 공포된 제1차 유치원 교육과정(1969. 2. 19. 문교부령 제207호)은 최초의 교육과정령이다. 1979년 3월 1일 발표된 제2차 유치원 교육과정(1979. 3. 1. 문교부 고시 제424호), 1981년 12월 31일에 공포된 제3차 유치원 교육과정(1981. 12. 31. 문교부 고시 제442호), 1987년 6월 30일에 고시된 제4차 유치원 교육과정(1987. 6. 30. 문교부 고시 제87-9호), 1992년 9월 30일에 발표된 제5차 유치원 교육과정(1992. 9. 30. 교육부 고시 제1992-15호), 1998년 6월 30일에 발표된 제6차 유치원 교육과정(1998. 6. 30. 교육부 고시 제1998-10호), 2007 개정 유치원 교육과정(2007. 12. 19. 교육부 고시 제2007-153호)까지 그동안 우리나라 유치원 교육과정의 변천사에 대해 성격과 구성방침, 교육목적 및 목표, 교수-학습방법 측면에서 서로 비교하며 자세히 살펴보도록 한다.

1) 교육과정의 성격 및 구성방침

제1차, 제5차, 제6차, 2007 개정 유치원 교육과정의 성격을 비교해 보면 | 표 12-1 | 과 같다.

| 표 12-1 | 교육과정의 성격 및 구성방침 비교

제1차	〈제정 취지〉 유치원 교육의 특수한 목적과 기능을 소중히 여기고 구현하기 위함
제5차	〈교육과정의 성격〉 1. 유치원의 교육목적(「교육법」 제146조) 및 교육목표(「교육법」 제147조)를 달성하기 위한 국가수준의 교육과정으로서, 교육법 제155조 제1항에 의거하여 고시한 것이다. 2. 문교부 고시 제87-9호 유치원 교육과정(1987. 6. 30.)을 개정한 것으로, 전국의 유치원에서 1995학년도부터 편성 · 운영해야 할 교육과정의 공통적이며 일반적인 기준을 제시한 것이다. 3. 교육과정에 제시된 기준 이외에 더 필요한 구체적인 편성 · 운영해야 할 교육과정의 공통적이며 일반적인 기준을 제시한 것이다.

제6차	「초 · 중등교육법」 제23조 제2항에 의거하여 고시한 것으로, 유치원의 교육목적과 교육목표를 달성하기 위한 국가수준의 교육과정이며, 전국의 유치원에서 편성 · 운영해야 할 유치원 교육과정의 공통적 · 일반적인 기준을 제시한 것이다. 〈교육과정의 성격〉 1. 국가수준의 공통성과 지역, 유치원, 개인 수준의 다양성을 동시에 추구하는 교육과정이다. 2. 유아의 자율성과 창의성을 신장하기 위한 유아중심 교육과정이다. 3. 교육청과 유치원, 교원, 유아, 학부모가 함께 실현해 가는 교육과정이다. 4. 유치원 교육체계를 교육과정 중심으로 개선하기 위한 교육과정이다. 5. 교육의 과정과 결과의 질적 수준을 유지 · 관리하기 위한 교육과정이다.
2007 개정	이 교육과정은 「유아교육법」 제13조 제2항에 의거하여 고시한 것으로 유치원의 교육목적과 목표를 달성하기 위한 국가수준의 교육과정이며, 전국의 유치원에서 편성 · 운영해야 할 학교 교육과정의 공통적 · 일반적인 기준을 제시한 것이다. 1. 국가에서 공통적으로 지향하는 교육 방향을 제시하며 지역, 유치원, 유아의 다양성을 존중하는 교육과정이다. 2. 유아의 전인적인 성장 · 발달과 행복을 추구하기 위한 교육과정이다. 3. 유아의 실생활 속에서 통합적으로 실현해 가는 교육과정이다. 4. 교육청과 유치원, 교원, 유아, 학부모가 함께 실현해 가는 교육과정이다. 5. 교육의 질적 수준을 유지 · 관리하기 위한 교육과정이다.

| 표 12-1 |에 따르면 제2차, 제3차, 제4차의 경우 교육과정의 성격에 대한 항목이 없으며 성격에 관련한 진술도 이루어지지 않았다. 제5차에서는 국가수준 교육과정이 공통적어서 유치원의 자율성이 필요함을 시사하고 있다. 특히, 1995년 지방자치제로 교육자치가 실시되면서 유치원 교육과정의 지역화를 강조하고 각 지역의 현실에 맞는 교육을 하도록 하였다. 제2차부터 구성방침 중 공통적으로 진술하고 있는 점은 발달특성에 적합한 교육과정 구성, 즉 내용과 방법의 적정성과 다양성을 구성방침으로 제시하고 있는 것이다(김진숙, 2006).

2) 교육목적 및 목표

유치원 교육과정의 교육목표를 비교해 보면 | 표 12-2 |와 같다.

| 표 12-2 | 교육목표 비교

제1차	1. 건강 및 안전교육을 철저히 하여 튼튼한 몸과 마음을 기른다. 2. 기초적인 생활습관과 기능을 익히며 사회생활에 적응할 수 있는 바른 사회적 태도와 도덕성을 기른다. 3. 자연과 사회의 제 현상에 대해 관심을 가지도록 하며 과학적이고 민주적인 사고력이 싹트도록 한다. 4. 듣기와 말하기를 바로 하고 바른 말과 고운 말을 쓸 수 있도록 한다. 5. 심미적인 태도를 발전시키고 창조적인 표현을 할 수 있는 능력을 기른다.
제2차	– 유치원 교육과정의 구성: 일반목표 교육과정 구성의 기본방침과 일반목표 및 유치원 교육의 일반목표는 다음과 같다. 1. 유아의 사회화에 필요한 사회적 경험을 통해 초보적인 사회적 규범과 규칙을 알게 하고 실천하는 습관 및 태도를 길러 줌으로써 남과 잘 사귀고 남과 더불어 생활하는 것을 즐길 수 있도록 한다. 2. 사회와 자연의 여러 가지 현상에 호기심과 흥미를 가지고 적극적으로 임함으로써 느끼고, 심미하고, 상상하며 이들을 다양하게 표현하는 능력과 습관 및 태도를 기른다. 3. 자연과 사회의 현상에 능동적으로 활동할 기회를 충분히 제공하여 경험의 폭을 넓힘으로써 새로운 현상과 사태에 스스로의 힘으로 탐구하고, 적응할 수 있는 능력과 태도를 기른다. 4. 다른 사람의 말을 듣고 이해하며, 자신의 경험과 생각을 표현하는 데 필요한 언어구사력과 고운 말을 쓰는 습관 및 태도를 기른다. 5. 신체 각 기관 및 각 기관의 기능의 균형 있는 발달을 위한 다양한 신체활동을 통해 기초적인 운동능력을 기르며, 개인위생 및 보건, 영양, 안전 등의 건강 생활을 영위하는 데 필요한 이해와 습관 및 태도를 기른다.
제3차	1. 기본적인 감각기능과 운동기능을 기르고, 신체의 조화로운 발달을 이루게 한다. 2. 자신과 주변세계를 긍정적으로 받아들이게 하고, 자기의 느낌과 경험을 창의적으로 표현하게 한다. 3. 다른 사람의 말을 바르게 이해할 수 있게 자기생각을 말로 표현할 수 있는 기초적인 언어기능을 가지게 한다. 4. 자연과 사회현상에 대한 기초적 이해를 도우며, 논리적이고 과학적인 사고를 바탕으로 한 문제해결능력을 가지게 한다. 5. 가족과 이웃을 사랑하는 태도를 가지게 하고, 일상생활에 필요한 기본적인 규범을 지키도록 한다.

제4차	「교육법」에 규정된 유치원 교육목적과 교육과정 구성의 방향을 토대로 유치원 교육과정에서 설정한 교육목표는 다음과 같다. 1. 건강한 안전생활에 대한 올바른 습관과 기본적인 감각 · 운동기능을 기르고 신체의 조화로운 발달을 이루게 한다. 2. 다른 사람의 말을 이해하고, 자기생각을 말로 표현할 수 있는 기능을 가지게 한다. 3. 자기 주변의 여러 가지 현상에 대해 관심을 가지며, 이를 알아보려는 태도를 가지게 한다. 4. 자신의 일에 자부심을 가지며, 생활 주변에서의 느낌과 생각을 자기 나름대로 표현하게 한다. 5. 일상생활에 필요한 기본적인 생활습관을 기르고, 가족과 이웃을 사랑하는 마음씨를 가지게 한다.
제6차	유치원 교육은 전인적 성장을 위한 기초교육으로서, 유아의 일상생활에 필요한 기본능력과 태도를 기르는 데 중점을 둔다. 1. 몸과 마음이 건강하게 자랄 수 있는 경험을 가진다. 2. 기본생활습관을 기르고, 다른 사람과 더불어 생활하는 태도를 가진다. 3. 생각과 느낌을 창의적으로 표현하는 경험을 가진다. 4. 바르게 언어를 사용하는 경험을 가진다. 5. 일상생활의 문제에 대해 스스로 궁리하는 태도를 가진다.
2007 개정	유치원은 유아를 교육하고 유아에게 알맞은 교육환경을 제공하여 심신의 조화로운 발달을 조장하는 것을 목적으로 한다. 이를 실현하기 위하여 다음과 같은 교육 목표를 둔다. 1. 몸과 마음을 건강하게 하며 기본생활습관을 기른다. 2. 더불어 사는 태도와 우리 전통문화를 사랑하는 마음을 가진다. 3. 자신의 생각과 느낌을 자유롭고 창의적으로 표현하는 경험을 가진다. 4. 의사소통을 위한 언어능력을 기르며, 바른 언어생활습관을 가진다. 5. 호기심을 가지고 탐구하며 자연을 존중하는 태도를 가진다.

제5차는 총론에 목표 항목이 생략되어 있고 교육과정 영역에서 각 영역별 목표로 진술되어 있다.

목표 진술방법은 대부분 '~가진다', '기른다' 등의 과정중심어를 사용하여 진술하였다. 그러나 제3차와 제4차의 언어영역에서는 '~가지게 한다'는 성취중심적인 언어로 진술되었다. 교육목표를 과정중심어로 진술하는 것이 바람직한 것인지, 아니면 성취중심어로 진술하는 것이 더 바람직한 것인지에 대한 판단은 관점에 따라 차이는 있다. 그러나 유 · 초 · 중학교의 교육목표는 과정어 중심으로, 고등학교의 교육목표는 성취어 중심으로 진술하는 것이 타당하다(한국교육과정평가원, 2005).

3) 교수-학습방법

제1차부터 2007 개정 유치원 교육과정의 교수-학습방법을 비교해 보면 | 표 12-3 | 과 같다.

| 표 12-3 | 교수-학습방법 비교

제1차	〈지도상의 유의점〉 1. 통합교육 운영 2. 흥미 욕구 고려 3. 일과활동의 다양성 4. 긴장과 이완 고려한 일과계획 5. 가정과 긴밀한 연락 6. 시설설비 교재교구 고루 마련 7. 자율적 유치원 생활 8. 안정된 분위기 조성 9. 스스로 생각하고 행하게 함 10. 바른생활습관을 위한 교사 모범 11. 충분한 시간과 자료 통해 상상력 창조성 싹트게 함 12. 가정, 지역사회 협조 13. 우리나라 자랑 반공통일 학습 14. 자발적 참여
제2차	〈지도상의 유의점〉 1. 활동중심 2. 놀이중심 3. 적합한 발문 4. 낮은 과제에서 높은 과제로 5. 흥미 욕구 관심 고려 6. 과정중심 7. 개인차 고려 8. 스스로 선택 9. 스스로 경험 10. 생활 전반을 통해 언어발달 중시 11. 생활에서 쉽게 구할 수 있는 물건을 교구로 사용 12. 연간·월간·주간계획 유기적 수립 13. 일회성 지도가 아니라 순환적 반복 지도 14. 안정된 학습 분위기 조성 15. 가정과의 연대 16. 세심한 관찰과 개별적 특별지도

제3차	〈운영지침: 지도〉 1. 통합 2. 개인차 고려 3. 놀이 4. 쉬운 것에서 어려운 것으로, 구체적인 것에서 추상적인 것으로 5. 생활 주변 여러 자료 활용 6. 아동, 교사, 교구 간 상호작용 7. 가정과의 긴밀한 유대관계와 학부모들을 보조자로 도움받음
제4차	〈지도상의 유의점〉 1. 통합교육 2. 다양한 활동 3. 흥미 관심 요구, 스스로 선택 4. 구체적이고 직접적인 경험과 놀이 5. 문자 쓰기 지도 지양
제5차	〈방법〉 1. 통합 2. 다양한 활동으로 여러 번 3. 민주적 수용적 분위기 4. 일과 활동의 다양성 5. 흥미영역 6. 구체적·직접적 경험을 주는 실물자료 활용: 학습지, 문제지는 사용하지 않는다. 7. 유아 의견 수용, 개방식 질문 8. 대화, 토의, 발견 극놀이 관찰 실험 등 다양한 방법 9. 특수대상은 전문가의 도움을 받도록 함
제6차	〈교수학습방법〉 1. 통합 2. 1, 2수준을 적절한 방법으로 운영 3. 다양한 활동 여러 번 다룰 수 있음 4. 발표·토의·관찰 등 다양한 수업방법 활용 5. 놀이중심, 흥미영역 6. 일과 활동의 다양성 7. 아동, 교사, 교구 간 상호작용 8. 종일반, 오전활동 반복 아니라 균형 있게 이루어짐 9. 구체적 직접적 실물자료 사용 10. 교사의 긍정적·지지적 언어와 태도 11. 확산적 질문 12. 특수교육 대상 전문가의 도움을 받음

2007 개정	1. 유아의 발달과 흥미를 고려하여 놀이중심의 통합적인 교육활동 전개 2. 동적·정적 활동, 실내·실외 활동, 유아주도·교사주도 활동 등의 균형 있는 교육활동 운영 3. 유아·또래·교사·주변환경과 다양한 상호작용 4. 긍정적·수용적·사랑·정성이 담긴 언어와 태도로 유아를 대함 5. 다양한 발문, 확산적인 질문을 통해 창의적 사고 유도 6. 개별 유아의 잠재력 지지 7. 주변의 다양한 자료와 자연물 적극 활용, 직접적이고 구체적인 경험 8. 흥미영역은 계절, 주제, 행사 및 유아의 요구 등에 따라 적절히 재구성 9. 놀이중심의 활동

교수-학습방법을 살펴보면 모두 통합교육을 중요시한다는 것을 알 수 있다. 또한 일과 운영의 다양성, 수용적인 교사, 놀이중심 교수활동 등을 공통적으로 제시하고 있다. 이는 유치원 교육의 특성을 잘 반영한 것이다. 이 중 제5차에서 '학습지나 문제지는 사용하지 않는다.'는 항목이 있어 부모들의 왜곡된 지식교육 현실을 고려했음을 알 수 있다.

제1차부터 제4차까지는 '생활 주변의 여러 사물'이라는 표현을 사용한 반면, 제5차부터는 '구체적이고 직접적인 경험을 주는 실물자료'라는 표현을 사용하여 좀 더 구조화된 교재교구라는 느낌을 준다. 또한 제1차에서는 긴장과 이완, 안정된 분위기 등을 강조한 반면, 후기 교육과정으로 갈수록 아동, 교사, 교구 간의 상호작용, 개방식 질문, 확산적 질문으로 창의적 사고를 촉진한다는 등의 진술을 하고 있다. 즉, 점차 상대적으로 인지적 측면을 강조하는 경향을 보인다(김진숙, 2006).

3. 3-5세 누리과정

정부는 유아기 때부터 양질의 교육을 제공하고자 유치원과 어린이집으로 이원화되어 있는 교육 및 보육과정을 통합하여 2012년에 만 5세 누리과정을 도입하였다. 그 이후 3, 4세까지 확대하여 2013년부터는 만 3-5세 누리과정을 전면 시행하게 되었다. 이는 유아가 다니는 기관에 관계없이 양질의 교육과정을 공통으로 배울 수 있도록 하는 데 의의가 있다. 또한, 유치원과 어린이집에 자녀를 보내는 모든 학부모에게 지원 금액을 순차적으로 늘려 교육비 부담을 경감시키고 학부모 만족도를 제고하는 것도 이 정책의 중요한 의미 중의 하나이다(장명림, 2014). 3–5세 누리과정(교육과학기술부 고시 제2012–16호, 보건복지부 고시 제2012–82호)을 구체적으로 살펴보면 다음과 같다.

1) 구성 방향

- 질서, 배려, 협력 등 기본생활습관과 바른 인성을 기르는 데 중점을 두어 구성한다.
- 자율성과 창의성을 기르는 데 중점을 두고, 전인발달을 이루도록 구성한다.
- 사람과 자연을 존중하고, 우리 문화를 이해하는 데 중점을 두어 구성한다.
- 만 3~5세아의 발달특성을 고려하여 연령별로 구성한다.
- 신체운동 · 건강, 의사소통, 사회관계, 예술경험, 자연탐구의 5개 영역을 중심으로 구성한다.
- 초등학교 교육과정과 0–2세 표준보육과정과의 연계성을 고려하여 구성한다.

2) 목적과 목표

(1) 목적

누리과정은 만 3~5세 유아의 심신의 건강과 조화로운 발달을 도와 민주시민의 기초를 형성하는 것을 목적으로 한다.

(2) 목표

- 기본 운동능력과 건강하고 안전한 생활습관을 기른다.
- 일상생활에 필요한 의사소통 능력과 바른 언어 사용습관을 기른다.
- 자신을 존중하고 다른 사람과 더불어 생활하는 능력과 태도를 기른다.

• 아름다움에 관심을 가지고 예술경험을 즐기며, 창의적으로 표현하는 능력을 기른다.
• 호기심을 가지고 주변세계를 탐구하며, 일상생활에서 수학적 · 과학적으로 생각하는 능력과 태도를 기른다.

3) 편성과 운영

(1) 편성

• 1일 3~5시간을 기준으로 편성한다.
• 5개 영역의 내용을 균형 있게 통합적으로 편성한다.
• 유아의 발달특성 및 경험을 고려하여 놀이를 중심으로 편성한다.
• 반(학급) 특성에 따라 융통성 있게 편성한다.
• 성별, 종교, 신체적 특성, 가족 및 민족배경 등으로 인한 편견이 없도록 편성한다.
• 일과 운영시간에 따라 심화 확장할 수 있도록 편성한다.

(2) 운영

• 연간, 월간, 주간, 일일계획에 의거하여 운영한다.
• 실내 · 외 환경을 다양한 흥미영역으로 구성하여 운영한다.
• 유아의 능력과 장애 정도에 따라 조정하여 운영한다.
• 부모와 각 기관의 실정에 따라 부모교육을 실시한다.
• 가정과 지역사회와의 협력과 참여에 기반하여 운영한다.
• 교사 재교육을 통해서 누리과정 활동이 개선되도록 운영한다.

(3) 교수-학습방법

• 놀이를 중심으로 교수-학습활동이 이루어지도록 한다.
• 유아의 흥미를 중심으로 활동을 선택하고 지속할 수 있도록 한다.

- 유아의 생활 속 경험을 소재로 하여 지식, 기능, 태도 및 가치를 습득하도록 한다.
- 유아와 교사, 유아와 유아, 유아와 환경 간에 능동적인 상호작용이 이루어지도록 한다.
- 주제를 중심으로 여러 활동이 통합적으로 이루어지도록 한다.
- 실내 · 실외 활동, 정적 · 동적 활동, 대 · 소집단활동 및 개별활동, 휴식 등이 균형 있게 이루어지도록 한다.
- 유아의 관심과 흥미, 발달이나 환경특성 등을 고려하여 개별 유아에게 적합한 방식으로 학습하도록 한다.

(4) 평가

① 누리과정 운영평가

- 운영내용이 누리과정의 목표와 내용에 근거하여 편성 · 운영되었는지 평가한다.
- 운영내용 및 활동이 유아의 발달수준과 흥미 · 요구에 적합한지를 평가한다.
- 교수–학습방법이 유아의 흥미와 활동의 특성에 적합한지를 평가한다.
- 운영환경이 유아의 발달특성과 활동의 주제, 내용 및 효율성 등을 고려하여 구성되었는지를 평가한다.
- 계획안 분석, 수업 참관 및 모니터링, 평가척도 등 다양한 방법을 활용하여 평가한다.
- 운영평가의 결과를 반영하여 운영계획을 수정 · 보완하거나 이후 누리과정 편성 · 운영에 활용한다.

② 유아평가

- 누리과정 목표와 내용에 근거하여 유아의 특성과 변화 정도를 평가한다.
- 유아의 지식 · 기능 · 태도를 포함하여 평가한다.
- 유아의 일상생활과 누리과정 활동 전반에 걸쳐 평가한다.

• 관찰, 활동결과물 분석, 부모면담 등 다양한 방법을 사용하여 종합적으로 평가하고, 그 결과를 기록한다.
• 유아평가 결과는 유아에 대한 이해와 누리과정 운영 개선 및 부모면담 자료로 활용할 수 있다.

4) 연령별 누리과정

누리과정은 신체운동 · 건강, 의사소통, 사회관계, 예술경험, 자연탐구의 5개 영역으로 나누어 각 영역별로 내용범주를 두고 각각 세부내용을 구성하는 방식으로 이루어져 있다. 이에 대한 연령에 따른 영역별 목표와 내용을 살펴보면 다음과 같다.

(1) 3세 누리과정

① 신체운동 · 건강영역

신체운동 · 건강영역의 내용체계는 신체인식하기, 신체조절과 기본운동하기, 신체활동에 참여하기, 건강하게 생활하기, 안전하게 생활하기로 제시되어 있다. 이에 대한 세부내용은 | 표 12-4 |와 같다.

| 표 12-4 | 신체운동 · 건강영역의 세부내용

내용범주	내용	세부내용
신체 인식하기	감각능력 기르고 활용하기	감각적 차이를 경험한다.
		감각기관을 인식하고, 활용해 본다.
	신체를 인식하고 움직이기	신체 각 부분의 명칭을 알고, 움직임에 관심을 갖는다.
		자신의 신체를 긍정적으로 인식하고 움직인다.

내용범주	내용	세부내용
신체조절과 기본운동 하기	신체조절하기	신체균형을 유지해 본다.
		공간, 힘, 시간 등의 움직임 요소를 경험한다.
		신체 각 부분의 움직임을 조절해 본다.
		눈과 손을 협응하여 소근육을 조절해 본다.
	기본운동하기	걷기, 달리기 등 이동운동을 한다.
		제자리에서 몸을 움직여 본다.
신체활동에 참여하기	자발적으로 신체활동에 참여하기	신체활동에 자발적으로 참여한다.
		다른 사람과 함께하는 신체활동에 참여한다.
	바깥에서 신체활동하기	규칙적으로 바깥에서 신체활동을 한다.
	기구를 이용하여 신체활동하기	여러 가지 기구를 이용하여 신체활동을 한다.
건강하게 생활하기	몸과 주변을 깨끗이 하기	손과 이를 깨끗이 하는 방법을 알고 실천한다.
		주변을 깨끗이 한다.
	바른 식생활하기	음식을 골고루 먹는다.
		몸에 좋은 음식에 관심을 갖는다.
		바른 태도로 식사한다.
	건강한 일상생활하기	규칙적으로 잠을 자고, 적당한 휴식을 취한다.
		하루 일과에 즐겁게 참여한다.
		스스로 화장실에서 배변한다.
	질병 예방하기	질병의 위험을 알고 주의한다.
		날씨에 맞게 옷을 입는다.

내용범주	내용	세부내용
안전하게 생활하기	안전하게 놀이하기	놀이기구나 놀잇감, 도구를 안전하게 사용한다.
		안전한 놀이장소를 안다.
		TV, 인터넷, 통신기기 등을 바르게 사용한다.
	교통안전 규칙 지키기	교통안전 규칙을 안다.
		교통수단을 안전하게 이용한다.
	비상시 적절히 대처하기	학대, 성폭력, 실종, 유괴상황을 알고 도움을 요청한다.
		재난 및 사고 등 비상시 적절하게 대처하는 방법을 안다.

② 의사소통영역

의사소통영역의 내용체계는 듣기, 말하기, 읽기, 쓰기로 제시되어 있다. 이에 대한 세부내용은 | 표 12-5 |와 같다.

| 표 12-5 | 의사소통영역의 세부내용

내용범주	내용	세부내용
듣기	낱말과 문장 듣고 이해하기	낱말의 발음에 관심을 가지고 듣는다.
		일상생활과 관련된 낱말과 문장을 듣고 뜻을 이해한다.
	이야기 듣고 이해하기	다른 사람의 이야기를 관심 있게 듣는다.
	동요, 동시, 동화 듣고 이해하기	동요, 동시, 동화를 다양한 방법으로 듣고 즐긴다.
	바른 태도로 듣기	말하는 사람을 바라보며 듣는다.
말하기	낱말과 문장으로 말하기	친숙한 낱말을 발음해 본다.
		새로운 낱말에 관심을 가진다.
		일상생활에서 일어나는 일들을 간단한 문장으로 말한다.

내용범주	내용	세부내용
말하기	느낌, 생각, 경험 말하기	자신의 느낌, 생각, 경험을 말해 본다.
	상황에 맞게 바른 태도로 말하기	상대방을 바라보며 말한다.
		바르고 고운 말을 사용한다.
읽기	읽기에 흥미 가지기	주변에서 친숙한 글자를 찾아본다.
		읽어 주는 글의 내용에 관심을 가진다.
	책 읽기에 관심 가지기	책에 흥미를 가진다.
		책의 그림을 단서로 내용을 추측해 본다.
쓰기	쓰기에 관심 가지기	말을 글로 나타내는 것에 관심을 보인다.
		자기 이름의 글자에 관심을 가진다.

③ 사회관계영역

사회관계영역의 내용체계는 나를 알고 존중하기, 나와 다른 사람의 감정 알고 조절하기, 가족을 소중히 여기기, 다른 사람과 더불어 생활하기, 사회에 관심 갖기로 제시되어 있다. 이에 대한 세부내용은 | 표 12-6 |과 같다.

| 표 12-6 | 사회관계영역의 세부내용

내용범주	내용	세부내용
나를 알고 존중하기	나를 알고, 소중히 여기기	나에 대해 관심을 갖는다.
		나와 다른 사람의 차이에 관심을 갖는다.
		나를 소중하게 여긴다.
	나의 일 스스로 하기	내가 할 수 있는 일을 알아본다.
		내가 하고 싶은 일을 선택해 본다.

내용범주	내용	세부내용
나와 다른 사람의 감정 알고 조절하기	나와 다른 사람의 감정 알고 표현하기	자신에게 여러 가지 감정이 있음을 안다.
		다른 사람의 감정에 관심을 갖는다.
	나의 감정 조절하기	자신의 감정을 조절해 본다.
가족을 소중히 여기기	가족과 화목하게 지내기	가족의 소중함을 안다.
	가족과 협력하기	가족구성원을 알아본다.
		가족을 위하여 내가 할 수 있는 일을 알아본다.
다른 사람과 더불어 생활하기	친구와 사이좋게 지내기	친구와 함께 놀이한다.
		나와 친구의 의견에 차이가 있음을 안다.
	공동체에서 화목하게 지내기	교사 및 주변 사람과 화목하게 지낸다.
	사회적 가치를 알고 지키기	다른 사람의 소유물을 존중한다.
		약속과 규칙을 지켜야 함을 안다.
사회에 관심 갖기	지역사회에 관심 갖고 이해하기	우리 동네의 이름을 안다.
		우리 동네 사람들에 관심을 갖는다.
	우리나라에 관심 갖고 이해하기	우리나라를 상징하는 것에 관심을 가진다.
		우리나라의 전통놀이와 풍습에 관심을 갖는다.

④ 예술경험영역

예술경험영역의 내용체계는 아름다움 찾아보기, 예술적 표현하기, 예술 감상하기로 제시되어 있다. 이에 대한 세부내용은 | 표 12-7 |과 같다.

| 표 12-7 | 예술경험영역의 세부내용

내용범주	내용	세부내용
아름다움 찾아보기	음악적 요소 탐색하기	다양한 소리, 음악의 셈여림, 빠르기, 리듬 등에 관심을 갖는다.
	움직임과 춤 요소 탐색하기	움직임과 춤의 모양, 힘, 빠르기 등에 관심을 갖는다.
	미술적 요소 탐색하기	자연과 사물의 색, 모양, 질감 등에 관심을 갖는다.
예술적 표현하기	음악으로 표현하기	간단한 노래를 듣고 따라 부른다.
		전래동요를 즐겨 부른다.
		리듬악기로 간단한 리듬을 표현해 본다.
		간단한 리듬과 노래를 즉흥적으로 만들어 본다.
	움직임과 춤으로 표현하기	신체를 이용하여 주변의 움직임을 자유롭게 표현한다.
		움직임과 춤으로 자신의 생각과 느낌을 표현한다.
		도구를 활용하여 다양한 움직임으로 표현한다.
	미술활동으로 표현하기	다양한 미술활동을 경험해 본다.
		미술활동에 필요한 재료와 도구에 관심을 가지고 사용한다.
	극놀이로 표현하기	일상생활의 경험을 극놀이로 표현한다.
	통합적으로 표현하기	예술활동에 참여하여 표현과정을 즐긴다.
예술 감상하기	다양한 예술 감상하기	다양한 음악, 춤, 미술작품, 극놀이 등을 듣거나 본다.
		나와 다른 사람의 예술표현을 소중히 여긴다.
	전통예술 감상하기	우리나라의 전통예술에 관심을 갖는다.

⑤ 자연탐구영역

자연탐구영역의 내용체계는 탐구하는 태도 기르기, 수학적 탐구하기, 과학적 탐구하기로 제시되어 있다. 이에 대한 세부내용은 | 표 12-8 |과 같다.

| 표 12-8 | 자연탐구영역의 세부내용

내용범주	내용	세부내용
탐구하는 태도 기르기	호기심을 유지하고 확장하기	주변 사물과 자연세계에 대해 호기심을 갖는다.
	탐구과정 즐기기	궁금한 점을 알아보는 과정에 흥미를 갖는다.
수학적 탐구하기	수와 연산의 기초개념 알아보기	생활 속에서 수에 관심을 갖는다.
		구체물 수량의 많고 적음을 비교한다.
		다섯 개가량의 구체물을 세어 보고 수량에 관심을 갖는다.
	공간과 도형의 기초개념 알아보기	나를 중심으로 앞, 뒤, 옆, 위, 아래를 알아본다.
		물체의 모양에 관심을 갖는다.
	기초적인 측정하기	두 물체의 길이, 크기를 비교해 본다.
	규칙성 이해하기	생활 주변에서 반복되는 규칙성에 관심을 갖는다.
	기초적인 자료 수집과 결과 나타내기	같은 것끼리 짝을 짓는다.
과학적 탐구하기	물체와 물질 알아보기	친숙한 물체와 물질의 특성에 관심을 갖는다.
	생명체와 자연환경 알아보기	나의 출생과 성장에 대해 관심을 갖는다.
		주변의 동식물에 관심을 가진다.
		생명체를 소중히 여기는 마음을 갖는다.
	자연현상 알아보기	돌, 물, 흙 등 자연물에 관심을 갖는다.
		날씨에 관심을 갖는다.
	간단한 도구와 기계 활용하기	생활 속에서 간단한 도구와 기계에 관심을 갖는다.
		도구와 기계의 편리함에 관심을 갖는다.

(2) 4세 누리과정

① 신체운동 · 건강영역

신체운동 · 건강영역의 내용체계는 신체인식하기, 신체조절과 기본운동하기, 신체활동에 참여하기, 건강하게 생활하기, 안전하게 생활하기로 제시되어 있다. 이에 대한 세부내용은 | 표 12-9 |와 같다.

| 표 12-9 | 신체운동 · 건강영역의 세부내용

내용범주	내용	세부내용
신체 인식하기	감각능력 기르고 활용하기	감각적 차이를 구분한다.
		여러 감각기관을 협응하여 활용한다.
	신체를 인식하고 움직이기	신체 각 부분의 특성을 이해하고 활용하여 움직인다.
		자신의 신체를 긍정적으로 인식하고 움직인다.
신체조절과 기본운동 하기	신체조절하기	다양한 자세와 움직임에서 신체균형을 유지한다.
		공간, 힘, 시간 등의 움직임 요소를 활용하여 움직인다.
		신체 각 부분을 협응하여 움직임을 조절한다.
		눈과 손을 협응하여 소근육을 조절해 본다.
	기본운동하기	걷기, 달리기, 뛰기 등 다양한 이동운동을 한다.
		제자리에서 몸을 다양하게 움직인다.
신체활동에 참여하기	자발적으로 신체활동에 참여하기	신체활동에 자발적이고 지속적으로 참여한다.
		다른 사람과 함께하는 신체활동에 참여한다.
		자신과 다른 사람의 운동능력의 차이에 관심을 갖는다.
	바깥에서 신체활동하기	규칙적으로 바깥에서 신체활동을 한다.
	기구를 이용하여 신체활동하기	여러 가지 기구를 이용하여 신체활동을 한다.

내용범주	내용	세부내용
건강하게 생활하기	몸과 주변을 깨끗이 하기	손과 이를 깨끗이 하는 방법을 알고 실천한다.
		주변을 깨끗이 하는 습관을 기른다.
	바른 식생활하기	음식을 골고루 먹는다.
		몸에 좋은 음식을 알아본다.
		음식을 소중히 여기고 식사예절을 지킨다.
	건강한 일상생활하기	규칙적으로 잠을 자고, 적당한 휴식을 취한다.
		하루 일과에 즐겁게 참여한다.
		바른 배변습관을 가진다.
	질병 예방하기	질병을 예방하는 방법을 알고 실천한다.
		날씨와 상황에 알맞게 옷을 입는다.
안전하게 생활하기	안전하게 놀이하기	놀이기구나 놀잇감, 도구를 안전하게 사용한다.
		안전한 장소를 알고 안전하게 놀이한다.
		TV, 인터넷, 통신기기 등의 위해성을 알고, 바르게 사용한다.
	교통안전 규칙 지키기	교통안전 규칙을 알고 지킨다.
		교통수단을 안전하게 이용한다.
	비상시 적절히 대처하기	학대, 성폭력, 실종, 유괴상황 시 도움을 요청하는 방법을 알고 행동한다.
		재난 및 사고 등 비상시 적절하게 대처하는 방법을 알고 행동한다.

② 의사소통영역

의사소통영역의 내용체계는 듣기, 말하기, 읽기, 쓰기로 제시되어 있다. 이에 대한 세부내용은 | 표 12-10 |과 같다.

| 표 12-10 | 의사소통영역의 세부내용

내용범주	내용	세부 내용
듣기	낱말과 문장 듣고 이해하기	낱말의 발음에 관심을 가지고 듣는다.
		일상생활과 관련된 낱말과 문장을 듣고 뜻을 이해한다.
	이야기 듣고 이해하기	다른 사람의 이야기를 듣고 이해한다.
		이야기를 듣고 궁금한 것에 대해 질문한다.
	동요, 동시, 동화 듣고 이해하기	동요, 동시, 동화를 다양한 방법으로 듣고 즐긴다.
		전래 동요, 동시, 동화를 듣고 우리말의 재미를 느낀다.
	바른 태도로 듣기	다른 사람의 이야기를 주의 깊게 듣는다.
말하기	낱말과 문장으로 말하기	친숙한 낱말을 정확하게 발음해 본다.
		다양한 낱말을 사용하여 말한다.
		일상생활에서 일어나는 일들을 간단한 문장으로 말한다.
	느낌, 생각, 경험 말하기	자신의 느낌, 생각, 경험을 말한다.
		주제를 정하여 함께 이야기를 나눈다.
		이야기를 지어 말한다.
	상황에 맞게 바른 태도로 말하기	듣는 사람의 생각과 느낌을 고려하여 말한다.
		차례를 지켜 말한다.
		바르고 고운 말을 사용한다.
읽기	읽기에 흥미 가지기	주변에서 친숙한 글자를 찾아본다.
		읽어 주는 글의 내용에 관심을 가진다.
	책 읽기에 관심 가지기	책 보는 것을 즐기고 소중하게 다룬다.
		책의 그림을 단서로 내용을 이해한다.
		궁금한 것을 책에서 찾아본다.
쓰기	쓰기에 관심 가지기	말이나 생각을 글로 나타낼 수 있음을 안다.
		자기 이름을 써 본다.
		자신의 느낌, 생각, 경험을 글자와 비슷한 형태로 표현한다.
	쓰기 도구 사용하기	쓰기 도구에 관심을 가지고 사용해 본다.

③ 사회관계영역

사회관계영역의 내용체계는 나를 알고 존중하기, 나와 다른 사람의 감정 알고 조절하기, 가족을 소중히 여기기, 다른 사람과 더불어 생활하기, 사회에 관심 갖기로 제시되어 있다. 이에 대한 세부내용은 I 표 12-11 I과 같다.

I 표 12-11 I **사회관계영역의 세부내용**

내용범주	내용	세부내용
나를 알고 존중하기	나를 알고, 소중히 여기기	나에 대해 알아본다.
		나와 다른 사람의 차이점을 알아본다.
		나에 대해 긍정적으로 생각하고 나를 소중하게 여긴다.
	나의 일 스스로 하기	내가 할 수 있는 일을 해 본다.
		하고 싶은 일을 계획하고 해 본다.
나와 다른 사람의 감정 알고 조절하기	나와 다른 사람의 감정 알고 표현하기	자신의 감정을 알고 표현한다.
		다른 사람의 감정을 안다.
	나의 감정 조절하기	자신의 감정을 조절해 본다.
가족을 소중히 여기기	가족과 화목하게 지내기	가족의 소중함을 안다.
	가족과 협력하기	가족구성원의 역할에 대해 알아본다.
		가족을 위하여 내가 할 수 있는 일을 알아보고 실천한다.
다른 사람과 더불어 생활하기	친구와 사이좋게 지내기	친구와 협동하며 놀이한다.
		친구와의 갈등을 긍정적인 방법으로 해결한다.
	공동체에서 화목하게 지내기	도움이 필요할 때 다른 사람과 도움을 주고받는다.
		교사 및 주변 사람과 화목하게 지낸다.
	사회적 가치를 알고 지키기	정직하게 말하고 행동한다.
		다른 사람의 생각, 행동을 존중한다.
		친구와 어른께 예의 바르게 행동한다.
		다른 사람과 한 약속이나 공공규칙을 지킨다.
		자연과 자원을 아끼는 습관을 기른다.

내용범주	내용	세부내용
사회에 관심 갖기	지역사회에 관심 갖고 이해하기	우리 동네에 대해 알아본다.
		우리 동네 사람들이 하는 일에 관심을 갖는다.
		물건을 살 때 돈이 필요함을 안다.
	우리나라에 관심 갖고 이해하기	우리나라를 상징하는 것을 안다.
		우리나라의 전통놀이와 풍습에 관심을 갖는다.
		우리나라에 대해 자부심을 갖는다.
	세계와 여러 문화에 관심 가지기	세계 여러 나라에 대해 관심을 갖는다.
		다양한 인종과 문화에 관심을 갖는다.

④ 예술경험영역

예술경험영역의 내용체계는 아름다움 찾아보기, 예술적 표현하기, 예술 감상하기로 제시되어 있다. 이에 대한 세부내용은 | 표 12-12 |와 같다.

| 표 12-12 | 예술경험영역의 세부내용

내용범주	내용	세부내용
아름다움 찾아보기	음악적 요소 탐색하기	다양한 소리, 음악의 셈여림, 빠르기, 리듬 등에 관심을 갖는다.
	움직임과 춤 요소 탐색하기	움직임과 춤의 모양, 힘, 빠르기 등에 관심을 갖는다.
	미술적 요소 탐색하기	자연과 사물의 색, 모양, 질감 등에 관심을 갖는다.
예술적 표현하기	음악으로 표현하기	노래로 자신의 생각과 느낌을 표현한다.
		전래동요를 즐겨 부른다.
		리듬악기를 연주해 본다.
		간단한 리듬과 노래를 즉흥적으로 만들어 본다.

내용범주	내용	세부내용
예술적 표현하기	움직임과 춤으로 표현하기	신체를 이용하여 주변의 움직임을 자유롭게 표현한다.
		움직임과 춤으로 자신의 생각과 느낌을 표현한다.
		도구를 활용하여 다양한 움직임으로 표현한다.
	미술활동으로 표현하기	다양한 미술활동으로 자신의 생각과 느낌을 표현한다.
		협동적인 미술활동에 참여한다.
		미술활동에 필요한 재료와 도구를 다양하게 사용한다.
	극놀이로 표현하기	일상생활의 경험이나 간단한 이야기를 극놀이로 표현한다.
		소품, 배경, 의상 등을 사용하여 협동적으로 극놀이를 한다.
	통합적으로 표현하기	음악, 움직임과 춤, 미술, 극놀이 등을 통합하여 표현한다.
		예술활동에 참여하여 표현과정을 즐긴다.
	다양한 예술 감상하기	다양한 음악, 춤, 미술작품, 극놀이 등을 듣거나 보고 즐긴다.
		나와 다른 사람의 예술표현을 소중히 여긴다.
	전통예술 감상하기	우리나라의 전통예술에 관심을 갖는다.

⑤ 자연탐구영역

자연탐구영역의 내용체계는 탐구하는 태도 기르기, 수학적 탐구하기, 과학적 탐구하기로 제시되어 있다. 이에 대한 세부내용은 | 표 12-13 |과 같다.

| 표 12-13 | 자연탐구영역의 세부내용

내용범주	내용	세부내용
탐구하는 태도 기르기	호기심을 유지하고 확장하기	주변 사물과 자연세계에 대해 지속적으로 호기심을 갖는다.
	탐구과정 즐기기	궁금한 점을 알아보는 탐구과정에 관심을 가지고 참여한다.
	탐구기술 활용하기	일생생활의 문제를 해결하는 과정에서 탐색, 관찰 등의 방법을 활용해 본다.

내용범주	내용	세부내용
수학적 탐구하기	수와 연산의 기초개념 알아보기	생활 속에서 사용되는 수의 여러 가지 의미를 안다.
		구체물 수량에서 '같다', '더 많다', '더 적다'의 관계를 안다.
		열 개가량의 구체물을 세어 보고 수량을 알아본다.
	공간과 도형의 기초개념 알아보기	위치와 방향을 여러 가지 방법으로 나타내 본다.
		기본 도형의 특성을 인식한다.
		기본 도형을 사용하여 여러 가지 모양을 구성해 본다.
	기초적인 측정하기	일상생활에서 길이, 크기, 무게 등을 비교해 본다.
	규칙성 이해하기	생활 주변에서 반복되는 규칙성을 알아본다.
		반복되는 규칙성을 인식하고 모방한다.
	기초적인 자료 수집과 결과 나타내기	필요한 정보나 자료를 수집한다.
		한 가지 기준으로 자료를 분류해 본다.
과학적 탐구하기	물체와 물질 알아보기	친숙한 물체와 물질의 특성을 알아본다.
		물체와 물질을 여러 가지 방법으로 변화시켜 본다.
	생명체와 자연환경 알아보기	나의 출생과 성장에 대해 관심을 갖는다.
		관심 있는 동식물의 특성을 알아본다.
		생명체를 소중히 여기는 마음을 갖는다.
		생명체가 살기 좋은 환경에 대해 관심을 갖는다.
	자연현상 알아보기	돌, 물, 흙 등 자연물의 특성과 변화를 알아본다.
		날씨와 기후 변화에 관심을 갖는다.
	간단한 도구와 기계 활용하기	생활 속에서 간단한 도구와 기계를 활용한다.
		도구와 기계의 편리함에 관심을 갖는다.

(3) 5세 누리과정

① 신체운동 · 건강영역

신체운동 · 건강영역의 내용체계는 신체인식하기, 신체조절과 기본운동하기, 신체활동에 참여하기, 건강하게 생활하기, 안전하게 생활하기로 제시되어 있다. 이에 대한 세부내용은 Ⅰ표 12-14Ⅰ와 같다.

Ⅰ표 12-14Ⅰ 신체운동 · 건강영역의 세부내용

내용범주	내용	세부내용
신체 인식하기	감각능력 기르고 활용하기	감각으로 대상이나 사물의 특성과 차이를 구분한다.
		여러 감각기관을 협응하여 활용한다.
	신체를 인식하고 움직이기	신체 각 부분의 특성을 이해하고 활용하여 움직인다.
		자신의 신체를 긍정적으로 인식하고 움직인다.
신체 조절과 기본운동 하기	신체조절하기	다양한 자세와 움직임에서 신체균형을 유지한다.
		공간, 힘, 시간 등의 움직임 요소를 활용하여 움직인다.
		신체 각 부분을 협응하여 움직임을 조절한다.
		눈과 손을 협응하여 소근육을 조절해 본다.
		도구를 활용하여 여러 가지 조작운동을 한다.
	기본운동하기	걷기, 달리기, 뛰기 등 다양한 이동운동을 한다.
		제자리에서 몸을 다양하게 움직인다.
신체활동에 참여하기	자발적으로 신체활동에 참여하기	신체활동에 자발적이고 지속적으로 참여한다.
		다른 사람과 함께하는 신체활동에 참여한다.
		자신과 다른 사람의 운동능력의 차이를 이해한다.
	바깥에서 신체활동하기	규칙적으로 바깥에서 신체활동을 한다.
	기구를 이용하여 신체활동하기	여러 가지 기구를 이용하여 신체활동을 한다.

내용범주	내용	세부내용
건강하게 생활하기	몸과 주변을 깨끗이 하기	스스로 몸을 깨끗이 하는 습관을 기른다.
		주변을 깨끗이 하는 습관을 기른다.
	바른 식생활하기	적당량의 음식을 골고루 먹는다.
		몸에 좋은 음식을 선택할 수 있다.
		음식을 소중히 여기고 식사예절을 지킨다.
	건강한 일상생활하기	규칙적으로 잠을 자고, 적당한 휴식을 취한다.
		하루 일과에 즐겁게 참여한다.
		규칙적인 배변습관을 가진다.
	질병 예방하기	질병을 예방하는 방법을 알고 실천한다.
		날씨와 상황에 알맞게 옷을 입는다.
안전하게 생활하기	안전하게 놀이하기	놀이기구나 놀잇감, 도구의 바른 사용법을 알고 안전하게 사용한다.
		안전한 장소를 알고 안전하게 놀이한다.
		TV, 인터넷, 통신기기 등의 위해성을 알고, 바르게 사용한다.
	교통안전 규칙 지키기	교통안전 규칙을 알고 지킨다.
		교통수단을 안전하게 이용한다.
	비상시 적절히 대처하기	학대, 성폭력, 실종, 유괴상황 시 도움을 요청하는 방법을 알고 행동한다.
		재난 및 사고 등 비상시 적절하게 대처하는 방법을 알고 행동한다.

② 의사소통영역

의사소통영역의 내용체계는 듣기, 말하기, 읽기, 쓰기로 제시되어 있다. 이에 대한 세부내용은 | 표 12-15 |와 같다.

| 표 12-15 | 의사소통영역의 세부내용

내용범주	내용	세부내용
듣기	낱말과 문장 듣고 이해하기	낱말의 발음에 관심을 가지고 비슷한 발음을 듣고 구별한다.
		다양한 낱말과 문장을 듣고 뜻을 이해한다.
	이야기 듣고 이해하기	다른 사람의 이야기를 듣고 이해한다.
		이야기를 듣고 궁금한 것에 대해 질문한다.
	동요, 동시, 동화 듣고 이해하기	동요, 동시, 동화를 다양한 방법으로 듣고 이해한다.
		전래 동요, 동시, 동화를 듣고 우리말의 재미를 느낀다.
	바른 태도로 듣기	다른 사람의 이야기를 끝까지 주의 깊게 듣는다.
말하기	낱말과 문장으로 말하기	정확한 발음으로 말한다.
		다양한 낱말을 사용하여 상황에 맞게 말한다.
		일상생활에서 일어나는 일들을 다양한 문장으로 말한다.
	느낌, 생각, 경험 말하기	자신의 느낌, 생각, 경험을 적절한 낱말과 문장으로 말한다.
		주제를 정하여 함께 이야기를 나눈다.
		이야기 지어 말하기를 즐긴다.
	상황에 맞게 바른 태도로 말하기	듣는 사람의 생각과 느낌을 고려하여 말한다.
		때와 장소, 대상에 알맞게 말한다.
		바르고 고운 말을 사용한다.
읽기	읽기에 흥미 가지기	주변에서 친숙한 글자를 찾아 읽어 본다.
		읽어 주는 글의 내용에 관심을 가지고 읽어 본다.
	책 읽기에 관심 가지기	책 보는 것을 즐기고 소중하게 다룬다.
		책의 그림을 단서로 내용을 이해한다.
		궁금한 것을 책에서 찾아본다.

내용범주	내용	세부내용
쓰기	쓰기에 관심 가지기	말이나 생각을 글로 나타낼 수 있음을 안다.
		자신의 이름과 주변의 친숙한 글자를 써 본다.
		자신의 느낌, 생각, 경험을 글자와 비슷한 형태나 글자로 표현한다.
	쓰기 도구 사용하기	쓰기 도구의 바른 사용법을 알고 사용한다.

③ 사회관계영역

사회관계영역의 내용체계는 나를 알고 존중하기, 나와 다른 사람의 감정 알고 조절하기, 가족을 소중히 여기기, 다른 사람과 더불어 생활하기, 사회에 관심 갖기로 제시되어 있다. 이에 대한 세부내용은 | 표 12-16 |과 같다.

| 표 12-16 | 사회관계영역의 세부내용

내용범주	내용	세부내용
나를 알고 존중하기	나를 알고 소중히 여기기	나에 대해 알아본다.
		나와 다른 사람의 신체적 · 사회적 · 문화적 차이를 존중한다.
		나에 대해 긍정적으로 생각하고 나를 소중하게 여긴다.
	나의 일 스스로 하기	내가 할 수 있는 일을 스스로 한다.
		하고 싶은 일을 계획하고 해 본다.
나와 다른 사람의 감정 알고 조절하기	나와 다른 사람의 감정 알고 표현하기	자신의 감정을 알고 표현한다.
		다른 사람의 감정을 알고 공감한다.
	나의 감정 조절하기	자신의 감정을 상황에 맞게 조절한다.

내용범주	내용	세부내용
가족을 소중히 여기기	가족과 화목하게 지내기	가족의 의미와 소중함을 안다.
		가족과 화목하게 지낸다.
	가족과 협력하기	다양한 가족구조에 대해 알아본다.
		가족은 서로 도와야 함을 알고 실천한다.
다른 사람과 더불어 생활하기	친구와 사이좋게 지내기	친구와 협동하며 놀이한다.
		친구와의 갈등을 긍정적인 방법으로 해결한다.
	공동체에서 화목하게 지내기	다른 사람과 도움을 주고받고, 서로 협력한다.
		교사 및 주변 사람과 화목하게 지낸다.
	사회적 가치를 알고 지키기	정직하게 말하고 행동한다.
		다른 사람을 배려하여 행동한다.
		친구와 어른께 예의 바르게 행동한다.
		다른 사람과 한 약속이나 공공규칙을 지킨다.
		자연과 자원을 아끼는 습관을 기른다.
사회에 관심 갖기	지역사회에 관심 갖고 이해하기	우리 동네에 대해 알아본다.
		다양한 직업에 관심을 갖는다.
		일상생활에서 돈의 쓰임에 대해 안다.
	우리나라에 관심 갖고 이해하기	우리나라를 상징하는 것을 알고 예절을 지킨다.
		우리나라의 전통, 역사, 문화에 관심을 갖는다.
		우리나라에 대해 자부심을 갖는다.
	세계와 여러 문화에 관심 가지기	세계 여러 나라에 대해 관심을 갖고, 서로 협력해야 함을 안다.
		다양한 인종과 문화를 알아보고 존중한다.

④ 예술경험영역

예술경험영역의 내용체계는 아름다움 찾아보기, 예술적 표현하기, 예술 감상하기로 제시되어 있다. 이에 대한 세부내용은 | 표 12-17 |과 같다.

| 표 12-17 | 예술경험영역의 세부내용

내용범주	내용	세부내용
아름다움 찾아보기	음악적 요소 탐색하기	다양한 소리, 악기 등으로 음악의 셈여림, 빠르기, 리듬 등을 탐색한다.
	움직임과 춤 요소 탐색하기	움직임과 춤의 모양, 힘, 빠르기, 흐름 등을 탐색한다.
아름다움 찾아보기	미술적 요소 탐색하기	자연과 사물에서 색, 모양, 질감, 공간 등을 탐색한다.
예술적 표현하기	음악으로 표현하기	노래로 자신의 생각과 느낌을 표현한다.
		전래동요를 즐겨 부른다.
		리듬악기를 연주해 본다.
		리듬과 노래 등을 즉흥적으로 만들어 본다.
	움직임과 춤으로 표현하기	신체를 이용하여 주변의 움직임을 다양하게 표현하며 즐긴다.
		움직임과 춤으로 자신의 생각과 느낌을 표현한다.
		다양한 도구를 활용하여 창의적으로 움직인다.
	미술활동으로 표현하기	다양한 미술활동으로 자신의 생각과 느낌을 표현한다.
		협동적인 미술활동에 참여하여 즐긴다.
		미술활동에 필요한 재료와 도구를 다양하게 사용한다.
	극놀이로 표현하기	경험이나 이야기를 극놀이로 표현한다.
		소품, 배경, 의상 등을 사용하여 협동적으로 극놀이를 한다.
	통합적으로 표현하기	음악, 움직임과 춤, 미술, 극놀이 등을 통합하여 표현한다.
		예술활동에 참여하여 창의적으로 표현하는 과정을 즐긴다.

내용범주	내용	세부내용
예술 감상하기	다양한 예술 감상하기	다양한 음악, 춤, 미술작품, 극놀이 등을 듣거나 보고 즐긴다.
		나와 다른 사람의 예술표현을 소중히 여긴다.
	전통예술 감상하기	우리나라의 전통예술에 관심을 갖고 친숙해진다.

⑤ 자연탐구영역

자연탐구영역의 내용체계는 탐구하는 태도 기르기, 수학적 탐구하기, 과학적 탐구하기로 제시되어 있다. 이에 대한 세부내용은 | 표 12-18 |과 같다.

| 표 12-18 | 자연탐구영역의 세부내용

내용범주	내용	세부내용
탐구하는 태도 기르기	호기심을 유지하고 확장하기	주변 사물과 자연세계에 대해 지속적으로 호기심을 갖고 알고자 한다.
	탐구과정 즐기기	궁금한 점을 알아보는 탐구과정에 참여하고 즐긴다.
		탐구과정에서 서로 다른 생각에 관심을 갖는다.
	탐구기술 활용하기	일상생활의 문제를 해결하는 과정에서 탐색, 관찰, 비교, 예측 등의 탐구기술을 활용해 본다.
수학적 탐구하기	수와 연산의 기초개념 알아보기	생활 속에서 사용되는 수의 여러 가지 의미를 안다.
		구체물 수량의 부분과 전체 관계를 알아본다.
		스무 개가량의 구체물을 세어 보고 수량을 알아본다.
		구체물을 가지고 더하고 빼는 경험을 해 본다.
	공간과 도형의 기초개념 알아보기	위치와 방향을 여러 가지 방법으로 나타내 본다.
		여러 방향에서 물체를 보고 그 차이점을 비교해 본다.
		기본 도형의 공통점과 차이점을 알아본다.
		기본 도형을 사용하여 여러 가지 모양을 구성해 본다.

내용범주	내용	세부내용
수학적 탐구하기	기초적인 측정하기	일상생활에서 길이, 크기, 무게, 들이 등의 속성을 비교하고, 순서를 지어 본다.
		임의 측정 단위를 사용하여 길이, 면적, 들이, 무게 등을 재 본다.
	규칙성 이해하기	생활 주변에서 반복되는 규칙성을 알고 다음에 올 것을 예측해 본다.
		스스로 규칙성을 만들어 본다.
	기초적인 자료 수집과 결과 나타내기	필요한 정보나 자료를 수집한다.
		한 가지 기준으로 분류한 자료를 다른 기준으로 재분류해 본다.
		그림, 사진, 기호나 숫자를 사용해 그래프로 나타내 본다.
과학적 탐구하기	물체와 물질 알아보기	주변의 여러 가지 물체와 물질의 기본 특성을 알아본다.
		물체와 물질을 여러 가지 방법으로 변화시켜 본다.
	생명체와 자연환경 알아보기	나와 다른 사람의 출생과 성장에 대해 알아본다.
		관심 있는 동식물의 특성과 성장과정을 알아본다.
		생명체를 소중히 여기는 마음을 갖는다.
		생명체가 살기 좋은 환경과 녹색환경에 대해 알아본다.
	자연현상 알아보기	돌, 물, 흙 등 자연물의 특성과 변화를 알아본다.
		낮과 밤, 계절의 변화와 규칙성을 알아본다.
		날씨와 기후 변화 등 자연현상에 대해 관심을 갖는다.
	간단한 도구와 기계 활용하기	생활 속에서 간단한 도구와 기계를 활용한다.
		변화하는 새로운 도구와 기계에 관심을 갖고 장단점을 안다.

4. 표준보육과정

어린이집 표준보육과정은 어린이집의 만 0~5세 영유아들에게 국가수준에서 제공하는 보편적이고 공통적인 보육의 목표와 내용을 제시한 것으로 0-1세 보육과정, 2세 보육과정, 3-5세 누리과정을 포함한 것으로 구성하였다. 표준보육과정은 「영유아보육법」 제29조 제2항 및 제4항에 따라 「영유아보육법 시행규칙」 제30조에 규정되어 있다. 만 6세 미만의 유아가 갖추어야 할 바람직하고 적합한 태도와 가치, 지식과 기술을 포함하며, 이를 통해 유아의 잠재력을 최대한 발휘하도록 구성했던 제2차 고시 개정에 이어 2013년 '제3차 어린이집 표준보육과정 고시'로 개정되었다. 0-2세의 표준보육과정에 대한 구체적 내용을 살펴보면 다음과 같다.

1) 추구하는 인간상

- 심신이 건강하고 행복한 사람
- 자율적이고 창의적인 사람
- 자신과 타인을 존중하고 배려하는 사람
- 자연과 우리 문화를 사랑하는 사람
- 다양성을 인정하는 민주적인 사람

2) 표준보육과정의 기본전제

- 영유아는 개별적인 특성을 지닌 고유한 존재이다.
- 영유아는 연령에 따라 발달적 특성이 질적으로 다르다.
- 영유아는 그 자체로서 존중받아야 하는 존재이다.
- 영유아는 직접적으로 경험할 때 의미 있는 지식, 기술 및 바람직한 태도를 형성해 간다.

- 영유아는 일상생활이 편안하고 학습과 경험이 놀이중심으로 이루어질 때, 최대의 능력이 발휘된다.
- 영유아는 민감하고 반응적인 성인과의 신뢰로운 관계 속에서 최적의 발달을 이룬다.
- 영유아가 속한 가정, 지역사회가 함께 협력할 때 영유아에게 가장 긍정적인 영향을 미친다.

3) 구성 방향 및 체계

(1) 구성 방향

- 영유아의 발달특성과 개인차를 고려하여 연령 및 수준별로 구성한다.
- 어린이집에서 편안하고 행복한 일상생활이 되도록 중점을 두어 구성한다.
- 질서, 배려, 협력 등 기본생활습관과 바른 인성을 기르는 데 중점을 두어 구성한다.
- 자율성과 창의성을 기르는 데 중점을 두고, 전인발달을 이루도록 구성한다.
- 사람과 자연을 존중하고, 우리 문화를 이해하는 데 중점을 두어 구성한다.

(2) 구성체계

- 어린이집 표준보육과정은 0–1세 보육과정, 2세 보육과정, 3–5세 보육과정으로 구성한다.
- 어린이집 표준보육과정은 영역, 내용범주, 내용, 세부내용으로 구분하고, 내용 간에 연계가 이루어지도록 구성한다.
- 세부내용이라 함은 0–1세 보육과정, 2세 보육과정에서는 수준별 세부내용을 의미하고 3–5세 보육과정에서는 연령별 세부내용을 의미한다.
- 0–1세 보육과정은 기본생활, 신체운동, 의사소통, 사회관계, 예술경험, 자연탐구의 6개 영역을 중심으로 구성한다.
- 2세 보육과정은 기본생활, 신체운동, 의사소통, 사회관계, 예술경험, 자연탐구의 6개 영역을 중심으로 구성한다.

- 3–5세 보육과정은 신체운동 · 건강, 의사소통, 사회관계, 예술경험, 자연탐구의 5개 영역을 중심으로 구성한다.
- 3–5세 보육과정은 초등학교 교육과정과의 연계성을 고려하여 구성한다.

4) 목적

영유아의 심신의 건강과 전인적 발달을 도와 행복을 도모하며 민주시민의 기초를 형성하는 것을 목적으로 한다.

5) 목표

(1) 0–1세 보육과정

- 건강하고 안전한 일상생활을 경험한다.
- 감각 및 기본 신체운동능력을 기른다.
- 말소리를 구분하고 의사소통의 기초를 마련한다.
- 친숙한 사람과 관계를 형성한다.
- 아름다움에 관심을 가진다.
- 보고, 듣고, 만지면서 주변환경에 관심을 가진다.

(2) 2세 보육과정

- 건강하고 안전한 생활습관의 기초를 마련한다.
- 감각, 신체조절 및 기본운동능력을 기른다.
- 의사소통 능력의 기초를 기른다.
- 나를 인식하고 다른 사람과 더불어 생활하는 경험을 한다.
- 아름다움에 관심을 가지고 예술경험을 즐긴다.
- 주변환경에 호기심을 갖고 탐색하기를 즐긴다.

(3) 3–5세 보육과정

- 기본운동능력과 건강하고 안전한 생활습관을 기른다.
- 일상생활에 필요한 의사소통 능력과 바른 언어 사용습관을 기른다.
- 자신을 존중하고 다른 사람과 더불어 생활하는 능력과 태도를 기른다.
- 아름다움에 관심을 가지고 예술경험을 즐기며, 창의적으로 표현하는 능력을 기른다.
- 호기심을 가지고 주변세계를 탐구하며, 일상생활에서 수학적 · 과학적으로 생각하는 능력과 태도를 기른다.

6) 편성

- 어린이집의 운영시간에 맞추어 편성한다.
- 표준보육과정에 제시된 각 영역의 내용을 균형 있게 통합적으로 편성한다.
- 영유아의 발달특성 및 개인차, 경험을 고려하여 놀이를 중심으로 편성한다.
- 영유아의 일과 중 일상생활을 포함하여 편성한다.
- 어린이집과 보육실의 특성에 따라 융통성 있게 편성한다.
- 성별, 종교, 신체적 특성, 가족 및 민족배경 등으로 인한 편견이 없도록 편성한다.

7) 운영

- 보육계획(연간, 월간, 주간, 일일계획 등)에 의거하여 운영한다.
- 실내 · 외 환경을 다양한 흥미영역으로 구성하여 운영한다.
- 영유아의 능력과 장애 정도에 따라 조정하여 운영한다.
- 부모와 각 기관의 실정에 따라 부모교육을 실시한다.
- 가정과 지역사회와의 협력과 참여에 기반하여 운영한다.
- 교사 재교육을 통해 어린이집 표준보육과정 운영을 개선해 간다.

8) 교수-학습방법

- 주도적인 놀이를 중심으로 교수-학습활동이 이루어지도록 한다.
- 흥미를 중심으로 활동을 선택하고 지속할 수 있도록 한다.
- 생활 속 경험을 소재로 하여 지식, 기술, 바람직한 태도를 기르도록 한다.
- 교사와 신뢰감을 형성하고 개별적인 활동이 이루어지도록 한다.
- 교사, 환경, 또래와 능동적인 상호작용이 이루어지도록 한다.
- 주제를 중심으로 여러 활동이 통합적으로 이루어지도록 한다.
- 만 0~1세아, 만 2세아는 일상생활 및 개별활동, 휴식 등이 균형 있게 이루어지도록 한다.
- 만 3~5세아는 실내 · 실외 활동, 정적 · 동적 활동, 대 · 소집단활동 및 개별활동, 일상생활 및 휴식 등이 균형 있게 이루어지도록 한다.

9) 평가

(1) 운영평가

- 어린이집 표준보육과정의 목표와 내용에 근거하여 보육내용이 적절히 편성 · 운영되는지 평가한다.
- 어린이집 표준보육과정의 운영내용 및 활동이 영유아의 발달수준과 흥미, 요구에 적합한지 평가한다.
- 영유아의 발달수준, 흥미, 요구에 적합한 경험 및 학습을 촉진할 수 있는 다양한 활동과 교수-학습방법이 계획되고 통합적으로 운영되는지 평가한다.
- 일과 운영 및 보육활동 구성 시 놀이활동과 일상생활 활동의 양과 내용이 영아 및 유아 각 연령의 발달에 적합하게 계획되고 운영되는지 평가한다.
- 만 0~1세아, 만 2세아는 집단활동보다 개별적인 상호작용과 교수법을 중심으로 상호작용이 진행되는지를 평가한다.
- 어린이집 표준보육과정 운영평가 결과를 수시로 반영하여 보육과정 운영계획을 수정 · 보완하거나 다음 연도의 계획 수립 및 운영에 반영하는지 평가한다.

(2) 영유아평가

- 어린이집 표준보육과정의 목표와 내용에 근거하여 영유아의 특성과 변화 정도를 평가한다.
- 지식, 기술, 태도 등을 평가한다.
- 일상생활과 보육과정 활동 전반에 걸쳐 평가한다.
- 관찰, 활동결과물 분석, 부모면담 등 다양한 방법을 사용하여 종합적으로 평가하고, 그 결과를 기록한다.
- 평가 결과는 영유아에 대한 이해와 어린이집 표준보육과정 운영 개선 및 부모면담 자료로 활용한다.

10) 0-1세 보육과정

(1) 0-1세 보육과정의 영역별 목표

0-1세 보육과정은 기본생활, 신체운동, 의사소통, 사회관계, 예술경험, 자연탐구의 6개 영역으로 구성되어 있으며 목표는 | 표 12-19 |와 같다.

| 표 12-19 | 0~1세 보육과정의 영역별 목표

영역	목표
기본생활	건강하고 안전한 일상생활을 경험한다. 1. 건강하고 편안한 일상생활을 경험한다. 2. 안전한 생활을 경험한다.
신체운동	감각 및 기본 신체운동능력을 기른다. 1. 감각기능을 발달시키고 자신의 신체를 탐색한다. 2. 대 · 소근육을 조절하고 걷기 등의 능력을 기른다. 3. 규칙적으로 신체활동에 참여한다.
의사소통	말소리를 구분하고 의사소통의 기초를 마련한다. 1. 주변의 소리와 말소리 듣기에 관심을 보인다. 2. 표정, 소리, 몸짓으로 자신의 생각과 느낌을 표현한다. 3. 짧은 그림책이나 친숙한 환경 인쇄물에 관심을 가진다. 4. 끼적이기에 관심을 가진다.

영역	목표
사회관계	친숙한 사람과 관계를 형성한다. 1. 자신과 다른 사람을 구별된 존재로 인식한다. 2. 기본 정서를 표현하고 다른 사람의 감정에 주의를 기울인다. 3. 안정적인 애착을 형성하고 또래나 교사와 함께 지낸다.
예술경험	아름다움에 관심을 가진다. 1. 자신의 신체와 주변의 감각자극에 호기심을 가지고 반응한다. 2. 소리와 움직임으로 반응하고, 단순한 미술을 경험하며, 모방행동을 즐긴다. 3. 친근한 소리나 노래를 즐겨 듣고, 자연물, 사물, 주변환경에 관심을 가진다.
자연탐구	보고, 듣고, 만지면서 주변환경에 관심을 가진다. 1. 주변 사물에 대한 탐색을 시도한다. 2. 주변에서 일어나는 수학적 상황을 지각한다. 3. 감각과 조작을 통하여 주변 사물과 자연환경에 대해 지각한다.

(2) 0–1세 보육과정의 영역별 세부내용

0–1세 보육과정의 영역별 내용을 요약하면 | 표 12–20 |과 같다.

| 표 12–20 | 0–1세 보육과정의 영역별 내용

영역	내용범주	내용
기본생활	건강하게 생활하기	몸을 깨끗이 하기
		즐겁게 먹기
		건강한 일상생활하기
	안전하게 생활하기	안전하게 지내기
		위험한 상황에 반응하기
신체운동	감각과 신체인식하기	감각적 자극에 반응하기
		감각기관으로 탐색하기
		신체 탐색하기

<table>
<tr><th>영역</th><th>내용범주</th><th>내용</th></tr>
<tr><td rowspan="7">신체운동</td><td rowspan="4">신체조절과 기본운동하기</td><td>신체균형 잡기</td></tr>
<tr><td>대근육 조절하기</td></tr>
<tr><td>소근육 조절하기</td></tr>
<tr><td>기본운동하기</td></tr>
<tr><td rowspan="3">신체활동에 참여하기</td><td>몸 움직임 즐기기</td></tr>
<tr><td>바깥에서 신체 움직이기</td></tr>
<tr><td>기구를 이용하여 신체활동 시도하기</td></tr>
<tr><td rowspan="9">의사소통</td><td rowspan="4">듣기</td><td>주변의 소리와 말소리 구분하여 듣기</td></tr>
<tr><td>경험과 관련된 말 듣고 알기</td></tr>
<tr><td>운율이 있는 말 듣기</td></tr>
<tr><td>말하는 사람을 보기</td></tr>
<tr><td rowspan="3">말하기</td><td>발성과 발음으로 소리내기</td></tr>
<tr><td>표정, 몸짓, 말소리로 말하기</td></tr>
<tr><td>말할 순서 구별하기</td></tr>
<tr><td>읽기</td><td>그림책과 환경 인쇄물에 관심 가지기</td></tr>
<tr><td>쓰기</td><td>끼적이기</td></tr>
<tr><td rowspan="4">사회관계</td><td rowspan="2">나를 알고 존중하기</td><td>나를 구별하기</td></tr>
<tr><td>나의 것 인식하기</td></tr>
<tr><td rowspan="2">나와 다른 사람의 감정 알기</td><td>나의 감정을 나타내기</td></tr>
<tr><td>다른 사람에게 주의 기울이기</td></tr>
</table>

영역	내용범주	내용
사회관계	더불어 생활하기	안정적인 애착 형성하기
		또래에 관심 갖기
		자신이 속한 집단 알기
		사회적 가치를 알기
예술경험	아름다움 찾아보기	예술적 요소에 호기심 가지기
	예술적 표현하기	리듬 있는 소리로 반응하기
		움직임으로 반응하기
		단순한 미술경험하기
		모방행동 즐기기
	예술 감상하기	아름다움 경험하기
자연탐구	탐구하는 태도 기르기	사물에 관심 가지기
		탐색 시도하기
	수학적 탐구하기	수량 지각하기
		주변 공간 탐색하기
		차이를 지각하기
		간단한 규칙성 지각하기
	과학적 탐구하기	물체와 물질 탐색하기
		주변 동식물에 관심 가지기
		주변 자연에 관심 가지기
		생활도구 탐색하기

11) 2세 보육과정

(1) 2세 보육과정의 영역별 목표

2세 보육과정은 기본생활, 신체운동, 의사소통, 사회관계, 예술경험, 자연탐구의 6개 영역으로 구성되어 있으며 목표는 | 표 12-21 |과 같다.

| 표 12-21 | 2세 보육과정의 영역별 목표

영역	목표
기본생활	건강하고 안전한 생활습관의 기초를 마련한다. 1. 건강한 생활습관의 기초를 경험한다. 2. 안전한 생활습관의 기초를 경험한다.
신체운동	감각, 신체조절 및 기본운동능력을 기른다. 1. 감각능력을 기르고, 자신의 신체 움직임을 탐색한다. 2. 안정된 자세로 대·소근육을 조절하고 기본운동능력을 기른다. 3. 규칙적으로 신체활동에 참여한다.
의사소통	의사소통 능력의 기초를 기른다. 1. 다른 사람의 말과 짧은 이야기 듣는 것을 즐긴다. 2. 자신의 생각과 느낌을 말로 주고받기를 즐긴다. 3. 그림책이나 환경 인쇄물에 관심을 가지며 글의 내용에 흥미를 가진다. 4. 글자형태 끼적이기에 관심을 가진다.
사회관계	나를 인식하고 다른 사람과 더불어 생활하는 경험을 한다. 1. 자기존중감을 형성한다. 2. 자신의 감정을 알고 다른 사람의 감정에 반응을 보인다. 3. 가족을 사랑하고 또래, 교사와 즐겁게 지내며 간단한 규칙 등을 지킨다.
예술경험	아름다움에 관심을 가지고 예술경험을 즐긴다. 1. 주변생활에서 예술적 요소를 발견하고 흥미롭게 탐색한다. 2. 간단한 리듬이나 노래, 움직임, 자발적인 미술활동을 자유롭게 시도하고 모방이나 상상놀이로 표현한다. 3. 주변의 환경과 자연 및 다양한 표현에서 예술적 요소를 관심 있게 보고 즐긴다.
자연탐구	주변환경에 호기심을 갖고 탐색하기를 즐긴다. 1. 호기심을 가지고 주변세계에 대해 다양하게 탐색한다. 2. 주변에서 경험하는 수학적 상황을 인식한다. 3. 다양한 탐색을 통하여 주변 사물과 자연환경을 인식한다.

(2) 2세 보육과정의 영역별 세부내용

2세 보육과정의 영역별 내용을 요약하면 | 표 12-22 |와 같다.

| 표 12-22 | 2세 보육과정의 영역별 내용

영역	내용범주	내용
기본생활	건강하게 생활하기	몸을 깨끗이 하기
		바르게 먹기
		건강한 일상생활하기
		질병에 대해 알기
기본생활	안전하게 생활하기	안전하게 놀이하기
		교통안전 알기
		위험한 상황 알기
신체운동	감각과 신체인식하기	감각능력 기르기
		감각기관 활용하기
		신체를 인식하고 움직이기
	신체조절과 기본운동하기	신체균형 잡기
		대근육 조절하기
		소근육 조절하기
		기본운동하기
	신체활동에 참여하기	신체활동에 참여하기
		바깥에서 신체활동하기
		기구를 이용하여 신체활동하기

영역	내용범주	내용
의사소통	듣기	말소리 구분하여 듣고 의미 알기
		짧은 문장 듣고 알기
		짧은 이야기 듣기
		말하는 사람을 주의 깊게 보기
	말하기	낱말과 간단한 문장으로 말하기
		자신이 원하는 것을 말하기
		상대방을 바라보며 말하기
	읽기	그림책과 환경 인쇄물에 흥미 가지기
	쓰기	끼적이며 즐기기
사회관계	나를 알고 존중하기	나를 구별하기
		좋아하는 것 해 보기
	나와 다른 사람의 감정 알기	나의 감정을 나타내기
		다른 사람의 감정에 반응하기
	더불어 생활하기	내 가족 알기
		또래와 관계하기
		자신이 속한 집단 알기
		사회적 가치를 알기
예술경험	아름다움 찾아보기	예술적 요소 탐색하기
	예술적 표현하기	리듬 있는 소리와 노래로 표현하기
		움직임으로 표현하기
		자발적으로 미술활동하기
		모방과 상상놀이하기
	예술 감상하기	아름다움 즐기기

영역	내용범주	내용
자연탐구	탐구하는 태도 기르기	호기심 가지기
		반복적 탐색 즐기기
	수학적 탐구하기	수량 인식하기
		공간과 도형에 관심 가지기
		차이에 관심 가지기
		단순한 규칙성에 관심 가지기
		구분하기
자연탐구	과학적 탐구하기	물체와 물질 탐색하기
		주변 동식물에 관심 가지기
		자연을 탐색하기
		생활도구 사용하기

토론

1. 교육과정의 어원과 정의는 무엇일까요?
2. 3–5세 누리과정이 이전 유치원 교육과정과 다른 점은 무엇일까요?
3. 표준보육과정과 누리과정의 공통점과 차이점은 무엇일까요?

참고문헌

김진숙(2006). **유치원 총론 교육과정 개정 시안 연구 개발.** 한국교육과정평가원.

노영희, 홍현진(2011). **교육 관련 국제기구 지식정보원.** 한국학술정보(주). www.kstudy.com

유승구(2005). **유아교육개론.** 교육과학사.

장명림(2014). 유아교육·보육 통합 추진 현황과 향후 과제. **한국특수교육학회 춘계국제학술대회 자료집,** 465-481.

Copple, C. E., & Bredekamp, S.(Eds)(2009). *Dvelopmentally appropriate practice in early childhood programs serving children from birth through age 8*(3rd ed.). Washington, DC: National Association for the Edcation of Young Children.

Driscoll, A., & Nagel, N. G.(2008). *Early childhood education, birth-8: The world of children, families, and educators*. Allyn & Bacon.

Elkind, D.(1987). *Miseducation: Preschoolers at risk*. New York: Alfred A. Knopf, Inc.

Essa, E. L., & Rogers, P. R.(1992). *An early childhood curriculum: From developmental model to application*. Clifton Park, NY: Thomson Delmar Learning.

Goffin, S. G., & Wilson, C. S.(2001). *Curriculum models and early childhood education: Appraising the relationship*. Upper Saddle River, NJ: Merrill/Prentice-Hall.

Helm, J. H., & Katz, L.(2001). *Young investigators: the Project approach in the early years*. New York: Teachers College Press, Columbia University.

Jackman, H. L.(2009). *Early education curriculum: A child's connection to the world*(4th ed.). Belmont, CA: Wadsworth, Cengage Learning.

Moravcik, E., & Feeney, S.(2009). Currirulum in early childhood education: Teaching the whole child. In S. Feeney, A. Galper, and C. Seefeldt(Eds.), *Continuing issues in early childhood education*(pp. 219-237). Upper Saddle River, NJ: Merrill.

New, R. S., & Beneke, M.(2009). Negotiating diversity in early childhood education: Rethinking notions of expertise. In S. Feeney, A. Galper, & C. Seefeldt(Eds.), *Continuing issues in early childhood education*(pp. 303–324). Upper Saddle River, NJ: Merrill.

Olfman, S.(Ed.)(2003). *All work and no play: How educational reforms are harming our preschoolers*. Westport: Praeger Publishers.

CHAPTER 13

영유아발달과 보육·교육

제13장 영유아발달과 교육 · 보육에서는 인간발달의 개념과 일반적이며 보편적으로 나타나는 발달의 원리를 설명하고, 이와 함께 현장에서 보육 · 교육을 행하는 교사의 역할과 지원에 대해 살펴본다. 또한, 발달의 영역과 단계별 특징에 대해 설명하며 영유아기 발달을 이해하는 것의 중요성과 교육적 접근방법에 대해 제시한다. 영유아기 발달의 양상을 신체, 인지, 언어, 정서, 사회성의 5가지 영역으로 구분하고, 각 영역별 특성에 대해서도 구체적으로 설명한다. 이와 함께 영유아의 신체, 인지, 언어, 정서, 사회성 발달을 돕기 위한 다양한 교육적 접근방안에 대해 알아보도록 한다.

1. 발달의 개념과 원리

1) 발달의 개념

우리는 모두 세상에 태어나 발달과정을 거치며 지금 이 순간을 살아가고 있다. 인간의 발달은 무엇을 의미하는가?

발달의 사전적 의미는 '신체, 정서, 지능이 성장하여 제 모양을 갖추거나 성숙하는 것'이다. 즉, 인간에게 발달이란 전 생애에 걸쳐 이루어지는 일련의 변화와 그 과정을 의미한다(표준국어대사전, 2018). 이러한 변화는 신체적 측면에서 일어나는 양적 변화뿐 아니라 심리적 측면의 질적 변화를 모두 의미하며, 학습을 통해 일어나는 변화까지 포괄하여 진행되는 과정이라고 할 수 있다. 즉, 태내에서 수정되어 사망에 이르는 과정 가운데 인간의 모든 영역이라고 할 수 있는 신체적인 구조, 심리적인 성향과 행동, 삶에 대한 적응방식 등이 지속적으로 변화하는 것이다(Rathus, 2011).

인간발달의 기제로는 신체적 · 생리적 측면의 변화인 '성장', 심리적 · 기능적 측면의 변화인 '성숙', 외부에서 주어진 자극을 내면화하는 사회적 변화인 '학습'이 있다. 이러한 기제들은 서로 영향을 미치며 발달을 이루어 나간다.

인간발달은 전 생애를 통해 이루어지지만, 그중에서도 발달의 변화가 빠르고, 변

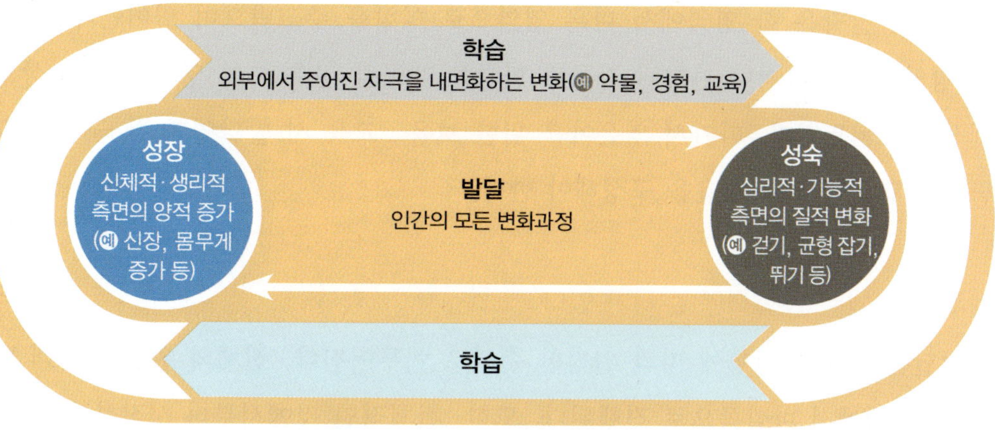

| 그림 13-1 | 발달의 개념

화의 폭이 크며 급속도로 진행되는 시기는 영유아기이다. 영유아기 발달은 모든 발달영역의 기초를 형성하며 이후 발달에 지속적으로 영향을 미치기 때문에 더욱 중요하다.

영유아기 발달에 대한 이해를 토대로 적절한 환경과 보육 · 교육을 제공한다면 온전한 인간발달의 토대가 형성되도록 도울 수 있을 것이다.

2) 발달의 원리

인간의 발달과정은 매우 복잡하고 개인에 따라 차이가 크지만, 범문화적으로 나타나는 일반적 · 보편적인 경향성이 있다. 이러한 경향성은 기본원리에 의해 지배되며 일정한 규칙성을 가지고 있다. NAEYC는 수세기에 걸쳐 영유아와 관련된 이론과 실제를 연구 · 조사함으로써 영유아의 발달과정에서 나타나는 12가지 원리를 추출하였다(Bredekamp & Copple, 1997; Carol, 2007). 여기에서는 발달의 12가지 원리와 함께 보육 · 교육을 행하는 교사의 역할을 함께 알아보고자 한다.

① 발달의 각 영역은 상호 밀접한 관련이 있다

발달의 영역은 크게 생물학적, 인지적, 사회 · 정서적 발달로 분류할 수 있으며,

영유아의 발달은 한 영역에서 다른 영역으로 영향을 주고받으며 일어난다. 따라서 한 영역만 강조하거나 편향된 자극과 환경을 제공할 경우 다른 영역들 간의 상호관계성을 무너뜨린다. 따라서 영유아를 위한 보육 · 교육 시 발달영역 간 균형과 고른 발달을 염두에 두고 내용을 구성해야 한다.

② 발달에는 규칙적인 순서가 있다

발달은 일정한 방향에 따라 일정한 순서로 이루어진다. 신체의 위에서 아래 방향으로, 중심에서 바깥쪽으로 진행된다. 또한, 전체적인 것에서부터 시작하여 점차 세분화되는 것으로 진행한다. 근육의 경우 대근육→소근육→미세근육의 순으로 발달한다. 따라서 교사는 일반적 성장 패턴을 인식하고 이해함으로써 영유아발달을 지원해야 한다.

③ 발달은 개인차가 있다

영유아는 유전, 기질, 성격, 경험, 가족배경 등의 요소로 인해 각각 독특한 발달 패턴과 속도를 가진다. 따라서 개개인의 발달을 비교하는 것은 불가능할 뿐 아니라 위험요소로 작용하기도 한다. 교사는 영유아의 개인차를 인정하고 각각의 발달특성에 따른 개별화 교육을 계획 · 실행해야 한다.

④ 발달은 누적적인 과정이다

영유아발달은 초기에 이루어진 반복된 경험에 기인하고, 이전의 발달을 기초로 이후 발달과 관련되어 이루어진다. 유아기에 또래와의 놀이를 통해 사회적 기술을 발달시켰던 경험은 학령기에 또래와의 관계에서 자신감과 유능감을 발달시킨다. 이처럼 영유아기에 다양하고 긍정적인 경험을 풍부하게 겪을 수 있도록 지원해야 한다.

⑤ 발달은 예상 가능한 방향으로 진행된다

영유아기 발달은 신체적이고 감각운동적인 이해에서부터 상징적 지식으로 이루어져 간다. 따라서 직접적인 경험을 통해 행동적 지식을 확장하고, 이후 상징적 지식과 개념에 대한 이해를 표상할 수 있도록 보육 · 교육을 지원해야 한다.

⑥ 발달은 복합적인 사회 · 문화적 맥락의 영향을 받는다

발달은 가족으로부터 출발해 또래 및 기관 공동체에서 지역사회로 확장되면서 이루어진다. 따라서 영유아가 가지고 있는 사회 · 문화적 맥락을 유지하고, 새로운 맥락을 추가함으로써 발달이 이루어지도록 지원해야 한다. 특히, 발달이 시작되는 가정에서의 경험을 보육 · 교육환경에서 존중하고 강화하며, 기관에서의 경험과 연계되도록 해야 한다.

⑦ 발달은 영유아가 능동적인 학습자로서 스스로 자신만의 이해를 구성해 가는 과정이다

영유아는 자신 주변의 타인, 교재교구, 다양한 경험과의 상호작용을 경험하며 자신의 이해를 스스로 구성해 나간다. 교사는 영유아가 자율적이고 주도적으로 탐색하고 사고할 수 있는 환경을 제공해야 한다.

⑧ 발달은 유전과 생물학적 성숙의 상호작용 결과이다

발달은 유전 또는 환경의 영향만의 결과가 아니라 이 둘 간의 상호작용에 의해 일어난다. 영유아가 온전한 발달을 이루도록 개개인의 유전적 요인을 파악하고, 적절한 환경을 제공하기 위해 노력해야 한다.

⑨ 발달은 영유아의 놀이를 통해 이루어진다

놀이는 영유아가 자신의 세계에 대한 지식을 능동적으로 구성해 나갈 수 있는 최적의 맥락으로 작용하며, 전인적 발달을 지지한다. 이를 위해서는 영유아가 스스로 놀이를 주도할 수 있도록 교사의 체계적인 지원이 필요하다.

⑩ 발달은 영유아가 획득한 기술을 연습하고, 더 높은 수준으로 도전할 때 진행된다

발달은 이미 획득한 것에 대한 반복적 연습과 그보다 높은 수준으로 나아가고자 하는 도전이 함께할 때 이루어진다. 교사는 영유아의 흥미와 발달수준을 확인하며 교과과정을 연계하는 중요한 역할을 수행함과 동시에 비계설정을 통해 더 복잡한 단계로 나아갈 수 있도록 도와야 한다.

⑪ 발달은 영유아가 아는 것을 각각 다른 방법으로 표현함으로써 이루어진다

영유아는 개개인마다 각각 다른 방법으로 세계를 이해하고 학습하며 발달을 이루어 간다. 따라서 교사들은 각각 다른 요구를 가진 영유아가 자신의 유능성을 발휘하고 자신에게 필요한 영역을 강화할 수 있도록 다양한 경험을 제공해야 한다.

⑫ 발달은 영유아의 요구가 충족되고 심리적으로 안정된 환경에서 더 잘 이루어진다

영유아의 신체적 · 심리적 요구를 충족시키는 것은 발달을 이루어 가는 데 매우 중요하다. 교사는 건강하고 안전하며 따뜻한 관계가 지속적으로 발전할 수 있는 안정적인 환경을 제공함으로써 영유아발달이 원만하게 이루어질 수 있도록 해야 한다.

이상으로 12가지 발달원리를 살펴보았다. 이를 통해 영유아의 발달과정을 이해하고, 발달에 적합한 실제를 제공하기 위한 교사의 역할과 지원방법을 도출해낼 수 있다.

2. 발달의 영역과 단계

1) 발달의 영역

발달의 영역은 신체상의 변화인 생물학적 발달, 개인의 사고 변화인 인지적 발달, 개인의 정서와 사회생활을 통한 변화인 사회 · 정서적 발달 등 크게 3가지 영역으로 분류할 수 있다. 이 세 영역은 독립적인 것이 아니라 서로 연결되어 영향을 미치며 상호작용한다. | 표 13-1 |은 각 영역별 발달에 대한 구체적인 내용이다.

| 표 13-1 | 발달의 영역

	생물학적 발달	인지적 발달	사회·정서적 발달
주요내용	• 두뇌, 신경계, 신장, 체중, 운동 기능 등 신체 변화	• 사고, 지능, 언어의 변화	• 대인관계, 정서, 성격 등 사회적 환경 변화
예	• 두뇌와 신경계의 발달 • 신장과 체중의 증가 • 사춘기의 호르몬 변화	• 문제의 추론과 해결 • 상징놀이 • 단어와 단어를 연결한 의사표현	• 자신과 타인에 대한 이해 • 대인관계 기술 습득 • 도덕적 행동 • 공격성 표출 • 자신의 정서표현 • 타인의 정서 이해
영향을 주는 요인	• 선천적 영향: 유전 형질(예 일란성 쌍둥이의 비슷한 체격) • 후천적 영향: 성장 및 신진대사에 필요한 영양분, 질병 • 정서적 영향: 사랑과 관심	• 학습에 대한 경험 • 기억력의 발달 • 문제해결능력의 신장	• 사회적으로 형성된 관계 • 정서에 대한 경험

출처: 정민승 외(2017); 조성희(2017).

2) 발달의 단계

인간의 발달을 구분하는 단계는 크게 태내기, 신생아기, 영아기, 유아기, 아동기, 청소년기, 청년기, 중년기, 장년기, 노년기로 나눌 수 있다. 그중 태내기부터 아동기까지의 발달단계를 제시하면 다음과 같다.

(1) 태내기(수정~출산/9개월)

• 주요 내장기관과 신체조직 및 감각기관이 형성된다.
• 인간발달의 토대를 이루는 중요한 시기이다.
• 결손이 발생하면 출생 후 치명적인 장애로 발전할 수 있다.

(2) 신생아기(출생~생후 4주/4주간)

• 반사운동을 하며 태내환경과 다른 바깥환경에 적응하는 시기이다.

- 스스로 폐호흡을 시작하며 체온을 조절한다.
- 모유를 섭취하고 배설한다.

(3) 영아기(생후 4주~ 만 2세/2년)

- 출생 이후 일생 동안 가장 급격하게 성장하는 시기이다.
- 앉고, 기고, 서고, 걷고, 뛰는 등 신체 및 운동발달이 이루어진다.
- 주 양육자와의 애착 형성을 통해 사회 · 정서발달의 기초를 형성한다.
- 상징적 사고가 일어나며 타인과의 의사소통이 가능해진다.

(4) 유아기(만 3~5세/3년)

- 자조능력이 향상되고 성인으로부터 점차 독립하여 스스로 할 수 있는 일이 많아진다.
- 인어발달이 급격하게 이루어져 타인과의 의사소통을 즐긴다.
- 논리적 사고의 발달이 이루어진다.
- 또래와의 관계를 형성하며 연합놀이, 협동놀이가 일어난다.

(5) 아동기(만 6~11세/5년)

- 학교에 진학하게 되면서 사회적 관계를 중시한다.
- 다양한 지식을 습득해 나가며 논리적 사고력이 증가한다.
- 부모로부터 좀 더 독립적으로 행동하며 우정이 발달한다.

3. 영유아기의 발달

1) 영유아기 발달의 이해와 중요성

영유아기는 어떤 시기인가?

발달이 인간의 전 생애를 통해 역동적으로 변화해 나가는 과정이라고 정의할 때, 영유아기는 인간발달의 초기로 발달의 결정적 시기이며, 가장 급속한 변화를 보이는 시기이다. 영유아기에 주어지는 적절한 경험, 자극, 교육은 이후 모든 시기의 발달에 강한 영향을 미친다.

우리는 앞에서 발달의 개념과 원리는 무엇인지, 발달의 영역과 단계는 어떻게 구성되는지 살펴보았다. 영유아의 발달에 대한 이해는 어떠한 측면에서 중요성을 갖는가?

(1) 영유아의 행동을 이해할 수 있다

"왜 우리 아이가 네 살이나 되었는데, 친구들과 함께 놀지 않고 혼자 노는 것을 더 좋아할까요?" – 만 2세반 학부모 –	영유아는 보편적인 발달과정에 따라 발달하는 데 연령에 따라 일반적으로 나타나는 발달특징을 '발달규준(developmental norm)'이라고 한다. 이러한 발달규준에 따라 연령별 영유아의 행동을 이해하고, 그 원인과 이유를 설명할 수 있다. 뿐만 아니라 이후의 발달과정을 예측하여 긍정적인 발달이 이루어지도록 돕거나 부정적 발달이 이루어지지 않도록 예방할 수도 있다(이윤경 외, 2015).

(2) 발달에 적합한 교육과 보육을 지원할 수 있다

"만 5세 유아들에게는 자유선택활동 영역을 어떻게 구성해 주는 것이 좋을까요?" – 만 5세 분홍반 교사 –	영유아가 어떻게 성장하고 발달하는지 아는 것은 영유아를 효과적으로 지도하고, 양육할 수 있음을 말해 준다. 특히, 영유아의 발달과정에 대한 이해를 통해 보육 · 교육기관의 역할과 영유아를 담당하는 교사의 역할을 파악할 수 있다(morrison, 2014). 영유아를 지도하는 현장의 교사들은 발달에 대한 이해를 기반으로 영유아의 눈높이에 맞는 교육목표를 수립하고 교수–학습방법을 계획하며 의미 있는 교육환경을 제공할 수 있다. 특히, 영유아 개개인의 발달차를 파악하고, 이를 고려한 교육과정 구성 및 상호작용을 통해 개별화 교육을 실현할 수 있다(교육과학기술부, 보건복지부, 2013). 또한, 가정에서는 부모가 자녀의 발달특성을 이해함으로써 자녀를 어떻게 교육하고 보호해야 하는지에 대해 알고, 적절한 양육을 실현할 수 있다.

(3) 영유아의 발달적 기능을 평가함으로써 적절한 개별적 지원을 할 수 있다

"아이가 24개월이 지났는데도 또래와 다르게 아직 말을 하지 않아요. 괜찮은 걸까요? 눈맞춤도 하시 잃으려 피하는 것 같고…" – 만 2세반 학부모–	영유아가 성장해 감에 따라 발달적 기능이 어떻게 변화하고 있는지를 평가하는 것은 매우 중요하다. 모든 영유아는 동일한 일련의 순서로 행동 · 기술 · 능력을 획득하여 발달해 간다는 가정하에 영유아의 행동에 대한 발달적 의미를 이해할 수 있을 뿐 아니라, 발달에 대한 지원이 필요한 영유아를 선별 및 규명할 수 있다. 이는 영유아에게 개별적으로 적합한 발달목표와 목적을 수립하여 발달사항을 지속적으로 모니터링할 수 있도록 돕는다(Gerald & Frida, 2010).

2) 영유아기 발달 양상과 교육

영유아가 전인으로 성장하기 위해서는 각 영역의 발달이 온전히 이루어져 상호 연계 속에 긴밀한 영향을 미치며 통합되어야 한다(조성희, 2017). 따라서 각 영역별로 나타나는 발달특성과 영역별 연관성을 살펴보는 것은 영유아를 보육 · 교육함에 있어 매우 중요하다. 영유아기는 월령에 따라 급격한 발달을 이루는 시기로 개인차가 크게 나타나기 때문에 성인은 영유아를 양육하는 주체로서 각 영역의 발달특성을 이해하고 적절한 보육과 교육을 제공해야 한다(정민승 외, 2017).

앞서 영유아기 발달을 생물학적, 인지적, 사회 · 정서적 발달영역으로 구분했으나, 이를 좀 더 세분화하면 신체, 인지, 언어, 정서, 사회성의 5가지 영역으로 구분할 수 있다. 여기에서는 영아기와 유아기로 나누어 각 영역별 발달특성을 살펴보고, 발달을 돕는 교육적 접근방법에 대해 알아보자.

(1) 영아기(만 0~2세)

① 신체 및 운동기능 발달

가. 급격한 신체 성장

영아기는 발달의 기초가 형성되는 시기로 미각 · 후각 · 시각 · 청각 · 촉각 등 오감각의 분화와 함께 현저한 신체발달이 진행된다. 출생 시 49~50cm 정도였던 신장이 생후 1년이 되면 75~76cm 정도로 1.5배 증가한다. 체중은 개인차가 크지만 출생 시 3.3~3.4kg이었던 것이 100일경에는 출생 시의 2배, 첫돌 경에는 출생 시의 3배로 9~10kg에 달한다(질병관리본부, 대한소아과학회, 소아청소년 발육표준치 제정위원회, 2007). 치아는 6~7개월에 아래 앞니 2개가 나기 시작하여 8~9개월에는 위 앞니 2개가 나며 이후 20~30개월까지 20개의 유치가 모두 난다.

나. 뇌와 신경계의 발달

인간의 뇌는 출생부터 사망 시까지 끊임없이 발달하지만 태내기의 마지막 3개월과 생후 첫 2년 동안 급격하게 성장하며 이를 '뇌 성장 급등기'라고 한다. 뇌의 기능적 측면을 관장하는 신경계의 발달도 이루어지는데 신경세포가 정교해지고, 신경세포 사이에 연결망이 생겨 신경회로를 형성한다(David R. Shaffer & Katherine Kipp, 2014).

다. 대 · 소근육 운동발달

영아의 운동발달을 살펴보면, 몸의 신체구조와 같이 머리에서 발끝 방향으로, 중심에서 말단 방향으로 진행된다. 운동기술은 정해진 순서대로 발달하는데 영아들은 손, 발, 다리를 능숙히 사용하기 전에 머리와 목, 팔의 윗부분을 통제할 수 있다(David R. Shaffer & Katherine Kipp, 2014).

생후 1개월이 된 영아는 엎드린 자세에서 자신의 고개를 바닥에서 들 수 있으며, 2개월이 되면 목과 머리를 가누고 가까이에 있는 물건을 손으로 쥘 수 있다. 이때 손과 물건을 번갈아 쳐다보는 시선의 움직임도 관찰할 수 있다. 3~4개월이 되면 엎드려서 머리와 가슴을 들어 올리고, 옆으로 돌아 뒤집기를 한다. 5~6개월경이 되면 팔로 바닥을 지탱하고 혼자 앉을 수 있고, 7~8개월경에는 배를 바닥에 대고 기기를 시작한다. 9~10개월경에는 능숙하게 길뿐 아니라 물건을 붙잡고 일어서서 이동할 수 있으며, 12~13개월이 되면 혼자 서고 차츰 걸을 수 있게 된다. 이후 영아는 끊임없이 움직이며 능숙하게 걷고, 뛰고, 달리는 등 운동능력이 향상된다.

영아의 소근육은 주로 팔과 손을 사용한 활동에 초점을 맞추며, 팔→손→손가락의 순서로 발달이 이루어진다. 출생 시 소근육 통제에 어려움이 있으나 점차 어깨, 팔꿈치, 손목, 손가락을 사용하여 소근육 운동기술을 획득하게 된다. 출생 이후 영아는 앞에 보이는 대상을 향해 팔을 뻗지만 눈과 손의 협응이 이루어지지 않기 때문에 물체에 닿거나 잡을 수 없다. 5~6개월경 손 뻗기를 조절할 수 있고 매달려 있는 물체를 잡는 것이 가능해진다. 8~9개월경 자신이 원하는 물체를 손바닥을 사용하여 잡을 수 있으며, 10개월경에는 엄지손가락과 집게손가락을 사용해서 잡을 수 있게 된다. 대근육과 함께 소근육이 점차 발달하면서 매달리기, 오르기, 이동기구나 장난감 타기, 던지기 등의 놀이를 할 수 있게 된다.

라. 자조기술의 발달

영아는 만 2세경이 되면 스스로 할 수 있는 일들이 차츰 늘어가며 먹기, 씻기, 잠자기, 옷 입기 등의 자조기술을 획득한다. 또한, 적당한 대소변 활동이 이루어지면 스스로 배변습관을 기르게 되는데, 이때 개인의 특성을 고려하여 적정 시기에 대소변 가리기를 할 수 있도록 도와야 한다.

신체 및 운동기술 발달을 돕기 위한 교육적 접근

- 주변을 적극적으로 탐색해 볼 수 있도록 안전하고 자유로운 공간을 제공해 주세요.
- 대 · 소근육의 고른 발달과 균형감각을 기를 수 있도록 미끄럼틀, 자동차 등 다양한 놀이기구를 준비해 주세요.
- 자조능력의 발달을 위해 영아 스스로 해 볼 수 있는 기회를 다양하게 마련해 주세요.

② 인지발달

가. 감각을 통한 탐색과 정보 습득

영아는 자신의 감각을 이용해 보고, 듣고, 만지고, 냄새 맡고, 맛보는 등 주변환경을 탐색하고 정보를 습득한다. 출생 후 빨기 반사, 잡기 반사 등의 반사행동을 통해 세상을 지각하지만 생후 2개월경이 되면 반사적 행동에서 나아가 스스로 엄마의 젖을 찾고, 무는 등 자신의 신체를 조절하는 능력이 형성된다.

4개월경이 되면 흑백이 아닌 명도가 높고 대비가 뚜렷한 형태의 색을 선호하며, 4~8개월경에는 자신의 우연한 행동으로 인해 발생하는 현상에 흥미를 느껴 원인이 되는 행동을 반복하기도 한다. 7~10개월경에는 물건을 상자에서 꺼내거나 장난감에 있는 버튼을 누르는 등 간단한 문제를 해결할 수 있다.

나. 대상영속성의 발달

5~6개월이 되면 부분적으로 감춰진 물체를 찾아낼 수 있으며, 8~12개월이 되면 다른 사람이 숨겨 놓은 물건을 찾을 수 있다. 인형이 보이지 않도록 천을 씌워 놓아도 천을 들추어 인형을 찾아내는데, 이것은 대상이 눈에 보이지 않아도 계속 존재한다는 대상영속성의 개념을 획득했기 때문이다.

다. 자기중심적 사고

11~12개월경이 되면 거울 속에 비친 자신의 모습을 응시하며 거울 속 대상이 자기 자신임을 인식한다. 영아는 모든 것을 자신의 입장에서 사고하며 다른 사람의 관점을 수용하는 데 어려움을 느끼는데, 이러한 자기중심적 사고는 언어와 사회성 발달에 많은 영향을 미친다.

라. 상징적 사고

18~24개월경에는 대상영속성이 완전하게 형성된다. 이 시기의 유아는 무엇이든 모방하려고 하는데, 이전에 들었던 소리나 행동을 언어와 상징을 사용하여 사고하고 기억해내기 시작한다. 뿐만 아니라 상상력을 발휘하여 반복해서 흉내 내고 재생하는 등 상징놀이를 즐기기 시작한다.

영아는 상징놀이를 하는 과정에서 자신의 내면에 있던 갈등을 표출하거나 충족되지 않았던 욕구에 대해 만족을 얻기도 한다. 24개월경에 급속도로 발달하는 영아의 언어는 상징놀이를 풍부하게 한다.

인지발달을 돕기 위한 교육적 접근

- 주변에 대해 적극적으로 탐색할 수 있도록 주 양육자와 안정애착 형성이 우선이에요.
- 다양한 자극을 안전하게 경험할 수 있도록 환경(놀잇감, 공간)을 제공해 주세요.
- 반복된 행동을 통해 지식을 획득할 수 있도록 놀이(까꿍놀이, 촉감놀이, 거울놀이) 함께해 주세요.
- 능동적으로 주변을 탐색하지만 놀이에 대한 지속시간이 짧기 때문에 영아의 흥미, 욕구, 발달수준에 적합한 교육자료를 준비해 주세요.
- 영아들의 상징놀이가 의미 있게 확장될 수 있도록 관심을 갖고 언어적 상호작용을 해 주세요.

③ 언어발달

가. 울음을 통한 의사소통 및 발성의 출현

아기의 출생과 동시에 가장 먼저 들을 수 있는 소리는 울음소리이다. 신생아의 울음은 호흡과 동시에 일어나는 반사활동의 결과지만 점차 자신의 욕구를 표현하기 위한 의사소통의 수준으로 발달한다. 영아들은 배가 고프거나, 불쾌하거나, 졸릴 때 강도와 높낮이가 다른 울음소리로 자신의 욕구를 표출한다. 생후 6주부터 2개월 사이에 목구멍 뒤쪽에서 '우우우', '아아아'와 같은 울림소리인 쿠잉(cooing)이 나타나며, 생후 2개월부터 6~8개월에는 '마마마', '바바바'와 같은 단순한 자음과 모음이 결합된 소리인 옹알이가 나타난다.

나. 성인과의 관계 형성을 통한 언어 습득

영아는 생후 4~5개월경에 소리가 나는 쪽으로 고개를 돌리고, 주 양육자가 말할 때 입 주변을 응시한다. 이때 옹알이가 나타나는데, 이는 주 양육자가 영아와 눈을 맞추고 더 많은 언어적 상호작용을 유발하도록 하는 매개가 된다. 7~9개월경에는 언어이해가 늘어나 이름을 부르면 쳐다보고, "앗, 뜨거워!", "지지.", "더러워." 등의 말을 이해하게 된다. 10~12개월경에는 성인의 억양을 모방하여 '엄마', '맘마' 등의 의미 있는 첫 단어가 나타난다.

다. 급격한 언어발달과 문법 사용

12~18개월은 일어문 시기(one word stage)로 하나의 단어로 한 문장을 표현한다. 이 때문에 같은 단어가 상황에 따라 여러 가지 의미를 갖기도 한다. 영아가 '맘마'라고 했을 때 '맘마 주세요'라는 의미일 수도 있고, '맘마를 흘렸다'라는 의미일 수도 있다.

18~24개월은 이어문 시기(two word stage)로 '엄마 쉬', '엄마 맘마' 등 두 단어를 결합하여 사용할 수 있게 된다. 특히, 18개월경은 '명명 폭발기(naming explosion)'로 사물의 이름에 대한 관심으로 어휘가 급격하게 증가한다. 이때 나름대로 언어에서 문법 사용이 발견되는데, '엄마 쉬', '엄마 까까'와 같이 주축이 되는 단어(엄마)에 다른 단어(쉬, 까까)를 결합하여 사용하는 주축문법과 '안 같이 가', '안 사랑해' 와 같이 부정의 의미인 '안'의 사용이 나타난다.

라. 질문을 통한 의사소통 방법 습득

영아는 성인과 대화하며 반복적으로 수많은 질문을 한다. 이를 통해 자신 주변에 있는 사물의 명칭에 대한 학습이 일어날 뿐 아니라 상대방과의 의사소통 방법을 배워 나간다.

언어발달을 돕기 위한 교육적 접근

- 언어를 사용하기 시작할 무렵에는 자신의 요구를 표현할 때까지 기다려 주세요. 성인이 지나치게 영아의 욕구를 미리 파악하고 들어주면 언어의 발달에 좋은 자극을 주지 못합니다.
- 영아가 표현하는 소리에 관심을 갖고 반응해 주세요. 언어를 들려주는 자극과 영아의 소리에 대한 반응이 언어발달을 촉진합니다.
- 성인이 좋은 모델이 되어 상호작용해 주세요. 영아는 자신과 함께하는 성인의 언어를 모방하고 반복하며 발달을 이루어 나갑니다.
- 영아의 말이 서툴고 잘 알아듣기 어렵더라도 인내심을 갖고 경청해 주세요. 이러한 모습은 영아가 긍정적인 듣기 태도를 형성하는 데 좋은 영향을 미치게 됩니다.
- 쓰기와 읽기의 모델이 되어 주세요. 그림책을 읽어 주거나, 이름을 함께 써 보는 등의 행동은 영아에게 의미 있는 쓰기, 읽기의 경험을 제공하게 됩니다.
- 영아가 듣고 이해할 수 있도록 짧은 문장과 정확한 발음으로 이야기해 주세요.

④ 정서발달

가. 애착 형성과 낯가림

영아는 백일 이후부터 8개월경이 되면 자신에게 친숙한 사람과 낯선 사람을 차츰 구별할 수 있다. 이는 주 양육자와의 애착 형성의 결과로 나타나는데, 친숙한 사람이 아니면 울거나 두려워하거나 함께 있지 않으려 하는 등의 부정적인 정서표현을 하는 '낯가림'이 나타난다. 낯가림은 주 양육자가 수용적인 양육태도를 보일 때 더 일찍 나타나는 경향을 보이는데, 이는 주 양육자와의 경험을 통해 대상에 대한 개념이 더 빨리 형성되었기 때문이다.

영아가 안정애착을 형성하면 안정애착에서 오는 편안함과 신뢰감이 건강한 심리적 발달을 이끈다. 주변 탐색을 활발히 하며 자신의 호기심을 충족하고 타인과의 관계에서 긍정적인 모습을 보인다.

반면, 불안정애착을 형성한 영아는 타인과 주변 세상에 대한 신뢰감의 결여로 정서적으로 위축되거나 주변 탐색에 있어 불안하고 소극적인 모습을 보인다. 이러한 태도는 또래관계로 이어져 친밀감 및 관계 형성에 부정적 영향을 미친다.

나. 기질과 상호작용

모든 영아는 자신만의 독특한 기질을 갖고 태어난다. 영아들이 보이는 기질은 부모의 반응과 양육태도에 많은 영향을 미친다.

Tomas와 Chess(1977)는 신생아의 기질을 다음과 같이 구분하고 각 기질에 따라 다른 정서표현과 정서발달의 과정이 있음을 나타내었다.

순한 아이	까다로운 아이	소극적인 아이
신체기능의 주기가 규칙적이며 변화에 쉽게 적응하고 대체로 행복하다.	신체기능의 주기가 덜 규칙적이며 변화에 민감하여 부정적 반응을 보인다.	변화에 부정적이지는 않지만 수동적으로 저항하고 새로운 상황에 적응하지만 격렬한 반응은 보이지 않는다.

부모의 양육태도가 자녀의 특성과 조화를 이루지 못할 경우 심각한 문제가 발생할 수 있기 때문에 영아가 가진 고유의 기질을 파악하고 존중하며 그에 맞는 적절한 양육환경을 제공하는 것이 중요하다. 즉, 순한 기질의 영아는 스스로 요구하지 않기 때문에 좀 더 관심을 기울이고 적절한 자극을 제공하며, 까다로운 기질의 영아는 욕구를 적극적으로 표출하기 때문에 감정적으로 대응하기보다는 일관성 있게 대응해야 한다. 느린 기질의 영아는 다그치기보다는 인내심을 갖고 기다려 주며 격려해 주는 것이 필요하다.

다. 정서의 분화로 인한 비일관적 정서표현

만 2세경이 되면 생의 초기에 가지고 태어난 정서가 다양하게 분화되어 성인에게 나타나는 정서가 영아에게서도 다양하게 표출된다. 영아의 정서는 불안정하고 기복이 심하며 변화의 시간이 짧은 특성을 보인다. 자신의 의사를 강력하게 전달하기 위해 고집을 부리거나 떼를 쓰는 등 강한 반항도 나타난다.

라. 자아개념과 자아존중감의 발달

자아개념은 자기 자신에 대해 총체적으로 지각함을 일컫는 것으로, 자아에 대한 인식으로부터 시작한다. 영아는 다른 사람들이 보여 주는 다양한 반응과 감정을 통해 자신에 대한 개념을 형성해 나가며 만 2세경에 자기에 대한 인식이 나타난다. 자아개념은 자아인식과 더불어 타인의 평가로 인해 형성되는데, 타인이 자신을 가치 있고 중요한 사람으로 평가할 때 긍정적 자아개념, 즉 자아존중감이 형성되며 반대의 경우 부정적인 자아개념이 형성된다.

정서발달을 돕기 위한 교육적 접근

- 주 양육자는 영아에게 일관되고 애정적인 양육태도를 보임으로써 신뢰를 바탕으로 한 애착관계를 형성할 수 있도록 도와주세요.
- 낯선 상황이나 낯선 사람과의 관계에서 불안을 느끼는 영아들의 마음을 이해하고 공감해 주세요.
- 안정된 정서발달을 위해 스킨십(눈 맞춤, 안아 주기, 토닥여 주기, 쓰다듬어 주기 등)을 해 주세요.
- 영아마다 가진 기질의 차이가 있음을 인정하고, 각 기질에 적합한 보육과 교육의 방안을 모색해 주세요.
- 자아존중감을 형성할 수 있도록 영아의 의사와 표현을 존중하고 수용해 주세요. 따뜻하고 애정적인 양육태도를 보임으로써 영아가 스스로를 소중히 여길 수 있도록 도와주세요.

⑤ 사회성 발달

가. 주 양육자와 신뢰적 관계 형성

영아의 사회성은 자신을 돌봐 주는 주 양육자와의 관계 형성으로부터 시작된다. 주 양육자가 보내는 애정적 양육태도(미소 짓기, 옹알이에 반응해 주기, 스킨십, 말 걸기)는 영아와의 애착 형성에 긍정적인 영향을 미치고, 이는 영아가 앞으로 맺게 될 수많은 인간관계의 토대가 된다.

나. 사회적 미소의 출현

영아는 출생 후 3개월이 되면 반사적으로 보였던 배냇미소 대신 상대에게 표현하는 사회적 미소를 보이게 되고, 5~6개월이 되면 얼굴을 식별하여 선택적인 사회적 미소를 나타낸다.

다. 분리불안

영아는 6~8개월경 낯선 상황이나 낯선 사람에 대한 불안과 두려움으로 주 양육자와 분리될 때 불안을 느낀다. 영아는 친숙하지 않은 타인에게 신중한 태도를 보이는데, 분리불안은 또 다른 의미로 진정한 애착이 일어나고 있음을 가리킨다(Carol, 2007). 이는 이후 영아가 형성하게 되는 사회적 관계에 많은 영향을 미친다.

라. 독립심에 대한 요구

영아는 만 2세경에 자아개념이 발달하면서 '내가 내가', '내 거야', '내가 할 거야' 등 독립적 언어표현이 나타나며, 자신의 소유물에 대한 강한 집념을 보인다. 주 양육자와 형성하던 관계가 주변으로 점차 확장되면서 주 양육자 외의 타인과 관계를 형성해 나간다. 이때 안정적 애착을 기반으로 주 양육자와 잠시 떨어져 타인과 함께 할 수 있는 독립심도 발달한다.

마. 자율성의 발달과 자기중심적 놀이 성향

영아는 만 2세경에 자율성이 점차 발달한다. 이로 인해 혼자 무엇이든지 해 보려고 하며, 자신의 일을 스스로 해결하고자 한다. 이때 영아가 자율성을 발현할 수 있는 기회를 다양하게 제공하면 능동적인 삶의 태도를 형성하는 데 중요한 영향을 미친다.

영아의 사고는 이 시기에 자기중심적으로 이루어지는데 이로 인해 주로 혼자놀이가 나타난다. 차츰 또래나 타인과의 놀이에 관심을 보이지만 곁에 있어도 함께 놀이하지 않고 따로 놀이하는 병행놀이가 나타난다.

바. 마음이론의 발달

마음이론은 자신과 타인에게 마음 상태가 있음을 알고, 이것을 이해하는 것이다(Martin, 2013). 영아는 마음의 표상적 특성에 대해서는 이해하지 못하지만, 다른 사람의 내재적 상태인 마음에 대한 초보적 표상은 가지고 있다. 즉, 마음 상태의 일부 특성을 이해하게 된다. 이것은 가상놀이를 통해 나타나는데, 영아가 마음과 현실을 구분할 수 있는 능력을 가짐으로써 가능해진다.

만 1세경에는 타인이 손가락으로 사물을 가리키면 손가락이 아닌, 가리킨 대상을 쳐다보는 등 타인의 의도를 이해하는 '공동주의 집중현상'이 나타난다. 또, 낯선 상황에서 주 양육자의 표정을 보고 자신이 해야 할 행동을 결정하는 '사회적 참조현상'이 나타난다. 만 2세경에는 자신과 타인에게 욕구가 있음을 인식하고 이것이 어떤 행동의 원인으로 작용한다는 것을 인식한다. 또한 사람들은 자신의 욕구를 해결할 경우 기쁘고, 그렇지 않으면 슬플 수 있다는 것을 이해하기도 한다(문혁준 외, 2015).

이와 같이 영아기에는 다른 사람의 행동을 기본적으로 파악하지만, 마음 상태를 이해하는 데에는 한계가 있다. 그러나 만 4세경이 되면 차츰 타인의 마음을 이해하기 시작한다(Wellman, 1990; Perner, 1995).

사. 성정체성 발달

성정체성은 자신을 여성 또는 남성으로 특징짓는 한 개인의 지각이다. 영아는 6개월경 단순한 성의 변별을 할 수 있게 되고, 만 2세경이 되면 자신의 성별을 알며 분명히 구별할 수 있다(Berk, 2012).

사회성 발달을 돕기 위한 교육적 접근

- 영아의 욕구를 신속히 파악하고 민감하고 즉각적으로 반응해 주세요.
- 영아의 울기, 미소 짓기, 옹알이하기 등의 정서표현에 대해 적극적으로 반응하고 다양한 방법(놀아 주기, 언어적 반응해 주기, 스킨십 등)으로 상호작용해 주세요.
- 영아가 안정감 있는 관계를 형성할 수 있도록 일관된 양육태도를 보여 주세요.
- 영아는 자기중심적 사고를 하기 때문에 또래와의 놀이에서 양보, 빌려주기, 함께 사용하기 등에 어려움을 보입니다. 적절한 수준의 놀잇감을 충분히 준비하여 영아 간 다툼이 발생하지 않도록 배려해 주세요.
- 영아가 스스로 하고자 할 때 기회를 제공하고 격려와 칭찬을 해 주세요.

(2) 유아기(만 3~5세)

① 신체 및 운동기능 발달

가. 꾸준한 신체 성장과 운동기능 향상

유아기는 영아기에 비해 키의 성장 속도와 몸무게의 증가 속도가 완만해지지만 신체 성장과 운동기능의 향상이 꾸준히 나타나는 시기이다. 골격 및 치아가 발달하여 20개의 유치가 모두 나며, 만 5~6세경부터는 유치가 빠지면서 영구치가 나기 시작한다. 영구치는 일반적으로 유치가 난 순서에 따라 교체되며 여아가 남아보다 더 일찍 교체한다.

만 3세경에는 대근육운동의 증진으로 그네 타기, 미끄럼 타기, 평균대 걷기, 세발자전거 타기 등을 하며 신체를 움직이고 방향을 조절할 수 있다. 만 4세경에는 소근육활동이 활발해지면서 가위로 오리기, 점토로 만들기, 실에 구슬 꿰기, 색연필 잡고 칠하기 등을 즐긴다. 만 5세경에는 균형감각이 발달하여 두발자전거 타기, 한 발로 서기 등을 할 수 있다. 소근육의 발달로 펜을 안정감 있게 쥐고 글자를 쓸 수 있으며 그리기, 오리기, 자르기, 붙이기, 접기, 찢기 등의 활동을 통해 자신의 생각과 느낌을 표현할 수 있다.

나. 자조기능의 발달

유아기가 되면 눈과 손의 협응이 발달하여 옷 입기, 식사하기, 배변 후 처리하기, 물건 챙기기 등 스스로 할 수 있는 일들이 증가한다. 성인으로부터 독립하여 자신의 일을 스스로 하고자 하기 때문에 기본생활습관의 형성이 중요하다.

다. 신체를 통한 또래와의 접촉기회 증가

신체활동을 하는 과정에서 유아들은 또래와 언어로 의사소통하거나 신체로 접촉하면서 친밀감을 형성해 나간다. 활발한 신체활동은 또래와의 협력적 관계 맺기나 친사회적 행동을 촉진하며 긍정적 정서표출의 기회를 제공하기도 한다.

라. 운동능력을 통한 자신감과 성취감 형성

유아는 자신의 신체를 인식하고 움직이며 다양한 놀이와 활동에 참여하는 과정에서 자신감과 성취감을 느낄 뿐 아니라 자신에 대한 긍정적인 자아상을 형성한다.

신체 및 운동발달을 돕기 위한 교육적 접근

- 유아가 신체 발달수준에 적합하며 즐겁게 참여할 수 있도록 게임, 신체표현, 율동, 모험놀이, 체육활동 등 다양한 신체활동의 기회를 제공해 주세요.
- 유아 개개인의 신체발달과 운동능력을 세밀히 관찰하고 신체활동이나 신체놀이를 지도해 주세요.
- 유아가 자신의 신체기능을 인식하고 스스로 조절할 수 있도록 안전수칙 정하기와 놀이규칙 지키기를 실천해 주세요.
- 자신이 할 수 있는 일은 스스로 해 보도록 기회를 제공하고, 칭찬과 격려를 해 주세요.

② 인지발달

가. 상징적 사고

유아기에는 상징적 기능이 발달하여 상징적 표현과 사고가 가능해진다. 비언어적 상징행동이 많이 나타나며, 사물에 대해 '마치 ~인 것처럼' 상상하여 놀이하는 가상놀이가 나타난다. 실제와 환상을 구별하지 못해 동화나 연극 속의 상황을 실제로 착각하기도 하지만 점차 현실과 환상을 구별하고 현실을 반영한 사고가 가능해진다.

나. 자아중심적 사고

유아기는 타인과 자신의 관점과 마음이 틀릴 수 있다는 틀린 마음을 획득하고 마음이론이 발달되는 시기이다. 점차 자아중심적 사고에서 타인의 관점을 수용하는 사고로 발달한다.

다. 논리적 사고

만 4세경에 사건의 인과관계를 유추하는 것이 가능해지고, 간단한 사건의 이유를 설명할 수 있게 된다. 시간의 흐름이나 사건의 순서와 같은 시간개념이 발달하지만 아직 시계를 정확히 읽고 이해하는 데에는 어려움을 갖는다. 사물을 분류하고 범주화하는 것이 가능해지고, 연령이 높아지면서 탐구력과 논리적 사고가 발달한다.

라. 물활론적 사고

모든 사물이 살아 있고, 각각의 의지에 의해 움직일 수 있다고 사고하지만 연령이 높아짐에 따라 움직이는 것만 살아 있다고 인식하다가 스스로 움직이는 것에만 생명이 있다고 사고하게 된다.

인지발달을 돕기 위한 교육적 접근

- 유아는 많은 호기심과 질문을 가지고 세상을 탐구합니다. 유아의 질문에 성실히 답하거나 함께 답을 찾거나 유아 스스로 질문에 대한 답을 탐구할 수 있는 기회를 제공해 주세요.
- 유아의 논리적 사고발달을 위해 실험 · 조작해 볼 수 있는 구체적인 자료와 학습환경을 제공해 주세요.
- 유아들이 다른 사람과 다른 자신만의 독특한 생각을 표현할 수 있도록 격려해 주세요.
- 유아가 주변의 사물과 사건에 대해 관심을 갖고 스스로 질문하고 답을 찾아 탐구하도록 도와주세요.
- 유아가 오감을 통해 자신과 주변을 충분히 탐색할 수 있도록 자유놀이시간, 장소, 또래와의 상호작용 기회를 제공해 주세요.

③ 언어발달

가. 수용언어와 표현언어의 폭발적 증가

유아기는 언어에 대한 탐구와 실험이 활발하게 일어나는 시기로, 말하는 것을 즐기며 새로운 낱말을 습득하고자 하는 욕구가 강해진다. 사용하는 어휘 수가 급증하여 만 3~4세경에는 900~1,300개 낱말을 구사하게 된다. 만 5경에는 성인 수준의 언어표현 기술이 발달하여 문법규칙에 숙달되고, 대화 중 적절한 문법 사용 및 긴 문장도 구사할 수 있게 된다.

나. 문자 읽기와 쓰기 발달

만 3~5세는 초보적 읽기, 쓰기 단계로 자신이 좋아하는 장난감 포장상자나 간판 등에 쓰여 있는 글자에 관심을 갖는다. 또한, 글자를 읽지는 못해도 그것이 의미를 전달하는 매개체라는 것을 인식한다. 유아는 점차 글자가 의미하는 상징을 이해하게 되면서, 부분적으로 글자를 읽고 그림과 글자를 변별하며 글자에 관심을 갖는다. 글자의 철자를 흉내 내기도 하고 그대로 따라 쓰기도 하지만 말소리와 철자의 관계를 명확하게 이해하지는 못한다.

만 5~7세는 실험적 읽기, 쓰기 단계로 읽기에 대한 새로운 지식은 구성해 가지만 글자 자체를 아는 데는 미숙하다. 점차 자신이 내는 소리와 철자가 서로 연관되어 있다는 것을 인식하고 주변에서 자주 볼 수 있는 글자를 읽는 데 익숙해진다. 글자를 쓸 때에는 철자를 이용하여 따라 쓰거나 글자와 소리와의 관계를 이용하여 소리 나는 대로 쓰는 경향이 나타난다. 차츰 단어 간 띄어쓰기를 이해하고 사용하게 되며 간단한 글을 써 보려고 시도한다.

다. 능숙한 대화능력 발달

또래나 주변 사람과 생활 속 이야기나 관심사에 대해 능숙하게 대화할 수 있으며 한 가지 주제에 대해 자신의 생각을 자유자재로 말할 수 있게 된다.

언어발달을 돕기 위한 교육적 접근

- 말하기, 듣기, 쓰기, 읽기가 발달할 수 있도록 각각에 대해 적합한 지도방안을 모색해 주세요.
- 유아가 말하기에 대한 흥미와 욕구를 가질 수 있도록 다양한 이야깃거리를 제공해 주세요.
- 유아가 부담 없이 말할 수 있도록 허용적이고 개방적인 분위기를 조성해 주세요.
- 유아가 타인을 존중하는 듣기 태도를 형성할 수 있도록 모범적인 경청의 모델이 되어 주세요.
- 유아와 함께 다양한 동화책을 읽어요.
- 유아가 일상생활 속에서 읽기와 쓰기를 자연스럽게 경험할 수 있도록 해 주세요.
- 유아가 쓰기의 필요성을 스스로 인식하고 자발적으로 참여할 수 있도록 해 주세요.

④ 정서발달

가. 강력한 자율성과 주도성의 발달

유아기에는 스스로 하고자 하는 욕구가 강해지며 '나 혼자 할 수 있어요.', '내가 혼자 해 볼게요.' 등의 표현을 하고, 성취욕이 높아진다.

나. 타인의 정서 이해

유아기에는 점차 다른 사람의 정서를 이해하기 시작하며 타인의 입장에서 생각하고 공감하는 능력이 발달한다. 만 3세경에는 타인의 슬픔과 분노 등 부정적인 정서에 대해서도 이해할 수 있다.

다. 다양한 정서발달

만 4세경에는 상상력이 발달하여 공포가 심해지는데 보이지 않는 가상물이나 어둠에 대해 불안과 공포를 느낀다. 만 3~4세경에는 자신이 좋아하는 대상이 다른 아이에게 관심을 보일 경우 질투를 나타낸다. 이는 연령이 높아짐에 따라 사회성 발달과 함께 표현이 억제되는 것을 볼 수 있다. 유아의 인지능력이 발달함에 따라 농담을 이해할 수 있게 되면서 이에 대한 기쁨의 정서가 발달한다.

라. 언어를 통한 정서표현

울음을 통한 감정표현이 점차 줄고, 언어를 통한 정서표현이 증가한다. 만 3세경에는 공격적인 행동 대신 공격적 언어로 자신의 분노를 표현한다. 만 5세경에는 언어를 통한 성인 수준의 감정표현이 가능해진다. 자신의 감정을 의도적으로 감추거나 표현하지 않으려고 피하기도 한다.

정서발달을 돕기 위한 교육적 접근

- 유아의 정서표현 양식을 이해하고 존중해 주세요.
- 자신과 다른 사람의 정서를 이해하고 존중하는 태도를 기르도록 도와주세요.
- 유아가 또래집단 속에서 풍부한 상호작용을 통해 안정적이고 긍정적인 정서를 경험할 수 있도록 도와주세요.
- 극놀이, 동화, 역할놀이 등 유아가 자신의 감정을 조절하고 정서를 표출할 수 있는 다양한 놀이활동을 제공해 주세요.

⑤ 사회성 발달

가. 또래관계 및 우정의 발달

유아기에는 또래관계를 형성하고, 그 관계 속에서 미성숙한 우정을 형성해 나간다. 이 시기의 유아는 자신과 같은 활동에 참여하거나 선호하는 것이 비슷한 동성 또래와 친밀감을 형성하는 경우가 많다.

나. 틀린 믿음에 대한 이해와 마음이론의 획득

유아는 만 4세경 타인의 행동을 기억하고, 그의 내면에서 일어나는 믿음에 대해 이해하며, 자신이 바르게 이해한 것을 배제한 채 상대방의 입장에서 그의 마음현상을 추측할 수 있다(Martin, 2013). 이는 타인이 상황에 대해 잘못된 믿음을 갖고 있음을 이해하는 '틀린 믿음'을 이해하게 되는 것으로 유아는 이를 통해 타인의 마음으로 현상을 이해하고 파악할 수 있게 된다. 이러한 마음이론을 획득함으로써 타인에 대한 이해와 존중이 가능해지고, 이를 기반으로 긍정적인 사회적 관계를 형성해 나간다(정하나, 2015).

다. 친사회적 행동발달

만 3세경이 되면 자기중심적 사고가 강해져 또래 간 양보하기, 나누기 등에 한계가 있으나 만 4세경에 타인에 대한 이해 발달과 마음이론의 획득으로 친사회적 행동이 발달한다. 유아는 사회 속에서 다른 사람과 원만하게 지내기 위해 양보하기, 나누기, 도와주기, 함께하기 등의 행동을 하게 되며 이러한 특성은 연령이 높아짐에 따라 함께 증가하는 경향을 보인다.

라. 독립심의 강화

유아는 주도성이 강해지면서 점차 스스로 결정하고 행동하기 원하며 이러한 과정을 통해 자아개념을 확립해 나간다.

마. 성역할 인식

만 3세경에는 자신의 성을 인식하며 자신의 성이 변하지 않는다는 성정체성을 인식하게 된다. 성정체성은 성별에 따른 성의 역할행동 습득과 성 고정관념에 영향을 미치게 되어 색, 직업 선호, 놀이유형, 사회적 행동 등에서 여아는 여성스러운 것을, 남아는 남성스러운 것을 선택하고 행동한다. 또래와의 관계도 동성을 선호하게 되며 이러한 경향은 만 5세경에 절정에 이르렀다가 이후 점차 융통성 있게 발달해 나간다.

바. 우정의 발달

우정은 연령이 높아지면서 함께 발달하는데, 유아기의 우정은 또래를 함께 놀이하는 친구로서 중요하게 인식하는 것부터 시작된다. 이 시기의 우정은 지속적이기보다는 일시적 관계로 쉽게 형성되거나 깨질 수 있다. 이후 학령기에는 또래의 마음을 이해하고 욕구에 반응하며 신뢰에 기반을 둔 협력적 관계로 점차 발전된다(김현호 외, 2014).

사회성 발달을 돕기 위한 교육적 접근

- 또래와의 풍부한 경험을 통해 사회성을 발달시켜 나갈 수 있도록 또래와 어울릴 수 있는 환경을 조성해 주세요.
- 유아가 일상 속에서 친사회적 행동을 자연스럽게 배울 수 있도록 모델링해 주세요.
- 집단생활을 통해 친사회적 행동을 발달시킬 수 있도록 다양한 놀이와 활동의 기회를 제공해 주세요.
- 우리 사회의 성역할을 인식하되 성역할 고정관념이 형성되지 않고, 양성평등의 관점을 갖도록 도와주세요.
- 타인에 대해 존중하는 태도를 갖고 공감능력을 발달시켜 나갈 수 있도록 모범을 보여 주세요.
- 자신의 일을 스스로 선택하고 결정하며 책임감을 배울 수 있도록 도와주세요.

토론

1. 자신의 주변에서 경험했던 영유아와의 만남을 떠올려 보고, 영유아의 연령과 발달 특징에 대해 이야기 나누어 보세요.
2. 내가 만약 우리 반 영유아의 발달상황을 구체적으로 파악하고자 한다면, 어떤 방법(예 관찰, 체크리스트 등)을 활용할 수 있을까요?
3. 나의 학급에서 영유아를 관찰하던 중 발달에 문제가 있음을 발견했을 때 어떻게 대처해야 할지 의견을 나누어 보세요.
4. '내가 만약 영유아 교사라면?' 학부모상담에서 중요하게 전달해야 하는 연령별 발달특성은 무엇인지 의견을 나누어 보세요.

김현호, 김기철, 정희정, 최철용, 최용득, 현영렬(2014). **유아발달.** 정민사.

문혁준, 김경은, 서소정, 성미영, 안선희, 임정하, 하지영, 황혜정(2015). **유아발달.** 창지사.

이원영(2007). **100년 후에도 변하지 않는 소중한 육아 지혜.** 샘터.

정민승, 임진영, 이지혜(2017). **생애발달과 교육.** 한국방송통신대학교 출판문화원.

정하나(2015). 극화놀이를 통한 유아 공감능력 증진 프로그램 개발 및 효과. 중앙대학교 대학원 박사학위논문.

조성희(2017). **영유아발달.** 정민사.

질병관리본부, 대한소아학회, 소아청소년 신체발육표준치 제정위원회(2007). 2007년 소아 및 청소년 표정성장도표.

BerK, L. E.(2012). *Infant, children, and adolescents*. Boston: Allyn and Bacon.

Bredekamp, S.(Ed.)(1987). *Developmentally appropriate practice in early childhood programs serving children from birth through age eight*. Washington, DC: NAEYC.

Carol, G.(2007). *Developmentally appropriate practice :curriculum and development in early education*(3rd ed.). Canada: Delmar.

David R. Shaffer, D. R., & Kipp, K.(2014). *Developmental psychology: childhood and adolescence*. 송길연, 이지연, 장유경, 정윤경 공역(2014). **발달심리학.** 박영스토리.

Martin, J. D.(2013). *Theory of Mind*. **마음이론.** 이현진(역). 학지사.

Morrison, G.(2014). *Early Childhood Education Today*(13th ed.). Pearson Education, Inc.

Perner, J.(1995). The many faces of belief: reflection on Fodor's and the child's theory of mind. *Cognition, 57*, 241–269.

Rathus, S. A.(2011). *Childhood and adolescence voyages in development*(4th ed.). Wadsworth/Cengage Learning.

Tomas, A., & Chess, S.(1977). *Temperament and development*. New York: Bruuner/Mazel.

Wellman, H, M.(1990). *Theory of Mind*. MIT Press.

표준국어대사전 http://stdweb2.korean.go.kr/

CHAPTER 14

유아교육의 전망과 과제

제14장 유아교육의 전망과 과제에서는 미래교육에 대한 국제적인 동향과 우리나라 사회의 변화 방향, 미래교육의 지향점 등에 대해 설명한다. 미래사회에서 삶을 성공적으로 영위하기 위해 학습자들이 갖추어야 하는 능력을 OECD에서 제시하고 있는 개념 틀에 적용하여 제시한다. 또한 미국, 핀란드, 우리나라에서 제기하고 있는 미래교육의 전망에 대해 살펴보고, 유아교육 과제에서는 사교육 예방, 학교폭력 예방, 통일 대비 유아교육에 대해 살펴보고자 한다. 사교육정책의 기본 방향 및 방안, 학교폭력의 유형 및 대책과제, 남북한 유아교육의 비교 · 분석과 그간 교류 및 행사에 대해서도 알아본다.

1. 미래사회와 유아교육

1) 미래교육에 대한 국제 동향

(1) OECD(Organisation for Economic Co-operation and Development)

미래사회에서 삶을 성공적으로 영위하기 위해 학습자들은 어떤 능력을 갖추어야 하는가에 대한 질문에서 'OECD Education 2030 프로젝트'가 시작되었다. | 그림 14-1 |에서 보는 바와 같이 OECD Education 2030 개념 틀은 역량(competencies)과 행동(action)을 포함한다. 역량은 특정상황에서 지식, 기술, 태도 및 가치를 활용하는 능력이고, 행동은 이러한 역량들을 발휘하여 하는 행동이다. 역량은 지식, 기술, 태도와 가치를 포함하고, 지식은 사실, 개념, 아이디어, 이론 등을 말하며, 학문적 지식, 학문간 지식, 실천적 지식으로 나뉜다. 학문적 지식(disciplinary knowledge)은 학문영역 내에서의 개념적 지식과 절차적 지식을, 학문 간 지식(interdisciplinary knowledge)은 서로 다른 학문들을 가로지르는 개념적 지식과 절차적 지식을 의미한다. 학문 간 지식을 다룰 때는 특정주제를 도입하는 방식을 사용한다. 환경적 이슈, 이민자 이슈, 기술의 발전 등과 같이 현재 실생활에서의 관심영역이 주제가 될 수 있으며, 이 주제는 학습자들이 학문 간 지식의 형태로 적절하고 의미 있는 지식, 기술, 태도와 가치

를 발달시킬 수 있는 실제적인 맥락을 제공한다. 실천적 지식(practical knowledge)은 노하우, 즉 무엇을 해야 하는지와 어떻게 특정기술을 적용해야 하는지를 아는 것을 포함한다.

출처: OECD(2016). p. 2.

| 그림 14-1 | OECD Education 2030 개념 틀

기술은 어떤 일을 수행하는 능력이다. OECD Education 2030 개념 틀에서 기술은 인지적 · 메타인지적 기술, 사회적 · 정서적 기술, 신체적 · 실천적 기술을 포함한다. 인지적 기술은 언어, 숫자, 지식, 고차원적인 사고능력, 문제해결능력, 추론능력 등의 활용이 가능한 사고전략이다. 메타인지적 기술(cognitive and meta-cognitive skills)은 자신이 무엇을 알고 있는지, 어떤 기술을 가지고 있는지, 어떤 태도와 가치를 가지고 있는지를 인식하는 것이다. 사회적 · 정서적 기술(social and emotional skills)은 사고 · 감정 · 행동이 일관성 있게 나타날 수 있도록 하는 개인의 능력으로, 균형 잡힌 성격을 갖도록 하고 좋은 인성을 갖추도록 돕는다. 신체적 · 실천적 기술(physical and practical skills)은 물리적인 도구를 사용하고, 조작하고, 기능을 사용할 수 있는 능력이다. 태도와 가치에서 태도는 아이디어, 사람 또는 상황에 의식적 또는 무의식적으로 행동하고 반응하는 경향성과 마음을 의미하고, 가치는 특정한 신념과 행동이 바람직하다고 판단하는 데 근거가 되는 원칙을 의미한다. 태도와 가치는 신념, 윤리, 도덕, 태도, 개인적인 특성, 정서적인 산출물 등을 포함한다. OECD의 Education 2030 프

로젝트는 2030을 위한 초월적 핵심역량을 혁신, 회복탄력성, 지속가능성으로 구체화하였다. 혁신은 새로운 가치의 창조와 관련된 능력, 회복탄력성은 긴장과 딜레마 상황에서의 문제해결능력, 지속가능성은 책임질 수 있는 능력과 관련된 것이다. 이러한 역량은 학습자들이 삶의 균형을 맞추면서 세상을 주체적으로 형성하고 새로운 가치를 창조하며 살아가도록 돕는 주요한 지표가 된다(이미경 외, 2016).

(2) P21(Partnership for 21st century Skills)

미국 국가기관인 P21은 학생들이 성공적으로 삶을 영위하기 위해 필수적으로 습득해야 하는 '21세기 기능(21st Century Skills)'을 제시하고 그것을 달성하기 위한 프레임워크를 개발하기 위해 설립되었다(www.P21.org).

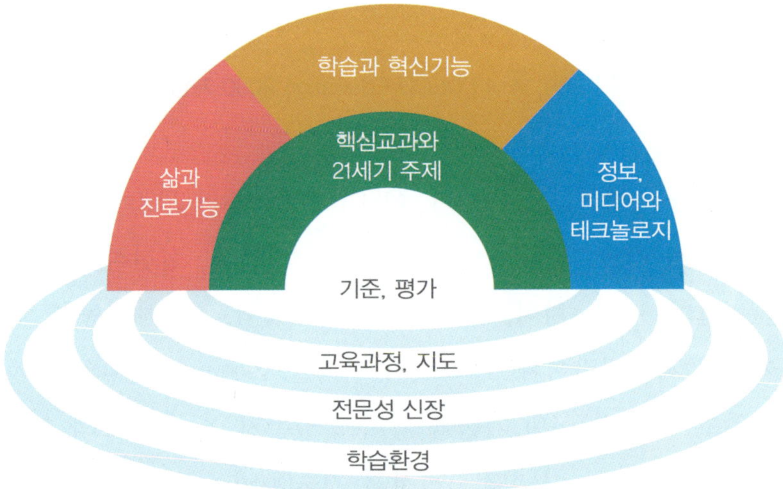

출처: www.P21.org/Framework.

| 그림 14-2 | 21세기 학습을 위한 P21 틀

P21 프레임워크에서는 현재 학교교육에서 가르치고 있는 모든 교과를 교수-학습 내용을 토대로 설정한다. 즉, 프레임워크에서는 전통적으로 가르치고 있는 교육의 구조나 외형을 전면적으로 개정하기보다는 기존 교과에서 가르치고 있는 내용을 다른 방식으로 가르치는 것을 목표로 한다(주형미 외, 2016).

| 표 14-1 | P21 프레임워크의 4가지 구성요소

번호	구성요소	세부역량
1	핵심교과 (core subject)와 21세기 주제 (21st Century Themes)	• 지구촌 인식(Global Awareness) • 경제/기업 리터러시(Financial, Economic, Business and Entrepreneurial Literacy) • 시민 리터러시(Civic Literacy) • 건강 리터러시(Health Literacy) • 환경 리터러시(Environmental Literacy)
2	학습과 혁신기능 (Learning and Innovation Skills)	• 창의성 및 혁신성(Creativity and Innovation) • 비판적 사고 및 문제해결력(Critical Thinking and Problem Solving) • 의사소통 및 협력(Communication and Collaboration)
3	정보, 미디어와 테크놀로지 기능 (Information, Media and Technology Skills)	• 정보 리터러시(Information Literacy) • 미디어 리터러시(Media Literacy) • ICT 리터러시(Information, Communication and Technology Literacy)
4	삶과 진로기능 (Life and Carrer Skills)	• 유연성 및 적응성(Flexibility and Adaptability) • 주도성과 자기지시(Initiative and Self-direction) • 사회적/문화적 기능(Social and Cross-cultural Skills) • 생산성과 책임감(Productivity and Accountability) • 리더십과 존중(Leadership and Responsibility)

첫 번째 구성요소는 핵심교과와 21세기 주제이다. 핵심교과는 3R's(읽기, 쓰기, 셈하기)의 전통적인 학습을 의미한다. 핵심교과와 함께 제시되고 있는 21세기 주제는 학생들로 하여금 21세기 기능을 습득하기 위해 덧붙여진 학습주제 및 개념으로 총 5가지(지구촌 인식, 경제/기업 · 시민 · 건강 · 환경 리터러시)를 제시하고 있다.

두 번째 구성요소는 학습과 혁신기능이다. 이는 복잡하고 다원적인 미래의 삶을 대비하기 위해 핵심적으로 요구되는 역량(창의성, 혁신성, 비판적 사고, 문제해결력, 의사소통, 협력)이다.

세 번째 구성요소는 정보, 미디어, 테크놀로지 기능이다. 정보가 범람하고 있는 현대사회에서 효율적으로 접근하는 방법, 적응하는 자세 등 학생들이 갖추어야 할 소양(정보, 미디어, ICT 리터러시)를 제시하고 있다.

네 번째 구성요소는 삶과 진로기능이다. 미래사회를 살아가는 데 있어서 충분한 지식을 습득하고 비판적으로 생각하는 방법을 익히는 것은 충분조건이 될 수 없으며, 행복한 삶과 원만한 직업생활 영위의 중요성을 강조하고 이를 실천하기 위해 필요한 역량(유연성, 적응성, 주도성, 자기지시, 사회적/문화적 기능, 생산성, 책임감, 리더십, 존중)을 제시하고 있다.

(3) 핀란드

핀란드 국가교육위원회는 2014년에 개정된 국가수준의 교육과정을 개발하였다. 이 교육과정을 바탕으로 핀란드의 각 지역들은 자체적으로 교육과정을 개발했으며, 2016년 8월 1일부터 새로운 교육과정을 적용하기 시작하였다. 핀란드 교육과정 개정의 목표는 핀란드 학생들이 지식과 기능을 충분히 익혀 미래사회에서도 잘 살아갈 수 있도록 하는 데 있다. 핀란드는 미래사회의 변화를 대비하기 위한 7가지의 교과 공통역량을 다음과 같이 제시하였다.

- 사고 및 학습(thinking and learning to learn)
- 문화역량, 상호작용 및 표현(cultural competence, interaction, and self-expression)
- 자기관리(taking care of oneself and managing daily life)
- 다중 리터러시(multiliteracy)
- ICT 기능(ICT-skills)
- 직무능력(working life competence and entrepreneurship)
- 참여 및 지속가능한 미래 건설(participation, involvement and building sustainable future)

핀란드 교육과정에서는 각 지역 및 학교들이 7개의 역량을 현실에 맞게 발전시켜 이용하도록 권장하고 있으며, 교과 공통역량에 대한 활용도를 높이기 위한 여러 장치를 마련하였다(주형미 외, 2016).

2) 우리나라 미래교육의 전망과 과제

2002년부터 시작된 저출산현상이 정부의 노력에도 불구하고 더욱 심화되고 있다. 우리나라의 합계 출산율은 2002년 1.17명을 기록한 이후 약간의 등락을 반복하다가 2016년에 다시 1.17명이 되었다. 2006년부터 범정부 차원의 저출산 대응정책에 100조 원이 넘는 예산을 사용하여 가동되었음에도 불구하고 다시 제자리가 되었다. 엎친 데 덮친 격으로 정부로부터 올해의 합계 출산율은 1.05명 정도가 될 것이라는 전망도 정부로부터 나왔다. 도시지역에서, 특히 젊은 인구가 가장 많이 살고 있는 서울시의 출산율은 전국 평균보다 낮다. 아마 올해 서울시의 합계 출산율은 0.8명대가 될 것이다. 전 세계 어느 국가에서도 이렇게 낮은 출산율은 찾을 수가 없으며, 이는 거의 재앙 수준이라고 할 수 있다(경향신문, 2017. 10. 2.).

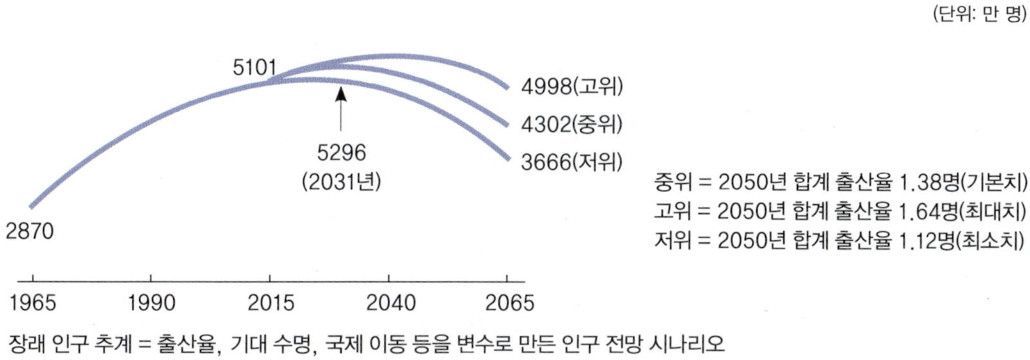

Ⅰ 그림 14-3 Ⅰ 총인구 수 추이

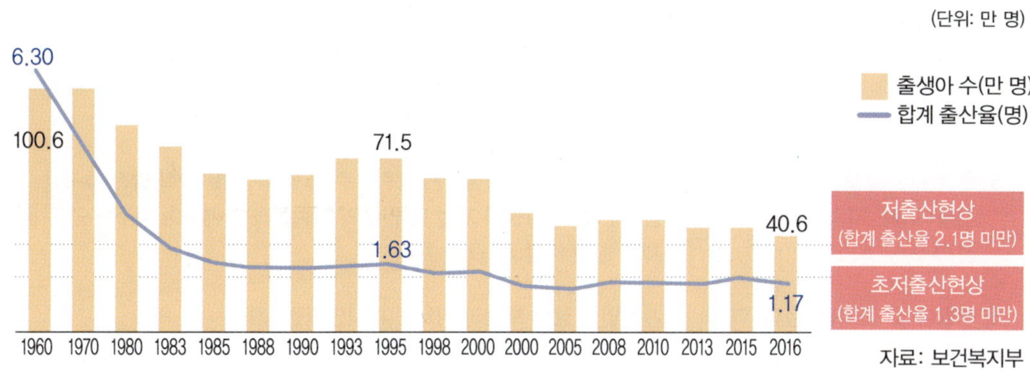

출처: 경향신문(20017. 10. 2). 재인용.

Ⅰ 그림 14-4 Ⅰ 연도별 출생아 수, 합계 출산율 추이

저출산현상으로 학령기 인구가 감소하고 있으며, 인구와 사회구조가 급속하게 고령화되고 있다. 따라서 미래교육의 방향을 설정하는 데 있어서 현재의 교육을 진단하고 변화의 방향을 탐색하여 적절한 대응전략을 모색해야 할 필요가 있다.

주형미 외(2016)는 2030 미래 우리나라의 변화 추세를 크게 여섯 부분으로 정리한 바 있다. 이를 간략히 살펴보면 | 표 14-2 |와 같다.

| 표 14-2 | 2030년 우리나라 사회의 변화 방향

2030년 우리나라의 변화 방향	
1. 인구구조의 변화	• 1인 가족, 한부모가족 등 가족형태가 다양화됨 • 출산율 감소, 고령 인구의 증가, 외국 인구의 유입 등으로 인구 구성 비율이 변화함
2. 지식기반사회의 심화	• 기술적인 네트워크 구축을 넘어서 사회 · 문화 · 정치적 요인과 관련된 네트워크 사회 구축 • 정보와 지식이 개인 · 기업 · 국가의 경쟁력을 좌우하는 핵심요소이자 가치 창출의 원천이 됨
3. 과학 · 정보기술의 발달	• 국가 간 교류 속도 증가 • 기술 혁신으로 인한 의식주의 변화 • 시간과 공간에 상관없이 얻을 수 있는 정보의 범위나 상호 교류의 대상이 확대됨
4. 경제 및 사회구조의 변화	• 저성장시대 진입으로 인한 낮은 취업률 • 소득의 불평등으로 인한 경제적 양극화 심화 • 원격근무, 계약근무제 등 직업형태의 다양화 • 다국적 기업, 노동력 이동 등 노동시장의 세계화 • 창의적 노동, 문화예술의 산업화 등 산업구조 변화에 따른 직업군 및 인력 수요의 변화
5. 환경문제 및 자원 부족 해결을 위한 지속가능한 발전 추구	• 환경을 보호하고 공생하는 방향으로 경제 성장 및 사회 발전 추구 • 환경문제 및 자원의 고갈 등 인류의 지속성과 관련하여 지구촌 공동 문제를 함께 해결
6. 생활방식, 가치관 등의 다양화	• 개개인의 생활 모습과 가치관이 다양화됨. • 건강, 문화, 여가생활에 대한 관심이 증가함

이러한 미래사회 우리나라의 변화에 대해 이화진 외(2016)는 각 항목별로 대비해야 할 교육 방향에 대해 제시하였다. 궁극적으로 미래교육의 지향점을 가치, 인간상, 교육 방향으로 나누어 제시하고 있으며, 이를 간략히 정리하면 | 표 14-3 |과 같다.

| 표 14-3 | 미래교육의 지향

미래교육의 지향	
가치	• 개방성, 다양성, 소통/관계 형성 • 개성/개인차 존중, 자기주도성, 자율성/자발성 • 인성/인간 존중, 공동체 의식/공존, 공정성, 관용, 배려/협력 • 민주시민성, 비판의식 도덕성, 준법성, 청렴 • 창의성, 혁신성 • 수월성과 형평성(모두를 위한 교육/불평등 해소)
인간상	• 고령화 사회 대비 심신이 건강한 사람, 다문화 · 다원화 사회에 필요한 공감력, 공동체 의식, 관용, 배려하는 인간 • 정보, 디지털 소양을 갖춘 인재, 기계화가 가속될수록 감성, 창의성을 갖춘 인재 • 사회 갈등을 조정할 수 있는 인재, 평등의식을 갖춘 인재, 문제해결력과 적응 유연성을 갖춘 인재 • 상생하고 협력하는 사람, 일과 여가의 균형을 추구하는 사람, 나를 포함하여 다양한 가치를 수용하고 향유할 수 있는 사람
교육 방향	• 고령화 사회 대비 평생교육 확대, 모든 학생의 성공을 위한 교육, 맞춤형 교육, 다문화 사회에 걸맞는 문화 다양성 교육 • 과학적 소양을 갖춘 인재를 기르는 교육, 인성/인문 소양을 갖춘 인재를 기르는 교육, 전통적 지식전수교육보다는 창의적 문제해결력을 길러 주는 교육, 과학기술과 소통하고 활용할 수 있는 인재를 기르는 교육 • 경제구조 변화 고려 시 교육과 직업을 연계하는 교육, 획일성에서 벗어나 다양성을 추구하는 맞춤형 교육, 모두를 위한 교육, 교육 양극화/격차를 완화시키고 교육복지를 증대하는 교육, 자기관리능력을 제고하는 교육 • 환경보호 및 생활방식의 변화 고려 시 함께 상생하고 협력할 수 있는 공동체 의식을 길러 주는 교육, 자연과 환경을 존중하는 교육, 전 생애 발달적 관점에서 일/가정/여가의 균형 잡힌 삶을 추구하게 하는 교육, 건강과 행복을 추구하는 웰빙교육

2. 사교육 예방의 과제

우리나라 만 2세 아동 10명 중 3명 이상이 사교육을 받고 있는 것으로 나타났다. 육아정책연구소의 육아정책포럼에 소개된 김은영의 '2세 사교육 실태에 기초한 정책시사점' 보고서에 따르면 2016년 8~10월 전국의 2세 아동 부모 537명을 대상으로 사교육 실태조사를 실시한 결과, 우리나라 만 2세 아동 가운데 사교육을 받는 비율이 35.5%에 달하였다. 주당 사교육 횟수는 2.6회, 1회당 교육시간은 47.6분이었다(헤럴드경제, 2017. 7. 10.). 많은 연구자는 이러한 조기 사교육이 유아에게 통합적인 교육이 아닌 단편적인 기술이나 지식을 주입함으로써 과도한 스트레스, 주의산만, 끈기 부족, 이기적 성향, 주변 사람들에 대한 지나친 의식, 자율성 부족 등 부정적인 영향을 준다고 지적하고 있다(Strickland & Riley-Ayers, 2006; Perrone, 1991; Poole, 1994; 우남희, 백혜정, 김현신, 2005; 김성희, 2015에서 재인용). 유아기는 인간의 삶에서 기초 핵심역량을 함양시킬 수 있는 가장 중요한 시기이다. 그런 점에서 이 시기 교육의 질은 이후 삶의 질을 결정하는 데 큰 역할을 담당하며, 이후 학교생활에도 지속적으로 영향을 미친다(Gormley, Gayer, Phillips & Dawson, 2005; Logue, 2007; Milne & Plourde, 2006; Slaby, Loucks & Stelwagon, 2005; 김성희, 2015에서 재인용).

영유아를 대상으로 하는 사교육의 유형은 매우 다양하다. 유치원이나 어린이집과 대치하여 운영하는 영어학원이나 놀이학교, 유아체능단 등의 반일제 이상 학원을 비롯하여 피아노 · 미술 · 발레 · 수영 등의 시간제 학원, 문화센터에서 이루어지는 다양한 프로그램, 가정에서 주당 1회 정도 일대일 교습을 받는 학습지, 일정 세트의 교재교구를 구입하여 일대일 수업이나 그룹 수업이 이루어지는 프로그램 등에 이르기까지 그 종류와 방법이 수백 가지에 이른다. 이러한 상황에서 부모들은 자녀에게 다양한 경험 제공을 통해 소질을 개발하고 조금 더 빨리 발달시키고 싶은 기대에서 다양한 사교육을 접하고 있고, 이로 인한 경제적 부담도 매우 크다(김은영, 최효미, 최지은, 장미경, 2016). 영유아 사교육의 범주는 | 그림 14-5 |와 같다.

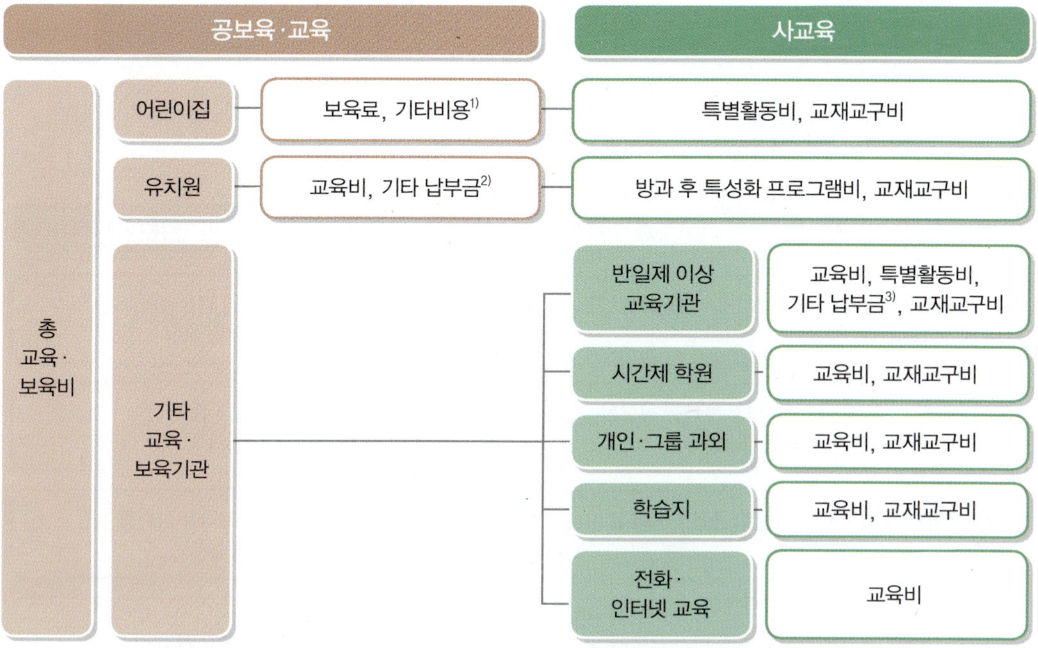

주: 1) 표준보육과정 및 누리과정에 소요되는 현장학습비, 급간식비, 행사비, 차량운행비
2) 누리과정 운영에 소요되는 현장학습비, 급식비, 간식비, 차량운행비, 행사비
3) 피복비, 교재교구비, 재료비, 급간식비, 차량운행비, 종일반비, 행사비, 현장학습비, 견학비

출처: 양미선(2013)에서 발췌.

| 그림 14-5 | 영유아 사교육비 범주

김은영 외(2016)는 영유아의 건강한 성장과 발달을 위해 개선해야 할 사교육정책의 기본 방향과 개선방안을 제시했는데 | 그림 14-6 |과 같다.

- 하루 일과에서의 영유아의 놀 권리 및 균형 보장
- 사교육 의존 탈피를 통한 부모–자녀관계 회복
- 영유아발달 이해 및 부모역량 강화를 위한 부모교육 실시
- 영유아 대상 학원의 질 관리
- 공교육의 질 제고를 통한 사교육 욕구 최소화
- 지역사회 인프라 구축을 통한 사교육 욕구 흡수
- 장기 종단연구 수행 및 결과 공유를 통한 교육의 방향 제시
- 전반적인 교육정책 재고를 통한 사회 분위기 쇄신

정책의 기본 방향

- 영유아의 건강한 성장과 발달을 위한 권리 보장
- 학부모가 안심하고 부담 없이 자녀를 양육할 수 있는 환경 조성
- 경쟁보다는 협동을 권장하고 다양성을 인정하는 사회 분위기 조성

현황 및 문제점		정책방안
• 영유아들의 하루 일과 중 지나치게 긴 학습시간 등이 영유아의 건강한 성장·발달 저해	→	하루 일과에서의 영유아의 놀 권리 및 균형 보장
• 부모는 대리만족, 열등감, 불안감에 대한 보상심리로 자녀에게 과다한 사교육 제공	→	사교육 의존 탈피를 통한 부모-자녀관계 회복
• 부모들이 직접 해 주지 못하는 내용을 사교육에 전적으로 의존	→	영유아발달 이해 및 부모역량 강화를 위한 부모교육 실시
• 영유아 대상 학원의 인가절차 및 운영기준 부재	→	영유아 대상 학원의 질 관리
• 부모의 선택권, 자녀상담, 교사 대 아동의 비율 낮추는 것에 대한 부모의 요구	→	공교육의 질 재고를 통한 사교육 욕구 최소화
• 부모의 사회·경제적 배경에 따른 사교육 종류 및 질 차이	→	지역사회 인프라 구축을 통한 사교육 욕구 흡수
• 자녀가 남보다 뒤처질까 하는 불안으로 너무 어린 시기에 사교육 노출	→	장기 종단연구 수행결과 공유를 통한 교육의 방향 제시
• 자녀의 성공을 위해 영유아기부터 대학 입시에 영향을 받는 부모의 선택 및 부담	→	전반적인 교육정책 재고를 통한 사회 분위기 쇄신

| 그림 14-6 | 사교육정책 기본 방향 및 방안

3. 학교폭력 예방의 과제

최근 유치원에서조차 아이들 간 갈등이 폭력이나 왕따 논란으로 번지는 사례가 나타나고 있다. 원아들 간의 폭력 및 왕따 논란은 대부분 아이의 피해를 주장하는 학부모와 기관과의 분쟁으로까지 이어지고 있다. 의사표현을 효과적으로 하지 못하는 유아들 사이에서 이러한 문제가 발생하면 많은 부모가 교사의 방임이나 기관의 관리 소홀에 문제를 제기하기 때문이다. 더구나 요즘 부모들은 온라인과 사회관계망서비스(SNS) 등 다양한 미디어를 통해 원에서 일어났던 일들을 다른 사람에게 알리고 있어 과거보다 이러한 일들이 더 많이 알려지고 있다.

한편, 유아기의 인성을 연구하는 전문가들은 유아기에도 왕따나 공격적 성향은 있고 학교폭력을 예방하기 위해서라도 유아기부터 교사 및 학부모들이 폭력에 대한 인식 수준을 개선해야 한다고 강조한다. 우리 사회가 갈수록 부익부 빈익빈 현상이 심화되고 치열한 경쟁사회가 되면서 아이들의 교육환경이 나빠져 공격적인 성향을 드러내는 아이들의 연령이 갈수록 낮아지고 있기 때문이다(한겨레, 2014. 7. 15.).

김은설, 최은영, 조아라(2013)의 '학교폭력 예방을 위한 영유아기 인성교육 강화방안' 연구에 따르면, 최근 유아들의 공격적 성향의 실태를 확인할 수 있다. 유치원 및 어린이집 총 1,000개 기관의 유아반 교사를 대상으로 설문조사를 한 결과, 전체 응답자의 50.2%는 기관 내에서 유아들 간 따돌림 또는 배척현상을 목격한 경험이 있다고 답하였다. 응답을 한 교사 45.4%는 또래를 신체적으로 공격하거나 자주 싸움을 일으키는 아이가 정해져 있다고 답했고, 응답자의 36.7%는 유아들 간 욕이나 비속어 등 좋지 못한 언어를 사용한다고 답하였다. 김은설 외(2013)의 연구에서 보면 유아들이 보이는 공격적 성향을 많은 학부모들이나 교사들이 자연스러운 것으로 인식하는 경향이 있었다. 그러나 외국의 연구결과를 보면 따돌림, 배척, 신체적 공격의 폭력의 씨앗은 4세 때부터 관찰된다. 학교폭력이 심해지고 있는 상황에서 유아반 교사들의 폭력에 대한 인식을 개선해야 하고 인성교육을 강화해야 한다. 또한, 유아기의 공격적 행동을 두고 학부모와 기관과의 분쟁 소지는 갈수록 많아질 수 있으며 분쟁조정위와 같은 제도를 좀 더 다듬어 잘 활용할 필요가 있다.

학교폭력은 그 수단이나 방식에 따라 '관계폭력', '언어폭력', '신체적 · 물리적 폭력', '사이버 폭력' 등으로 나누어질 수 있으며 자세한 행위 예시는 | 표 14-4 |와 같다(한국교육과정가원, 2013).

| 표 14-4 | 학교폭력 관련 각 유형의 구체적인 행위 예시

관계폭력	언어폭력	신체적/물리적 폭력	사이버 폭력
스트레스 주기	놀리기	때리기	소문
배척	비웃기	밀기	뒷담화
뒷담화	안 좋은 표현	발로 차기	이메일
위협	저속한 표현	치기	녹음
곤경에 빠뜨리기	언어적 상해	꼬집기	인터넷 유포
멸시	부려먹음	폭력	문자메시지
협동해서 왕따시키기	오만함	상해행위	사진
놀리기	단점 들추기	소멸성 행위	놀리며 따라하기
괴롭히기	욕하기	침 뱉기	성적인 괴롭힘
성적인 괴롭힘	무시하기	넘어뜨리기	위협

출처: 한국교육과정평가원(2013). 재인용.

| 표 14-4 |를 살펴보면 우리가 생각하지 못하고 쉽게 했던 행동들도 폭력이 될 수 있다는 것을 알 수 있다. 청소년기 학교폭력을 사전에 예방할 수 있는 가장 효율적인 방법은 영유아기에 적절하고 효과적인 인성교육을 시키는 것이다(김은설 외, 2013). 학교폭력이 이미 벌어진 청소년기에 사후처방으로 문제를 해결하는 것이 아니라 사전에 개인의 폭력적 성향이 자라지 않도록 예방 차원으로 도움을 주는 것이 필요하다. 따라서 인성교육뿐 아니라 다양한 방면에서 학교폭력 예방이 이루어질 수 있도록 모두 노력해야 한다.

정부가 그동안 '학교폭력의 근원적 해결'을 위해 관계 부처 합동으로 종합적인 대책을 수립하여 지속 추진한 결과 제1, 2차 기본계획, 학교폭력근절 종합대책(2012. 2. 6), 현장중심 학교폭력 대책(2013. 7. 23.), 2014년 12월 22일에 제3차 학교폭력 예방 및 대책 기본계획(2015~2019)을 발표하였다. 이를 요약 · 제시하면 | 표 14-5 |와 같다.

| 표 14-5 | 제3차 학교폭력 예방 및 대책 기본계획(2015~2019)

	5대 분야		16개 추진과제
1	인성교육 중심 학교폭력 예방 강화	1	인성 함양을 통한 학교폭력 사전 예방
		2	또래활동을 통한 건전한 학교문화 조성
		3	체험중심 학교폭력 예방활동 강화
		4	폭력유형 및 추세에 따른 대응 강화
2	학교폭력 대응 안전 인프라 확충	5	학교폭력 위해요인 지속적 해소
		6	학생 보호인력 확충
		7	학교 밖 안전관리 강화
3	공정한 사안처리 및 학교역량 강화	8	학교폭력 조기 감지 · 신고체계 강화
		9	사안처리의 공정성 확보
		10	학교의 학교폭력 대응역량 강화
4	피해 학생 보호 · 치유 및 가해 학생 선도	11	피해 학생 보호 및 치유 지원 내실화
		12	가해 학생 맞춤형 교육 및 선도 강화
		13	관계 회복을 위한 프로그램 강화
5	전 사회적 대응체제 구축	14	가정의 역할 및 교육기능 강화
		15	지역사회 역할 및 책무성 강화
		16	대국민 인식 재고 및 전 사회적 대응체계 구축

출처: 교육과학기술부(2014). 3차 학교폭력 예방 및 대책 기본계획('15~'19) 보도자료.

교육과학기술부(2014)의 '제3차 학교폭력 예방 및 대책 기본계획'에서 첫 번째는 인성교육 중심의 학교폭력 예방 강화이다. 특히, 유아교육에서는 누리과정을 통한 바른 인성의 기초를 형성해야 한다고 설명하고 있다. 또한, 배려심 증진 등 체험중심의 인성교육 강화를 강조하고 있다. 세부사항으로는 예술교육을 통한 존중과 배려, 감성 등 인성 함양의 기회를 확대하고, 숲 체험 등 자연과 함께하는 체험형 프로그램을 확대해야 한다고 설명하고 있다. 두 번째는 학교폭력 대응 안전 인프라 확충이다. 이를 위해 영상정보처리기기(CCTV) 통합지원체계를 구축하고, 외부인 식별체계 도입 등 학교 출입에 대한 관리를 강화하기로 하였다. 세 번째는 공정한 사안처리 및 학교역량 강화인데, 이를 위해 학교폭력 조기 감지체계를 구축하고, 117 학교폭력 신고 및 학교별 익명신고 운영을 활성화하기로 하였다. 네 번째는 피해 학생 보호 · 치유 및 가해 학생 선도이고, 마지막으로는 전 사회적 대응체제를 구축하는 것이다. 이를 위해 학교, 가정뿐만 아니라 지역사회에서의 책무성도 강화되어야 하고 국민의식의 재고 및 전 사회적 대응체계 구축을 위해 우리 모두가 노력해야 할 것으로 보인다.

4. 통일 대비 유아교육

세계에서 분단국가로 유일하게 남아 있는 남북한의 통일문제는 우리에게 오래된 숙제와도 같다. 우리나라에도 통일정책방안의 큰 줄기가 있다. '민족 공동체 통일방안'은 우리 정부의 공식 통일방안으로 1989년 9월, 노태우 정부 시기에 '한민족 공동체 통일방안'으로 처음 제시되어 1994년 8월, 김영삼 정부가 '한민족 공동체 건설을 위한 3단계 통일방안'(민족 공동체 통일방안)으로 보완 · 발전되었다. 우리 정부는 현재까지 '화해 · 협력→남북 연합→통일국가'의 3단계 통일방안을 공식적인 통일정책방안으로 채택하였다. 그러나 현재 남북관계는 교류나 협력관계를 논의할 만큼 안정되지 않았고, 어느 때보다 갈등상황이 계속되고 있다. 이러한 남북한의 긴장상황을 고려할 때 통일 대비를 논의한다는 것은 어려운 일이다. 그러나 통일은 언제나 우리의 염원이며, 언젠가는 이루어야 할 과제이다. 따라서 유아교육 분야에서 통일에 대비하여 필요한 것이 무엇인가를 알아보아야 할 것이다. 동독과 서독이 통일된 지 상당 시간이 흘렀으나 통일 이후에도 해결해야 할 과제들이 계속 발생하고 있다. 정치·사회적인 분야뿐만 아니라 영유아와 관련된 다양한 분야에서 통합하고 협력해 나아가야 할 것이다. 우리나라도 통일에 대비하여 유아교육과 관련하여 지속적인 협력과 교류를 이루기 위해 노력해야 한다.

1) 남북한 유아교육·보육 비교 분석

북한의 유치원 높은 반 1년은 의무교육단계로 학제에 포함되어 있다는 점이 남한과 가장 큰 차이점이다. 따라서 북한의 취학 1년 전 취원율은 98.9%(2008년 기준)에 이른다(이윤진, 구자연, 2013).

남한 구분	남한 기관	연령	북한 기관	북한 구분
학교 전 교육	유치원, 어린이집	5	유치원 높은 반(의무교육)	학교 전 교육
학교 전 교육	유치원, 어린이집	4	유치원 낮은 반	학교 전 교육
학교 전 교육	유치원, 어린이집	3	탁아소	학교 전 교육
학교 전 교육	어린이집	2	탁아소	학교 전 교육
학교 전 교육	어린이집	1	탁아소	학교 전 교육
학교 전 교육	어린이집	0	탁아소	학교 전 교육
남한		연령	북한	
어린이집 - 보건복지부 유치원 - 교육부		부처	탁아소 - 보건성 유치원 - 교육성	

출처: 이윤진, 구자연 (2013) 연구에서 발췌.

| 그림 14-7 | 남북한 육아지원기관 학제 비교

또한, 기관의 규모와 아동의 수를 살펴보면, | 표 14-6 |과 같다.

| 표 14-6 | 남북한 영유아 및 보육시설 현황

(단위: 명, 개소)

남한			북한		
만 0~5세 이하	총인구 수	2,816,103	만 0~5세 이하	총인구 수	2,145,490
A: 어린이집 (만 0~5세)	기관 수	42,527	A: 탁아소 (4년제)	기관 수	28,000
	원아 수	1,487,361		원아 수	1,281,000
B: 유치원 (만 3~5세)	기관 수	8,538	B: 유치원 (2년제)	기관 수	13,638
	원아 수	613,749		원아 수	691,774
A+B: 총계	기관 수	51,065	A+B: 총계	기관 수	41,638
	원아 수	2,101,110		원아 수	1,972,774

남한 자료: 2012년 기준, 북한 자료: 2006년 기준
출처: 이윤진, 구자연 (2013) 연구에서 발췌.

2012년 현재, 남한의 취학 전 아동(만 0~5세 이하)의 총인구 수는 2,816,103명이다. 2012년 기준 만 0~5세의 영유아들이 다닐 수 있는 어린이집은 42,527개이며, 원아 수는 1,487,361명이다. 만 3~5세 유아들이 다닐 수 있는 유치원은 8,538개이며, 원아 수는 613,749명이다. 전체 영유아 수 대비 기관을 이용하는 영유아는 74.6%로 집계된다. 북한의 인구 중 만 0~5세 이하의 영유아 수는 2,145,490명이다. 여기에서 탁아소를 다니는 영유아는 1,281,000명이고 유치원을 다니는 유아는 691,774명으로 전체 영유아 수 대비 91.9%인 1,972,774명이 기관을 다니는 것으로 나타났다(이윤진, 구자연, 2013).

| 표 14-7 |은 남북한 유아교육 · 보육의 목적이다.

| 표 14-7 | 남북한 유아교육 · 보육 목적

남한		북한
「영유아보육법」	「유아교육법」	「어린이보육교양법」
제1조(목적) 이 법은 영유아의 심신을 보호하고 건전하게 교육하여 건강한 사회구성원으로 육성함과 아울러 보호자의 경제적 · 사회적 활동이 원활하게 이루어지도록 함으로써 영유아 및 가정의 복지 증진에 이바지함을 목적으로 한다.	제1조(목적) 이 법은 「교육기본법」 제 9조에 따라 유아교육에 관한 사항을 정함을 목적으로 한다. *교육기본법 제9조 ② 학교는 공공성을 가지며, 학생의 교육 외에 학술 및 문화적 전통의 유지 · 발전과 주민의 평생교육을 위하여 노력하여야 한다. ③ 학교교육은 학생의 창의력 계발 및 인성(人性) 함양을 포함한 전인적(全人的) 교육을 중시하여 이루어져야 한다.	제1조 조선민주주의 인민공화국에서 어린이들은 조국의 미래이며 공산주의 건설의 후비대이며 대를 이어 혁명할 우리 혁명위업의 계승자들이다. 제34조 국가기관과 보육교양기관들은 어린이들이 례절바른 품성을 가지며… 제35조 …어린이들에게 풍부한 정서와 예술적인 재능을 키워 주며 그들의 지능을 다방면적으로 발전시킨다. 제37조 국가는 어린이들을 탁아소와 유치원에서 그들의 나이와 심리적 특성에 맞게 여러 가지 형식과 방법으로 교양하도록 한다.

출처: 법제처 사이트(www.moleg.go.kr: 검색일: 2017년 9월).
탈북자 동지회(www.nkd.or.kr: 검색일: 2017년 9월).

유아교육 · 보육과정을 살펴보면 남한은 2013년부터 어린이집과 유치원에서 '3-5세 연령별 누리과정'을 공통으로 가르치고 있다. 누리과정은 신체운동 · 건강영역, 의사소통영역, 사회관계영역, 예술경험영역, 자연탐구영역 등 모두 5개의 영역으로 구성되어 있으며, 각 영역별로 교육목표를 제시하고 있다. 북한의 보육교양과정을 통해 양성하고자 하는 인간상은 사회주의적 인간이며 교육목표는 집단주의화, 공산주의화 등이다. 교육과정에서 정치사상교육을 제외하고는 우리말, 셈 세기, 노래와 춤, 그리기, 만들기, 체육, 관찰은 누리과정의 5개 영역과 유사한 내용이 많다(이윤진, 2014).

다음으로 교원양성에 있어서의 남북한의 차이를 보면, 북한에서 탁아소의 기관장은 소장, 교사는 보육원이다. 유치원의 기관장은 남한과 동일한 원장이지만, 교사는 교양원이라고 한다. 북한에서 유치원 교사가 되기 위해서는 3년제 교원대학교 학전과를 졸업해야 하며, 북한 인민학교 교사도 3년제 교원대학교에서 양성된다(이윤진, 2014).

2) 남북한 교류 및 행사

영유아 관련 보육 · 교육 전문가들이 모인 학술회의는 2002년에 개최된 한국아동학회와 조선사회과학자협회, 연변대학민족연구원이 공동 주최한 '21세기를 열어 갈 아동교육'의 주제로 중국 연길에서 1회 개최한 것이 유일하다(이윤진, 구자연, 2013). 또한, 대북 어린이사업을 추진하고 있는 (사)어린이어깨동무는 2008년까지 여러 차례 교류행사를 가졌다(표 14-8, 14-9 참조).

| 표 14-8 | 그림 교류

그림 교환	
연도	내용
1998	남녘 어린이 그림편지 1만여 점 전달하고, 30여 점의 북녘 어린이 그림 전달받음
2000	남녘 어린이 그림편지 500여 점 전달하고, 50여 점의 북녘 어린이 답장 그림편지 전달받음
2001	남녘 어린이 그림편지 전달하고, 70여 점의 북녘 어린이 답장 그림편지 전달받음
2003	어린이어깨동무 주최 '어린이평화그림전' 출품을 위해 북녘 어린이들이 자신의 전신그림을 포함해 50여 점의 작품 보내 옴
2005	어린이어깨동무 주최 '동북아어린이평화그리전' 출품을 위해 북녘 어린이들이 자화상, 수채화 등 다양한 그림 150여 점을 보내 옴

출처: 어린이어깨동무 홈페이지(www.okfriend.org: 검색일 2017년 9월).

1998년 첫 번째 그림 교류를 성공한 이후로 2005년까지 5번에 걸쳐 남과 북의 어린이들은 직접 만나지 못하는 대신 그림을 통해 만남을 이어왔다. 그림에는 나의 얼굴, 좋아하는 음식, 취미, 학교 소개, 장래희망까지 많은 이야기가 담겨 있으며, 어린이어깨동무는 이 그림을 남녘의 어린이들과 북녘의 어린이들이 소통하는 소중한 징검다리로 사용하고 있다.

| 표 14-9 | 남북 어린이 만남

방북 행사	
차수	내용
1차	• 평양 방문(남측 민간단체로서는 처음 어린이 방북) • 일시: 2004년 6월 12일~16일 • 장소: 소학교, 만경대학생소년궁전, 백두산, 평양 어깨동무어린이병원 등 • 인원: 어린이어깨동무 어린이 회원 11명
2차	• 평양 방문 • 일시: 2005년 10월 16일~18일 • 장소: 소학교, 만경대학생소년궁전, 묘향산, 평양 어깨동무학용품공장 등 • 인원: 어린이어깨동무 어린이 회원 20명
3차	• 평양 방문 • 일시: 2007년 10월 18일~21일 • 장소: 소학교, 만경대학생소년궁전, 묘향산, 평양 어린이식료품공장 어깨동무콩유우공장동 등 • 인원: 어린이어깨동무 어린이 회원 6명
4차	• 평양 방문 • 일시: 2008년 10월 23일~26일 • 장소: 소학교, 만경대학생소년궁전, 인민대학습당, 묘향산, 평양의학대학병원 어깨동무소아병동 등 • 인원: 어린이어깨동무 어린이 회원 5명

출처: 어린이어깨동무 홈페이지(www.okfriend.org: 검색일 2017년 9월).

2004년 6월 최초로 남북 어린이들의 만남이 이루어졌고, 그 이후로 2008년까지 총 4번의 만남을 가졌다. 어깨동무 어린이 회원들은 북녘의 소학교와 지하철 등에서 어린이들을 직접 만나 서로를 소개하고 함께 손을 잡고 노래하며 기쁨을 나누었다.

3) 통일 대비 유아교육의 과제와 전망

한만길(2014)의 연구를 보면, 남북한 통일이 이루어질 때 교육 통합 시 예상되는 문제점과 그에 따른 해결방안에 대해 조사하였다. 조사결과, 교육 통합 시 예상되는 가장 큰 문제점으로는 '남북한의 상반되는 교육체제에 따른 이질성 극복의 어려움'과 '남한의 우월의식에 따른 갈등'으로 나타났다. 이에 따른 해결방안으로는 '남북한 차이와 갈등 해소를 위한 교육'이 1순위로 나타났고, 그 밖에도 '북한 이해를 위한 교원연수의 실시', '남북한 교육 통합 준비를 위한 실질적인 협의체 설치 및 운영' 등이 있었다. 우리의 3단계 통일방안에 따르면 가장 중요한 단계는 화해와 협력의 단계이다. 현재 이 단계로 진입하여 남북한이 화해와 협력을 실현해 나가는 것이 가장 중요한 통일 준비이다. 화해협력단계의 교육 분야 전망으로 '남북한 교육자들의 교류와 왕래'와 '각 분야별 교류 및 왕래'가 중요하다. 즉, 화해협력단계에 대한 전망 및 과제로서 교육 분야의 교류 활성화를 바탕으로 여건을 마련한 뒤 교육통합협의체를 구성하여 제도적인 통일을 준비해야 한다(한만길, 2014).

또한 이윤진, 양미선, 조아라(2015)는 유치원과 어린이집의 교사 400명을 대상으로 누리과정 내 북한 및 통일교육의 중요도와 실시 현황을 알아보았다. 조사결과, 유치원과 어린이집에서의 북한 및 통일교육은 원활히 이루어지지 않고 있었다. 그리고 유아교사의 북한 및 통일교육 관련 연수가 거의 이루어지지 않았다. 따라서 누리과정에서 북한 및 통일교육 부분을 확대 편성하여 운영할 필요가 있으며 교사의 연수 기회도 더욱 확장시켜야 한다. 이 2가지 연구를 정리하면 | 표 14-10 |과 같다.

| 표 14-10 | 남북한 통일 대비 유아교육을 위한 과제와 전망

연구자	과제와 전망
이윤진 외 (2015)	① 통일교육의 당위성 ② 누리과정에서 통일교육 부분 편성 · 운영 확대 ③ 교사연수 활성화를 위한 지원방안 ④ 교사 양성과정에 통일교육 편성 · 운영 ⑤ 수업활동 및 활동자료 개발 · 보급 ⑥ 통일교육의 목적: 평화 감수성 계발
한만길 (2014)	① 과학 · 기술 · 체육 · 예술 등 학술 · 문화 분야의 교류 · 왕래 활성화 ② 학생, 교사, 연구자, 행정가, 교육기관 등의 다양한 인적 교류 추진 ③ 교육과정 표준화, 제도 호환성 확대를 위한 남북 학술 교류, 공동 연구 장려 ④ 통일 대비 교육정책 및 실행방안 수립 ⑤ 교육기자재 등 북한 교육환경 개선을 위한 지원 확대 ⑥ 교류협력위원회와 같은 공동기구의 설치를 위한 재원 마련 ⑦ 협력기구 구성 및 정례 운영

토론

1. 미래사회에서 삶을 성공적으로 영위하기 위해 학습자들이 갖추어야 할 능력에는 어떤 것들이 있을지 의견을 나누어 보세요.
2. 사교육을 예방하기 위한 정책에 대해 의견을 나누어 보고, 다각도에서 정리해 보세요.
3. 통일을 대비한 남북한 교류를 위해 유아교육자인 우리가 할 수 있는 것에 대해 의견을 나누어 보세요.

참고문헌

교육부(2015a). **중학교교 육과정.** 교육부 고시 제2017-4호(2017.3.13.)

교육부(2015b). **초등학교 교육과정.** 교육부 고시 제2016-9호(2016.12.15.)

교육부(2017). **2017학년도 유아학비 지원계획.**

교육부(2017). **사립유치원 공공성 강화를 위한 2017년도 사립유치원 재정지원 계획.**

김은영, 최효미, 최지은, 장미경(2016). **영유아 사교육 실태와 개선 방안 II: 2세와 5세를 중심으로.** 육아정책연구소.

김지영(2017). **다섯 가지 미래 교육 코드.** 소울하우스.

류태호(2017). 4차 산업혁명, 교육이 희망이다. 경희대학교 출판문화원.

박남기(2017). 제4차 산업혁명기의 교육개혁 새 패러다임 탐색. **교육학연구, 55**(1), 211-240.

양미선(2013). **보육료 교육비 지원 확대에 따른 유아 사교육비 지출규모 변화.** 육아정책연구소.

이미경, 주형미, 이근호, 이영미, 김영은, 이주연, 김종윤(2016). 21세기 역량 기반 교육과정 개발 방향 연구: OECD Education 2030. 한국교육과정평가원 연구보고 RRC 2016-5.

이윤진(2014). 통일 대비 영유아 교육 · 보육 통합 방안 모색. 2014년 제1차 육아선진화 포럼: 통일 대비 육아지원 방향 및 정책 과제. 육아정책연구소.

이윤진, 구자연(2013). **통일에 대비한 육아 지원 분야 통합방안.** 육아정책연구소.

이윤진, 양미선, 조아라(2015). **유아교사의 통일 인식 실태와 통일교육 활성화 방안 연구.** 육아정책연구소.

임유나(2016). 2015 개정 교육과정의 핵심역량 제시 방식 검토와 스코틀랜드 'Curriculum for Excellence' 분석을 통한 시사점 탐색. **학습자 중심 교과교육연구, 16**(5), 143-167.

조상식(2016). '제4차 산업혁명'과 미래 교육의 과제. **미디어와 교육, 6**(2), 152-185.

주형미, 최정순, 유창완, 김종윤, 임희준, 주미경(2016). **미래사회 대비 교육과정, 교수학습, 교육평가 비전 연구(Ⅰ).** 한국교육과정평가원 연구보고.

한만길(2014). 통일을 준비하는 남북한 교육통합의 과제. **2014년 제1차 육아 선진화 포럼: 통일 대비 육아 지원 방향 및 정책 과제.** 육아정책연구소.

Schwab, K.(2016). *The Fourth Industrial Revolution*. Colony/Geneva: World Economic Forum.
송경진(역)(2016). **제4차 산업혁명.** 새로운 현재(메가스터디).

찾아보기

[인명]

[내용]

ㄱ

ㅊ

ㅋ

ㅌ

ㅍ

[기타]

저자소개

지성애

중앙대학교 유아교육과 학사

중앙대학교 유아교육과 석사

Boston College, Depart. of Early Childhood Education(Ph. D.)

Boston College, Depart. of Early Childhood Education(MEd)

현) 중앙대학교 유아교육과 교수

배율미

중앙대학교 유아교육과 학사

중앙대학교 유아교육과 석사

University of Toledo, Depart. of Early Childhood & Special Education(Ph. D.)

현) 국립강원대학교 유아교육과 교수

신금호

전남대학교 유아교육과 학사

University of Alberta, Depart. of Elementary Education(MEd)

University of Victoria, Depart. of Curriculum and Instrument(Ph. D.)

현) 대구대학교 유아교육과 교수

박희숙

전남대학교 유아교육과 학사

전남대학교 유아교육과 석사

전남대학교 유아교육과 박사

현) 국립공주대학교 유아교육과 교수

정재은
덕성여자대학교 유아교육과 학사
The Ohio State University(M. A)
중앙대학교 유아교육과 박사

현) 두원공과대학교 유아교육과 교수

정하나
중앙대학교 아동복지학과 학사
중앙대학교 유아교육과 석사
중앙대학교 유아교육과 박사

현) 백석예술대학교 유아교육과 교수

김성희
중앙대학교 유아교육과 학사
중앙대학교 유아교육과 석사
중앙대학교 유아교육과 박사

현) 동남보건대학교 유아교육과 교수

신수경
광주여자대학교 유아교육과 학사
전남대학교 유아교육과 석사
전남대학교 유아교육과 박사

현) 남부대학교 유아교육과 교수

유아교육개론

1판 1쇄 인쇄 2018년 2월 20일
1판 1쇄 발행 2018년 2월 27일

저　자 지성애 · 배율미 · 신금호 · 박희숙
정재은 · 정하나 · 김성희 · 신수경
발 행 인 회장 박철용
대표 박세원
발 행 처 정민사
주　소 경기도 파주시 직지길 522 파주출판도시
전　화 031-955-8030
팩　스 031-955-8025
홈페이지 http://www.jmpub.co.kr
이 메 일 jmpub@chol.com
출판등록 1979년 1월 22일 No. 406-2004-000130호

I S B N 978-89-5809-608-5
정　가 22,000원

※저자와 협의하여 인지를 생략합니다.